人物｜故事｜考究｜文学｜建筑｜情怀

文史广记

叶献高 编著

中山大学出版社
·广州·

版权所有　翻印必究

图书在版编目（CIP）数据

文史广记/ 叶献高编著. —广州：中山大学出版社，2016.1
ISBN 978-7-306-05552-1

Ⅰ.①文… Ⅱ.①叶… Ⅲ.①文史—中国—通俗读物 Ⅳ.①C49

中国版本图书馆 CIP 数据核字（2015）第 290562 号

出 版 人：	徐　劲
策划编辑：	徐诗荣
责任编辑：	徐诗荣
封面设计：	林绵华
责任校对：	陈　霞
责任技编：	何雅涛
出版发行：	中山大学出版社
电　　话：	编辑部 020 - 84110283，84113349，84111997，84110779
	发行部 020 - 84111998，84111981，84111160
地　　址：	广州市新港西路 135 号
邮　　编：	510275　传真：020 - 84036565
网　　址：	http://www.zsup.com.cn　E - mail：zdcbs@ mail. sysu. edu. cn
印 刷 者：	广州家联印刷有限公司
规　　格：	787mm×1092mm　1/16　21.5 印张　352 千字
版次印次：	2016 年 1 月第 1 版　2016 年 1 月第 1 次印刷
定　　价：	39.00 元

如发现本书因印装质量影响阅读，请与出版社发行部联系调换。

作者像
（摄于1953年）

作者像（1968年9月摄于上海南京西路88号新中国照相馆）

作者与原广西师范学院（现广西师范大学）副院长王延青教授[1984年摄于海南省儋县（现儋州市）县委招待所]

作者与原中山大学中文系主任王起教授（1984年摄于中山大学玉轮轩）

嘉宾在诗酒宴会上（2013年摄于儋州市）

参加诗酒宴会的师生（2009年摄于中山大学）

在海口学习的同乡（1956年3月6日摄于海口）

作者1962年7月大学毕业时的集体合影

作者像（1962年8月摄于广州黄花岗公园）

作者1958年在大学学习时，曾任广东师范学院学生会文化部长、歌舞团团长，广州市大学生歌舞团（由当时广州23所大学的大学生歌舞团组成）副团长。自右至左为广州大学生歌舞团的温碧峰、张伟为、吴道洁等正在演唱黄河大合唱——黄水谣（摄于1960年2月）

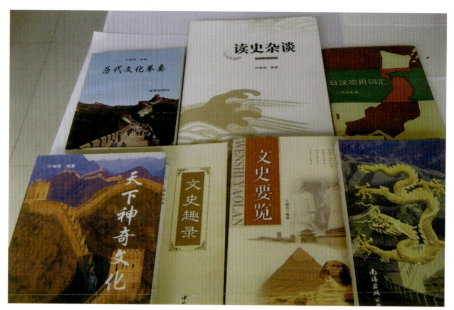

作者主要著作：
　　《日汉实用词汇》（科学技术文献出版社重庆分社）
　　《历代文化举要》（海南出版社）
　　《中华文化奇观》（南海出版公司）
　　《天下神奇文化》（中国戏剧出版社）
　　《读史杂谈》（华南理工大学出版社）
　　《文史趣录》（中山大学出版社）
　　《文史要览》（世界图书出版公司）

自　　序

读书须用意　一字值千金
世上好语说不尽　天下名山僧占多
书中自有黄金屋　书中自有颜如玉
一灯能灭千年暗　书籍能灭万年愚
学问高深为师　道德高尚为范
要为生而读　莫为读而生

以上这些经典名句，字字珠玑，掷地有声。这是我们的祖先经过社会实践的宝贵经验，是留给万世子孙共享的精神财富。

人们常说，犹太人智商较高，比较聪明。究其原因，当然因素很多。曾有好事者统计，世界众多人种中，平均读书最多的非犹太人莫属。犹太人每年人均读60本书，美国人年均读40本书，俄罗斯人年均读28本书，德、英、法等国人年均读20本书。中国人年均只读四五本书，有些人可能连这个数字都达不到。这样的数据确实令国人有点汗颜。

但笔者认为，这个统计数据也不能一概而论。笔者曾经写过几本书，大多数是客观地评说历史人物和历史事件，介绍中华传统文化和世界一些其他国家的文化，以及记述各国的名胜古迹、秀丽山川及民情风俗，故适合各行各业的读者阅读。这些书在全国各地特别是在笔者的故乡海南得到大家的热烈欢迎。在此，笔者对这些重视文化知识，并借助读书来不断提高人身素养的同志表示敬意！因为读书一事看似简单，意义却实为深远。

北宋文学家、书画家苏东坡，因以作诗"谤讪朝廷"贬谪至黄州，后又贬谪至惠州以及笔者的故乡——海南儋州。他在儋州中和谪居三年，开馆授徒，生徒"载酒问字"者众，亦培养出符确等进士。自此，儋州人读书成风，题诗成风，文人雅士辈出。历经一千多年，儋州人好学之风始终不衰，东坡遗风历久弥新。凡外方人士到儋州工作的，受到这样浓厚读书之风影响者甚众，故人们历来都击节赞赏"儋州人陋才不陋"。儋州人对苏公心怀感念，为了永久纪念这位文坛巨擘，乡村父老在儋州市中和镇苏公曾居住过的旧址建起了东坡书院，当地人称"东坡庙"，每年不远万里慕名而来瞻仰的外方游客络绎不绝。

继前人之精神，承东坡之遗风，笔者历来喜欢读书，上至天文，下至地理，总觉人生百态，殊为有趣。每至精彩处，不敢私藏，撷其精华以辑录成册，以飨广大读者。

世界上没有一本万全的字典，但"麻雀虽小，五脏俱全"，本书横亘时空，涵括中外，包罗万象。对于能够启迪思想、塑造人物个性之内容，不管它是中国的还是外国的，古代的抑或现代的，科学的或是人文的，举凡一切具有教育意义且能提升人的修养的，本书皆酌情收录，并将性质相近的内容分门别类，便于阅读；本书亦介绍一些鲜为人知却幽然隽永或稀奇古怪的故事，这些故事神奇但不离奇，例如有许多故事就因上古时代没有文字记载只能口颂相传所以被称为"传说"；本书中还有一些咏怀之作，亦可以陶性灵、发幽思。

本书对历来众说纷纭、莫衷一是之历史事件及人物，亦采取慎之又慎的评说态度，详尽参考经史子集与典章制度，甄采各家之说；疏通发的，考其异同，辨其因革，又望能让后人考证相资。

诸家姓氏，往往通行已久，而溯厥源流，非其本字者，如丘之为邱，则以避孔子讳而为丘加部。冼之为冼，况之为况，扬之为杨，则皆传写之误，今皆改从本字。

本书为难读、难解、易误之生僻字附上注音，以让读者一目了然。有的地方对于人名、地名、物名也略加注解，以省检阅之功。

对于有关西方文化之著作，余亦笃志不倦以攻读，焚膏继晷，寒暑不辍，孜孜以求，务求理解之趣。此所谓"涉浅水见虾，深水见鱼，而尤甚者观蛟龙"。

本书融知识性、科学性、趣味性于一体，注重阅读、参考及收藏价值，希望读者阅读本书后，在获猎广博知识的同时，更能够在彷徨失措之时找到精神的依归，在迷惘困惑之时找到人生的真理，在孤立无援之时找到奋斗的力量！

读书并不仅仅是为了获取知识，更是为了提升自己的素养。君子之风，为中华传统文化中的理想美德。它以仁、智、勇为主要特征，即仁者不忧、智者不惑、勇者不惧。为了培养这种真、善、美全面发展的理想人格，它不仅需要挖掘人的知识潜能，熏陶人的审美情趣，更需要开发人的德性力量。只有这样，我们才能在精神世界与现实生活中实现人格的尊严与独立，最终达到"富贵不能淫，贫贱不能移，威武不能屈"的境界。

本书从前人研究中汲取营养，亦稍加参考近人有关著作。本书中个别资料与篇章，选自报刊或网络，为与全书吻合，其中有些内容有所删节或补充，有的标题有所改动，凡此种种，因篇幅所限，未能一一说明，敬请见谅并表示感谢。

罗马绝非一日建成，万里长城更非一夜之间建成。笔者夙兴夜寐，一条一目，字斟句酌，孜孜不倦地"伏案耕耘"，历三载有余，三易其稿而成此书。然而，个人的学识和精力终究有限，心思所未及，耳目所未周，本书讹误不当之处在所难免，敬祈海内外硕学通才、饱学之士博雅，有以教之，幸矣！

鸳鸯绣取从人看，要把金针度与人。有朝一日，倘真能见到一些读者"举欣欣然有喜色而相告"此书，笔者将备感欣慰。期望本书能陪伴读者度过美好的时光。

谨书此以志，永矢弗谖。

是为序。

叶献高

澳大利亚悉尼 HORNSBY 春雨楼　玉宇斋

2015 年 10 月

目　录

第一编　人　物

第一章　帝　王 ··· 3
大禹下车泣罪 ·· 3
楚平王"老牛吃嫩草"
　　——美人孟嬴被调包 ··· 5
从身为霸主沦为亡国之君的夫差 ·· 7
敌国破　谋臣亡 ··· 8
秦始皇接见外星人之谜 ·· 11
朱棣诛灭十族 ··· 13
野老吞声哭未休
　　——明建文帝生不见人，死不见尸 ······························ 18
妓女生的皇帝朱友珪 ··· 24

第二章　皇　后 ··· 27
马皇后把死亡留给自己，把生命留给他人 ··························· 27
慈禧如此洗澡 ··· 40
曹皇后临危不惧救君王 ·· 45

第三章　武　将 ··· 47
伍子胥 ··· 47
　　一、伍子胥的苦海人生路 ··· 47

二、伍子胥建新城 ………………………………………… 67
　　三、伍子胥一救伯嚭 ……………………………………… 68
　　四、伍子胥二救伯嚭 ……………………………………… 70
　　五、伍子胥掘墓鞭尸终报楚王仇 ………………………… 71
　　六、伍子胥日暮途远，故倒行逆施 ……………………… 73
　　七、伍子胥报恩撤军 ……………………………………… 74
　　八、能忍天下人之所不能忍，能为天下之人所不能为 … 76
　申包胥痛哭七日不绝声，秦哀公终出兵救楚 ……………… 78
　夫概作乱，阖闾班师 ………………………………………… 80
　孙武"不战而屈人之兵"的全军思想 ……………………… 82

第四章　刺　客 ……………………………………………… 91
　史上六位名刺客 ……………………………………………… 91
　刺客专诸 ……………………………………………………… 93
　要离 …………………………………………………………… 97
　　一、士为知己者死 ………………………………………… 97
　　二、矮仔多诡计 …………………………………………… 101

第五章　老光棍 ……………………………………………… 103
　"精神恋爱"的老光棍柏拉图 ……………………………… 103
　最痴情的老光棍安徒生 ……………………………………… 104
　最具理想的老光棍牛顿 ……………………………………… 106
　最具艺术气息的光棍梵·高 ………………………………… 110
　最伟大的作曲家老光棍贝多芬 ……………………………… 112
　同性恋的老光棍达·芬奇 …………………………………… 116
　享誉当当的老光棍诺贝尔 …………………………………… 118
　左右整个欧洲文化发展方向的老光棍伏尔泰 ……………… 122
　大业有成的"单身汉"伊丽莎白一世 ……………………… 125
　"从露珠见太阳"的"光棍"奥斯汀 ……………………… 128

第六章　孙中山 …… 131

孙中山简历 …… 131

孙中山曾用名 …… 133

孙中山的一家 …… 136

孙中山不是美国人 …… 138

第七章　师　友 …… 140

木铎金声
　　——我的恩师谭宪昭教授 …… 140

王季思教授 …… 143

王延青教授 …… 145

黄继昌先生与星岛日报 …… 145

第二编　故　事

第一章　风助战 …… 149

彭城之战风助刘邦 …… 149

东风不与周郎便，铜雀春深锁二乔
　　——"赤壁之战"东风助周瑜 …… 151

鄱阳湖大战风助朱元璋 …… 154

一将功成万骨枯
　　——叔夺侄位，风助朱棣 …… 158

第二章　历史故事 …… 165

晏子宰士没商量
　　——谈"二桃杀三士" …… 165

历代"舌头"的价值 …… 168

成也萧何，败也萧何 …… 169

第三编　考　究

第一章　器　物 …… 173

史上五把名扇 …… 173

历史上的名剑 ··· 177
　　　　一、铸剑鼻祖欧冶子 ······································ 177
　　　　二、双剑化龙 ·· 178
　　　　三、宝剑唯仁者居之 ······································ 180
　　　　四、越王勾践剑 ·· 182
　　　　五、干将莫邪雌雄剑 ······································ 184
　　　　六、两千多年前的神剑仍寒光闪闪 ·························· 185
　　杨贵妃与石榴裙 ··· 186
　　寿阳公主梅花妆 ··· 188
　　彩票溯源 ··· 189
　　旅馆流变史 ··· 192

第二章　史地·文化 ·· 200
　　古国文明 ··· 200
　　　　一、腓尼基 ·· 200
　　　　二、巴比伦 ·· 201
　　　　三、阿拉伯 ·· 202
　　　　四、古埃及 ·· 203
　　　　五、古印度 ·· 203
　　　　六、柬埔寨 ·· 205
　　全球没有军队的袖珍国 ··· 206
　　古代富豪榜《货殖列传》 ······································· 212
　　缘何《三国演义》人物皆单名 ··································· 222
　　"千金"原指男儿身 ·· 224
　　天下第一奇梦
　　　　——黄粱一梦 ·· 225
　　清朝的"试婚制" ·· 232
　　黄祸论与《黄祸图》 ··· 234

第三章　古　　墓 ·· 239
　　秦始皇的祖母夏太后墓出土 ····································· 239

十三代人守异姓墓八百多年 ·············· 243
盗墓 ································· 245
    一、盗墓行规 ······················ 246
    二、"一锅儿"分工明确 ············· 246
    三、盗墓笔记 ······················ 247
    四、古无不扣之墓 ················· 248

第四编 文 学

第一章 诗 词 ························ 251
勾践夫人讴歌泄怨 ····················· 251
虞美人 ································ 253
念奴娇 ································ 255
苏东坡 ································ 257
    一、东坡"乌台诗案" ··············· 257
    二、苏轼多灾多难的后半生 ·········· 263
    三、苏东坡与六榕寺 ················ 265
    四、"东坡肉"与苏东坡 ············· 266
杭州西湖景致的取名与诗词 ············ 268
    一、苏堤春晓 ······················ 268
    二、柳浪闻莺 ······················ 268
    三、断桥残雪 ······················ 269
    四、灵隐寺 ························ 270
    五、三潭印月 ······················ 271

第二章 错 字 ························ 273
"花港观鱼" ··························· 273
孔府大门的错字对联 ··················· 274
"风流宛在" ··························· 281
"福"字多一点 ························ 282

第五编　建　筑

你有所不知的故宫……………………………………………………… 287

破解千古之谜
　　——北京故宫是谁设计的……………………………………… 291

避暑山庄………………………………………………………………… 295

第六编　情　怀

东西方亲情观念有别…………………………………………………… 305

设立遗嘱与有关法律…………………………………………………… 311

全球华人面临阅读危机………………………………………………… 317

参考文献……………………………………………………………… 320

第一编 人物

第一章 帝王

🕊 大禹下车泣罪

禹或称夏禹、大禹、戎禹，为夏代建立者。姓姒，名文命，系鲧之子。原为夏后氏部落领袖，奉舜命治理洪水。据后人记载，他领导人民疏通江河，兴修沟渠，发展农业。其父鲧本治水无功，舜才命禹为司空继续治水。他亲临各地疏浚江、河，平息洪水，治理山川，划分土地等级，制定贡赋。在治水的13年中，他三过家门而不入。后因为治水有功，被舜选为继承人。舜去世后，他被各部族拥戴为天子，建立夏代，号夏后。传说大禹曾铸象征国家之神器九鼎，又

大禹

传他曾克平三苗之乱。又传禹享尽天年百岁,卒于会稽。今绍兴有禹陵。其子启继位,确立了君主世袭的制度。

有一次,夏禹乘车出门,突然看见有一个罪人被押着走过。禹忙以口头命令停车,立刻问道:"这个人犯了什么罪?"解差回答说:"他偷了别人家的稻谷被抓住,现解送他去审问!"禹听了随即下车,趋前问那罪人道:"你为什么要去偷人家的稻谷呢?"那罪犯一眼看出这个人有来头,来历不小,是个大官,以为要被他严惩,吓得屁滚尿流,低头不语,以为死定了。禹见此状并不发火,一面对他疏导,郑重地劝告;一面倏然流下泪来。在场的人见状都十分诧异。其中一人问道:"这人偷了稻谷,该押送去治罪,不知大王为何反痛苦地流下眼泪?"

禹自责地答道:"我不是为这个罪人而流泪,而是为自己流泪。想起从前尧和舜做君王的时候,老百姓都和他们同心同德,同舟共济;如今我做了君王,百姓都与我离心离德,才干出这种损人利己的事来,所以我深感内心非常痛苦!"

禹立即命左右护卫的人取出龟甲一块,镌刻上"百姓有罪,在予一人"八个字。接着命令把那罪人释放。

汉刘向《说苑·君道》:"禹出见罪人,下车问而泣之。"说的是大禹治理国家不得已而用刑,比喻为政宽仁。意谓禹对罪人表示怜悯。其他书对此种行为也有所记述,如《梁书·王僧孺传》:"解网祝禽①,下车泣罪。"《梁书·袁昂传》:"幸因约法之弘,承解网之宥。"《史记·殷纪》:"汤出,见野张网四面,祝曰:'自天下四方皆入吾网。'汤曰:'嘻,尽之矣!'乃去其三面,祝曰:'欲左,左。欲右,右。不用命,乃入吾网。'诸侯闻之,曰:'汤德至矣,及禽兽。'"后人因此以"解网"比喻宽宥、仁德,多用于对帝王的颂扬。南朝梁沈约《汉东流》:"至人解网,穷鸟入怀。"

---

① 祝禽,指开网祝禽,使之飞去。比喻给予生路。唐《骆宾王集》九:"而祝禽疏网,徒开三面之恩;毒虺挺袄,逾肆九头之暴。"

楚平王"老牛吃嫩草"
——美人孟嬴被调包

费无忌是春秋时期的楚国人。楚平王二年,他不喜欢太子建,意欲离间楚平王与太子建的父子关系,便启奏楚平王:"太子(建)已年长,为何不为他婚娶?求婚的对象,最好是秦国。秦国是强国,又与楚国和睦相处;两强联婚,楚国的势力就更为强大了。"楚平王听从他的话,接着就派遣他前往秦国为太子建求婚。秦哀公当时在位,认为这是一件美事,就表示以长女孟嬴许婚。楚平王同时又命费无忌随身带上金珠彩币①前往秦国迎娶,作为楚国对秦国下的彩礼币箱。

秦哀公接到聘金,极为高兴,就命公子蒲送孟嬴到楚国,装资百辆,随从婢女数十人。回国途中,费无忌察觉孟嬴有绝世之色,令人倾倒。又见婢女中有一人姿容秀美,举止端庄,是齐国人,自幼随父来秦国,为孟嬴侍从。费无忌就密召齐女,对她说:"我看你有贵气天成之貌,有心大力抬举你,做个太子正妃,你如能保守我的秘密,保你永远享不尽的荣华富贵。"齐女低头默认,二人默然相对。

得到齐女的默许,费无忌迅速回朝廷,上奏楚平王:"秦女已入楚境,离都城约有三舍②之遥。"

楚平王问:"你见过她吗?其貌如何?"费无忌答道:"臣所见女子多矣,从来没有见过像孟嬴这样美貌的女子。不但楚国后宫没有比得上她的女子,而且相传古之绝色,如妲己、骊姬,恐怕也远远不能与孟嬴相匹敌。"楚平王一听,不禁心血来潮,为之陶醉。不由得感叹道:"寡人枉自称王,不遇此等绝色,真是虚度年华!"费无忌请求屏退左右闲人,密奏道:"大王倾慕秦女之美,为何不自娶呢?"

费无忌这一招够狠,够毒。他为了迎合楚平王对美女的欢心与性欲的

---

① 币,财物。当时以珠玉为上币,以黄金为中币,以刀布为下币。
② 三舍,一舍三十里;三舍即九十里。

满足而出的计谋和手段，确实太狠毒了。第一是公开欺骗秦国，尤其是小国骗大国，会引起秦哀公的反感，制造两国矛盾；第二是"老牛吃嫩草"，公然欺骗美女孟嬴；第三是引起太子建的反感，挑动父子之间的矛盾。这一招就达到一箭三雕的目的。

楚平王说："既然已聘为儿媳，恐怕有碍人伦。"费无忌奏道："没有妨碍。此女虽聘于太子，但尚未入东宫①，大王迎入宫中，谁敢异议？"楚平王说："群臣之口可钳，怎么能塞太子之口呢？"费无忌奏道："臣观看随从婢女中，有一齐女，才貌超群，品德端庄，可充当秦女。臣请先让秦女进入王宫，再让齐女进入东宫，嘱以不得泄露天机，则两相隐匿，而百美俱全了。"

楚平王这时喜出望外，乐不可支，再三叮咛费无忌机密行事，又如此这般地一番面授机宜。于是费无忌奉命将孟嬴及其随从侍女送入王宫，又令宫中侍女改换服装以隐瞒自己的身份。经过精心的设计，将其乔装打扮作秦国女子的模样。齐女冒充孟嬴，令太子建迎入东宫成亲。

楚平王恐怕太子建知道调包之事，就禁止太子建入宫，不许他与孟嬴相见。

楚平王最终抱得美人归，与孟嬴朝夕在后宫淫乱放荡，无度宴乐，尽废朝政。

费无忌又献上一计，令太子建远戍边疆。太子离开都城后，楚平王就册立孟嬴为夫人，即使以后太子建知道后也奈何他不得。

孟嬴虽尽得楚平王的宠幸，但他毕竟年老力弱，每次交欢时力不从心，不能满足她的性欲，孟嬴生活得并不痛快与幸福，经常郁郁寡欢，以为憾事。但结婚不久，她的肚皮就有动静，次年生下一子，取名为珍。后来孟嬴也得悉调包之事以及从头到尾的经过与本末，对楚平王更为反感。楚平王为了讨孟嬴的欢心，就改立珍为太子。孟嬴才稍为欣慰，脸上也强露一丝欢愉的笑容。

---

① 东宫，太子所居之宫。也指太子。又太后所居之宫为东宫。这是后来的汉制，太后居长乐宫，在未央宫东，故称太后为东宫。亦称东朝。

从身为霸主沦为亡国之君的夫差

吴王夫差年少时娇生惯养，衣来伸手，饭来张口。从小就被宠爱纵容，不加管教，长大之后也一路坦途，没有经受过任何波折。其父阖庐临终授命："你千万不要忘掉勾践的杀父之仇啊！"他的父亲神色痛苦地再三叮嘱。夫差尽管哽咽着回答："我永远不会忘记！"但他最终还是顶不住勾践使用的糖衣炮弹袭击，送大美人西施、郑旦给他享用，送大批大批的金银宝玉，送名贵木材给他大兴土木，在砚石山建造馆娃宫给西施享受之外，山上还建有灵岩塔、吴王井、西施洞、琴台等。他又挖空心思兴建响屧廊，以梓板精心铺地，让西施走过时发出响亮而又有节奏的铿锵悦耳的声音。他整日整夜与西施在淫窝里过着淫乐无度的糜烂生活，中了勾践对他腐蚀、拉拢，把他拖下水的计策。

吴王夫差又具有极强的虚荣心和争强好胜的心理。公元前482年，夫差打败齐国之后，不是很好地休养生息、充实国力，而是又马不停蹄、人不下鞍地挥师北上，与晋国一决雌雄，争当霸主，空享虚名。

再说越王勾践，使用文种献的"灭吴七策"，让夫差消磨心志、腐化堕落，不断献上美人、进贡财物，这无异于黄鼠狼向鸡拜年——不怀好意。他立志卧薪尝胆，刻苦自励，不敢求安乐，不敢求美味。

吴王夫差十二年（公元前484年），吴救鲁伐齐，破齐军于艾陵（今山东莱芜市东北）。两年后吴开通连接泗水与济水的运河，夫差由水路北上，与中原诸侯在黄池（今河南封丘西南）会盟。夫差依仗兵威，与晋定公争夺霸主地位。正在此时，越王勾践乘虚袭破吴都（今江苏苏州），杀死吴太子友。夫差得报后，仍勉强争得霸主而归。夫差只看到前面有名可享，有利可图，岂知道祸害就在后面，这就是后院起火，这就叫作："螳螂捕蝉，岂知黄雀在后！"

由于夫差一生万事亨通，一旦遭到挫折，便心胆俱裂，心理防线就立即崩溃、瓦解。

公元前490年勾践被赦，这无异于纵虎归山，夫差放任宿敌坐大，其后患无穷。

勾践回国后的十五年是厉兵秣马、磨刀霍霍的十五年。他待人民安居富足、国库充实、兵练好了，便于公元前476年再次兴兵动众，进击吴国，整整打了三年，其全国上下同仇敌忾，群策群力，上下一心，终于击溃吴军，破城而入。夫差兵败将亡，被迫退到姑苏山，最终被擒。他派人要求与勾践讲和，心甘情愿像勾践到吴国来当奴隶一样，说自己也可以到越国去当奴隶。勾践不忍心杀他，但范蠡与文种坚决拒绝，并将使者扫地出门，驱逐出去。这就是夫差好人不做做乌龟，是想做奴隶而不得的时候了。

夫差知道是范蠡和文种置他于死地之后，就立即修书一封，用箭朝着范蠡的军中驻地射去。

范蠡开启信封一看，信中写着："飞鸟尽，良弓藏。狡兔死，走狗烹。敌国破，谋臣亡。"意思是飞鸟射光了，良弓就会被收藏起来；狡兔被猎杀后，用来追捕兔子的猎狗便失去利用价值而被烹煮来吃；打败敌国之后，就必杀尽谋臣了。吴王夫差提醒范蠡：你们之所以赢得勾践的信赖，正是因为有了我夫差这个敌人。要是我这个敌人不存在了，越王勾践就磨刀霍霍向你们了。吴王夫差于公元前473年以袂掩面自杀身亡，以示无面目见伍子胥于黄泉之下。伍子胥预言，吴国以后必成为"沼国"，应验了。

伍子胥时隔16年终报楚平王杀父之仇；勾践时隔22个春秋，终报入吴三年过奴隶般的生活的深仇大恨。而吴王夫差不但不能报不共戴天的杀父之仇，反而由诸侯霸主一变而为亡国之君，最终身败名裂，国破家亡身死，为世人所笑。

敌国破　谋臣亡

吴王夫差自杀后，越王勾践安葬了他。当时亡国之臣伯嚭壮着胆子去见勾践，以为20年前他曾在吴王面前说了越王勾践的好话，对勾践曾有过大恩大德，想来邀功领赏，所以当时他很得意地来拜见越王。结果碰了一鼻子灰，且自来讨死。

越王勾践对伯嚭说："你的国君已在阳山自杀了，你为什么不去阳山找他呢？"

伯嚭自讨没趣，脸色变得铁青，站起身来一言不发，就灰溜溜地离开宫殿。勾践派人追上去，了结了他的性命。这就是奸臣的可耻下场。

勾践灭了吴国后，就用兵北上渡过淮水，与齐国、晋国的诸侯会盟于徐州，并致送贡品给周朝的王室。周元王派人赏赐勾践祭祀用的肉，并册封勾践为"伯"。

勾践

勾践离开徐州以后，渡过了淮南，把淮河上游的土地送给楚国，归还吴国所侵并宋国的土地给宋国，把泗水以东的百里土地给鲁国。此时，越国的军队在江淮以东通行无阻，耀武扬威，诸侯皆来朝贺，称勾践为霸王①。《史记·越世家》："当是时，越兵横行于江、淮东，诸侯毕贺，号称霸王。"勾践已成霸王之业。

越王勾践趾高气扬，不可一世。他在宫里摆酒席大宴文臣武将，大家都兴高采烈，举杯祝贺，大口大口地吃肉，个个兴致勃勃。但是越王勾践却兴味索然，脸上不挂一丝笑容。帝王的脸色真是有如白云苍狗，变幻无常。范蠡从露珠可窥太阳，见微知著，第二天就前来拜见勾践说："大王啊，我听说：'主忧臣辱，主辱臣死，主圣臣直'。"意思是说一个国君要是有忧虑，对大臣而言是一种耻辱；要是一个国君受了耻辱，他的大臣就有死罪。要是一个君主圣明，大臣才能正直，才能享有太平清明的盛世。"想当年，大王您在会稽战败之后，到吴国在石屋养马三年，受尽羞辱的时候，那时我早就应该死了。但当时我没有死，就是盼望留得青山在，不

---

① 霸王，霸与王。古称有天下者为王，诸侯之长为霸。

怕没柴烧，日后为大王报仇雪恨。现在大王已报世仇，已洗雪耻辱，希望能赦免我当年的死罪，让我弃官，求您让我把这把老骨头带回家乡去吧。"

勾践一听，马上呈现出一副凶狠的面孔，恶狠狠地说："要是你走，我就把你的全家杀掉！"

范蠡脸不变色，心不跳动地说："杀不杀他们在于大王。"于是范蠡就只身飘然而去，没有带妻子、儿子在身边。他功成身退。

范蠡到了齐国，从齐国送回一封信给文种。信中说："飞鸟尽，良弓藏；狡兔死，走狗烹；敌国破，谋臣亡。越王为人长颈鸟喙，可与共患难，不可与共乐。子何不去？"文种见信之后，就宣称有病，不肯上朝。有人就进谗言，说文种将起来作乱。一天晚上，勾践便来到文种府上，文种就装出病情很重的模样，出来跟越王见面。越王勾践说："当年你曾经给我献'灭吴七策'，我只用了三条就灭掉了吴国，还有四条没有用上，该怎么办？"文种知道末日来临，张口结舌，无言以对。

勾践接着说为什么不用这四条计策"为我谋吴之先人于地下"，就是到阴间去对付吴国那些已经死了的人。文种满头大汗，不明白越王到底为何会说这样的话。说完，勾践就恶狠狠地走了。

文种送客走后，转脸回过头来，才发现桌上放着一把剑，仔细定睛一看，原来是当年吴王夫差赐给伍子胥的那把"属镂"①。

文种当时不懂勾践说什么，勾践告诉他："你教我七种计策去讨伐吴国，我只用了其中的三种，而吴国就败亡了。还有四种仍在你那边。请你替我去追随死去的先王，让他也试试你的妙计吧！"文种这才恍悟，越王不会留着他了。他慨然长叹，拔剑出鞘，对着自己的脖子轻轻地抹下世界上最冰凉的一刀。

文种事奉越王勾践为大夫，越被吴击败，越王困守会稽，文种献计贿赂吴太宰伯嚭，得免亡国。勾践在吴为奴三年。文种留越看家，管理国政。勾践被赦回国后，君臣刻苦图强，终于灭掉吴国。像这样的越国元勋，其功无与伦比，最终都未免一死，可见勾践的专横暴烈，暴戾恣睢。

---

① 属镂，《吴越春秋·勾践伐吴外传》作"属卢"，《广雅·释器》作"属鹿"，《古文苑》四扬雄《太玄赋》作"属娄"，《荀子·成相》作"独鹿"。皆多位一体，实指一剑。

伴君如伴虎,信夫!

"敌国破,谋臣亡。"范蠡的这个断语是多么的言简意赅,精准、概括,针对性强。他不单单指勾践一人,而是指有关这一类的人。综观历史,凡是专制独裁者,内心的狠毒,面目的狰狞,手段的残暴,都概括无遗,无一例外。所以它又是典型的,是千古名句。

秦始皇接见外星人之谜

志怪小说集《拾遗记》,旧谓为晋朝王嘉撰,十卷。南朝梁的萧绮曾对其加以整理,并附所论于后,成为"录"。明朝的胡应麟认为该书即萧绮所撰,只是托名为王嘉所著而已。前九卷记自上古庖牺、神农至东晋时的异闻,末卷记昆仑、蓬莱等灵境仙山。该书着重宣扬神仙方术,多荒诞不经。但旧时诗文常征引以为典故。

秦始皇

《拾遗记》卷四记载:"有宛渠①之民,乘螺旋舟②而至。舟形似螺,沉行海底,而水不侵入,一名'论波舟'。其国人长十丈,编鸟兽之毛以蔽形。始皇与之语及天地初开之时,瞭如亲睹。"又记:"臣国在咸池③日没之所九万里,以万岁④为一日。"这段是《拾遗

---

① 宛渠是神话中的国名。
② 螺旋舟又名螺舟或蠡舟。传能潜海底,为形状似螺的船。蠡,瓠瓢。
③ 咸池是东方的大泽。神话中谓日没处。《淮南子·天文》:"日出于旸谷,没于咸池。"
④ 万岁是万年。《庄子·齐物论》:"参万岁而一成纯。"

记·秦始皇》篇记载有关秦始皇好神仙之事。

　　以上一段描述了秦始皇与宛渠国的人对话，非常有趣。这些人乘的是能潜海底、形似螺旋的船，这就是今天所谓潜水艇的雏形，不同的是它没有潜艇在水面下进行战斗活动的设备及功能。它没有鱼雷或导弹等用来袭击敌人舰船和岸上目标的设备，也不能担任战役侦查的特殊功能罢了。宛渠国人高十丈，可以想象，秦始皇与他们谈话，必定挺起胸膛，抬头仰面，而宛渠国人必然低下头，弯腰了。十丈在此是概数。

　　此外，宛渠人还能掌握高能量的能源，如果用作夜间照明，哪怕只有"状如粟"的一小粒，就能发光"辉映一堂"。要是将其抛入小小的河溪里面，立刻可看到"沸沫流于数十里"。这些宛渠人肯定不是地球上的人，那他们到底是什么人？秦始皇自己也弄不清，认为"此神人也"。这就成为古往今来众多考古学家、历史学家所百思不得其解的千古谜团。

　　光阴荏苒，自从秦始皇见宛渠人至今，已有二千年的时间。随着科学日新月异的发展，考古学石破天惊的发现，今天人们对这个谜已有新的诠释。

　　近年来，世界各国有诸多学者、科学家以外星来客的观点对《拾遗记》的这一记载进行了新的探讨和解释。他们运用的是"飞碟"理论。飞碟又称"不明飞行物"，英文简称为 UFO。他们认为这是由外星人操纵的飞到地球上的飞行物体。最早报道的是美国商人 1947 年在华盛顿州雷尼尔山（Rainier）上空发现的 9 个圆形碟子模样的东西。以后报道的形状有圆盘形、卵形、蘑菇形、雪茄形、橄榄形等。据说它们的飞行轨迹变化莫测，与之相遇，会使通信联络失灵，甚至还有其他传闻。但至今还没有人提供一个实物或碎片，故对此存有激烈的争议。一种意见认为这是目击者对某种自然或人工现象的曲解或幻觉；另一种意见认为这是一个有待解开的自然之谜。

　　人们认为《拾遗记》中记载的这段内容，是一批具有高度文明的外星人两千多年前就来到地球，同时开创基业，建立根据地，对地球进行实地调查和考核。这批宛渠人活动于海洋之中，他们用螺旋形的船作为交通工具，可以水陆两栖，日行万里，极为便捷。这实际上是古代的不明飞行物，或称为"飞碟"。这批人"两目如电，耳出于项间，颜如童稚"。他们有敏锐的洞察力，注意观测人类世界，一旦有新的动向，即使是相去

"十万里",也必定"奔而往视之",弄出个究竟。他们对混沌蒙昧状态的洪荒世界进行实地勘探得"瞭如亲睹"。对"少典①之子采首山之铜,铸为大鼎"关心备至,立即赶赴实地加以观察,结果目睹"三鼎已成"。他们对中国当时社会组织结构的变革、生产方式及其成果,也都亲临其境,"走而往视"。秦始皇时期所筑的万里长城巨大工程,都留下他们的足迹。

地球上的人种只有黑、白、棕、黄几种肤色。但有些曾遇过外星人的人都说外星人是矮小身材、发出绿色光芒的类人生物,称为"小绿人"。据说在西班牙曾经发现过绿孩子,但无人知道这"小绿人"是否与外星人有关。

天文学家和科学家们曾指出,在浩瀚的宇宙中,类人生物肯定不是唯独我们人类,有一亿颗星球完全有可能有生命存在。仅仅在银河系,有18000颗行星适合类人生物生存。

有关外星人光临地球的传闻,中外均有所记载,从古及今,绵绵不断。而《拾遗记》却记载了外星人与不可一世的秦始皇曾进行亲切与友好接触及交谈的情节,这给世界典籍留下了一笔古老的原始记录。当然,有的科学家对这种解释感到牵强附会,难以令人置信。秦始皇接见的到底是何人?这是一个有待解开的千古谜团。

朱棣诛灭十族

明建文元年(1399)七月,朱棣誓师起兵靖难。当他离开北平时,谋士道衍送他到北平郊外,跪拜于地下,谨慎地不让局外人知道,轻轻奏到:"为臣有一个请求。"

朱棣道:"有何请求,尽管说吧。"

道衍说:"南京有个叫方孝孺(rú)的,品行、学问天下无双。日后你成功,他绝对不肯归顺,请你千万不要杀他。杀了他,天下的读书种子就绝了!"

---

① 少典是人名。古代帝王。娶有蟜氏,生黄帝、炎帝。

朱棣同意了。

建文三年（1401）十一月，朱棣挥师南征，直指南京。次年六月十三日，一举攻占南京城。建文帝不知去向，朱棣即将圆皇帝梦。但"红花还须绿叶扶"，为了笼络人心，他必须拉拢一些有名望的士人，便记起了道衍的话，首先就把方孝孺召来，让他为自己当皇帝尽忠效命。

方孝孺是明朝浙江宁海人，字希直，一字希古。为宋濂弟子，尽得其学。洪武二十五年召入京，被授为汉中府教授，与诸生讲学不倦。蜀献王闻其贤，聘其为世子师，名其屋为"正学"，他因此被称为"正学先生"。建文帝即位后，召其为侍讲学士，修《太祖实录》，为总裁。他德高望重，著有《逊志斋集》。他是建文帝器重之贤才，倚重之臣。他亦尽心、尽力、尽责效忠于建文帝。朱棣攻克南京的当天，他被捕下狱。朱棣欲向天下发布登基诏书，第一个就把他召来，命他起草诏书。但他拒绝从命，朱棣便以淫威相逼，岂知这是一个硬汉。他穿上孝服（粗麻布制），腰系麻绳，戴上孝帽，直奔至宫阙之下，放声痛哭起来。卫士们七手八脚地将他捉住，押至金殿之下。朱棣左也不是，右也不是，只有憋着一肚气。想起当年道衍的话，才没有杀他，真是奈何他不得，有道是"恶人怕烂人"。朱棣干脆把他打入大牢，让他的两个学生去劝他归附新朝。岂料方孝孺一见学生，就以恶言恶语大声相骂："你们白白地跟随我那么多年，怎么连这点儿礼义廉耻都没有！"两名学生尚未启齿，就被他骂得狗血喷头，亦毕恭毕敬地接受了一顿教训。方孝孺披麻戴孝，就是严明礼义廉耻，孝忠前朝。

朱棣登基的日期迫在眉睫，心里像热锅里的蚂蚁，要寻找一位有名望的士人起草诏书的事还未着落。又问过不少人，有的说："有方孝孺在，谁还配动笔？"有的更直白地道："要是方孝孺起草即位诏书，天下士大夫谁还能不服？"有的说："起草即位诏书，非方孝孺莫属！"

朱棣真无奈，又回来见方孝孺，并毕恭毕敬地道："你完全不必这样痛心，我这不过是效法周公辅佐成王罢了。"

朱棣此言差矣，虎狼之心却装成菩萨心肠。想当年周公佐武王（兄）伐纣灭商。武王卒，成王幼，周公摄政。平管叔、蔡叔之变，定东夷之乱。封长子伯禽于鲁。成王长，还政于王。营建东都成周，迁殷贵族于成周，加强控制。又制定礼乐制度，分封诸侯，使周王朝强盛。周公去世后，成王赐鲁国天子礼乐以褒其德。周公佐其兄，亦佐其侄（成王），摄政七年。朱棣叔夺侄（建文帝）位，还死皮赖脸而又恬不知耻地自比周公。朱棣此言骗三岁小孩尚可，却在光天化日之下诓骗天下人，冒天下之大不韪，朱棣差矣！一计未逞，又施一计，此计更恶劣。

难怪方孝孺诘问："那么成王又在哪里？"

朱棣道："他自己烧死了。"此指建文帝。

方孝孺反诘道："那你为何不立成王之子？"

朱棣道："国家初立，要用年纪大的做皇帝。"

方孝孺又反诘道："那你为何不立成王之弟？"

朱棣理屈词穷，万分无奈地走下"御座"，到方孝孺跟前，低声下气道："这是我们家里的事，先生就不必多操心了。"说罢，一挥手，侍从立即捧出文房四宝来，朱棣继续说："这诏书还是除却先生没人能写。"

方孝孺一把抓过笔，便在白纸上信笔涂抹了几个大字，就掷笔于地，痛楚地骂道："死就死，这诏书是绝对不能写的！"显然，方孝孺已经成为一名不怕死的人了，以死来威胁他，又有何用呢！有道："民不畏死，奈何以死惧之！"

朱棣极端羞怒，有道是"恼羞成怒骂人多"，他吼声震天道："你想死可不那么容易！就是死，难道也不顾你的九族了吗？"

方孝孺厉声呵斥道："不要说九族，便是十族①也奈何我不得！"坚不奉命。真个咬钉嚼铁汉，沥血披肝人！

朱棣大怒，气涌如山，喝令刀斧手用刀将方孝孺的嘴一直割到耳边。

方孝孺周身血泊，仍骂个不绝声，骂得朱棣狗血喷头，方孝孺才昏倒过去。这就是一颗响当当的"铜豌豆"。

朱棣恨得直咬牙切齿，咆哮道："他不怕灭十族，我就灭他的十族，让天下不怕死的人都见识见识！"

朱棣终于露出了原形，大开杀戒，屠戮十族了。

但自古唯有九族之说，即汉代有儒家二说。一说九族为异姓亲族，即父族四、母族三、妻族二，见《左传·桓公六年》"亲其九族"的注、

---

① 十族，指于宗亲九族之外并及门人。《清诗别裁·樊大舅客金陵有诗吊方正学（孝孺）先生予次其韵》："碧血一区埋十族，青山千古护孤坟。"

疏。另一说《尚书》则认为九族是同姓亲族,谓从自己算起,上至高祖,下至玄孙为九族。明清刑律服制图,均以高祖至玄孙为同宗亲族的范围,九族以自己为本位;直系亲,上推至四世高祖,下推至四世玄孙;旁系亲,则横推至三从①兄弟,即以族兄弟、再从兄弟、堂兄弟、兄弟,同为高祖四世之孙。

明成祖朱棣

方孝孺的妻子、几个儿女当然是首要分子,必然首先遭到杀戮。朱棣有意让方孝孺目睹自己的亲骨肉如何成为刀下鬼的。可惜的是他的阴谋并未得逞,方孝孺的妻子和几个儿女已经在刀斧手到来之前就悬梁自缢,只剩下两个未成年的幼女被捉了来。朱棣越发迁怒于两幼女身上,大发兽性道:"方孝孺不是要门风清白、保持清誉吗?我偏偏让他的女儿去做婊子(娼妓)!先把她们交给十几条汉子睡上几天,让牛踹马踏(喻轮奸)之后,再送到窑子(指妓院)里,生下丫头②做婊子,生下小子做王八③!"

朱棣于是开始屠戮方孝孺的"十族",但自古以来无"十族"之说,因此他圣心独运,"米不够,水来凑",干脆把方孝孺的门人④弟子列为一族。此所谓"祸福无门,唯人所召"。

朱棣每杀一个便问方孝孺一句,只要方孝孺归顺新朝,就全部赦免刑罚,结果方孝孺只在胞弟方孝友被杀时流出几滴泪而已。

方孝友,字贤希。因为方孝孺株连被杀,被杀前口吟一绝,从容

---

① 从(zòng),同一宗族次于至亲者叫从。又次者,叫再从、三从。从兄弟即同祖兄弟,是从父兄弟的略称,也称堂兄弟。
② 丫(yā)头,女孩因头上梳两髻,像"丫"形,故称丫头,后来多指婢女。
③ 王八,乌龟或鳖的俗称。这是骂人之词。《雍康乐府·叨叨令兼折桂令》:"虾儿腰,龟儿辈,玉连环系不起香罗带,脊儿高,绞儿细,率茸毛生就的王八盖。"
④ 门人即弟子。古代弟子门人无别,至后汉时公卿自多教授聚徒,亲授业者为弟子,转相传授者为门人。

受刃。

方孝闻，字希学。方孝孺兄，方学笃行。先孝孺而死，所以并未看到灭族之祸。

方孝复，方孝孺从弟（堂弟）。洪武二十五年上书阙下①，请减汤和所加海宁田赋，被谪戍庆远卫。燕王朱棣入京，从兄（堂兄）孝孺被杀，宗族亲友死者数百人，唯孝复以军籍获免。这就是坏事变成了好事。

汤和是朱元璋的老将，为征南将军，封信国公。方孝复因上书请减汤和所加海宁田赋，被以罪遣关至边地，担任守卫。因为服军役才免方孝孺株连，这就是"塞翁失马，焉知非福"。也是"祸兮福之所倚，福兮祸之所伏"，即祸福相因，往往福因祸生，而祸藏于福。方孝复真是幸运儿啊！这是方家仅存的种子呢，是独苗苗呀！这就是天留人！

士可杀而不可辱，宁为玉碎，不作瓦全。方孝孺没有退缩半步，低头弯腰向恶魔屈服。朱棣淫威大发，便将方的九族与门人故友共873人在他的眼皮之下一一腰斩，最后将方孝孺凌迟②于聚宝门外。

朱棣本想用洪武的严猛与建文的宽仁治国策略，表面上装着尊儒崇礼的姿态，所以打算依靠方孝孺的名望作招牌来招揽人心、士心，但他万万想不到的是碰上了方孝孺这个硬汉。一旦不能实现他的阴谋，他便一反常态，原形毕露，首先向方孝孺开刀，让天下的士子看到他的厉害，借以达到杀鸡儆猴的目的。他岂知儒家的士子多为杀身成仁，这不是以恐怖和鲜血就能吓倒的。

另有一例。铁铉，明河南邓州人，建文时为山东参政、兵部尚书。燕兵南下渡江，铁铉屯兵淮上，兵溃被抓，对朱棣嘲笑谩骂。朱棣怒不可遏，令刀斧手割其耳鼻。铁铉绝不屈服。朱棣又令刀斧手将割下的肉烤熟，再塞入铁铉口中，令其吞食。怒喝道："好味吗？"铁铉正言厉色斥道："忠臣孝子的肉有何不好味！"朱棣拿他没办法，令刀斧手将铁铉寸磔③，直至昏倒死亡，铁铉仍骂声不绝。朱棣又令刀斧手抬来大锅一口，灌入油，加热煮沸，再将铁铉尸体投入锅中，顷刻间便成了焦炭。可见朱

---

① 阙下是宫阙之下。后来上书于皇帝而不敢直指，但言阙下。
② 凌迟，一作陵迟、剐刑。这是古代一种残酷的死刑，零割（肢解）犯人肉体致其死亡。唐代最重要的刑只是斩首，到五代才开始在刑法外设立凌迟一条。宋代大狱，凡犯所谓口语狂悖罪的，多用凌迟处死。元代正式列入刑法之内，直到清末始废。
③ 寸磔（zhé）是古代的一种酷刑，把肢体分裂。

棣这个暴君惨无人道的本性，真是惨绝人寰，毫无人性，叫人惨不忍睹。

朱棣夺位以后的这场大屠杀，直到永乐十一年（1413）才结束，总共屠杀尊儒崇礼的人士达12年之久。轻者斩草除根，连根拔除，免遭后患；甚者诛灭九族。朱棣早已丧失人性，而又伤天害理，凶狠毒辣。他岂知真正的儒士个个都是舍生取义的，绝不被刀光闪闪的屠刀所吓倒！正因为他们生时一身正气，才死得如此的悲壮。

野老吞声哭未休
——明建文帝生不见人，死不见尸

洪武二十五年，朱元璋已60多岁，为了大明江山永在，必须立储传承。他经过再三权衡，决定立燕王朱棣为太子。是年九月，他亲自召集群臣，共谋立储事宜。他说："国家不幸，太子（朱标）竟亡。古称国有长君，方足福民，朕意欲立燕王，卿等以为何如？"

刘三吾一马当先抗奏道："皇孙（允炆）年富，且系嫡（dí）出（正妻所生），孙承嫡统，是古今的通礼。"文武大臣没有异议，认为应尊重礼法，宗法制度下家庭的正支就是嫡出，嫡庶（妾）有别。

朱元璋本以为"立太子为天下本"，用"宗室以为天下屏藩"。立太子以承袭伟业的问题已经长期困扰着他，最后又摆脱不了封建伦理的束缚，重落窠臼。再加上重用宗室而将与他长期同甘共苦、出生入死的功臣大加杀伐，而封自己的儿子为王，把守全国各个战略要地，拥兵自重，各据一方，觊觎①皇位。这是一项极其错误的政策，因为这对皇位的继承与行使皇权已经构成重大的威胁。他们倚仗威势，不断谋反。燕王朱棣对皇位早已虎视眈眈，垂涎欲滴，在北平燕王府中招兵买马，扩充武装力量，私制兵器，筹集兵饷，搜罗党羽，收拢人心，偷印宝钞，充实府库，最终大动干戈，公开谋反，杀入了金陵城，叔夺侄位，酿成了多少人间惨剧！

经过三年的惨烈战争，朱棣杀入金陵之时，立即分派多支队伍搜捕建

---

① 觊觎（jì yú）：希望得到。

文帝，但生不见人，死不见尸，去向不明，亦不知所终。经过一场大屠杀之后，宫人寥若晨星。朱棣又将剩余的几个太监、宫人集中起来，进行拷打，逼问建文帝的下落。宫人们在兵连祸结中连自身都难保，哪有闲情去顾及皇帝的下落，所得到的回音为："宫中起火，火海冲天，想必建文帝已自焚了。"于是又"清宫"三日，在瓦砾成堆的废墟中去寻找建文帝及马皇后的尸骨。但在如此偌大的皇宫中，被烧死的人尸体堆积如山，连是男是女都面目全非，谁又能认出哪个是建文帝和马皇后呢！有的宫人只能抬出两副来，当作帝后的遗骸，应付交差了事。朱棣根据帝、后的礼节予以安葬，葬地秘而不宣，也没有追赠庙谥号，更无立碑。

以上就是第一种说法，即燕师入京，建文帝闻报，立即命人燃起熊熊烈火之后，他含泪偕同皇后马氏等，投火自尽。但是这两具尸骨是否就是建文帝及皇后的谁也不知道。因此，明人有关建文帝出逃的记载多有异辞。于是又传出另一说法，说建文帝出逃当和尚去了。

据说建文帝得悉金川门被破，吓得魂不守舍，四处乱窜，想到的就是自杀。在这千钧一发之时，翰林院编修程济道："与其死，不如走！"

太监王钺（yuè）猛然记起了一件事，连忙说："高皇帝临去世时，留下一只木箱，遗嘱道：'遇有大难，立刻打开。'这只木箱就收藏在奉先殿的左室内。"

霎时间，快手快脚的，木箱被取来了。木箱的周围全以铁加固得严严实实的，连两把"铁将军"都以铁灌实了。程济将箱子砸碎，见箱内藏有三张度牒①。

三张度牒连姓名都写得清清楚楚了，一张写应文，一张写应能，一张写应贤。内中还放有袈裟、僧帽、僧鞋各一套。剃刀一把，白金十锭。尚有书信一封，正是高皇帝的御笔，上写道："应文从鬼门②出，余从水关御沟而行，傍晚时会合于神乐观③。"

以上木箱应急之物，相当于当年诸葛孔明的锦囊妙计。这是旧小说中

---

① 度牒，僧尼出家，由官府发出的凭证。有牒的，得免地税、徭役。唐、宋僧尼簿籍，归祠部掌管，由祠部发放度牒。政府可出售度牒，以充军政费用。后来度牒收入成为官府收入的一项重要来源。总之，度牒就是和尚、道士的身份证、护身符、保护神，亦相当于后来的护照。
② 鬼门是凶险之地，神话中指通往阴间之门，万鬼所出入的门。
③ 神乐观有两处：①在今北京市天坛。一名神乐署。明建。②在今江苏南京城区东隅五龙桥南。明建。本文应指后者。

常描写足智多谋的人，把可能发生的事变以及应付的办法预先用纸条写好装在锦囊内，嘱咐办事的人在遇到紧急情况时拆开看，并依计行事。

建文帝有这一"锦囊计"，所以叹道："这也是命里注定呀！"

程济又三下五除二地给建文帝剃发，皇帝成和尚头。

在这万分紧急的关头，建文帝化名应文，披上袈裟法衣，由8名大臣随从，穿过"鬼门"奔至神乐观。片刻间，应贤、应能及11名大臣均赶来会合，君臣一行共22人，自此开始步入亡命生涯，亡魂丧胆地逃亡他乡。临出逃之际，下令纵火焚烧宫殿。

对于建文帝的死，朱棣当然疑窦丛生，不易轻信。即皇位之后，曾派常州府武进士胡濙（yíng）①明察暗访，刺探个中真相。

胡濙名为访仙，实是暗访建文帝的下落。在此同时，朱棣又派出暗探四处打听有关建文帝的蛛丝马迹。

建文帝化装成和尚模样由地道逃出京城，以后便隐姓埋名，在浙江一带上岸之后，浪迹天涯，居无定所。后来风声越发紧张，便在第二年逃亡云南。接着浪迹四方，云游于滇、黔、巴、蜀之间，行踪无定。

以上就是有关建文帝并没有"阖宫自焚"的第二种说法。

第三种说法是建文帝"蹈海而去"。故成祖时便有郑和（三宝太监）七下西洋之举，其使命不但诏谕外国，加强中外经济文化交流，还带有暗查暗访建文帝的蛛丝马迹等线索的任务，以根绝后患。

沧海横流，世事沧桑，人生风雨路，经过39年颠沛流离的艰辛生活，建文帝终于打滚过来了。明朝已经历了成祖、仁宗朱高炽、宣宗朱瞻基三朝。此时已是英宗朱祁镇正统五年（1440），这年在广西思恩州有一个老和尚前往知州府见岑瑛。岑瑛是广西思恩人，壮族，正统间常奉征调，以功升为知府。

老和尚自称是建文帝。岑瑛一听大骇不已，赶忙报知云南藩司，并将老和尚一行12个和尚关了起来，并火速上奏朝廷。朝廷下诏，命令将这批老和尚押送到京师。

历经两个月的长途跋涉，12名和尚才抵达京师。英宗命御史审讯，

---

① 胡濙字源洁，号洁庵。建文二年进士。授兵科给事中。永乐元年迁户科给事中。永乐五年，奉命以访仙为名，遍行天下州郡乡邑，查访建文帝踪迹，历时十七年，擢礼部左侍郎。宣德时进尚书。景泰初，进太子太傅。英宗复辟，以老致仕。卒谥忠安。

查真问实。老和尚道:"我已经90多岁了,再活不了几年了,如今只想死后去见我的列祖列宗,葬在父祖的陵墓旁边。"

御史听了不是滋味,道:"建文帝生于洪武十年(1377),即使还活至今,也只有64岁,怎么有90岁了?"

这个老和尚冒名顶替,想鱼目混珠,弄个真真假假,假假真真,以便以假乱真,结果露了马脚。御史识破了他的骗局,给予严刑拷打,并且严惩不贷,立即判处死刑。其余12人发配(充军)边塞地区。

此案看来已经了结,谁知又是节外生枝,12人中又突然冒出一个老和尚来,他恳求和御史单独详谈。御史与他交谈后,一听便吓了一跳,原来这又是一个建文帝,他能将宫廷的往事、秘事,浪迹四方的艰辛生活,说得有条有理,并非等闲之辈,即刻密报皇帝定夺。当时宫中尚存一名建文时的老宦官吴亮,他正是过来人,英宗就派他去弄个原委,细听本末。

老和尚一眼就看出他是吴亮,一开口就问道:"你不是吴亮吗?"

吴亮吓了一跳,定神之后,说:"你认错了,我怎么叫吴亮呢?"

老和尚仍记忆犹新地道:"当年我在宫中,你是尚食太监。有一次我正吃乳鹅,掉到地上一片肉,你手里拿着酒壶,趴在地上把肉吃了,你怎么会不是吴亮呢!"

吴亮听罢,匍匐前进,涕泗滂沱地痛哭起来。再脱掉老和尚左脚的鞋,左脚仍有一颗黑痣,丝毫不差,证实了他就是建文帝。

老宦官吴亮返回宫中,再三思量,无法向皇帝复命,深感做人臣之难,便知趣地上吊自我灭口,了结一生。目前这个建文帝的真假,只有建文帝自己才知道了。英宗心中也明白,这无疑就是建文帝了,但他当然不能公开相认。如若把他杀掉,说是假建文帝,这太灭绝人性,伤天害理,他不敢冒这个天下之大不韪。最谨慎的方法就是刀下留人,将其软禁,高高挂起了事。于是建文帝随即被迎进紫禁城中养起来,让他吃闲饭。宫人们尊称他为"老佛爷"①。

建文帝最后寿终正寝,死在宫中,被埋葬在北京西郊西山脚下。立下一个碑,碑文为"天下大法师之墓"。另一说法是,坟墓没有封土,也无

---

① 佛爷,佛教徒对释迦牟尼的尊称,泛称佛教的神;清代内臣对皇帝、皇后或太上皇、皇太后的尊称。但在一些场合又不能用作尊称。清朝官员见到慈禧太后时必须跪安道:"臣某请皇太后圣安!"而不称"老佛爷"。

立碑，墓址在今北京市郊金山口外8里处的龙潭。

话又说回来，那个冒牌的假建文皇帝又是怎样与真建文皇帝为伍而又彼此不知真相的呢？原来，建文皇帝装扮成和尚之后，云游四方刚到那座和尚庙里，老和尚发现在他的身上带有几首诗，而且正是建文帝的御笔手迹，便趁他不留意之时，偷走了。老和尚并不知道他就是真的建文帝。他们都在庙里共同念经拜佛，共同斋饭，共同斋戒，共同皈依，共同纳福，共同化缘。殊不知他就在建文帝的眼皮之下去认皇亲呢。

想当年，朱棣杀入皇宫，建文帝在惶恐中脱下皇冠皇袍，削发为僧，下令纵火焚宫之时，年轻的建文皇后马氏纵身于熊熊火海之中，宫中妃嫔，宫娥美女，个个惊慌失措，乱成一团，逃的逃，被焚的被焚，惨景一片，惨绝人寰。建文帝目睹如此惨状，对着火海失声痛哭，接着遁迹空门。

明朝第二代皇后马氏的下场竟是如此的悲惨。她短促的一生，事迹平平，默默无闻，在大明王朝帝系众多的皇后排行榜中，她是唯一死后尸骨无存、更无谥号的皇后。

马皇后的肚皮争气，为朱允炆诞了两个皇子。当年燕王攻入金陵，皇太子朱文奎仅仅是七岁的毛毛幼童，是随生母葬身火海，或是另有所终，人们不得而知。她年仅两岁的幼子朱文圭，后来落入朱棣的魔掌，被囚于中都①广安宫。朱文圭被软禁在中都，称为"建庶人"。

悠悠岁月，到了天顺元年（1457），英宗复夺帝位之后，由于自身曾有被软禁南宫②8年的辛酸遭遇，同病相怜，同类相从，必然有着同情心，便毅然不顾身边大臣的极力反对，下诏立即释放"建庶人"，恢复其自由身。同时调配宦官20人、婢妾10多人照顾其起居生活。婚娶自便，出入自由。显然，幸运之神已经降临"建庶人"身边。

明正统十四年，英宗北击瓦剌，兵败被俘。诸臣立郕王为景帝。后与瓦剌议和，英宗返回京师，居南宫，不许朝谒。景泰八年，石亨、徐有贞等率兵破墙夺门入南宫，迎英宗复位，废景帝。改景泰八年为天顺元年，旧史称这次政变为夺门之役（变）、南宫复辟。英宗由做瓦剌首领也先的

---

① 中都，地名。金贞元元年迁都燕京，改燕京为中都。元至元九年改为大都。即今北京。

② 南宫，今北京南池子。

俘虏，变为被弟弟（景帝）幽禁的"囚徒"，这就是其被囚南宫的酸楚遭遇。

朱文圭尽管恢复了自由身，重见了天日，但此时的他已经被囚了历经五朝，长达55年的悠悠岁月，如今已老态龙钟。当年处于小伙子之时，走一步，跳三跳，可现在却变成了走一步，摇三摇了。可怜得连马、牛都未知为何物，又怎能娶妻生儿育女呢！只有白白消耗五谷就是了，不久便打发了自己悲惨的一生。人们不由叹息："莫道平民百姓苦，最毒不过帝王家。"

建文（惠）帝朱允炆的一生，是悲哀的一生。建文帝的全家是悲惨的全家。

建文帝云游他方多年，晚年不想客死他乡而千里迢迢回到皇宫。他与马皇后遭遇凄惨，在明朝帝后世系中，一直没有正式的地位。正德、万历、崇祯年间，人们都没有淡忘过他们，不断有人建议要续封建文帝的后代，给建文帝追加庙谥。但皆无结果，高高挂起，只有当成耳边风，如此而已。

但具有讽刺意味的事出现了，到了后来改朝换代，政权更递到了清朝女真族人的手上，竟于乾隆元年（1736），乾隆皇帝才给建文帝上了谥号"恭闵惠皇帝"，这是多么富于戏剧性的趣事啊！建文帝的一生就像戏剧情节那样曲折、突如其来又激动人心。最终总算是对他的亡灵献上了一个花圈，作为祭奠的花环。而马皇后亦始终没有谥号，更无正式地位。

建文帝悲惨落魄的一生，从这首诗中可见一斑：

牢落西南四十秋，萧萧白发已盈头。
乾坤有恨家何在？江汉无情水自流。
长乐宫中云气散，朝元阁上雨声收。
新蒲细柳年年绿，野老吞声哭未休。

颠沛流离在西南40个春秋，故国不堪回首。这是一首声音凄切、悲辛苦楚的诗篇，是一首凝重深沉的乐曲，令人回肠九转，神情忧伤。"乾坤有恨"而导致无家可归，无奈地在"野老吞声哭未休"中度过残年，这是劫后残生的缩影。这就是建文帝悲辛、潦倒失意、落魄四方的真实写照。

妓女生的皇帝朱友珪

唐以后称后梁、后唐、后晋、后汉、后周为五代,是为后五代。五代诸侯跋扈。而五代的后梁一朝均由太祖朱温、郢王朱友珪、末帝朱友贞这一家子统治,整个后梁一朝总共16年。

先说朱温,他是宋州砀山人,小名朱三,很小就成为孤儿。起初追随黄巢为同州防御使,中和二年(882)九月,经过一番权衡利弊之后,他杀掉禁军严实,投降唐朝,在位的唐僖宗立即授朱温为左金吾卫大将军、河中行营副招讨使,并赐名"全忠"。自此反手大行杀掠起义军,刀下从未留人,为唐王朝立下汗马之功。后被任命为宣武节度使,治汴州(今河南开封)。接着兼并群雄,壮大自己的势力范围,成为强大的藩镇。

唐昭宗天祐初,朱温杀昭宗,又令人杀昭宗诸子,继而将原朝中重臣30多人押至白马驿(今河南滑县),杀掉后投入黄河。之后代唐称帝,建国号梁,史称"后梁"。改元开平,建都汴州。寻杀哀帝。在位6年,后为其子友珪所杀,这就是"多为不义必自毙,放屁偏打脚后跟"。

朱友珪(guī)是朱温的二子,据《旧五代史》载,称"友珪,小字遥喜,母失其姓,本亳州营妓也"。又据《新五代史》云:"友珪者,太祖初镇宣武,略地宋、亳间,与逆旅妇人野合①而生也。"《资治通鉴》称:"郢王友珪,其母亳州营娼也。"这里的营妓、逆旅②妇人、营娼均意为古代的军妓,营妓是古代军中官妓。唐、宋时始有此名。营妓又称校书。

朱温还在唐朝皇帝手下讨过生活,几年之后才生下朱友珪。唐光启年间(885—887),朱温的山头尚小,势力孤单,整日南征北战,戎马倥偬且穷困。一日,行军至亳州(今安徽亳县)时,他被当地一妓女的绝色所动,便令部署招来侍寝。当被朱温玩腻决定抛弃之时,军妓便告诉朱

---

① 野合是不合礼仪的婚配,后指男女私通为野合。
② 逆旅本指客舍,此处相当于"军旅"。

温,说她已有身孕,生下一子。朱温是一个害怕老婆的人,是属于"妻管严"一类,史称他对元配张氏"素惮之",经军妓好说歹说也不顶用,他死活也没有包天的胆量将"野花"带回家,不得已而求其次,作"金屋藏娇",留"野花"于亳州,以别宅而贮之。友珪自幼便由其母对他"嗷嗷待哺",一把屎一把尿地拖大成人。后经朱温的好说歹说,终将张夫人说服,将其母子迎到汴州。正是这个私生子,在后来弑父夺取帝位,这也是朱温万万始料莫及的。

再说朱友珪其人。朱温壮年得子,必然喜出望外,鉴于远离母子,又没有胆量敢去探视,端详一番,便命名"遥喜"。珪辩黠多智,朱温当了皇帝后,封其为郢王。朱温病危,欲立养子友文。友珪便使人杀朱温与友文,即帝位,改元凤历,在位八月余,袁象先以禁兵讨之,朱友珪遂自杀。末帝朱友贞即位,追废其为庶人。

有道是:"民怕官,官怕皇帝,皇帝怕老婆。"怕老婆的朱温生性好色,其夫人张氏于天祐元年(904)病死之后,这时的朱温正是"我是皇帝我怕谁!"更为放纵淫荡,在性行为上更加违反道德标准,甚至淫乱,经常召几个儿子的夫人入宫服侍。友文之妻姿容绝伦,更为使他宠爱。故爱屋及乌,也倍加器重友文,友文才夫以妻贵。

朱温长子友裕已死,另有二子友珪、三子友贞与养子友文,此外,尚有幼子友敬等诸人。朱温病危之时,友文与友贞均在汴州,友珪在洛阳。当年(859)五月,朱温命王氏去汴州召友文。无巧不成书,正好友珪之妻张氏也在旁边,立即出宫将其内情一五一十地转告友珪。友珪大人地惊讶,本以为自己在朱温嫡子中年龄最长,应该顺理成章立为太子继位,对朱温看重友文,一直不肯立自己为太子而怀恨在心。今突然得到这一讯息,更使他如雷轰顶,便先下手为强,与左右心腹策划于密室。正当此时,六月一日,宫中传下皇上颁发的诏书,贬友珪为莱州(今山东莱州市)刺史,按当时的惯例,凡被贬官员,多于途中被赐死。朱温此举是以便让友文顺利登基,提防友珪闹事作乱。在这千钧一发之际,友珪更下定了弑父的决心。于是加快步伐,争分夺秒。次日,他暗中潜入禁军左龙虎军营,求助于统军韩勍发禁军相助。是夜,韩勍便令牙兵五百人跟随友珪进入皇宫,扑入朱温的寝殿。朱温强支病体,问道:"反者为谁?"友珪作答:"非他人也。"朱温知是友珪,斥责道:"汝悖逆如此,天地岂容汝乎!"说时迟,那时快,朱温被刺,一命呜呼。友珪用破旧毯子将朱温裹得严严实实,置之殿宫,秘不发丧,更不走漏一点声息,保持镇定。又马上派供奉官火速奔赴汴州,密令(矫诏)友贞立即除掉政敌友文,以绝后患。待供奉官丁昭溥乘马将友文首级带回禀报之时,他才松下一口气。接着他才规规矩矩而又庄重地来一番"猫哭老鼠",为其父办理丧事,郑重地宣读他自己伪造的所谓"遗诏",用以掩盖真相,遮人耳目,以便名正言顺地继国位,主持军国大务。接着将其父下葬于河南伊阙县(今河南洛阳市南),陵园称"宣陵",谥号"神武元圣孝皇帝"。追尊庙号为"太祖"。

朱友珪登上帝位之后,日夜沉湎酒色而不能自拔,朝政日废,左右宠臣把持朝政。他又对表面漠于权力,性情沉静,寡言寡语,好玩弄文字技巧,专与儒生及求仙、炼丹的人为伍的胞弟友贞失却戒心,不但没有削弱其势力,反擢升其为东京留守、开封尹。友贞也暗中蓄力,终与友珪势均力敌,便与谋臣于凤历元年(913)二月八日在京城实行兵变。友珪也始料不到形势竟然突变到如此的地步,在措手不及之际夺荒而逃,与其妻张氏出逃。但整个洛阳城已被驸马都尉赵岩、左龙虎统军袁象先、招讨使兼中书令杨师厚的重兵把控得水泄不通,逃脱谈何容易!面对四面楚歌的悲惨结局,他无奈地仰天长叹"恨不杀友贞"!但为时已晚,于是令随从进刃其妻及己。末帝朱友贞即位,追废朱友珪为庶人。

第二章
皇　后

 马皇后把死亡留给自己，把生命留给他人

马皇后

马秀英是明太祖朱元璋之夫人，被立为皇后。马秀英之父马公，为元末宿州人。马公与郭子兴关系亲近，让女儿拜郭子兴为义父，后嫁给朱元璋，即明高皇后也。郭子兴为元末濠州定远人，江淮地区红巾军领袖。元末入白莲教，散家财结豪杰，响应刘福通起事。攻据濠州，自称元帅。朱元璋是他的部下，担任万夫长，子兴以义女马氏嫁之。后子兴得元璋帮助攻取滁州、和州。郭子兴骁勇善战，但与其他将帅孙德崖等不和，终以愤恨逝于和州，明初被追封为滁阳王。

元顺帝至正十二年（1352），朱元璋目睹义兵蜂起，豪杰并争，不可胜数，便毅然决然脱下身上所披的法衣，投奔郭子兴麾下，参与反元行列。郭子兴见朱元璋身板结实，身材魁伟，勇力过人，相貌堂堂，口齿伶俐，且声若洪钟，便将他留在身边。又由于朱元璋经历长期的劳苦磨炼，在军营中能吃大苦、耐大劳，打起仗来奋不顾身，很快成为郭子兴的得力助手。

一日，朱元璋在郭子兴府上西厅等候召见，前来商谈有关事宜。也许是天赐良缘，恰逢郭子兴的夫人张氏出来。朱元璋见状，说时迟，那时快，立刻趋前行礼，并据实禀白自己的姓名及自身的经历身世。这给张夫人一个很好的第一印象，事后在丈夫面前对朱元璋大为称道："此人相貌不凡，他日必成大器，须加以厚待，方能辅助元帅成就功业。依妾愚见，不如将义女许配给他，让他知遇之恩而图报，知难而进。"

马公夫人英年早逝，遗下幼女马秀英，与乃父相依为命，马公既是爹又是娘。有一年，马公因杀人出了命案而逃命定远，临逃前忍痛将女儿托付给挚友郭子兴照料。自此马秀英就寄养在郭家，并拜郭子兴夫妇为义父义母。后来马公客死异地，郭子兴夫妇倍加痛爱义女如己出，手把手教她知书识字。后来马秀英长得亭亭玉立，落落大方，极具大家闺秀之动人神采。再加上她拒绝缠足，身心免遭摧残，保有一双天生自然的大足，健美非凡，为人稳重，性情沉静，仪容俊秀，出落得如出水芙蓉，极富大家风范。

朱元璋一个乞讨和尚，竟能得到这样一个德貌双全的女子相匹配，这真是"癞蛤蟆食到天鹅肉"，实是受宠若惊，乐不可支。

有一次，有部属向郭子兴进谗。明枪易躲，暗箭难防，谗言伤人如箭，郭子兴便对朱元璋心怀疑忌，疑窦丛生。一怒之下，便命人将朱元璋囚禁起来，同时对之断以饭食，以示惩罚。马秀英为之心酸落泪，心急如焚，便轻手轻脚地进入厨房，拿了热气腾腾的饼，火速前往给丈夫充饥。岂料拔腿出门，恰被义母瞧见，义女措手不及，忙将蒸气沸腾的饼藏进怀里。义母见她神色慌张，神思不定，答非所问，便驻足与她说长道短，无话找话说个不休。义女一味支吾，含混搪塞，神不守舍。但怀里的热饼正在烫得她龇牙咧嘴，疼痛难忍。张氏便将义女引入室内，再三盘问事情的根由底细，方知真情实况。再观看义女的胸脯，便见白嫩的肌肤，早已被蒸饼烫伤了，有道人心是肉做的，张氏并非草木之人，不由大为心疼，也为义女洒下同情的热泪。

经过张氏的疏解，郭子兴心有戚戚①，开始消除了对朱元璋的疑虑。女儿是心头上的一块肉。又经过义女从中疏通，他不能无动于衷，于是对朱元璋信任如初。疑人不用，用人不疑，继续对朱元璋委以重任。朱元璋也尽其智能，此所谓士为知己者死。

至正十五年（1355），郭子兴一病不起，朱元璋统率了郭子兴的部下，继续其未竟之志。

朱元璋具有鸿鹄之志，对完成帝业充满自信。不久，又得到徐达、常遇春两员虎将，如鱼得水，如虎添翼，其势不可挡。郭子兴死后不到半年的时间，他挥师渡江，攻采石，破太平（今安徽南部）。

在太平，朱元璋得意扬扬地对率眷属前来与亲人团聚的马氏说道："看来我的前途大有可为！"此时朱元璋的大业的确蒸蒸日上。

马氏听了不是滋味，态度严厉，且正色直言："依我看，你要成大事，必须以不妄杀人为本，从来草寇盗贼奸淫掳掠、滥杀无辜，都不得好下场。"

此即肺腑之言，且提醒丈夫，这是成大事的第一要着，不要被胜利冲昏头脑。

朱元璋听后，连声称赞道："你说得极有道理，我此番进军江南，要以仁义之师获取人心，人心的归向，就是天命所在。"

自此，朱元璋每拔一城，必走访当地德高望重、受人尊敬的老年人，以便广纳人才，广开言路。在集庆，他曾召见全城耆老与官吏，庄严宣告："元政苛暴，扰虐生民，各地干戈纷起。我今率师前来为民除害，希望各安其业。贤才之士，我当以礼重用。禁止官吏贪暴殃民。旧政有不便于民者，一律废除。敢有不遵者，必严惩重办！"

由于朱元璋打着仁义之师的旗号，又辅以这一宣言为行政所依据的法则和标准，一时立竿见影，各地人才一拥而聚。他在分兵攻打宁国、镇江的同时，又改集庆为应天府，自称吴国公。以应天为大本营，欲连续进军以消灭西邻的陈友谅、东邻的张士诚这两大劲敌。在此剑拔弩张之际，马夫人立即劝止，正色地说："从来帝王创业，有良将还须有谋士，才能运筹帷幄，决胜千里。如今你身边，还缺少一个像张良、诸葛亮那样的杰出

---

① 戚戚，心动貌。《孟子·梁惠王》上："夫子言之，于我心有戚戚焉。"

军师。"

当时朱元璋虽有李善长、陶安、汪广洋等谋士在身边，但李善长只具长史之才，只能处理府事而已，而陶安、汪广洋只能从事文书写作。观其三人，"未尝有汗马之劳，徒持文墨议论而已"，更谈不上军机谋略，与谋之不如与妇人谋。

朱元璋进军浙江金华，得悉有青田人刘基、金华人宋濂，均为浙东名士，尤其是刘基通经史、精星象，学识深不可测；宋濂则善文章，为明初一大家。

刘基、宋濂均才自内发，学以外成，均为饱学之士。朱元璋派专使携重金请他们到应天，请他们出山。特筑礼贤馆请他们下榻，隆重无比。朱元璋对刘基称为先生，不直呼其名。

正所谓：千军易得，一将难求；众将易得，主将难求；主将易得，谋士难求。谋士即善于出谋划策的人士，均为研究兵家之士。

刘基对朱元璋献上进取策曰："张士诚目光短浅，鼠目寸光，是一守成强虏。陈友谅颇具狼子野心，杀徐寿辉而自立为王，是对我军的主要威胁。务必全力对付陈友谅，待灭陈后，张士诚势孤力薄，不难消灭他。到时江南平定，再以此为大本营，挥师北上灭元，则王业可成。"

刘基不愧是智俊谋深的智多星，为千古人豪，深具诸葛亮之韬略，鬼谷子之秘术，苏轼之文采，魏徵之贤才。朱元璋得刘基，如获至宝，两人经常谈至夜深人静。刘基献出不少神机妙算，点破朱元璋的不少迷津。

在朱元璋的军旅生涯中，马皇后都经常从旁指点，促使注意，提醒其夫加以警觉。此外，亦常率同将士家眷，缝制战衣鞋袜，慰问前线，以充军需。战士们旗开得胜，她都经常慷慨解囊，拿出个人积蓄犒赏三军。

朱元璋根据刘基的军机谋略，每每旗开得胜，马到功成，只用四年的功夫便消灭掉地盘广大、兵精粮足的陈友谅势力。接着又马不停蹄，挥旌直取张士诚，所向披靡，使其全军溃散。朱元璋统一了江南，在应天登位，时为元至正二十八年（1368）正月初四日。次年便挥军北伐，攻破大都（今北京），元室颠覆。朱元璋把元顺帝赶到塞外，恢复汉族故土，形成唐以后中国的自治统一时代。其国势的强盛，远非宋代可比。

马皇后平日酷爱浏览群书，从前朝旧事的兴衰嬗变、革故鼎新的历史中悟出修身、齐家、治国、平天下的道理。她充分认识到历代致乱的主要原因就是宫廷中争宠夺权、相互倾轧，致使国家倾覆、民不聊生，便打算编一部历代名皇后事迹的著作，对后宫诸皇女及妃嫔进行修养的教育。于是她命女官送来《宋代家法》，让皇夫阅读。朱元璋仔细阅读之后，大感兴趣，并授意大臣们认真研究，加以讨论。

马皇后也召集宫中女史们进行认真的讨论，并对她们道："你们看看，从汉唐以来，哪些皇后最具善良的德行，哪一代皇帝家法最严正，可为法式。"历代家法以宋朝最为严正，故宋代的贤后最多。她便命女史们执笔，编成了那部《宋代家法》，并向皇夫提出建议，颁发于六宫，命众妃嫔及皇女们仔细阅读，从中受益，亦可受用一生。

翰林学士宋升对《宋代家法》亦赞不绝口，说："治天下以正家为先。而正家之道，始于谨夫妻之道。后妃虽然母仪天下，但绝不可使其干预政事，否则，必然为祸乱之因。"太祖亦深以为然，接着又对马皇后道："我看为保江山长治久安，必先立下后宫家法，使后世子孙遵守。"

马皇后又建议，太祖复与外廷大臣反复商计，立下几条极其严格的警诫和指示，以铁牌铸造铅字，挂于每道宫门显眼之处，其中有："后妃不准与闻政事，有敢干政者，废退问罪。"

"后妃以下宫嫔女御，不得私自出外，违者斩。"

"宫嫔额定外用品，先取旨再移部取给。有不遵旨或有滥取者斩。"

太祖为严禁宦官干政，又在大明门内特立一块大铁牌，上书："内臣不得干预内政事务，干预者斩。"

明代颁布禁例，后宫妃嫔都循规蹈矩行事，谁都不敢越雷池一步，谁都害怕踏着"红线"，以免以身试法，所以宫闱严正，从未发生过女主弄权乱政之事，宫风亦纯正。但宦官干政弄权、把持权柄、滥用权力这条仍有禁不止，我行我素。究其所以，主要是朱元璋的儿子朱棣于建文元年（1399）篡夺侄子朱允炆（惠帝）的皇位，即皇帝位，杀齐泰、黄子澄、方孝孺等。当时燕王朱棣起兵入南京后，自称效法周公辅成王，召方孝孺起草诏书。孝孺怒问："成王安在？"并掷笔于地，坚不奉命。遂被磔杀于市，宗族亲友弟子十族数百人受牵连被杀。朱棣又用宦官监军，为明朝重用宦官之始，破坏了太祖的禁谕。朱棣以后各朝纷纷效行，积非成是，积年累月便积重难返，酿成宦官干政成为明朝一代衰落和日趋式微的主要原因。

朱元璋在南京登基，但他深感南京旧城太小，必须拓宽，建成一座把守严整、固若金汤、铜墙铁壁的宏伟城池。规划城墙上可容四辆马车并驾齐驱，周边共长九十六里，因此对砖石材料的需求量很大，才能完成这个巨大的工程。他颁令全国各州，筑城的砖的规格必须统一，烧制成长三尺、宽二尺、厚一尺的大小砖块，可刻制各省赠送砖的名称，烧制成后送到南京。整个巨大工程前后耗时四年，于洪武六年（1373）竣工。

当时，南京城有个巨富沈万三，在建城期间为了向朱元璋讨好卖乖，自动请求捐助筑城三分之一的经费。对这种慈善的心肠，朱元璋并不领情，认为以帝王之尊，修筑都城，反而依靠一个老百姓出钱帮助，以后被人作谈资会大失体面。他斩钉截铁地加以拒绝。可是沈万三依然不识相，继续自讨没趣，再次提出请求，说自愿贡献一笔巨金，以作犒赏朝廷将士之用。沈万三为何如此死皮赖脸地纠缠呢？究其原因，他尽管腰缠万贯，但令他遗憾的是缺少一个"势"字。他以为刚刚改朝换代，新朝初立，若能用钱与皇帝拉上关系，拿到一纸褒奖令，他就可以高枕无忧地享尽荣华富贵，不怕官府动他一根毫毛了。所以想打通这一关节，以合时宜。

沈万三是元明间浙江湖州南浔人。名富，字仲荣，行三，人呼"万三秀"。元时，其父沈祐迁苏州长洲县。沈万三本与父及兄务农，后投吴中巨贾陆氏门下，尽得其财，富甲江南。

谁都始料不及沈万三溜须拍马拍到马脚上，朱元璋非但不买他的账，反而龙颜大怒，说一个小小老百姓（其实朱元璋也是小小老百姓出身）怎能有资格犒赏天子的将士！一怒之下，立刻下令逮捕沈万三归案，且必治以重罪。

这件事被马皇后知道了，劝朱元璋说："沈万三献金，不算什么坏事，只不过他献金的名目不对，你又何必生这样大的气呢？"

朱元璋仍不答应，且恨之入骨地道："我怎能容忍这个富可敌国的人？百姓比国家还高，这是不祥之兆。"

马皇后再晓之以理道："刑法是诛不法之徒，而不是诛不祥。沈万三并未犯罪，皇帝杀他，于法不合。"

朱元璋其实也是个"法盲"，知法犯法。经马皇后讲出法律，有理有据，这才恍然大悟，自觉斩沈万三于法不容。他狂妄的态度这才收敛，便将沈万三免去死刑，发配云南了事。沈万三这才捡回一条性命，这又是不幸中的万幸。

南京城建成之后，非常雄伟壮观，"江南佳丽地，金陵帝王州"。至今有着6000多年文明史和2400多年建城史的南京，与北京、西安、洛阳并称为"中国四大古都"。

当时朱元璋看到无比壮观的南京城，周围共开11个高大的城门，尤其是中华门①气势浩然，瓮城②设计巧妙，面对它们，不由得生出金戈铁马之意，他亲自给每个城门命名。

朱元璋极其得意地对马皇后说："南京城东倚钟山③，北临长江，虎踞龙盘④，金城汤池⑤，可保子孙万年。"

马皇后不能苟同，并有见地说道："子孙之事，将来谁能预料？天下没有不破的城池，唯有有德者居之，以德化民，才是万里不破的长城。"

有一次，朱元璋在殿前与大臣共商国是，会后聚餐。朱元璋的膳食由后宫烹制，众大臣的膳食由光禄寺烹调而后送进朝堂。这时马皇后特地亲临前殿，看望大臣们进餐。她命侍从将大臣们进食的饭菜取来，亲口尝了一下滋味，发现饭菜冰冷又难以下咽，味同嚼蜡。

马皇后正色地对朱元璋道："朝廷以天禄来养天下的贤才之士，待士之道，自奉要薄，养贤要丰厚。眼前众大臣所进食之饭菜，滋味凉薄，岂是皇帝养士之道？光禄寺没有尽责，应加以改正。"

朱元璋听罢，当即令光禄卿上殿，严厉斥责一番，并严格要求加以改进。

马皇后设身处地为大臣们着想，亲自加以同情和照顾，大臣们无不交口称颂。

自汉以后，儒家学说成为封建文化的正统，孔子被尊为圣人，又称至圣先师。朱元璋也尊崇儒家，故每逢孔子诞生之日，他必亲自祭祀。有一次他祭孔子后返宫，马皇后问他有关太学的情形：

---

① 中华门在南京市南聚宝山北，本明聚宝门，辛亥革命以后改名中华门。它是南京现存最大的一座城堡式城门，也是中国最大的一座瓮城。
② 瓮城是大城门外的月城，用以增强城池的防御力量。或圆或方，视地形而为之，高厚与城等，唯偏开一门，左右各随其便。
③ 钟山，即紫金山，在南京市东。三国吴孙权避祖讳，更名蒋山，又名金陵山、北山。至宋复名钟山。
④ 虎踞龙盘，形容地势雄壮险要。常指帝都。北周庾信《哀江南赋》："昔日虎踞龙磐，加以黄旗紫气，莫不随狐兔而窟穴，与风尘而殄瘁。"
⑤ 金城汤池，喻防护坚固不可摧破之城邑。

"太学里有多少学生?"

"有两千多人。"

"太学生中有家眷的人多吗?"

"不少人都是有家眷的。你问这个干什么?"

马皇后道:"太学是养育人才之园地。皇帝为有育才,故重视太学。我想,太学生有国家供给口粮,但他们的妻儿却没有。后顾之忧一定会分他们的心,皇上何不多赐一份恩典,让太学生的家眷也有一份口粮,使他们专心于学呢?"

朱元璋听了皇后这一合理化建议,立即颁令在京城近郊特建一座粮仓,名"红板仓",作为专供太学师生及其家眷口粮之用。这一道德恩泽的政治措施,让太学生对马皇后育才爱才之心,有口皆碑。太学后来也培育出不少有名文人,为朝廷作过重大的贡献。

洪武十三年(1380),宰相胡惟庸怀有异心,密谋发动叛乱。不料东窗事发,朱元璋异常震怒,经严查,获悉胡惟庸当面一套,背后一套,用欺蒙行为隐瞒事实真相,罪属欺君罔上。尤其是刘基在洪武八年之死,是胡惟庸以财物买通关节,让医生下毒药而害死的。而胡惟庸的党徒,有的官居高位,是朝廷中的功臣宿将,如李善长也是胡惟庸的亲家,亲上加亲。这些"定时炸弹"都在自己身边,而且正在受到重用,这给朱元璋的打击极大,深深伤害了他的心。认为一些功臣是宿敌,不可指望,于是对功臣凤将大开杀戒,凡是与胡党徒过从甚密者,一律斩首。名重一时的大学士宋濂,是太子朱标的老师,呕心沥血地对太子进行教诲,此时已经退休居家,不管政事,其儿子宋慎、宋燧也被胡党牵连,朱元璋亦不放过,立即派人去杀他。太子得悉之后,匆匆赶往,苦苦哀求父皇饶过宋濂一命。当时朱元璋正在气头上,绝不应允,反将太子骂得狗血淋头,便轰太子出门了事。一日为师,终身为父。太子哪里想得通,一气之下便纵身跃进太液池,以求自尽。因被左右及时救起,才免于自溺身亡,差点儿弄出一条人命。但朱元璋仍然怒气未消,不为所动,铁石心肠,硬干到底。

马皇后得悉此事之后,大为震惊。她开始眉头紧锁,无计可施。后眉头一皱,计上心来。她别出心裁地想出一个办法,当日进膳,她命不食荤菜,全桌摆上素斋。太祖用膳之时,深以为怪,问道:"今天为何吃素?"

"我听说宋先生被胡案牵连坐罪。"马皇后接着说:"平常老百姓人家,请个先生，礼敬善始善终。宋先生教太子以及诸皇子这么多年，如今获罪将被处死，我为他吃素祈福。"

朱元璋听了这席话，深感不是滋味，连自己的夫人都出面为宋濂求情告饶，当场想大发脾气，但他及时控制自己的过激情绪，退步思量，夫人的话亦有道理。他是一个自尊心极强的人，也为了顾全自己的面子，于是随手掷掉筷子，拔腿扬长而去。但他又不能背着皇后的感情行事，一夜夫妻百世恩，因此他决定重新处置宋濂，以便处刑得宜，又不伤害皇后的感情，便将其全家谪往四川茂州了事，宋濂最终也捡回一条命。

朱元璋来自草民，深知草民的痛苦与辛劳，因此当上皇帝之后，也常微服私访，从中探求民情民怨。有一天，他微服到南京孔庙一带私访，来到东牌楼附近闹市地方，看见一大群人围观墙上贴着的谜语，正在进行娱乐活动。人们七嘴八舌地猜谜，热闹非凡。朱元璋也费尽九牛二虎之力，挤进人群之中。见谜面画有一个大西瓜，正被一妇人怀抱着，还配着一双大象腿似的天然大脚，打"今人名人一"。好事的众人正在绞尽脑汁地猜谜，有的相互争论着，都是一头雾水，猜谜不出来。正当此时，有一个年轻书生笑着说道："这个谜还不容易猜吗？这是一个会意格①。妇人怀抱大西瓜，意味淮西妇人，有一双大脚，是指当今名人马皇后呀！"众人一听，涣然冰释。掀开谜底一看，果然写着"马皇后"。其中一好事者打趣地说："老头儿的皇后是个贤德之后，她那双大脚帮他稳坐江山呢！"

朱元璋亲自耳闻目睹这一幕滑稽闹剧，七窍生烟，好像耳目口鼻都在冒火。三步并作两步回了宫中，仍然怒气难消。因为这实在难看，太不体面了，认为他微服私访，自取其辱，便立即下令五城兵马司总制和应天府尹将城东一带的老百姓抓起来，关进大牢，他高声斥骂道："张士诚当初盘踞江东时，老百姓还称他张王。朕今贵为天子，老百姓都叫我为老头儿，难道朕还不及张士诚吗？更可恨的是，竟敢有人借猜灯谜取笑皇后。他们如此对帝后不恭不敬，都是你们平时纵容的结果！"他越想越吞不下这口窝囊气，受到委屈，烦闷而无地自容，便下令将抓来的人全部斩首。

马皇后得知此事之后，立即加以劝止，认为不能滥杀无辜，要刀下留

---

① 会意格，按制谜相传有二十四格，至今常用的有卷帘、谐声、会意、白头、粉底、拆字、解铃、系(ji)铃等。

人。她说:"当初你在怀远(今安徽怀远县北),兵败负伤,追兵紧逼在后,无法行走,危急之际,岂不是亏得我有一双大脚,背负你进深山藏匿,否则你也不会有今天。我这双大脚在军中名闻一时,当时大家都称我大脚娘子,你并未生气,如今又有什么不能容忍的呢?"

"彼一时,此一时,今日你我贵为至尊,哪能和从前相比!"

"民不教不立,这种事须从根本入手。应当制定礼仪,正民俗,颁行天下,责成学官普教学子,自然会使天下化从。"

马皇后仅以三寸不烂之舌,便使皇夫乖乖放下屠刀。她把一大批无辜的人从死亡线上挽救回来,也让皇夫今后为稳坐江山而获取人心打好基础。

马皇后尽管身为一国之母,出有车,食有鱼,呼有应,在后宫中至尊无上,但从未以皇后之尊对其他妃嫔轻慢失礼。凡遇妃嫔身怀六甲者,均悉心倍加照护。朱元璋的起居饮食漱洗,均由她亲自关心照理。宫中所有姬侍常劝她不必太过疲劳,她说:"作为一个妻子,侍候丈夫的起居饮食是分内的事,这是责无旁贷的。要是伙食欠洁或不合皇上口味,遭殃受罪的非你们莫属,你们受罚,我心亦不安。"有一次,马皇后捧上一碗羹给皇夫喝。他仅喝了一口就龙颜大怒,举过碗便向皇后掷去。说时迟,那时快,皇后还有两下子,迅速闪避,耳朵亦被碗的碎片划破,羹汁泼满一身。马皇后急匆匆地将羹加热,再给皇夫体贴地捧上一碗,自己则若无其事地换上衣服。原来,朱元璋当时碰到一桩不顺意的事,正在恼怒之时,再喝了一口冷羹,便引起他的牛脾气发作。

朝臣郭景祥为大都督府参军。性直,遇事敢言,太祖甚信之。有一次,朱元璋听到小道消息,言及郭景祥的不孝儿子曾手持槊杖(古代兵器,即长矛)刺其父。朱元璋耳不忍闻,大怒不止,欲派人把郭景祥不孝之子抓来斩首。幸有消息灵通人士告悉马皇后,马皇后觉得这件事来得有点蹊跷,便挺身加以劝告道:"我听说景祥仅此一独生子,独子娇生惯养是常有的事,但无论如何都不会以槊刺杀自己的父亲。这件事应先派人认真核查,方可据实定罪。否则杀掉了他一条命,反倒害了他家断了香火,绝了后代,慎之又慎才好,这是人命关天的大事,决不可草率从之。"

朱元璋认为马皇后所言不无道理。于是命人暗中查访,果真郭景祥之子是被假造事实栽赃陷害的。朱元璋闻报查真问实之后,感慨万端地说:"若不是听了皇后的话,那必将断了郭家的香火!"

李希颜是明初山东人,隐居夹谷,字愚庵。明太祖聘请其为诸王子的老师,规范严厉,诸王子有不服教者,或击其额。有一次,他因粗心用笔管敲破了一位皇子的前额,差点酿成了杀身之祸,因为敲破的正好是一条血管而流血。朱元璋龙颜大怒,欲治以重罪。又是马皇后及时劝阻道:"这好比请人裁衣,只可任他剪裁,怎可为了疼爱儿子而将老师责罚呢?"朱元璋这才作罢,不加问罪。

马皇后谙熟经书,知书达理,深知知识对青年人熏陶的重要,因此对所有的五个儿子严格要求,尤其对皇太子朱标的教育重视有加,让朱元璋遴选德才兼备的大师宋濂、李希颜等教读。她常教导和告诫朱标说:"你生长于富贵之家,不知贫民疾苦。现在从师受读,一切要仰体民艰,以仁德为怀,不可好逸恶劳,心存骄奢。须知这些都是自取败亡之因,你要永远铭记才好。"

在名师和母后的精心培育和熏陶下,朱标的生活习惯、思想行为、品行学问等逐渐受到良好的影响,养成仁爱宽容的品格,对父母及长辈孝敬,对大臣礼敬,对弟弟友爱,深受朝中人们的称道。可惜英年早逝,时年仅 37 岁。

马皇后的最小儿子周王朱橚①,生性放荡不羁,成年后至藩地开封。马皇后派江贵妃随同,并交给江贵妃一件自己常穿的旧衣,又给木杖一根,叮嘱再三:"倘若周王有过错,你就穿上我的衣服,代我杖责他。如性格倔强,就派人飞马送报京都,不必轻易宽容饶恕!"

周王听闻后,未免恐惧不安,至藩地后不敢胡作妄为。

马皇后死后,周王朱橚才稍为骄奢放纵。有一天他私自离开藩地去游凤阳,乃父朱元璋得悉后大动肝火,下令将他发配云南。但他又为了感念马皇后的德行,才改令朱橚重返原藩。

马皇后虽身为一国之母,但生活坚持俭以养廉,爱惜物力,一饭一

---

① 橚(sù):草木茂盛。此处为人名。朱橚是朱元璋第五子,明成祖同母弟。洪武三年封吴王,十一年改封周王,十四年就藩开封。建文时遭疑,放逐至蒙化,永乐时复爵归汴。好学能词赋,尝作元宫词百章。又以国多荒土,杂草繁多,考核其可食者四百余种,绘图疏解,撰书为《救荒本草》。在名师和马皇后的教导下,最终成才。

粟，当思来之不易，一衣一缕，恒念物力维艰。身穿的衣服，破旧了也不肯换上新的，始终保持着艰苦朴素的本色。她处处在宫中做出表率，堪为妃嫔之楷模。

天有不测之风云，人有旦时之祸福。洪武十五年（1382），向来身体无恙的马皇后，突然生了病，而且病势越来越重。朱元璋急得六神无主，惊慌万状，遍请天下名医，也不见妙手回春，药到病除。有一天，马皇后紧握着皇夫的手，从容地说："生死有命，富贵在天，人走不过天。人算不如天算。祷祀山川又有何益？我也不必再求什么良医，医生能医病不能救命，我的病不是医生能医好的，假如服药无效，医生就得定罪，又何苦再去连累别人呢？我不忍心让他们无罪而斩掉脑袋。"朱元璋说："你只管吃药，即使药力无效，我也为你宽恕他们。"马皇后始终不服。朱元璋见她生命垂危之时，仍拒绝服药，将死亡留给自己，把生命留给别人，处处为别人着想，不由得更加难受和悲伤。群臣为她祈祷，她也加以拒绝。朱元璋簌簌泪下，再问皇后："有什么后事再吩咐的吗？"皇后呜咽地道："妾与陛下起自布衣，到今天你能成为一国之君，我已成为一国之母，此生足矣！我还有什么可遗憾的呢？妾死之后，只愿陛下亲贤纳谏，勤政爱民，教育诸子，进德修业，我也就放心了。"接着她又把诸公主叫到身边，叮咛再三道："生长在富贵之中，当思蚕桑耕作之不易。当为天地惜物，且为生民惜福。"她走到了生命的尽头，仍然推己及人，不肯服药，在生命将息之时，仍念念不忘将自己的贤德感化皇夫及子女，为百姓而殚精竭虑。随即她溘然长逝，来也匆匆，去也匆匆，走完了她从孤女到母仪天下、饱经沧桑的旅程，享年51岁。从此朱元璋开始失去一位良师益友、贤内助，他呼天抢地，极度悲恸，失声恸哭，成为泪人，朝廷文武百官，无不个个垂泪。宫中妃嫔侍女，如丧"考妣"地伤心，人人泪珠滚滚。

宫女们缅怀马皇后的嘉言懿行、仁爱慈善、贤淑聪慧而作歌唱道：

我后圣慈，化行家邦，抚我育我，怀德难忘。
怀德难忘，于斯万年，毖彼下泉，悠悠苍天。

这首歌唱出了宫中女官御侍悲痛欲绝的心声。

综观中国历史，马皇后凭着自己的善良德行，嘉言孔彰，通达睿智，志怀高远，远谋深虑，是辅助丈夫奠定帝业的贤内助。她的仙逝，不但使皇夫失去一位良师，而且也让朱元璋的帝业受到重创。

皇位继承人朱标的死，对朱元璋无疑更是致命的打击。当年他已经是65岁的垂垂老人，回春乏力。他在皇宫对群臣说："朕老矣，太子不幸，遂至于死，命也！"说完不禁痛哭失声，他万万想不到"白发送黑发"，的确是悲从心生，万分无奈。

嫡子死，只能由皇太子的长子继承，只有这样血统才能尽量正宗相传。但朱标的长子已经夭折，这时朱允炆晋级为皇太孙中的老大。但其又尚未成人，青黄不接。朱元璋对功臣宿将大开杀戒，其无非是为了子孙福根，以防后患无边。想当年，朱元璋残杀大臣，朱标早已目不忍睹，耳不忍闻，曾劝谏道："父皇诛杀太滥，令朝野上下人人自危，恐怕伤了和气。"朱元璋听罢，无言以对。次日，他在后宫召见太子朱标，指着地上一根带刺的枝条，命太子赤手拾起。太子眼见枝条满身带刺，为难不已，不敢伸手去拾。朱元璋眼里带着逼人的冷光，神色冷峻，嘴角挂着一丝冷笑，一本正经地侃侃道来："我命令你拾起这根枝条，你怕枝条长满刺，会伤害手，所以不敢拾，须将刺全拔掉，才能拾起。但你须知道，如今我所杀的人，都是奸刁难治之辈，只有将他们一一除掉，才能为你日后继位铺平道路，让你能安享天下，你难道还不懂我的一片苦心吗？这是为你造莫大的福啊！"

朱标听罢，并不以为然，反而说道："上有尧舜之君，下才有尧舜之臣民。"话音未落，朱元璋早已气炸了肺，勃然不悦，怒目而视，面红脖子粗，霍地立起身来，拿起御座旁的弓，拈弓搭箭，就要挽弓射杀太子。太子惊慌万状，拔腿便飞奔出殿。朱元璋在后穷追不舍，说时迟，那时快，太子心急计生，边逃跑边从怀中掏出一幅图画扔在地上。朱元璋拾起，摊开一看，原来是当年他负伤时，马皇后背着他逃避追兵的一幅图画。他顿然醒悟，"放屠刀，立地成佛"，阵阵辛酸，悲从中来，父子抱成一团，放怀大哭。朱标终于躲过一劫。但经历了这次惊吓之后，朱标便经常心惊肉跳，心神不定，很快就忧悒成疾，死时年仅37岁，早在朱元璋的前头走入坟墓。

马皇后生前性情极其善良，常对皇夫劝善规过，共襄善举。她严于律己，宽以待人，极具大度包容之心。但凡各地发生灾荒，她必带领宫人布衣蔬食，不进荤肴美食。皇夫见她太过苛求于己，劝说道："已经发送粮食去救济那里的灾民，皇后不必过于忧心忡忡。"平日，马皇后经常问太祖："百姓们是否安居乐业，社会秩序是否安定？"她又说道："皇帝是天下之父，我作为皇后，便是天下之母，子民百姓若不能安生，我们做父母的，又如何能让心里坦然呢？"

朱元璋经常回忆马皇后昔日的一幕幕往事，深为内疚，亦深感晚景哀伤、凄惨。往事不堪回首，今后的孤寂难耐和痛苦正在等待着他。

柔能治刚，弱能治强。朱元璋生性严酷，禀性刚烈，动辄杀人；马皇后性情柔顺，为人温厚，性格温存。刚柔相济，互相补充，恰到好处。马皇后在世时，总能设法对他调和劝解。但自她死后，不再有人敢规劝他，最后使他成为怀疑狂、虐杀狂。愈到凄楚的晚景，狐疑之心越重，杀心也越厉害，所以动辄杀人、斩草除根，使得朝廷上下人人自危。

马皇后辅弼丈夫奠定帝业，匡正时弊，谋事补缺，以德感人，上下称颂，斯人虽殁，千载犹荣。马皇后在1382年秋八月病逝，是年九月安葬于孝陵（今南京市东北钟山南麓，后朱元璋所葬之地）作长眠之地，谥号"孝慈皇后"。

慈禧如此洗澡

洗澡在今天是家常便饭的事，但在古代却将其当作一件极其神圣的大事。自古就有沐浴而朝，斋戒沐浴以祀天帝的规矩。

沐浴是洗发洗身。濯发曰沐，澡身曰浴。《论语·宪问》："陈成子弑简公，孔子沐浴而朝，告于哀公曰：'陈恒弑其君，请讨之！'"

斋戒是不喝酒、不吃荤等，以表示虔诚。

古人在祭祀前沐浴更衣，不饮酒，不吃荤，穿整洁衣服，戒除嗜欲，不与妻妾同寝，整洁心身，以示虔诚。《孟子·离娄下》："虽有恶人，斋戒沐浴，则可以祀上帝。"《礼记·曲礼上》："齐（斋）戒以告鬼神。"《儒林外史》第三十七回："先一日就请老先生到来祠中斋戒一宿，以便行礼。"刘备三顾草庐，亦斋戒三天。

白居易《长恨歌》："春寒赐浴华清池①，温泉水滑洗凝脂②。"写杨贵妃沐浴的场面轰轰烈烈，气派雄伟，声势浩大，隆重无比。到华清池洗一次澡，都要经过皇帝的"赐浴"（批准），三千宠爱在一身的杨贵妃，都要经过皇帝点头允许，才能入池沐浴。由此可知，普通的平头百姓、升斗草民更是无福享用的。

据说大名鼎鼎的白居易，每沐浴一次都要题诗一首，以便延长记忆。其诗云："一朝一澡濯，衰瘦颇有余。"

皇帝洗澡，贵妃洗澡，大人物洗澡，平头百姓也要洗澡，他们亦各有自己洗澡的门道。明进士解缙诗："千年老树当衣架，万里长江作浴盆。"升斗小民要洗澡，不一定要经过皇帝批准进华清池，他们干脆与大自然打交道，充分享受大自然的恩赐，与万里长江共舞，其乐也融融。

金易、沈义羚的《宫女谈往录——储秀宫里随侍慈禧八年》一书，描写了有关慈禧洗脚、洗澡和泡指甲的生活琐事。

1. 慈禧洗脚

宫女们把给太后洗脚看成是很重要的事，洗脚水是极讲究的。比如在三伏天，天气炎热，就用杭菊花引煮沸后晾温了洗，可以让太后清眩明目，全身凉爽，两腋生风，保证不中暑气；如属三九，天寒地冻，就用木瓜汤洗，使活血暖膝，四体温和，全身柔暖如春。根据四时的变化、天气的阴晴，随时加减现成的方剂，做到不服药而达到健身的目的。

洗脚盛水用的是银盆，是以几大张银片剪裁好，用银铆钉连缀而成的。中间是木胎，边卷出来，平底，呈斗形。可防毒；木胎不易散热，边卷出可架腿。太后每次洗脚都用这样两个盆，一个盛已熬好的药水，一个盛清水，先用药水，后用清水。

伺候太后洗脚与沐浴，专有四个贴身丫头，洗脚两个，洗澡四个，都是经过训练有素的。如何用毛巾热敷膝盖，如何搓脚心的涌泉穴，都要身怀绝技。当洗脚时，太后往椅子上一歪，嘴里便开始跟底下人闲聊，享受着洗脚丫头搓揉脚心涌泉穴的欢快。丫头们往往在此时会获得意外的

---

① 华清池在陕西省西安市临潼区骊山下，为唐代华清宫中的温泉。华清宫在骊山上，山有温泉，唐贞观十八年置。咸亨十二年名温泉宫。天宝六年大加扩建，更名华清宫。宫治汤井为池，环山置宫室，筑罗城，池称华清池。安禄山之乱，破坏甚多。元和间重修，已罕游幸，逐渐荒废。

② 凝脂即凝冻的油脂，柔滑洁白，比喻人皮肤细白润泽。《诗·卫风·硕人》："手如柔荑，肤如凝脂。"

赏赐。

洗完脚后，如果需要剪脚指甲，两个洗脚的宫女中，一个点起手提式羊角灯来，单腿跪下，手持灯。另一个亦单腿跪下，把太后的脚抱在怀里，细心地剪。这要有一个请剪子的过程。在太后的住屋里，有严格的规定，不准摸刀子、剪子。如需要，先请示。伺候洗脚的宫女向侍寝的人轻轻地说句：请剪子。侍寝的转禀太后之后，太后说句："用吧！还在原地方！"这时侍寝的才敢取出剪子来，交给洗脚的宫女。完毕之后，宫女请安退下，才算完成。

慈禧

2. 慈禧洗澡

这也与时令有密切关系。天热要勤洗，夏天天天洗；冬天每隔两三天洗一次，都在晚上洗。这需要太监抬澡盆、担水，连洗澡用的毛巾、香皂、爽身香水都由太监捧两个托盘送来，放下即离开。司沐的四个宫女衣着统一，打扮统一，连辫根辫德（用丝线、布条、纸条扎成的挂起来往下垂的装饰品）全都一样。由掌事儿领头向太后请跪安，称为"告进"，这是当差的开始。在太后屋里当差，不管干多脏的活，全身上下都要打扮得干净利落，整齐而有条理。所以，这四个宫女也是新鞋新袜。太监把澡盆送到廊子底下时，宫女接过托盘，屋里铺上油布，抬进澡盆注入温水，然后请老太后宽衣解带。

老太后坐着洗澡的矮椅子，一尺多高，四条椅腿粗大，共有八条小龙附在椅腿上，每条椅腿两条龙，一条龙作向下爬状，另一条作向上爬状。椅子背最为奇特，既能拿下来，又能向左或向右转。因椅子上两面都有插榫，就像门上的插关一样，把椅子背放入插榫里，用开关一扣紧，就很牢固了。椅子宽而不长，为了坐着安全，两边站人又方便，这是专门为太后洗澡而设计的。椅子下面有个横托板，作为放脚之用。

另一样东西是银澡盆，太后洗澡用两个木胎镶银的澡盆，直径不到三裁尺（清朝用步尺与裁尺，步尺大），斗形，和洗脚的盆差不多，也用银片剪裁，用银铆钉包镶。为了让太后靠近澡盆，中间凹进一块。两个盆一模一样，但盆底有暗号，宫女用手一摸就能觉察出来。一个是洗上身用的，一个洗下身用，切莫混淆。

托盘陈列的毛巾，规规矩矩叠着，一叠25条，共100条。每条都有用黄丝线绣的金龙，一叠是一种姿势，有昂首的，有回头望月的，有戏珠的，有喷水的。毛巾边上是黄金线织的花边，极其精致华丽。

太后换上浅灰色的睡裤，自己解开身上的纽襻，坐在椅上，等候侍女洗上身，说是洗澡倒不如说是擦澡。

四名宫女心灵手巧，迅速、准确而又从容地站立四边，由一宫女带头，其余三人只观其眼眉行事。领头宫女先取来半叠毛巾，浸水湿透之后，先捞出四条来拧干，分发其余三人，然后一齐打开毛巾，平铺在手掌上，轻轻地给老太擦胸、擦背，擦两腋，擦双臂。擦完再换毛巾，如此要换六、七次，把毛孔眼擦得张开，使身体轻松舒服。

侍候在室外的宫女，静悄悄地等待室里的暗号。听到室内轻轻一拍，就进来四个人，低头请安之后，一言不发，先把湿毛巾收拾干净，给澡盆添水换水，动作轻巧利落。

洗澡的第二步是擦香皂，多为宫中的御用玫瑰香皂。把香皂涂满毛巾之后，四人开始动手，擦完全身后，扔下一条，另取再擦，鸦雀无声，全凭眼睛说话。最困难的是给太后擦胸的宫女，几乎全屏气凝神，不能将气吹向太后的脸上。憋气地做动作，难度极大。

第三步是擦净身子。擦完香皂之后，放下毛巾。再从托盘上取一叠毛巾浸水三、四分钟之后，轻轻扭水，再将太后身上的香皂沫擦净。要是擦不干净，晚上睡觉发痒，太后是会大发雷霆的。

接着用香水洒，夏天多用冬花露，冬天用玫瑰花露。再用巴掌大的洁白纯丝棉，轻轻地在身上拍，要留心乳房下、骨头缝、背梁沟易残留皂沫之处。

第四步，各宫女取一条毛巾，再把上身各部位轻拂一遍，然后取一件编衫给太后穿上，这是纯白绸子做的，只在胸口绣大红花一朵，没领，短袖,外面再罩上绣大红牡丹睡衣,因牡丹是秀冠群芳的花中之王。上身的沐浴这才算完成。

上身洗完之后,盆里的水始终清洁。把毛巾浸透以后捞起,不许再放回盆里蘸水,用完一条,扔掉一条。所以,洗完上身需用五六十条毛巾,而澡盆里的水随时舀出,随时注入,保持温度。

此时,守候在寝室外的宫女在听到暗号之后,鱼贯而入,先把洗上身的澡盆和用过的毛巾收拾、抬走,再抬入另一个浴盆。太后一眼就可看出是洗下身的,洗下身的工具绝对不能用来洗上身,这是一大忌讳。太后认为上身是天红运,下身是地黑运。乾代表天,是阳;坤代表地,是阴。地永远不能盖过天。上身是清,下身是浊。清浊永远不能相混淆。

洗下身的浴盆抬进时,太后下身已赤裸,坐在浴椅上等着宫女来侍候。洗下身与洗上身一样费事。等把脚擦完之后,太后换上软胎、敞口、矮帮的逍遥屐。这是用大红绸子做的,专为太后宴居时穿的鞋。双层软底对缉在一起,上边蒙上一层薄膈背,里与外为白绸子,罩大红缎之面,绣花,让太后宴居时又暖又舒服又吉祥。

太后穿的袜子的原料是纯白软绸,每双袜子的制作花工巨大,但不管袜子多么精致,也只穿一次,而决不能穿两次。每天至少要换一双新的。这种袜子,再熟能生巧的绣手,也需七八天才能绣成一双。再加上采购、原料、工匠的膳宿生活等,光穿袜子一项,太后一年就要花销一万多两银子。

等太后穿好袜和鞋,离开洗澡椅之后,洗澡才算完毕。

此时,室内仅留下两个司浴的宫女,室外也留下两个,其余的道过"吉祥"后全部退去。

室内的两个宫女重新给太后舀水洗脸、浸手,给她的额头及两颊作长时间的热敷。这能让抬头纹的痕迹熨开,她身上的皮肉惊人的白嫩,两手细腻圆润。

3. 慈禧浸指甲

美国女画家、作家卡尔,曾给慈禧画过一幅肖像画,指甲修长,尤其是大拇指、无名指和小指的指甲。如此修长的指甲,要保养谈何容易!每天晚上临睡前都要洗、浸,有时需校正。冬天指甲脆弱,更要留心保护。

司浴的两个宫女给太后洗完脸,浸完手和臂之后,就要为她刷洗和浸泡指甲，用小挫端正弯曲处，以刷子刷净指甲里里外外，然后用翎子管吸上指甲油涂抹均匀，最后戴上黄绫子织成的指甲套。太后有专门装修理指甲工具的小盒。小刀、小剪、小挫、小刷子，还有长钩针、翎子管、田螺盒式的指甲油瓶，一律银白色，据说都是外国进贡的。太后还有专门盛指甲的匣，对剪下的指甲非常珍惜。

由上可知，慈禧洗一次澡，是如此的兴师动众，造成人力、物力、财力巨大的浪费，暴殄天物，都认为理所当然而在所不惜，亦为人所不齿。当此之时，国力维艰，饿殍遍地，升斗小民十有九家已倒悬，一家正如风中烛，又有谁去怜惜和解救他们呢！

再说每洗一次澡，全身都赤条条的，将自己的胴体裸陈于众目睽睽之中。即使是村夫俗子、白首鬅发，都深感满面羞惭，况且慈禧为堂堂一国之主，颇知礼仪、晓羞辱，竟能如此恬然处之，不以为耻，反以为荣，以此显耀自己色冠六宫，为天下第一人，占天下独一份，高贵无比。嗟乎！

曹皇后临危不惧救君王

宋仁宗的元配夫人郭氏被废皇后之后，第二任夫人曹氏便被立为皇后。

曹氏，真定（今河北正定县南）人，为宋初名将曹彬的孙女。曹彬是武将，太宗时，加同平章事。其早在开皇时，征南唐，克金陵，不妄杀一人。

曹皇后生性仁慈俭朴，处理重大事件慎之又慎。重才惜德，熟读经史，又性情温存，为人温厚，堪称一代贤后。她历事三朝，宋神宗时，被尊为太皇太后。

英宗即位时患暴病，如痴如狂。曹太后曾勉强同意垂帘听政，但从不自作主张，不敢武断。一旦皇上病愈临朝，太后便撤帘归政。她不宠外戚，严治宫闱，所为多善政。但在政治上是一名顽固的保守派，认为祖宗之法一成不变，所以对王安石变法极力反对，成了反对派的后台老板。

曹太后善飞白书。这是汉字书体的一种，笔画露白，似枯笔所写。汉末魏初宫阙题署，多用其体。

仁宗庆历八年（1048）闰正月十五晚，仁宗欲张灯两度元宵。曹皇后竭力劝阻。她说，一来耗费财，二来耗神费力，有伤龙体，不宜劳民伤财。仁宗纳谏而止。

有一次，崇政殿亲从官颜秀等犯上作乱。仁宗慌了手脚，曹皇后则指挥众内监奋力护驾。临危不惧，指挥有方，立即平息了内乱，不愧为将门之后。

仁宗为好色之徒，急于播种，宫闱多宠。但这批宠妃肚皮却不争气，有的拼命生不出一个龙子，有的虽费尽九牛二虎之力才生下一个龙子，但又夭折。仁宗身体先天资质已差，又放纵肉欲，不加节制，致使未老先衰。嘉祐八年（1063）二月，便一病不起，但立储一事，尚未定夺。

早在仁宗景祐二年，曹后虽处年青时期，但不为一己之私，而是劝仁宗把宋王室赵允让之子四岁的赵宗实接入宫中抚养，以防万一。宋仁宗对传皇位给旁支，实不甘心，总巴望众妃嫔能为他生下一个皇子。但事实并不如其所愿，正所谓"多鸡不下蛋，多女不洗碗"。

后来尽管把宗实接入宫中，改名曙，曹后对之倍加爱抚，犹如己出，但仁宗一直没有明确其皇子的名分。直到仁宗嘉祐八年，三月初的一天晚上，仁宗驾崩之时，才由曹后宣读传位遗诏。此时宗实9岁，立为英宗，尊曹氏为皇太后。由于曹氏当机立断，一场继位的政治风波终于避免，乱子无形中得以消除。

宋神宗赵顼元丰二年（1079），苏轼因"乌台诗案"下狱，人们都以为其必死无疑。曹太后对神宗讲述当年苏轼兄弟中试的往事，说当年仁宗高兴得对人说："吾为子孙得两宰相。"现在挑毛病挑到写诗上，未免太过苛刻了。她要求神宗对苏轼从轻发落。由于曹太后金口玉牙，一言九鼎，苏轼终免于一死。

曹太后晚年身患水疾，侍医诊治乏术。同年冬天，病情加重，逝世时64岁。官员为她定上谥号"慈圣光献皇后"，与仁宗合葬永昭陵。

第三章
武 将

伍子胥

一、伍子胥的苦海人生路

伍子胥（xū）是春秋战国时楚国人。名员，字子胥，以字行世。父伍奢，兄伍尚。他们的祖先叫伍举，在楚国非常显贵，所以他的后代在楚国很名气。

楚平王的太子叫建，楚平王便派伍奢做他的太傅①，费无忌做他的少傅。但费无忌对太子建不忠。

楚平王派费无忌到秦国替太子建娶亲。因秦女貌美，费无忌便心生邪念，先跑回来报告楚平王说："秦女非常标致，大王可以自己享用了，另外再替太子娶一个媳妇。"楚平王也是一位好色之徒，一听了便怦然心动，于是捷足先登，抱得美人归。而且对她宠爱有加，很快，秦女的肚皮亦争气，生下一个儿子叫轸。平王另外又替太子建娶了一个齐女为媳妇。

伍奢又作伍子奢，伍子胥父。初为大夫，楚平王即位，任太子太傅。少傅费无忌离间太子于平王。伍奢力谏，平王怒，与子伍尚同时被杀。

伍尚，伍子胥兄。为棠邑大夫，时称棠君。楚平王七年费无忌诬告其

---
① 太傅，官名。古三公之一。

父伍奢与太子建叛，与奢同被杀。

　　费无忌，名或作无极。春秋楚国人。大夫。楚平王二年，奉命至秦为太子建娶妇，因妇貌美，归而劝平王自娶之。他屡进谗言，使平王杀建，太子建逃往宋国。乃使平王杀建太傅伍奢及奢子伍尚。平王去世后，又谗令尹子常迫害郤宛。楚人怨之，终为令尹子常所杀。

　　费无忌借秦女向楚平王献媚取宠之后，为了进一步讨好楚平王的欢心，又献殷勤，奉承兼伺候，接着就离开了太子建而侍奉楚平王。但他又害怕一旦楚平王死而太子做了国君，必定杀他，因而又诋毁太子建。太子建的母亲是蔡国人，楚平王对她不宠爱，于是恨屋及乌，便更加疏离太子建。这正中了费无忌的下怀。平王甚至派建出守城父①，防守边疆。

　　过了一段时间，费无忌又当楚平王的面毁谤太子建，说："太子因为秦女的缘故，对国王必然怨恨在心，但愿国王自己要防备。太子建到城父以后，率领军队，广结诸侯，必然回朝犯上作乱。"

　　昏庸老朽的楚平王于是马上召太子的太傅伍奢回来查问。伍奢早就判断这是费无忌的离间计，因此斩钉截铁地回答："国王为何因为谗贼小臣的话而疏离骨肉至亲呢？"费无忌又进谗言挑动："国王现在不对他们加以制止，他们一旦成功了，国王将被活捉。"

　　楚王平越听越生气，因此迁怒于伍奢，将伍奢打入大牢，又密令城父司马奋扬去杀太子建。司马奋扬尚未赶到，伍奢已先派人密告太子，叫太子快跑，走为上策，否则将被擒杀。太子建于是抽身逃到了宋国。

　　接着司马奋扬坐在囚车里，囚首丧面，来向楚平王请罪。楚平王追问："太子何在？"奋扬回答说："跑了"。平王说："密令杀太子，受上赏；纵②太子，当死。"平王说，密令只有你一个人看到，到底是谁泄露风声？奋扬说："是我。"平王说："何解？"奋扬答道："以前你派我到城父做最高军事长官之时，曾当面对我说：'侍建如侍余。'要我对太子像对待你一样的忠心。但密令与你原来说的不一样。再说太子也没有谋反，无犯上作乱的确凿证据，你无证无据就将太子杀掉，这是你的骨肉之亲，国人必然议论你骨肉相残，而不是骨肉相连。所以我决定将他放走。我抗

---

① 城父（邑），在今河南宝丰县东。《左传·昭公十九年》："楚太子建居于城父。"
② 纵：放走。

命不从,死有余辜。要是我一块逃走,这又加一条死罪,所以我干脆回来请罪。"

楚平王并非心如铁石之人,听了这番话之后,立即心平气和,深受感动。便说:"你尽管违令,但是对我一片忠诚,精神可嘉。"最后说:"归。"即回去继续做城父司马吧!

有道是"好汉做事好汉当",司马奋扬敢作敢为,光明磊落,巧妙地利用楚平王的出尔反尔、反复无常予以攻之。曾子曰:"戒之戒之,出乎尔者,反乎尔者也。"这就是"以子之矛,陷子之盾,何如?"其人弗能应也。楚平王亦哑口无言以对。

费无忌又对楚平王进谗说:"伍奢有两个儿子,都很贤能,如不一起杀掉,斩草除根,必给楚国留下祸患。"楚平王便派使者往说伍奢:"你能把你两个儿子叫来就活命,否则就处死。"伍奢说:"我大儿子尚为人仁慈,倘若叫他,他一定来。二儿子员为人刚暴不屈,且又能忍辱含垢与忍受苦难,能完成大事,他料想来了必定同时被擒,就绝不会来。"

楚平王不听,派人召伍奢的两个儿子,说:"你们来,就让你们的父亲活下去;不来,现在就杀你们的父亲。"伍尚要去,伍员说:"楚王召我们兄弟并不是要我们的父亲活下来。他恐怕我们逃脱,给楚王留下后患,所以用父亲作人质,迫使我们回去,以此诈骗我们上当。我们一去则父子三人都死。这对父亲的身死又有什么好处呢?去了之后,我们的大仇就不能报,不如逃奔别国,凭借别国的力量来洗雪父亲的耻辱。统统去死是没有用的。"伍尚说:"我知道去了也不能保全父亲的性命,可是,只是父亲召我,如果为了求生而不去,以后又不能报仇雪耻,终将被天下人反唇相讥。"又对伍员说:"你可以逃走了,你能报杀父之仇,我将去就死,作为对父亲尽孝的方式。如果我和父亲都死了,请你以报仇雪恨作为尽孝的方式。"兄弟互相对拜,就此作为手足永诀之情。

此所谓:"父叫子亡,子不亡不孝。"

伍尚于是被捕,跟随使臣回都城。伍子胥(即伍员)就换上一身衣服,准备立刻走上逃亡之路。当时派来抓捕伍子胥的大臣武城黑,当他得悉伍子胥将要逃匿的讯息,就派兵车火速追赶。伍子胥一身是胆,站在道边,拿着一支箭,手挽雕弓如满月,瞄准使者的车,武城黑吓破了胆,抱头鼠窜,狼狈而逃。

清代乾隆年间,蔡元放增订并加评语定名为《东周列国志》的长篇小说,曾述说伍子胥的身世,言及伍子胥是监利(在今湖北监利县东北)人。他身高近2米,眉广一尺,目光如电,有拔山扛鼎之勇,经文纬武之才。宽肩膀、粗胳膊,身材魁岸,力拔丘山,且能举鼎,才气过人。这样一个巨无霸,是武城黑见所未见、闻所未闻的,更不知其是神还是鬼,不被吓死才怪呢!

伍子胥打听到太子建在宋国,便决定到宋国去追随他。伍奢得悉伍子胥逃走了,说:"楚国的国君和大臣就要为兵事辛苦了。从此楚国的君臣恐怕吃饭和睡觉都不安稳了。"

伍尚回到楚都,楚平王便把伍尚和伍奢一并杀掉。

伍子胥于是开始走上逃亡之路,首先第一关,便是必须十万火速离开楚国。他现在仍身匿楚国,楚地对他来说是虎口狼窝,他正身居在虎口狼窝中,正是:人为刀俎,我为鱼肉。

正当他拔腿逃亡之时,仍在虎口狼窝境内,便远远发现一支军队随后追来。别无他途,无奈的他只好躲闪在路边的沼泽丛中。待这支军队走近了,他定睛一看,率领军队的人竟是他的挚友申包胥。①

伍子胥立刻从草丛中出来,站在路旁。申包胥一见伍子胥,感到十分奇怪。便问:"你为何来到这个地方?"伍子胥坦诚地哭诉着,一五一十地诉说自己的苦难经历。申包胥又问:"那你现在打算怎么办,何去何从?"伍子胥毫不隐讳地道:"我一定要到一个地方去借兵回来将楚平王杀掉。"申包胥规劝他说:"从你的祖父(伍举)那一辈开始当大夫起,世世代代都享受楚国的优厚俸禄。现在国君虽然做了对不起你们的事,但是如果你杀死了国君,岂不是不忠的行为吗?望三思而后行啊。"

申包胥是先国家而后私仇,为人臣者要忠,不忠就是大逆不道,就是犯上作乱。他说的也没错。

伍子胥避开报私仇不说。他说:楚平王干了四件不义的事:纳子妇,是为乱伦,怎么能洁其身!弃嫡嗣,欲杀自己的亲生太子建,弃嫡嗣而乱

---

① 申包胥,春秋时楚国大夫。姓公孙,封于申,故号申包胥。与伍子胥友善。员以父兄被害,逃奔吴国,谓包胥曰:"我必复楚国。"包胥曰:"子能复之,我必能兴之。"昭王十年,吴用子胥战略,攻破楚都郢,申包氏入秦乞师,依廷墙哭,滴水不入口者七日夜,秦哀公甚为感动,乃出师救楚,击退吴军。昭王返国赏其功,申包氏功成之后,拂袖而去,逃不受赏。

礼法，有悖伦理；信谗佞，偏听偏信小人的话，昏庸无道；害忠良，有道是："昔在文武，聪明齐圣，大小之臣能怀忠良"，"焚炙忠良，刳剔孕妇"，天理不容。害忠良是害其父亦害其兄。伍子胥亦对申包胥晓之以理，所以必然得其结论："如果我带兵入郢，是为楚国扫荡污垢，那才真正是为楚国的江山社稷着想，怎么能容一个道德名誉败坏的人，做楚国的国君呢！这正是为楚国除害呀！"伍子胥又晓以大义，巧妙地避开凶逆与逼迫国君的乱臣贼子之罪名。

申包胥稍为思索，道："要是我同意你报仇，这是我对国王的为人臣而不忠，不能竭尽忠诚而事君。但是，假若我不让你报这不共戴天的杀父之仇，这又是陷你于不尽孝道。这对我而言，实在是一个两难的事。我只能与你约言，出于朋友之义，我绝不泄露你行踪的机密，我也不逮捕你，你可以去带兵灭掉楚国。但是，等你灭掉楚国之后，我一定能够把楚国再兴盛起来。"这就是"子能危楚，我能安楚"。申包胥最后说："这样你可以尽孝，我还是要尽忠的。"这时申包胥即与伍子胥匆匆握别。

申包胥与伍子胥各自语出惊人，敢出大言，必有量度。此所谓"英雄所见略同"。

问题在于伍子胥目前连性命都难保，简直朝不保夕，又到什么国家去借兵来攻打楚国呢？这是口出狂言，异想天开。岂不闻"万乘之主，不为匹夫兴师"。

万乘就是万辆。《周》制："天子地方千里，出兵车万乘，诸侯百里，出兵车千乘。故以力乘称大子。"《孟子·梁惠王》上："万乘之国，弑其君者，必千乘之家。"

乘（shèng），春秋时甲车一乘，配甲士3人，步卒72人。古战车一乘四马，于是以乘为四的代称。而甲士3个，中间这个人是御者，即驾驭车马的人。指挥官坐在左边，武官居于右。当敌我双方战车交错之时，白刃砲砲（wei），矛戟交错。这时就出手交锋了。再加上负责供应粮草、医务等急需品的后勤人员25名，一辆战车共100人。万乘之主即拥有一百万军队，怎么能倾尽全国之资源兵力去为一个普通的人去报私仇呢！伍子胥想入非非，几乎达到疯狂的程度，正如痴人说梦呢。

伍子胥来到了宋国。这时又逢宋国的华氏作乱，于是与太子建结伴逃到郑国。郑国人对他们很好。太子建又到晋国，晋顷公说："太子既然跟郑国的关系很好，郑国对太子又信任有加，太子如能做我们的内应，我们从外面进攻，消灭郑国是无疑的。那时就把郑国封给太子。"太子不听则已，一听心动得眉飞色舞，马上又赶回郑国。但事情还未联络好，就被太子建的随从泄漏给郑国。郑定公与子产便先下手为强，杀了太子建。太子建有个儿子名叫胜。伍子胥害怕刚出虎口，又入狼窝，便与胜一并逃去吴国。

这是太子建自己讨死，并非有人逼他。当晋顷公许给他整个郑国的时候，他曾跟伍子胥商讨过，伍子胥权衡利弊，劝他这件事万万不要做。"首先郑国君主（定公）对我们非常有诚意，接待得非常周到，没有什么失礼的地方。晋顷公在利用你，如若被其利用，就做出违背天理人心的事。人主有德，天降祥瑞；人主失德，天降灾异，是要遭恶报的。再说，你硬干也达不到目的，你有什么能耐将一国之君杀掉呢！一个国家的将领如云，大夫众多，取上将之首难上加难，取国君之首，谈何容易，你到底有多少条命呢！这么危险的事，万万做不得！"

但太子建由于深受迷惑，鬼迷心窍，甚至鬼使神差，就迫不及待地拿出大把大把的钱收买郑定公身边的文臣武将。但很快便走漏了风声，无法隐瞒，阴谋败露，被郑定公杀掉，最终走上不归路。

伍子胥突然产生心理感应"太子危殆"，立即携带公子胜拔腿就逃。但是天高地迥，哪里是栖身之地呢？只有逃往吴国，别无他途。但伍子胥现在仍身在郑国，约在今河南郑州一带，而吴国在江苏无锡县梅里，后据有淮、泗以南至浙江太湖以东地区。路漫漫其修远兮，光靠两条腿长途跋涉就想到达，谈何容易！而且沿途都有不少小国，这些小国随时随地都有可能擒拿伍子胥遣送回楚国的危险。风险是如此的巨大，但是明知山有虎，伍子胥偏向虎山行，以期从死路中求生。他仍携带着公子胜，水陆兼程，昼伏夜行。

伍子胥经过了千辛万苦，终于来到了昭关。这是古关名，故址在今安徽含山北小岘山，二山对峙，因以为关，其口可守。春秋时此地位于楚国东部边境，为吴、楚两国交通要冲。此处一夫当关，万夫莫开，为兵家必争之地。

由于昭关是楚、吴往来要冲，楚将判断伍子胥唯一可去依托的是吴国，而到吴国非经昭关不可。因此，早已派出楚将薳（wěi）越把守，同时早已画出伍子胥的头像挂在那里，日夜对过往行人盘问检查。看来，伍子胥插翅难飞，已成为瓮中之鳖。

伍子胥仍然向昭关方向奔来，到了历阳山（在今安徽和县西北）。

伍子胥和公子胜就在丛林下歇息，有个过路客一见伍子胥开口就问"难道你就是伍子胥吗？"过路客实际上没有见过伍子胥的真人，只是从高挂在昭关城门上通缉的脸形特征认出他。伍子胥感到惊奇，因为心中有鬼，在逃亡中又生怕别人认出。他定神之后，回答道："老丈为什么要问这样一个问题呢？"老丈说："你不要害怕。"伍子胥便将自己的身世直白地告诉老丈。老丈对他十分同情。并说："你要想过昭关，这一关是过不去的，唯一的希望就是去拜访东皋①公了。"并介绍他东皋公的住处。

东皋公家的门被叩开了，东皋公看到来客精神颓丧，心里感伤，便匆匆引入室内，想问个究竟，但此时他已经认出伍子胥了。

东皋公尽管感到惊诧，神情紧张，仍单刀直入，开门见山就问："子胥，你想过昭关吗？"。

"是的，小弟正欲与公子胜一齐过昭关，至吴国避难，老兄为何如此惊恐呢？"伍子胥亦感到意外。但也露出坦诚的心迹，毫不隐瞒。

东皋公说："我是一个悬壶济世的医生，行医卖药，名东皋，有人叫我壶公。刚刚给楚国的蒍（wěi）越把脉回来。"伍子胥一听，突然胆寒，此人正是追捕自己的人。

东皋公继续说："我是一个医生，一心一意救死扶伤，治病救人，绝不会心生邪念，加害任何人。昭关上挂有你的头像，所以我一眼就认定是你。平王正悬赏捉拿你呢！"

伍子胥认为害人之心不可有，但防人之心不可无。经过双方促膝相倾之后，他才定下神来，认为东皋公可信、可靠、可敬、可亲。

东皋公说："关上对路上过往的人盘查甚为严密，你根本过不了关。还是先歇息在我这里，容后再想办法。"

伍子胥走投无路，就顺其自然，在东皋公家里住下。

东皋公亦善迎宾客，每天以佳肴盛宴来宾。转眼已是七天，却绝口不

---

① 东皋（gāo）是历史上罕见的复姓。居于东皋（泛指田野或水边的高地）者，以地为姓。现代无此姓。

提过关一事。

伍子胥心急火燎又心乱如麻,尽管每天享用着好酒、好肉,但总是食而不知其味。就对东皋公说:"我大仇在心,以刻①为岁,迁延时日,宛如死人,先生义薄云天,宁不哀乎?"即是说:我急于报不共戴天的杀父之仇,人度日如年,我度刻如年,在此处日过一日地蹉跎时日,就像死人似的什么都干不成。像你这样节义至高的人,难道还不同情我吗?

东皋公说:"我正在等一个朋友,只要他到了,我自然有办法了。"他没有继续说下去,令人极难猜透,又令人纳闷。伍子胥想,这闷葫芦里,到底是什么名堂!真费解。

当天晚上,伍子胥卧在席上,"悠哉忧哉,辗转反侧"。老想呀,老想呀!翻来覆去,可睡不着。

伍子胥当天晚上,彻夜难眠,他想到自己漂泊的身世,萍浮水面,随风飘荡。伍家世代是楚国忠良,祖父伍举为大夫,父亲伍奢官至太子太傅,曾出仕宋国,所以自己也曾逃亡到宋国。楚平王听信佞臣费无忌的谗言而杀死乃父乃兄,又准备废掉太子建。平王现在仍卡关画图,追捕自己,其目的是斩草除根,以绝后患。胞兄惦念父亲,甘愿冒死赴召,以尽其孝而遭到身亡,却令己孤身,独影出逃,以报杀父杀兄不共戴天的深仇大恨。自己走投无路,便与太子建逃到郑国。太子建报仇心切,暗中勾结一些郑国的大臣。由于走漏风声,阴谋败露,被郑定公杀了。自己只得携带公子胜落荒逃离郑国,前往吴国。经历千辛万苦才到昭关,又被画像追捕,风声又是如此的紧张。目前,眼看过不了关,他怎能不慌不愁?

第二天,东皋公前来探望,一见伍子胥,简直不敢相信自己的眼睛,他的脸上露出了惊疑的神色,这到底是人还是鬼?一时说不出话来。原来一夜之间,伍子胥的须发及两鬓全已变白。他拿一个铜镜给伍子胥照,伍子胥自己亦感慨万千。把铜镜扔在地上,仰天长叹道:"一事无成而双鬓已斑,天乎?天乎?"

忽地,东皋公击掌大笑道:"好了!好了!"伍子胥匆匆地问道:"什么事如此高兴?"东皋公说:"人世间的祸福无常,都是互相转化的。祸

---

① 刻是古代计时的单位。古代以铜漏计时,一昼夜分为一百刻。按节令,昼夜刻数不同。冬至昼四十五刻,夜五十五刻。夏至昼六十五刻,夜三十五刻。春分、秋分,昼五十五刻半,夜四十四刻半。至清代始用时钟。以十五分钟为一刻,四刻为一小时。

福相因，往往福因祸生，而祸藏于福，你满头白发必带来福。你过去身材伟岸，头发乌黑，目光如电，浓眉大眼，别人一见你就能认出来，现在你面目全非，前后判若两人，别人不易认出你，这是天然而成，不用设计包装。再说，我的朋友皇甫讷，跟你长相相似，身高九尺，眉广八寸。明天让他穿上你的丧服（吊丧太子建），你穿上别人的衣服。明天过昭关时，让皇甫讷先行，把关将士必定认准他就是你，士兵必定蜂拥围上来，相互之间必定争吵，这时你就立刻混过关去。"经过东皋公如此这般面授机宜之后，伍子胥心里踏实多了，这时他才笑逐颜开。

正在说话之间，皇甫讷这个"替身"终于到了。

次日上午，正趁人们忙于赶集时间，有道是耕田赶早，买卖争先，谁都来去匆匆，争先恐后地赶到集市买卖货物，这正是昭关人流的高峰时段，东皋公早用家传秘方的药水将伍子胥的脸洗白了。公子胜也打扮成农村的小孩模样，他们远远地跟在皇甫讷的身后。

皇甫讷一到昭关，把守昭关关口的士兵一见他出现，就认准是伍子胥来了，一下子蜂拥上来。薳越本来是在关上，皇甫讷一出现，他就快马加鞭地从关上冲下来，准备捉拿皇甫讷，皇甫讷就跟他们争辩起来。抓到伍子胥是特大新闻，赶集的人都驻足围观，以弄清个究竟。

正在人群熙熙攘攘之时，说时迟那时快，神不知鬼不觉之间，伍子胥早已携带公子胜蒙混过关了。这时东皋公才赶来解围说："我约了老友皇甫讷出去一块旅游，正好过关。"薳越再三道歉并放了皇甫讷。过关之后，伍子胥才捏了一把汗，伍子胥和公子胜过昭关如过鬼门关，他们算是当时的"敢死队"了。这就是吉星高照，就是"人有善愿，天必佑之"。伍子胥一夜白了头，这是上天安排了的，这就是天算。"人算不如天算，算了也白算。"伍子胥偏偏从薳越的眼皮下走过，薳越就是白算。天生一个伍子胥，天又生一个皇甫讷，这就是巧合，就是天造地设，也是"天作之合"。

鱼儿脱却金钩钓，摆尾摇头不再来。出了昭关，伍子胥担心后有追兵，便拼命朝前赶路。可是有一条大江（长江）拦住了去路。欺山莫欺水，怎么渡过去是个难题。这就是一波未平，一波又起。

伍子胥心急如焚。正在着急之间，见了一位渔翁正在逆水行舟赶来。伍子胥就高声大叫："渔人渡我，渔人渡我。"渔翁就摆渡船至芦花深处，伍子胥与公子胜匆匆去陆登舟。

伍子胥向渔翁坦诚地说出自己的身份，渔翁万分怜惜。摆渡过江之后，渔翁说："你们戴罪在身而远走高飞，身无分文，谅必已饥，我家离此不远，请稍等一下，我回家拿些饭菜给你们充饥。"转身就走了。

伍子胥正在等渔人，与公子胜等来又等去，左等又右等，此时饥肠辘辘。害人之心不可有，防人之心不可无。有道是"万丈深潭终有底，只有人心不可量"，这时他又疑心生暗鬼，于是迅速躲藏起来。

又过了一段时间，渔父回来了。发现伍子胥不在原处，千呼万唤始出来。伍子胥再三向渔父加以解释着逃亡之人的心态并痛痛快快地吃完渔父做的麦饭鲍鱼羹，大饱了口福。接着激动地说："老丈，谢谢你今天救我命，渡我过江，这把宝剑是楚庄王赐给我祖父的传家宝，镶嵌七颗宝石，值一百两金子，现在送给你，以表寸心。"

渔父说："我五万石粮食和执珪的爵位都不要了，怎么能要你的宝剑？我不图这些。"有道是"君子无剑不游"，当时的士人都是挎着宝剑的。利剑不在掌，结友何需多！宝剑与生命已经紧密地结合在一起。

楚平王早已下令："得伍子胥者赐粟五万石，爵执珪。"这是大富大贵的重赏。以期重赏之下，必有勇夫。

当时的高级大臣，年薪充其量只不过是两千石。重赏五万石粮食，这是极"富"了。抓到伍子胥的人，一夜之间就能暴富起来，还能获得执珪的爵位。珪又作圭，是春秋时诸侯国爵位名。以圭赐给功臣，使持圭朝见，因称执圭。这是"贵"，贵就是位尊，意谓公卿大夫或显贵的身份。

渔父说："你要赶那么远的路，我怎么能要你的宝剑呢！"坚决推辞不受。

伍子胥再次拜辞渔夫，转身携带公子胜就赶路了。

走了几步，伍子胥又转返回来问渔父："老丈姓甚名谁？我将来怎么才能找到你，从而报答你的救命之恩？"老渔父说："如果后会有期，你就叫我渔丈，我就称你芦中人。"

伍子胥说："我记住了。我还有一事嘱咐，要是有楚国追兵赶来，问及你是否知道我的去向，请你告诉他们没有见到。"

老渔父说："你放心尽管走吧。"走了几步，又听见老渔父在身后讲："如若楚军真的追上来，我怎么才能洗脱自己的嫌疑呢？今请以我的死，来打消你的重重顾虑。"说时迟，那时快，渔丈人当着伍子胥的面将船翻过来，立刻沉下水去了。

伍子胥痛楚万分地说："你为我而死，我因你而活，呜呼哀哉！"万分叹惜。

《孟子·告子》上有："生，我所欲也；义，亦我所欲也。二者不可得兼，舍生而取义者也。"

伍子胥继续往前逃亡，来到江苏的溧水①。伍子胥亦饥肠难忍，看见一个妇人正在溧水边浣纱②。便迎上前去道："我是行路之人，能赐给我一餐饭吗？"

女人头也不抬，说："我年已三十，尚未有家，与母亲相依为命，坚定地以坚贞为德操要求自己，我不能随便将饭给一个男人吃。"伍子胥说："我需要你的饭救命，不是无故与你搭腔的。"

那女子才抬起头来看他一眼，看他困惫不堪，面带饥色，就破天荒地捧饭给他吃。伍子胥和公子胜各盛了一碗，三下五除二就扒光了，随手又将剩下的饭还给了女子。

浣纱女说："既然你们要赶这么遥远的路程，为什么不吃饱呢！把饭全吃了吧！"伍子胥和公子胜再三道谢，狼吞虎咽地一口气又将剩饭吃完。俗语说："肚有食，脚有力。"

伍子胥临行前，为了保证安全，对女子说："要是有人问到我的行踪去向，你不要说见过我。"那女子说："我跟母亲相依为命三十年，从未与男人说过一句话。今天不但给你饭，同时又铺席子在地上，长跪伺候你吃饭。我如此的做法是有亏贞节的，你还嘱咐我不要泄露你的行踪去向。"说时迟，那时快。女子就抱着一块大石，"扑通"，连人带石沉下水底里。

伍子胥对那女子爱莫能救，哀叹不已，便咬破中指，以自己的鲜血写了二十个大字："尔浣纱，我行乞，我腹饱，尔身溺，十年之后，千金报德。"接着堆上沙粒，搬石头围好，以作纪念。

渔丈人、浣纱女都是平头百姓、升斗小民，但他们义薄云天，可与天

---

① 溧水，在今江苏溧阳市。也作陵水、濑水、永阳江，《汉书·地理志》谓中江。源出安徽芜湖县，东注太湖。

② 浣（huàn）纱，洗衣服。

地比寿，与日月齐光。

伍子胥没到达吴国，便在路途中生了病，不得不止步不前，沿街乞讨。经过九死一生的磨难，好容易才到了吴国。

伍子胥历经九九八十一的磨难，好不容易才捱到苏州，食不果腹，居无定所，人生地不熟，只有吹箫乞食，流落街头。他边吹箫边唱道：

第一叠①
伍子胥，伍子胥，
跋涉宋、郑身无依，
千辛万苦凄复悲，
父仇不报，何以生为？

第二叠
伍子胥，伍子胥，
昭关一度变须眉，
千惊万恐凄复悲，
兄仇不报，何以生为？

第三叠
伍子胥，伍子胥，
芦花渡口溧阳溪，
千生万死及吴陲，
吹箫乞食凄复悲，
身仇不报，何以生为？

伍子胥开口闭口不忘报父仇，开口闭口不忘报兄仇，开口闭口不忘报己仇。报仇雪恨之心何等强烈，报仇之志何等坚决！开口闭口，念兹在兹，即念念不忘。故曰："生子当如伍子胥，十年终报楚王仇。"

伍子胥正在吹箫行乞之时，有一个叫被离的相面高手，循着悲凉箫声找到了伍子胥。

---

① 叠（dié），重叠。赋诗重用前韵，也称叠韵。

被（pī）离，善相术，为朝中大夫，他见伍子胥面貌堂堂，身材魁伟，虎背熊腰，一身虎胆，又得知伍子胥的悲惨经历，对其深感同情与钦佩。此次被离与伍子胥的会面，竟被吴王僚得悉，又经公子光的关系，终于召见了伍子胥。伍子胥谈到要为父兄报仇时，双眼像两把利剑，迸发出耀眼的火花，吴王深表同情与赞赏，立即许诺要为伍子胥报仇雪恨。

过了很久，因楚国边邑钟离和吴国的边邑卑梁①氏都养蚕，两个女子因争采桑叶而互相攻击。楚平王于是大为生气，两国发展到兴兵相攻。吴国派公子光伐楚，攻破楚国钟离②、居巢③二邑而归。伍子胥说服吴王僚："楚国可以攻破，希望再派公子光去。"

但公子光心怀鬼胎，另有盘算，对吴王说："伍子胥的父兄被楚平王杀死，现在劝王攻打楚国，是要用来报私仇。攻打楚国是不会成功的。"伍子胥心知肚明公子光另有主意，打算杀害吴王而自立为君。目前用对外的军事行动劝说他，为时尚早，于是还须再等待时机。他又知道光是一个大有作为的人。

姬光为何出面劝阻吴王呢？事出有因，姬光的父亲姬樊原为吴国国君，死后传位给二弟余祭，余祭再传位给余昧，余昧死后，四弟季札不受王位而出走他乡，于是余昧的儿子姬僚立为国君，这就是吴王僚。因此，姬光心里不平衡，认为自己是姬樊的长子，理应由自己来继位，所以一心想谋夺王位。

强扭的瓜不甜，伍子胥于是退隐到郊外，仍在暗中结交姬光，为了帮助姬光成就大业，便向他极力推荐自己的挚友专诸④。

专诸暗中打听到，吴王僚喜欢吃鱼，于是到太湖向名师学习了烹鱼的绝技，前后共三个月才回到姬光家，等候时机而动手。

周敬王五年（公元前515年），吴王僚乘时而起进击楚国，并派两个弟弟上前线督军。因被楚军断绝了后路，双方僵持不下，致使吴国的兵力

---

① 卑梁邑，在今安徽天长市西北。春秋吴地，后入于楚。
② 钟离本为春秋方国之一。即今安徽凤阳县东北临淮关。《春秋·成公十五年》：晋、齐、宋、卫、郑、邾人"会吴于钟离"。后为楚所灭，为邑。
③ 居巢邑，一作巢邑。春秋时为吴、楚二国交攻之地。旧说即殷、周时巢国，在今安徽巢湖市东北，或作在今安徽六安市东北。一说其时以居巢为名之邑不止一处，殷、周时巢国只是其中之一。
④ 专诸，又称鱄设诸。春秋时吴国堂邑人。吴公子光欲杀吴王僚，伍子胥荐专诸于光。吴王僚十二年，光设宴请僚，专诸藏匕首在鱼腹中进献，刺杀僚，专诸亦为僚左右所杀。

大减。于是姬光与伍子胥策划于密室,对专诸的行动作了周密的布置。之后,姬光便邀请僚王到他的宅邸。姬光事先在府中地下室设下伏兵,僚王对其万分戒备,三步一岗,五步一哨,壁垒森严。时值当年四月,吴王僚到达之时身穿三重铠甲,卫队从宫中一直排到姬光家,宴会厅的前后左右都布满了全副武装的卫士。酒过三巡,姬光借口脚痛,退席来到了地下室。这时,专诸突然出现在招待吴王僚的宴室上,他全身被严密搜查,搜身并无夹藏武器,才准予送鱼上堂。但是又有谁能想到,他端着盛有烧鱼的盘子,若无其事地走到僚王的面前,站在僚王身后的禁卫兵紧握着刀剑,双目如利剑似地紧盯着专诸。专诸毕恭毕敬地献上烧鱼,说时迟,那时快,专诸便将鱼腹中藏着的一把锋利无比的"鱼肠剑"迅速抽出来,立即刺向吴王僚的胸膛。吴王僚毫无戒备,被鱼肠剑刺透铠甲,当场倒地一命呜呼哀哉。侍卫们蜂拥而上,将专诸剁成肉酱。伍子胥立刻指挥伏兵从地下室里冲杀出来,袭击僚王的警备禁卫军,很快便制伏了他们。

接着,姬光便登上了金碧辉煌的皇位宝座,这就是吴王阖闾,一作阖庐。

姬光大功告成,次日,便派使者前来迎接伍子胥,并任以"行人"之职。行人,古官名,掌朝觐聘问。周时属秋官。

阖庐邀请伍子胥参与国家政事。伍子胥尽心尽力尽责地帮助吴王修明政治,振军经武,发展生产,增强国力。

吴国政治整饬清明,远近怀之。整顿军旅,军威大振。伍子胥向阖闾推荐精通兵法的兵家孙武为总参谋长。

一年后,伍子胥与孙武为阖闾制定"西破强楚,北威齐、晋,南服越人"的争霸谋略。其时楚强吴弱,伍子胥又向吴王提出"疲惫楚军"的策略。他说:"楚国执政的人众多,政出多门,互相不和。必须将吴军分为三军,轮番上阵袭扰楚军。一支军队到哪里,他们必然蜂拥出战,他们出来,我们就撤兵回来。他们回营,我们就出动。这就是敌驻我扰,敌出我退,楚军必然寝食难安,疲于奔命,疲顿不堪。士兵必然百般埋怨,士气自然低沉。"吴王依据伍子胥这一计策指挥军队,的确奏效。《左传》载:"昭公三十一年(公元前511年)秋,吴人侵楚,伐夷,侵潜、六①。

---

① 六,六国。夏至春秋时国,在今安徽六安市东北。后被楚灭。

楚沈尹戍①帅师救潜，吴师还。楚师侵潜于南冈②而还。吴师围弦③，左司马戍，右司马稽，帅师救弦，及豫章④，吴师还。始用伍子胥之谋也。"

伍子胥又与孙武对吴王共进联合唐、蔡之策，道："楚将囊瓦⑤贪婪，因此唐⑥、蔡⑦都怨恨他。大王如果想大举伐楚，一定先得到唐、蔡的帮助才行。"阖闾采纳这一策略，立即与唐、蔡联合，孤立楚国。

吴王阖庐九年（公元前506年），伍子胥与孙武佐吴王率大军攻楚，乘楚北部边防松懈之机，远道迂回包抄袭击，并调集楚军大兵团作战部队在柏举⑧大举进攻，楚军兵败如山倒。

吴军乘势进击，楚军被打得四处奔窜，到达雍澨⑨才喘一口气，急着埋锅造饭之时，吴军追击正至，乃舍饭奔逃。吴军竟一饱口福后，又穷追猛打，五战，吴军以破竹之势攻破楚国郢都⑩。

楚昭王疲于奔命，君臣溃散。伍子胥第一要着"乃掘平王墓，出其尸，鞭之三百，然后已"。即挖出平王的棺材，将平王的尸体摆在地上，亲手以皮鞭抽打，直到尸体碎烂成泥才罢休。

有道是"冤有头，债有主"，人生活在世界上，第一个原则就是不要伤害他人，否则必遭灾祸报应，甚至祸延身后，戒之又戒！

伍子胥复仇之心已遂，沉冤已洗雪，后来申包胥以为此举太过分，曾写信加以指责。而伍子胥亦复信，题为"日暮途远"以奉答，文中揭示：自从父兄被害而逃离楚国之后，历经16年的漫长岁月，才到复仇的机会。

---

① 沈尹戍，春秋时楚国人，为左司马。昭王十年，柏举之战击败吴师于雍澨，伤重将死，又耻被吴师得其尸首，乃命家臣吴句卑到其首而裹之，藏其身以归。
② 南冈，一作潜邑。在今安徽霍山县东北。春秋楚地。
③ 弦，弦国，一作巾弦国。商代方国名之一。在今河南光山县西北。春秋灭于楚。
④ 豫章，春秋吴、楚战地。晋杜预《左传》注以为"在江北淮水南"，又称为"汉东江北地名"。后人解释尚有多处。
⑤ 囊瓦，春秋时楚国公族，字子常。公子子囊之孙。以祖名称囊氏。楚平王时为令尹。平王卒，立昭王。子常为人贪，积怨多。蔡昭侯有佩与裘，唐成公有骕骦马，二君如楚朝，囊瓦欲得其裘佩名马，乃留二君于楚三年。其后，蔡人献佩，唐人献马，乃归其君。后，二君从吴伐楚，柏举之战，囊瓦三战失利，奔郑。骕骦（sù shuāng），骏马。本作"肃爽"、骕驦（shuāng）。《左传·定公三年》："唐成公如楚，有两肃爽马。"
⑥ 唐国，西周、春秋汉阳诸姬之一，位于今湖北随州市西北唐县镇。后灭于楚，遂为邑。
⑦ 蔡国，本商邑，在今河南长垣县东北。周武王灭商，封其弟叔度于此，为蔡国。后移至今河南上蔡县西南。春秋时平侯迁都新蔡（今河南新蔡县），昭侯迁州来（今安徽凤台县）称下蔡。公元前447年为楚所灭。
⑧ 柏举，一名伯莒。春秋楚地。其地在今湖北麻城市境内。
⑨ 雍澨（shì），在今湖北省京山县西南一带（一说即翁湖，在今湖南岳阳市南）。《左传·定公四年》："吴人败楚于雍澨。"即此。
⑩ 郢都（yīng dū），周朝时楚国的都城，在今湖北荆州。

但冤家已亡,即使以鞭抽其尸体也难消心中的深仇大恨。正因为杀父杀兄不共戴天的仇恨难消,才狠狠抽打平王之尸体,云云。这也充分地表现了他既无善罢甘休又没有办法的心情。

吴伐楚大胜,伍子胥因功卓著而封于申,是为申侯。又称申胥。

吴征服了楚国,除去了西方劲敌。但吴东边的邻国越国又构成了对吴直接的威胁,因为越国有一位足智多谋的范蠡(lǐ)。

范蠡,春秋楚宛人,字少伯。仕越为大夫。与宛令文种为友,随种入越事越王允常。勾践继位,用为谋臣。越为吴所败,文种守国,蠡随勾践为臣仆于吴三年。后来回到越国,与文种戮力图强。勾践十五年,破吴都。十二年围吴,三年而灭吴,被授予上将军。范蠡认为大名之下,即威名震主,难以久居。且勾践为人可与之共患而难以处安,便退出朝堂,易名鸱夷子皮赴齐,经商成了亿万富翁后将财富分散给贫时结交的兄弟,遂拂袖而去。后来入宋,定居于陶,自称陶朱公,卒于陶。

另有一说,吴国灭亡的当天,范蠡的第一要着就是寻觅旧情人西施,后于姑苏台下花荫丛中发现一脸愁容、憔悴不堪的西施,双双结伴逃到太湖,驾扁舟一叶,孤帆远影碧空尽而去。他舍弃荣华富贵而在所不惜,不为人世间的熙熙攘攘所烦扰。西施也倾心于他的急流勇退精神而与之结伴同行,遨迹江湖,享受着大自然所恩赐的清风明月和自然景物,过着无穷无尽而淡泊宁静的生活。从此两人与世无争,不再为凡尘间的恩恩怨怨是是非非而烦恼,专致"挟飞仙以遨游,抱明月而长终"之乐。

吴王阖闾十年(公元前505年),越乘吴攻楚之机,吴国库空虚,越便袭击吴都姑苏①。

吴王阖闾十九年(公元前496年),吴伐越,吴王所率军队开始太轻视越军。当时伍子胥再三劝谏,但吴王却一意孤行。果然吴军便陷入范蠡的奇谋妙计而大败于檇李②,越将斩伤阖庐脚的大拇指,阖庐受重创而奄奄一息,嘱太子夫差"莫忘越王勾践杀父之恨"。

因为夫差自小就备受宠幸,未尝苦于心志,饿其体肤。为了警醒自己牢记复仇之志,每夜都睡在柴堆上,此即所谓"卧薪",借以刻苦自励,

---

① 姑苏城,即今江苏苏州市的别称。春秋吴筑,并建都于此。
② 檇李(zuì lǐ)邑,一作醉李邑、就李邑。在今浙江嘉兴市南。春秋吴、越战地。《春秋·定公十四年》:"越败吴于檇李。"

不敢安逸。

伍子胥继续协助吴王夫差整顿国政，发展生产，增强军威，国威声振，储蓄财富，此时柴周米足，一切都准备就绪，伺机向越报复。因为夫差"为父报仇"，乃是挂在嘴皮上的花言巧语，比起伍子胥来，有如天壤之别。伍子胥心知肚明，所以安排周到后，急于诉诸行动。

到了第三年，吴越终于点燃战火，吴王终于以倾国之兵力伐越。吴大败越于夫椒，攻入越。越王勾践乃以残兵败甲共五千人退居会稽山，派大夫文种以卑辞厚礼求和，乞求允许越作为吴的属国，"委管阴①，属家国，以身随之②"。

伍子胥见解高超，志向高远，看透越国是吴国的世仇宿怨，是吴国的心腹大患。他极为清醒，洞察出越国卑辞厚礼背后所包藏着灭吴的狼子野心，坚决力劝夫差拒绝越国的所谓请求。他详尽地分析道，吴越既为近邻又为宿仇，不能并立，应乘时灭之。得其地可居，得其舟可乘；反之，如果进军中原称霸，得地不足居，得车不足乘……今不灭越，后必悔之。

但忠言逆耳，夫差根本就听不入耳，又因胜利而冲昏了头脑，甚而骄横。反认为越已屈服投降，无须顾虑，一心急于北上同齐国争夺霸主地位，故而允许议和，班师回朝。伍子胥悲愤至极，道："越（国）十年生聚③，而十年教训④，二十年之外，吴其为沼乎？"（《左传·哀公元年》）

"吴其为沼乎？"即吴国宫室因被越军破坏而变为池沼，即水草茂密的泥泞地带。

伍子胥发自肺腑之言，感人肺腑。

由于吴王坚持不接受伍子胥的建议，伍子胥最后建议和坚持必须逮捕范蠡为人质，因此范蠡与勾践入吴当了三年奴仆。

从绝望中求生路的越王勾践，为了不忘这次惨败的奇耻大辱，在吴国的住屋里吊着一副苦胆。他每天尝着苦胆囊，刻苦自励，矢志不渝地报仇。

由于夫差卧薪，勾践尝胆，后来的史学家们便把这两个事例组合为

---

① 阴即阴间。《礼·祭义》："骨肉毙于下，阴为野土。"《注》："言人之骨肉，荫于地中为土壤。"意即管理阖庐之园陵。
② 以身随之，即越王勾践身为臣仆。
③ 生聚，繁殖人口，积蓄物资。
④ 教训，也作教驯。教育训导。

"卧薪尝胆"这一成语。但有的人也认为专指勾践,而未指夫差。《吴越春秋》:"越勾践,卧薪尝胆欲报吴。"卧薪即不敢求安乐,尝胆即不敢求美味,策励自己不忘耻辱,立志雪耻图强。

夫差认为已经为父报仇雪恨,勾践已入吴为奴三年,便将勾践、范蠡一并释放回越国。伍子胥一谏再谏,夫差又当成耳边风。这无异于放虎归山,后患无穷。

夫差从此以为天下已经太平,因而整日纵欲,沉溺于范蠡派来的女间谍西施的绝色中而不能自拔。因此,对伍子胥不厌其烦的劝谏亦深感厌烦,伍子胥亦遭其厌恨。夫差十二年(公元前484年),夫差得悉齐景公死而大臣争宠,四分五裂,于是争霸中原的野心突发膨胀,乃兴师伐齐。伍子胥再谏,终未理睬。结果战败齐师于艾陵①。这使夫差更为骄横一时,傲气十足,反而认为伍子胥多事。

越王勾践得悉夫差伐齐,便采用子贡之计,率作战部队三千人助吴伐齐,其目的是表面向夫差献上一片忠臣的赤胆忠心,让吴与齐消耗之后,以大兵团攻其后院吴都。同时勾践又以重金收买太宰嚭②,从夫差到重臣列士皆有馈赠。吴人见者有份,每人分到一杯羹,个个皆大欢喜,人人均很满意。只有伍子胥忧心忡忡,认为越国的贿赂乃是"豢吴"③,意在收买利用。

越人的行贿无异于用糖衣裹着的炮弹,必将定时爆炸。亦无异于黄鼠狼向鸡拜年,不怀好意。但忠言逆耳,夫差不但听不入耳,反而听信佞臣太宰嚭的谗言,进行挑拨离间,最后,将伍子胥赐死。

得到赐死之命令时,伍子胥交代传令的使官,道:"请你转告夫差,说我预言他不久将成为亡国之君。"

使者送伍子胥一把属镂之剑。伍子胥接过剑来,仰天叹息说:"哎呀!谗臣太宰嚭作乱了,国君反来杀我。我让你父亲(阖闾)成为霸王,

---

① 艾陵,在今山东莱芜市东北,一说在今山东泰安市东南。春秋齐地。
② 伯嚭(pǐ),春秋末楚国人,字子馀,一作帛喜、白喜。楚大夫伯州犁孙。州犁被杀,出奔吴,得吴王阖闾信任,与孙武、伍子胥率吴军攻入楚都郢,以功任太宰。吴王夫差二年,败越于夫椒。越使大夫文种贿嚭,说夫差许越和,又谗杀伍子胥。越灭吴,嚭为越王勾践所杀。一说,降越为臣。夫椒山,一名夫湫山。一说即夫山,在今浙江绍兴市西北原钱塘江南岸;一说即椒山,指今江苏太湖中的洞庭湖西山或马迹山。春秋吴王夫差二年,吴王悉吴精兵以伐越,败之夫椒。
③ 豢(huàn),喂养牲畜,养猪养狗的目的不是为了爱护它,而是养肥之后才杀它。豢的对象不是人,此为贬义。

你还没有定为太子时，各公子都争立为储君，我用生命在先王（阖闾）面前为你争取，还差一点不能立你为太子。你当上国君之后，打算分吴国给我，我本来就不抱着要你报答的希望。可是你反而听了谗臣的话来杀长者。"这就是夫差恩将仇报，忘恩而负义。

伍子胥最后告诉他的舍人，说："一定要在我的墓上种梓树，让它长成之后可以做棺材。挖我的眼睛挂在东门上，用来看越寇破灭吴。"说完，便向自己的脖子上抹了世界上最冰凉的一刀。

有道是："飞鸟尽，良弓藏；狡兔死，走狗烹；敌国破，谋臣亡。"自古及今，莫不如是。

夫差听到伍子胥的这番话，大发淫威，把伍子胥的尸首装在马革①里面，抛入江中让它漂浮。

吴国人怜惜子胥，替他在江边建立祠堂。因此，把祠堂所在地叫胥山②。

吴王夫差已经杀了伍子胥，争霸心切，便于夫差十五年（公元前481年）率全国精锐部队，北上攻打齐国。齐国的鲍氏杀了他的国君悼公而立阳生做国王。夫差打算为齐国讨伐鲍氏，但打不赢，便撤兵离开齐国。

此后两年，夫差召鲁、卫两国国君在橐皋③集会。下一年便在黄池④大会诸侯，用来号令周天子。

正在夫差与齐争长之时，越王勾践却掌握时机，调集四万九千大军，兵分两路，一路断吴兵归路，一路直捣吴都。又经笠泽之战，即《左传·哀公十六年》："越子伐吴，吴子御之笠泽。"

越兵又以两年时间对姑苏进行围困，遂置吴军于死地。最终袭破姑苏城，杀了吴太子友，攻克了吴国。吴王得悉后于是回国，派使者以重礼与越议和。此后九年，越王勾践终于灭了吴国。夫差求和，范蠡拒绝。夫差

---

① 马革就是马皮。革是去毛并经加工的兽皮。后有"马革裹尸"句，谓战死沙场。《后汉书·马援传》："（援曰）男儿要当死于边野，以马革裹尸还葬耳，何能卧床上在儿女手中耶？"

② 胥山：①在今江苏苏州市西南太湖东岸胥口之南。《史记·伍子胥传》谓子胥死，"吴人怜之，为立祠于江上，因命曰胥山"。张宴注以为即此山。但《越绝书·吴地传》载阖庐时已名胥山，唐张守节《史记正义》引《吴地记》又称其山有胥二王庙，不干伍子胥之事。②即今浙江杭州市区吴山的别称。春秋时为吴南界，故名。又名胥山，以伍子胥而名。山上原建伍子胥庙。然其地春秋时属越，未必与伍子胥有关。

③ 橐皋（tuó gāo）邑，即今安徽巢湖市西北柘皋。春秋吴地。《左传·哀公十二年》："公会吴于橐皋。"

④ 黄池，一名黄亭。在今河南封丘县西南。当古济水与黄沟交汇处。春秋卫地，后属宋。公元前482年吴王夫差与晋定公、鲁哀公等会盟于此，史称"黄池之会"。

此时已被围困在吴都西南的姑苏山中,在走投无路的窘境下,命令王孙雒携带宫中所有的财宝向勾践乞和存吴。

王孙雒奉命乞和,裸露胸膛,极其畏服,膝行肘步(匍匐前行),爬到越王勾践面前,恭请给吴王一条生路,让吴王充当越王的奴仆贱人。

目睹吴人在眼皮底下的卑态厚币,勾践顿起恻隐之心,为之心动,但范蠡却劝他切莫忘却过去为奴的奇耻大辱。勾践不再忍心面见吴使可怜巴巴一副贱相,便委托范蠡全权处理这件事。范蠡铁面无情地对吴使的请求一概驳回,加以拒绝,宜将剩勇追击穷寇,不再纵虎归山,再让死灰复燃,酿成后患,挥师直指姑苏山。夫差到处逃窜,东奔西突,终于在姑苏山西北的于遂被擒拿。

有道是:"射人先射马,擒贼先擒王。"当然又有道:"如破劲敌垒,须擒贼中王。"

越王勾践也有人性的一面,他没有硬着心肠去杀掉夫差,因为夫差当年也给他一条活路,让他苟活下来,才有今天。他曾派臣下对夫差说:"我想把你安置到甬东,分派300户百姓侍奉你,以安度你的晚年。"

但夫差并不领情,再三推却道:"天降祸于吴国,正当是我在位,如今宗庙被毁,国家被灭,吴国的土地和百姓都被越军占领了,我有何面目再见吴国的百姓呢?"他又痛不欲生地道:"我懊悔不听伍子胥的话,以致落到这步田地。如死者无知,倒也罢了;如其有知,我有何面目见伍子胥于地下呢!"即"吾无面目以见子胥也!"

有道是:"忠言逆耳利于行,良药苦口利于病。"这并不是"天降祸于吴国",而是夫差听信谗佞而杀害忠良的结果,这是咎由自取,自作自受。既有今日,悔不当初而已。失足变成千古恨,回头已是百年身了,夫差当然无面见江东父老于生,亦无面见伍子胥于地下。惯听谗言者,戒之又戒!

有道是:"人之将死,其言也善;兽之将死,其声也哀。"

夫差自杀前,以袂掩面。即以一条大巾覆盖着自己的面部,自刎身亡。

接着越王勾践也杀了太宰嚭。勾践认为他不忠于他的国君,并且接受敌国的贵重贿赂与越国私下勾结,中饱私囊,留他何用!

多行不义必自毙。这就是佞臣丑恶嘴脸的可耻下场。

二、伍子胥建新城

伍子胥历经重重的磨难,吃尽了苦头,好容易才到了他父亲曾出使过的吴国。他入吴之后,人地生疏,对于吴国的情况一无所知,于是就故意装作又傻又疯癫痴呆的模样,披头散发,满面污垢,衣衫褴褛,在吴市(今江苏苏州)吹箫卖唱,乞讨饭食。有时又挨坐在靠近吴宫的一座桥边,装成一个流亡者讨吃的模样,但两眼却似宝剑般的锐利,闪烁出炯炯有神的光芒。他注目着吴宫,看到各位公子出出入入。自此,他每天都照例坐在桥边上品议各位公子的品德与品格的优劣、品节与品行的端正。

一天,公子光神情焦躁地从吴宫出来,伍子胥便喃喃自语道:"吴国的百姓众多,士卒的人数必然相当多。"

公子光闻言,便顺步走到伍子胥的跟前,问道:"叫花子,你在说什么?"

伍子胥郑重其事地说:"我看到吴国都城没建城墙,所以才联想到为了防备敌人突然袭击,士兵的人数势必众多。"

公子光所司本来就是军事防御,因而常为兵源不足而困扰,他两眼凝视着伍子胥,神态凝重,接着问道:"你从什么地方来?"

"我从楚国来。"

公子光沉思片刻,若有所思地点点头,就转身走了。

有一次,吴王阖闾曾问政于伍子胥,言及吴国位于东南海滨,道路险阻,地势恶劣,又低又湿,海蚀严重,加以海潮涨落的祸患,仓库不设,土地不能开垦种植谷物,国家又无城墙防御,百姓又无坚强的意志与远大的志向,怎能与强国相抗御呢?

伍子胥果决地道:"我听说安民之道,在于让其安于居而乐于业,养育子孙。而称霸者必须立城郭,设守备,实仓廪,治兵革,在军事和经济上做好充分的准备,才可以进可攻退可守。"阖闾听后,就将大事委以伍子胥。

伍子胥于是便着手观测,选择了一片"葬者,乘生气也,气乘风则散,界水则止。古人聚之使不散,行之使有止"之风水地。又根据地层的构造,地脉的好坏,地势的高低、平坦、险要,再据以地段来划分区域,在陆地上开设八大城门,又开设八个水门①。每一个门所处的方位和它上面的装饰品的形状都非常考究,装帧亦经过考量。

伍子胥以全新的眼光对建筑新城市作了仔细周详的考虑,在什么地方设置天子、诸侯祭祀祖先的宗庙,这是王室、国家的象征。哪里是臣僚旦旦上朝,入见皇帝,以议时事的地方;哪里是定期买卖货物集市的地方;哪里是放置社稷坛②的地方;等等,都眉目清楚,一览无余。

伍子胥任劳任怨、尽心尽力,经过一番呕心沥血、夜以继日的努力,新城筑成了。这就是现在的江苏苏州市,它已有二千五百多年的历史,阅尽人间春色、世情冷暖、世事多变、饱经沧桑,已为世界历史名城。

接着伍子胥又对老百姓进行战教,加强战备,以保卫这座新城。

原来公子光之所以器重伍子胥,并非因为伍子胥是闻名的筑城专家,有超群的筑城技术,而是他想使伍子胥胸中积贮强烈的复仇意志诉诸行动,这对国对己都是最为有益的。所以,其初衷并不仅仅是要他当一名出色的设计师和建筑师。

同样,伍子胥也早已心中有数,在众多的吴公子当中,只有公子光鹤立鸡群,品格超脱。他是一位谋略出众的军事将领,日后报仇雪恨的大举,非他莫属。因此,亦尽心尽责尽力去辅助他。

由上观之,筑城虽是伍子胥的强项,但新筑成的这座新城并不是他的最终"杰作"。他尽管大显身手,但仍未能尽情展现其潜质与才能。

三、伍子胥一救伯嚭

吴国阖闾利用专诸杀王僚之后宣布即位,但仍难安寝,担心王僚之子庆忌杀回来复仇,整日提心吊胆,于是派出兵马在沿江防备庆忌。后来,庆忌的车马来到江边,吴王下令开弓箭射庆忌,万箭齐发,有如飞蝗般地射来。但庆忌武功高强,一身是胆,就伸手接箭。其动作非常敏捷,目光敏锐,心理反应非常敏感,然后就驾车跑了。吴军的兵车在后面穷追猛打,但要追上庆忌,谈何容易,越追庆忌越将他们远远地抛在后面,吴兵

---

① 水门,水闸。多开水门,旱则开东方下水门,溉冀州(田地)。涝则开西方高(水)门,分河流。(《汉书·沟洫志》)

② 社稷坛,古代帝王、诸侯和州县祭土神、谷神之所,多为社、稷二坛,亦有合为一坛者。《白虎通义》:"其坛大如何?《春秋文义》曰:天子之社稷广五丈,诸侯半之。其色如何?《春秋传》曰:天子有大社焉,东方青色,南方赤色,西方白色,北方黑色,上冒以黄土。"

徒叹奈何,望尘莫及。

阖闾垂头丧气地班师回到都城。这时楚国正在发生一件大事,楚国大夫费无忌,设下奸险狠毒的诡计,把大将伯郤(xì)宛一家灭门了。伯郤宛的一个儿子伯嚭却成了"漏网鱼",跑到了吴国。

伯嚭是楚大夫伯州犂之孙。州犂本是晋国人,为伯宗之子。晋厉公五年,伯宗被谗杀,州犂奔楚。楚康王时为太宰。曾参与鄢陵之战。后楚公子围杀郏敖自立,恐州犂不服,乃杀之于郏。

这样看来,伍子胥和伯嚭都有一个共同的杀父仇敌费无忌。他们同病相怜,应该同仇敌忾,同声相应,同气相求,同舟相济,结成同盟。所以,伍子胥对伯嚭的遭遇在感情上发生了共鸣,十分同情他,当面向吴王阖闾禀告。吴王也册封伯嚭为大夫。这时臣相被离却别有慧眼,对伍子胥说:"你怎么能留下伯嚭这个人呢?"

伍子胥直白地说:"同忧相救,同病相怜。他与我同样被灭了门,千里迢迢地跑到这里,我怎么可能不帮他呢!"

被离说:"你没有看到事物的本质,而只看到表面,伯嚭这个人'鹰视狼步①'。"

被离说,伯嚭这个人,他看人的神情像老鹰,走路的样子像狼一样,具有这种长相的人"专功而擅杀"。即他妒忌别人的功劳,同时杀人不眨眼。要是你跟他做同事,以后将被他害死。

后来的事实充分地证明被离相面精准,判断正确无误。伯嚭与伍子胥同床异梦,"同室操戈"。破楚之后,伯嚭升任太宰。夫差二年,吴败越于夫椒。越使大夫文种贿嚭,说夫差许越求和,嚭谗杀伍子胥,最终恩将仇报,这就是"一山不容二虎"。

再说费无忌,他进谗楚平王,迫使太子建外逃奔宋,谗杀伍子胥父伍奢及其兄伍尚。费无忌后来又进谗令尹子常迫害伯郤宛。

郤宛,伯嚭父。一作郄宛,别姓伯。春秋楚人。字子恶。楚昭王时任左尹。直道事君,和接同僚,为费无忌谗于令尹子常,被杀。伯嚭才奔至

---

① 鹰视狼步,喻人外貌凶戾。《吴越春秋·勾践伐吴外传》范蠡遗(wèi)文种书:"夫越王为人,长颈鸟喙,鹰视狼步,可与共患难,而不可共处乐。"长颈鸟喙,形容阴险的人的相貌。春秋时,越王勾践以范蠡、文种为谋士而灭吴。功成之后,范蠡引退,离越至齐,并遗书文种曰:"越王为人长颈鸟喙,可与共患难,不可与共乐,子何不去?"见(《史记·越王勾践世家》)。

吴国,这等于费无忌又把伯嚭送至吴国,后来伍子胥被谗杀。这无异于费无忌谗杀了伍奢、伍尚,也借用伯嚭的手杀害伍子胥。伍子胥命途多舛①,出了虎口,又入狼窝。

多行不义必自毙,楚人对费无忌亦多怨恨,为了平民愤,终为令尹子常所杀;伯嚭亦被越王勾践灭吴后所杀。人在做,天在看,这就是他们的下场,每个人都得为自己的行为承担责任。

四、伍子胥二救伯嚭

且说秦哀公金口玉言答应出兵,申包胥兴奋地赶回楚国,收集残兵败将,这时秦兵已赶到。申包胥对秦军约言,让他先对吴军作战,让双方在相持不下、难以分出胜负之时,秦兵才出手。当时吴军对申包胥作战的将领是夫概,他目空无人,对申包胥根本就不屑一顾,非常轻视他。战斗正处在胶着状态,秦军独树一帜,异军突起,夫概来不及应对,就下令收兵,掉头不顾。楚军首战告捷,夫概的残兵败将丢盔弃甲,仓皇回来的只剩一半。

夫概逃回至郢都后,对吴王阖闾言及秦楚联军兵贵神速,兵力雄厚,兵威盛大,难于抵挡。阖闾听了,心惧色变胆寒。孙武道:"当年我想让你立公子芈(mǐ)胜为楚王,其目的就是担忧楚昭王有朝一日将蓄谋卷土重来。现今与秦楚相拼,犹如以卵击石,世必笑之。吴军今为骄兵,骄兵者灭,乃天道也。相反,敌方正处于报冤雪恨、打击报复的心态,士气一发而不可收,意志坚决,勇往直前,来势凶猛,锐不可当。再加之兵多将广,万众一心,兵威已振,开战必'势如劈竹,数节之后,皆迎刃而解'。今开战不如议和,此为上策。如若战败之后再乞求和,就没有求和的本钱了,不如趁着双方剑拔弩张、剑戟森森、一触即发之时,还可与之谈条件。只要楚国割让他们西边疆界给我们,我们就同意让楚昭王回楚国。这样吴国的版图势必扩大。吴国一旦疆域拓展,人口亦随之众多,物产必然丰隆,入税增多,国家必然繁荣富强。物品丰富有余,人民家业富实,这是富国裕民之道,又何乐而不为呢?"

伍子胥对孙武这一主张深表同意,此所谓英雄所见略同。

---

① 舛(chuǎn):遭遇坎坷。

有道"一颗老鼠屎，搞臭一锅汤"，唯独伯嚭坚决反对，他振振有词地说："我们当年五战破郢，势如破竹。为什么一看见秦国的军队，就要求和？"他满有把握地说："给我一万军队，我保证打胜，否则甘当军令。"

伯嚭当年与孙武、伍子胥曾率吴军攻入楚都郢，以功任太宰，所以他敢力排众议。阖闾也同意给他一万军队。结果伯嚭一战就溃不成军，这就是骄兵必灭，乃天道也。在兵家孙武面前，他还敢班门弄斧，结果自取其辱。与伯嚭谋兵无异于与妇人谋兵。坐论则是，起行则非，什么五战入郢，势如破竹！兵书背得滚瓜烂熟，最后带回来的残兵败将，充其量仅有二千人马。伯嚭只得命人把自己装在囚车上，回来向吴王请罪，这就是俗语所说的"不见棺材不落泪"。

伯嚭坐着囚车，颈项锁上枷锁刑具，头发不梳如囚犯，面不洗如居丧，无颜面见吴王。孙武对吴王说，伯嚭为人矜功①自伐②，久后必为吴国之患，不如乘此兵败以军令③斩之。

只有伍子胥对伯嚭怀有恻隐之心，不忍心杀他，再一次替他求情告饶，说他以前打过不少胜仗，应该将功赎罪，用他建立的功绩来抵偿他的罪过。最后吴王刀下留人，将他赦免，才捡回一条命。

五、伍子胥掘墓鞭尸终报楚王仇

伍子胥想报灭门之仇，洗雪不共戴天之大恨，谈何容易？他经过万般磨难的苦海人生路，好不容易经过宋国，走过郑国，最后才抵达吴国。在吴国又韬光养晦，隐藏行迹，种地四年。后又极力推荐专诸刺吴王僚，扶公子光上位；又推荐要离刺庆忌，以保公子光的安全；再助公子光修明政治，富国强兵。最后，推荐孙子辅佐公子光率大军攻楚，展开大决战，大败楚军，五战而势如劈竹攻破楚国郢都。伍子胥盼星星，盼月亮，一等就是十六年才等到报仇雪恨之日。世事沧桑，人海茫茫，经过十六年的漫长岁月，星移斗转，物是人非，何处觅仇人？楚平王早已死去。费无忌作恶

---

① 矜（jīn）功，自夸其功。《国语·越》："天道盈而不溢，盛而不骄，劳而不矜其功。"《战国策·齐》："故曰：'矜功不立，虚愿不至，此皆幸乐其名，华而无其实德者也。'"

② 伐，自夸功劳。矜，自满。即对于自己的功劳成就，相当的自满且骄傲。

③ 军令状，接受军令后所立的保证，载明如不能完成任务，愿依军法治罪。三国时的关羽曾立军令状去华容道擒曹操，马谡曾立军令状守街亭。

多端，人神共愤，屡进谗言，唆使平王杀太子建，建逃往宋国。又唆使平王杀太子建的太傅伍奢及伍奢的儿子伍尚。平王去世后，又进谗言令尹子常迫害郤宛，终被令尹子常所杀，大快人心。今吴军破郢，昭王早已出逃。伍子胥要报仇雪恨的宿敌今何在？走得了人但走不了坟。伍子胥只有横下一条心去追查平王的坟。但是平王墓今安在？踏破铁鞋无觅处，又杳无消息。但人有善愿，天必佑之，好消息终于传来了，有人告诉他，楚平王的尸首埋在一个湖的底下。伍子胥得知这个消息后心急如焚，三步并作两步走，终于到了湖边。但时值数九严冬，目睹一片平原衰草败叶，湖水茫茫，他茫然若失，亦茫无头绪。因无法觅得平王的坟墓，伍子胥急得捶胸顿足，万分焦急、懊丧和极度悲痛，不禁呼天抢地说："天乎，天乎，不令我报父兄之怨乎？地呀，你不分好歹何为地！天呀，你错勘贤愚枉做天！"

正当伍子胥茫无头绪之时，士卒引来一位老者，老者郑重其事地对伍子胥说："将军你想寻找平王的坟墓吗？我可以告诉你。"伍子胥忙问在哪里？老者指着湖水说："你把湖水排干，平王的墓就在湖的中心。"这就是得来全不费工夫。

伍子胥一声令下，士卒七手八脚地开沟排水，待湖水排干之后，伍子胥命令士卒往湖心下挖掘，终于找到了一个石椁①。伍子胥忙把棺材盖打开，发现里面仅有精铁数百斤。

伍子胥又茫然自失道，平王的尸首不在这里。老者肯定地说："这是疑棺，真棺在石椁的下面。"伍子胥又令士卒将石椁抬走，奇迹出现了，石椁下面竟然发现了一个棺材。伍子胥随即将棺材打开，果然是楚平王的尸首，尽管已经下葬九年，但尸首尚未腐烂，究其因是用水银入殓的。

伍子胥一见平王尸首，便怒气冲天，伤心切齿，张目怒视，一手把尸体从棺材里拖出来，用九节铜鞭鞭打了三百下，将尸首打成肉浆如泥，接着抛掷于原野，让鸟兽啄食、烈日曝晒，然后拂袖而去。

对于老者的指点迷津，伍子胥感激万千，欲以丰厚的酬金表示谢意。老者谢绝酬报，说："想当年，楚平王在为自己选墓地之时，他选中了这个地方，当时要几十个石匠帮他筑坟墓，坟墓打造完之后，他害怕日后有

---

① 椁，古代套在棺材外面的大棺材，也称棺椁。

人去掘他的墓，竟残忍地将全部石匠活活杀掉了。我是唯一的幸存者。今天我来，不仅是为将军报仇，而且也是为那几十个石匠朋友报仇雪恨，以告慰他们在天之灵。"说完，老者拒绝了报答，转身就走了。

在《史记·吴太伯世家》中记载：等（吴军）攻到郢都，双方凡五次交战，楚国五次都被打败。楚昭王逃离郢都，投奔到郧。郧公的弟弟想将昭王杀掉，昭王就和郧公逃到随国。吴王军队攻进郢都，子胥、伯嚭就从坟墓中挖出楚平王的尸体，加以鞭打，来报复杀父祖之仇。

六、伍子胥日暮途远，故倒行逆施

对伍子胥"掘墓鞭尸"一事，各国大为震惊。仁者见仁，智者见智，申包胥当时跑到山中，后给伍子胥写了一封信，言及伍子胥在逃难途中遇见他，为了成全其报杀父之仇尽孝道，允许他灭掉楚国。但是也同时表示，为了成全自己对君王的忠心，等伍子胥灭掉楚国之后，自己必将楚国兴复起来。他在信中说：你掘墓鞭尸，这样做法太过分了，我听说"人众者胜天，天定亦能破人。今子故平王之臣，亲北面而事之，今至于僇死人，此岂其无天道之极乎？"意即"人数众多可以胜过天理，但天道恒常也能破败人谋。你从前是平王的臣下，北面称臣侍奉他，现在弄到侮辱死人，难道这不是伤天害理到了极点吗？"申包胥同时责问他："你到现在为什么还不赶快退兵呢？你已经灭了楚国，我也要兑现我复兴楚国的诺言，我怎么能自食其言呢？"

一事当前，走哪一条路，做还是不做，做好事还是做坏事，做善还是行恶，都是个人自由选择。但是人在做，天在看，每个人都得为自己的选择承担责任。这就是"祸福无门，唯人自召。善恶之报，如影随形"。善有善报，恶有恶报；不是不报，时辰未到。时间一到，统统都报。这就是"举头三尺有神灵"，凡是顺天意而为之，一切都善，逆天意而为之，一切皆恶，最终必然付出沉重的代价。

伍子胥看了申包胥的来信之后，若有所思，然后对送信的来者说："为我谢申包胥曰，吾日暮途远，吾故倒行而逆施之。"即意为"我督理军务十分繁忙，无暇复函，请你代我给申包胥捎个口信，说我就像一个在外面旅行的游子，离家在外，游走四方。夕阳已近黄昏，快要落山了。可是我还要赶很远的路程，所以我不能不违背常理来行事。对死了已入土的宿敌,我也不能宽恕他,我来不及照顾那么多了"。

使者返回如实禀报申包胥。申包胥说,伍子胥禀性淳厚,他灭楚的决心是动摇不了的,唯一能够挽救楚国危亡命运的就是秦国。因为当年楚平王采用费无忌的"调包计"娶了绝色孟嬴,她正是秦国国君秦哀公的长妹。楚昭王应称秦哀公为舅父,因为他是平王的儿子。平王与孟嬴不是一般的联姻,而是楚秦两国的政治联姻,这是亲上加亲。楚国被吴国灭掉之后,申包胥认为秦国应该责无旁贷地发兵救楚,这是天经地义的大事。

在吴国方面,吴王阖闾认为攻克了楚国的郢都,就从此天下太平、万事大吉了。于是乎,整日在楚郢都高歌纵酒,欢庆胜利。但众人皆醉我独醒,孙武直面这种情形,却保持着清醒的头脑,不敢享清闲安适生活的清福。他立即向吴王阖闾提出一个极其重要的建议,因为公子胜从小与伍子胥相依为命,是伍子胥一手拖带长大的,必须把他带回国,立为楚国国君,这是楚国的血脉,是正统,是大得人心的。只有这样做,吴国才能达到对楚国政权控制的目的。因为楚国是大国,吴国是小国,没有一个代理人,小国就无法控制大国。对于孙武从长计议的这一席忠言,阖闾却当作耳边风,最后加以拒绝。

七、伍子胥报恩撤军

伍子胥掘墓鞭尸之后,并没有找到楚昭王。阖闾立为吴王的第六年,楚昭王令公子囊瓦带兵攻吴。吴王派伍子胥迎战,在豫章大败楚军,占领楚国居巢。囊瓦不堪一击,最后丧师辱国,且葬身火海。郑献公将囊瓦的尸体送给伍子胥。

囊瓦既死,但并不能让伍子胥班师回朝。

郑献公思量,郑国是小国,兵少力弱,一旦与吴国开战,必重蹈楚国一样亡国的覆辙。于是公开贴出告示,广而告之,谁能够退吴师,愿将郑国的一部分土地分给他,共同治理国家。

谁都料想不到,告示一颁出,便立即被一个人揭了下来。这个人对郑献公口出大言说:"我不需要任何财宝,也不需要一兵一卒,仅凭我手上这个划船桨,必使吴国撤回军队。"人们深为诧异,又感到惊奇。

这个人说完,立即来到吴国的兵营外,击拍着船桨当节拍,引吭高歌：

芦中人，芦中人，腰中宝剑七星文，可记得麦饭鲍鱼羹？

当时在路旁的伏兵以为他是为郑国刺探情报的奸细，就将他擒住，并扭送到伍子胥跟前。此人见了伍子胥时，仍镇定自若，神情没有丝毫的惊慌。继续击拍着船桨，引吭高唱：

芦中人，芦中人，腰中宝剑七星文，可记得麦饭鲍鱼羹？

伍子胥侧耳倾听，当他听到"芦中人"之时，深为诧异。当年他在逃难渡江后，渔丈人叫他稍候片刻，便赶忙回家带来麦饭鲍鱼羹予以伍子胥他们充饥。但伍子胥已带公子胜躲进芦苇丛中，渔丈人便唱着"芦中人"，高声叫喊，他才带公子胜出来饱食一餐麦饭鲍鱼羹，狼吞虎咽地一饱口福，现在仍然记忆犹新。于是便问这个人姓甚名谁。

此人不慌不忙地高举这把划船桨，接着问道："你不记得这支船桨吗？当年我的父亲曾经摆渡你过江，还拿麦饭鲍鱼羹给你充饥呢，又管叫你为'芦中人'。"

伍子胥肃然起敬地问他来这里的意图。他开门见山地说："郑国的国君出告示说，谁能够退吴兵，愿意把国家的一部分土地给他共同治理。我今天来，第一想让你撤军；第二想让你的退兵让我能享受一场荣华富贵。"

伍子胥感慨万端，对过去的人事沧桑感喟不已。接着说道："我怎么能够忘记你父亲当年的救命恩情呢！要是没有他渡我过河，我可能早已死掉了，更不会有今天报家仇洗雪灭门恨之事。"接着马上退兵。

这就是"不战而屈人之兵，善之善者也"。兵不血刃，不费一兵一卒、一枪一弹而屈人之兵，这是用兵之上策。

郑国国君立即将百里的土地分给打鱼人的儿子，兑现了当时的承诺。这个人后来便被人们称为"渔大夫"，在史书中也留下了一笔。

八、能忍天下人之所不能忍，能为天下人之所不能为

为报不共戴天杀父之仇，伍子胥只身逃亡宋国，使者随其后追捕，伍子胥搭箭张弓，始得免脱。抵达宋国后，恰逢宋国华氏作乱，伍子胥又与太子建逃到郑国。太子建甘为晋国内应，事发后被郑定公所杀。伍子胥与公子胜又历经九死一生，终逃到吴国。到了昭关，守吏欲逮捕他，几乎不能脱身，幸得东皋公相助，始能脱身。谁知刚出虎口，又进狼窝，眼前为江水，身后是追兵，无半步可退之路，幸得渔翁摆渡，始得脱险，后尚未达吴国即中途病倒，只得乞食沿途。世路艰难啊！

从楚平王悬赏通缉起，至伍子胥抵达宋国，伍子胥"捉衿而肘见，纳屦①而踵决"。鞋跟破敝，衣裂露肘，极端贫困，又历经千辛万险、九死一生的磨难。伍子胥能忍天下人之所不能忍，而支持他在如此困境还能勇敢奋斗、一往无前的，是为父兄报家仇洗雪沉冤所凝聚的巨大力量。

在吴期间，伍子胥向公子光推荐专诸刺吴王僚，自立为吴王阖闾。吴王阖闾第六年，伍子胥在豫章击败楚军，占领楚国居巢。阖闾九年，联合唐、蔡两国，五次作战，遂入郢都，借吴之兵终报父仇。

伍子胥助阖闾成就霸业，又用生命挺夫差为太子，终居王位。助夫差败越，越求和，他力谏勿许，夫差终不听。伍子胥又荐要离刺庆忌，荐孙武，使教战之术，西破强楚，北威齐、晋，南服越人。

两年后，吴国进攻越国，在夫湫打败越军。越王勾践带领余部五千人退往会稽山屯驻，派大夫文种带着厚礼送给吴国的太宰伯嚭，请求讲和，愿意交出国家大权，和妻子一起给吴王去当奴仆。吴王准备答应越国的请求，伍子胥劝谏道："越王勾践为人吃苦耐劳，现在大王不消灭他，以后一定要后悔的。"吴王不听伍子胥的话，而采纳了太宰嚭的意见，宽恕了越国，与它讲了和。

此后五年，吴王听说齐景公死了，大臣们争权夺位，新立的国君地位虚弱，便出动军队，北伐齐国。伍子胥劝谏说："勾践现在吃饭只吃一个菜，生活朴素，关心百姓，吊唁死者，慰问病人，这正是想着将要用到老百姓的缘故呀！此人不死，必定成为吴国的隐患。现在对于吴国来说，越

---

① 屦（jù），用麻、葛制的鞋。

国的存在就好像人的腹心的疾病一样。而大王不先消灭越国,反倒去致力攻打齐国,不是全搞错啦!"吴王不听伍子胥的劝告,坚持进攻齐国,在艾陵大败齐军,威名大震,使得邹、鲁等国的国君大为慑服,然后班师回国。从此以后吴王就更加不听伍子胥的建议了。

　　此后四年,吴王准备北伐齐国,越王勾践采用了子贡的计谋,率领他的军队协助吴国作战,又给太宰嚭进献了贵重的宝物。太宰嚭既然屡次接受越国的贿赂,便越来越信任和喜欢越国,一天到晚在吴王面前替越国说好话。吴王十分信任伯嚭,采纳他的计谋。伍子胥劝谏道:"越国是吴国的心腹之患,现在却偏偏相信他们虚伪的谎言和骗人的行为,又贪图伐齐的功利。然而,吴国即使能够攻占齐国,也好像得到了一块石田,既不能耕,又不能种,毫无用处,毫无意义。况且《盘庚之诰》说过:'有叛逆不顺从的,就把他们全部彻底地消灭掉,让他们断子绝孙,决不许他们在这块土地上种下祸根。'这正是商朝能够兴盛起来的原因。希望大王能放下齐国而先攻打越国;如果不这样去做,以后将会悔恨的,那就来不及了。"但吴王仍然不听,派伍子胥出使齐国。

　　伍子胥进谏吴王夫差,一片坦诚,赤胆忠心,但关关难过,亦冒着杀头之危而义无反顾,丝毫没有见风使舵,谄媚逢迎,而是以战略家的犀利眼光洞察一切,剖析精准,其名声若日月,功绩盖天地。他置个人生死于度外,义薄云天,可与殷之比干、箕子、微子"三仁"媲美,绝对不与邪恶为伍,绝对不助桀为暴,绝对不助坏人行凶作恶。他能为天下人之所不能为。

　　越王勾践不怕吴国的兵多将广,不怕吴国的兵强马壮。越王有的是钱,有钱能使鬼推磨,有钱能买通官兵,有钱能买通一切。金钱就是万能,无钱万万不能。但金钱对于伍子胥只是一堆阿堵物而已,所以勾践最怕的只有伍子胥一人。

　　想当年,吴王阖闾的几个儿子中,他最欣赏长子终累,无奈终累命薄,竟先于阖闾而死。为了确立继承人,使吴国的国运绵长而不绝,阖闾颇费周章,久久不能定夺。夫差虽有丁点可取之处,但为人"愚而不仁",于是与谋臣伍子胥商酌。因伍子胥于吴建有卓著功勋,而又功成不居,为阖闾所倚重。正当此时,夫差百般哀求伍子胥,请他在父王面前美言,甚至承诺一旦继承王位,愿与伍子胥共享吴国。伍子胥一再婉言拒贿，但见其言辞恳切，期望恳挚，而为人讲信用、守礼节，便在吴王召见时，启口建议立夫差为太子。公元前496年，阖闾在伐越战争中负伤临终前，便对夫差加以重托，所以夫差是在特殊的条件下继承王位的。后来夫差仍获得伍子胥一片忠心的鼎力相助，但灭越的机会一失再失，养虎遗患。他又纵虎归山，偏听奸佞伯嚭之谗言，拒纳伍子胥一次又一次的铮铮谏言，不爱江山爱美人，最终由诸侯霸主一变而为亡国之君。伍子胥最终也死在他的手里。这就是恩将仇报。

伍子胥看人走眼，终其一生只有犯的这个错误，上对不起阖闾在天之灵，下对不起吴国子孙及广大臣民。

申包胥痛哭七日不绝声，秦哀公终出兵救楚

想当年，申包胥为了成全好友伍子胥报仇雪耻、灭掉楚国之义而放过他，不加以伤害。十六年之后，申包胥见伍子胥挥师入楚国郢都，又掘墓鞭尸，伍子胥的目的已经达到了。申包胥现在写信给他，警告他退兵，让自己实现当时的诺言，恢复楚国，以尽其忠。伍子胥仍没有退兵。申包胥不得已离开随国①，因当时楚昭王逃到随国，伍子胥才破楚都郢。

申包胥日夜兼程，也历经千般磨难的苦海人生路，鞋跟破敝，脚跟出血，好不容易才抵达秦国。

申包胥向秦哀公报告楚国的危殆，并向秦王讨救兵，说吴国"贪如封豕，毒如长蛇"。

申包胥把吴国比喻作像大猪一样的贪婪，像长蛇似的狠毒，一旦侵占了楚国，就接近秦国东部和南部的疆界，如再继续向外扩张，势必危及秦国的安全，局势十分危险。所以，请秦国马上出兵讨伐吴国。

秦哀公无意出兵与吴作战，便拒绝了申包胥的请求。这可能是因为当年楚国公开欺骗他说楚公子建欲娶他的长妹孟嬴，结果却是楚平王娶了去，这是"老牛吃嫩草"，他肚里怀着怨气，但又不便说出口，只有哑巴

---

① 随国，西周、春秋诸侯国之一。即今湖北随州市，战国时为楚邑。

吃黄连，苦水往肚里吞罢了。

有道是"恶人怕烂人"，申包胥于是一不做，二不休，便站在秦国宫廷前夜以继日地痛哭失声，涕泗滂沱，一连七天七夜哭声都没有中断，一口水都没有喝，最后涕泪俱尽，声嘶力竭，甚至咯出了血。《左传·定公四年》："申包胥立，依于庭墙而哭，日夜不绝声，勺饮不入口七日。"

申包胥哭成了泪人，秦哀公也并非铁石心肠的人，也有七情六欲，深深为之感动，亦很可怜他，说："楚虽无道，有臣若是，可无存乎！"意为楚王虽是无道昏君，但有像这种臣子，可以不保全楚国吗？最后秦哀公对申包胥说："我替你出兵，请大夫先进食、喝水。"说完就把自己身上的衣服脱下来，披在申包胥的身上，表示和他同心同德，共同享用。古人亦认为这是特殊的荣誉，后来还写了一首诗《无衣》，收入《诗经·秦风》，也成为一首雄壮的军歌。

无　衣

岂曰无衣？与子同袍。王于兴师，修我戈矛，与子同仇！
岂曰无衣？与子同泽。王于兴师，修我矛戟，与子偕作！
岂曰无衣？与子同裳。王于兴师，修我甲兵，与子偕行！

此诗可翻译如下：

怎么说没有军装？我和你共一件战袍。王家兴兵打仗，修好我的戈和矛，我和你共一个仇敌。

怎么说没有军装？我和你共一件汗衫。王家兴兵打仗，修好我的矛和戟，我与你一同奋起！

怎么说没有军装？我和你共一件裙裳。王家兴兵打仗，修好我的盔甲刀枪，我和你同往前方！

这首军歌，表现了战士威武不屈、同仇敌忾的精神，读之令人振奋，深为鼓舞。

秦哀公说："你难道没有衣服吗？我和你同穿一件衣服，现在我就替你出兵去打吴国，你的仇人就是我的仇人。"申包胥亦激动万分，深受鼓舞，马上转悲为喜，破涕为笑，才开始进食喝水。然后请求速速回国，禀告国君，秦国立刻出兵对吴作战。

后来，在楚汉战争时，蒯通为韩信相面，说："一个人的贵或贱，在于看骨骼的形象；忧或喜，在于看脸上的气色；成与败，在于看他的性情，对事情有无决断力；用这三个条件来综合看相，保证万无一失！"蒯通又对韩信说："你将来最高不过封侯，而且还会遭到危险，这是从相貌来看；从你的脊骨来看，将来真是贵不可言。""目前刘、项两王的命运，就掌握在你的手中。你帮助谁，谁就胜利，你最好不帮任何一方，形成三足鼎立的局面。以后天下的君王们，一定相率来到齐国朝拜您！我听古人说：'盖闻天与弗取，反受其咎；时至不行，反受其殃。愿足下熟虑之。'"

可惜韩信不听，并说："汉王遇我甚厚，载我以其车，衣我以其衣，食我以其食。吾闻之，乘人之车者载人之患，衣人之衣者怀人之忧，食人之食者死人之事。吾岂可以乡利背义乎？"意即乘过人家车子的人，要给人家分担患难。穿过人家衣服的人，要给人家分担忧愁。吃过人家的饭的人，就得为人家去卖命。我怎么可以唯利是图而违背正义呢？

由上可见古人是非常器重衣服的，秦哀公替申包胥披衣即表示对他请求的认同。

夫概作乱，阖闾班师

伯嚭被秦楚联军战败之后，吴国就处于战与和的十字路口，形势极其危险。但阖闾仍作续战的准备，他命令夫概①坚守楚国郢都。

吴太伯是吴国的开山祖。他和他的弟弟仲雍都是周太王的儿子，王季历的哥哥。季历非常贤能，有其父必有其子，他有一位圣明的儿子姬昌，太王欲立季历而后传位给昌，以保世位绵延不绝。其兄太伯、仲雍知周太王欲立幼子季历，遂逃往荆蛮（在今江苏苏州）。季历继周君位，臣属于

---

① 夫概，吴王阖闾弟。吴攻楚，夫概率部队先袭楚，楚败，吴军遂入楚都郢。秦救楚，败吴师，吴王留楚未还，夫概（疾）归吴，自立为王。阖闾闻之，引兵还，攻夫概，夫概败奔楚，楚昭王封之于堂谿（xī），为堂谿氏。堂谿，一作棠溪。在今河南西平县西。春秋楚地，战国属韩。《战国策·韩策》："韩之剑戟，出于棠溪。"堂谿（谿）是复姓。又是剑名，因为棠谿铸剑戟有名，故又以地名为剑名。《战国策·韩策》一："韩卒之剑戟，皆出于冥山、棠谿、墨阳……"后即将棠谿用为剑的代称。

殷。殷帝武乙时，季历前往朝见殷帝，得赏土地、玉与马，后被太丁所杀。

太伯、仲雍在荆蛮时，为了明志表示自己不可以继承君位，便在身上刺上了纹彩，又剃除头发，以避让季历。季历果然继承王位，其子姬昌后来也名正言顺继位为文王。太伯逃到荆蛮以后，自号为句吴。荆蛮人崇敬他的义行，因而归附顺从于他的有一千多户，拥立他为吴太伯。他是长子，本应继周太王王位，但他的父亲让季历继位。今他有一失后又有一得。

吴国的王位继承制是兄终弟继，后由光的父亲诸樊传给其弟顺，接着又由其二弟继承王位。今在位的僚，乃前任吴王之子。但若按照兄终弟继的传统方式，既然光的父辈都逝世了，接下来的王位理应由光接替才对，但却由僚继位，所以公子光不服气而后有专诸刺王僚的事件。

但历史往往又重演，今天阖闾没有把王位让给弟弟夫楷继承而立为王储，反而把自己的儿子夫差立为王储，同样夫概不服气。于是趁形势对吴军极其不利，夫差正处在战与和的十字路口的同时，夫概便趁机溜回吴国宣告称王了，而让阖闾独自对秦楚联军交战。

夫概领兵仓皇逃遁的同时，沿途造谣惑众，说吴王已不知下落，杳无音讯。按照兄终弟继的传统，理当由自己来当吴王。这时他又私通越国，从政治与军事上支持自己，以便巩固王位。

阖闾的消息极其灵通，夫概一跑，他就知道了消息。便问伍子胥："夫概为何逃跑？"伍子胥断定，他这一跑，肯定要发动叛乱，且造谣生事。以前被离曾对伍子胥说过，夫概这个人"毫毛倒生①，必有背国叛主之事"。

毫毛倒生，大逆不道。被离的话应验了。他判断精准，不愧为神相。

阖闾毫不犹豫，立即班师回朝平定夫概之乱。他首先辟谣，颁下一道命令，广而告之："寡人尚在，你们切勿上当听信夫概造谣。只要你们离他而还，为时不晚，我马上赦免你们的罪，不管你们是否曾跟随夫概。要是你们现在还不回来，夫概一旦兵败，我就把死心塌地跟着夫概走的人全部杀掉。"

士兵们一听说吴王还活着，又有这道命令，于是几乎全部倒戈跑回阖

---

① 毫毛倒生，毫毛指眉上的细毛。倒生，由下而往上长。

间麾下。夫概只剩下本部人马,一战即溃。

不堪一击之后,夫概仓皇奔往越国,越国目睹夫概兵败,立即取消继续出兵与吴国交战的主张。

由于夫概内讧,阖闾不得已而让孙武和伍子胥班师振旅。当时伍子胥就决定班师了,尚未与楚国议和时,孙武问道:"何不以芈胜为请?"意为既然我们不得不班师,为什么不趁着还未打,还没有战败,尚有谈判的本钱之时,让楚国封芈胜一个地域广大的郡,让芈胜做一个地区性的国王呢?众所周知,芈胜本来就是已故公子胜的儿子,名正言顺。楚昭王当然也同意了,就封给芈胜一个大邑。于是吴国就从楚国退兵。

孙武"不战而屈人之兵"的全军思想

赳赳武夫、雄雄赫赫者不能称为兵家,研究军事理论、从事军事活动者方能称为兵家。《汉书·艺文志》沿承刘歆《兵书略》著录,将兵家分为兵权谋家、兵形势家、兵阴阳家、兵技巧家四类,五十三家。主要代表人物有春秋末期的孙武、司马穰苴(ráng jū),战国的吴起、孙膑、尉缭,汉初的张良、韩信等。今存兵家重要著作有《孙子兵法》《司马法》《吴子》《孙膑兵法》《六韬》《尉缭子》等。

孙子,又称孙武子,远祖是春秋时期陈国公子妫(guī)完。陈国是小国,后来发生内乱,妫完预感到祸将延及自己,便毅然逃往齐国。又因为他是陈厉公的长子,人们称他为陈完。齐桓公便聘请他为客卿,但遭他谢绝;后让担任"工正",管理全国的手工制造业,并封他于田地,所以陈完后改名为田完。谥号敬仲。后来到了孙武的祖父田书,在景公朝官至大夫,因景公赐姓孙氏,改姓名为孙书。田(孙)书的儿子孙凭即孙武的父亲,字起宗,在景公朝中为卿。田

孙子兵法

无宇、田（孙）书、孙凭，祖孙三代同在朝中为重量级高官，地位显赫一时，身世显达于诸侯，名扬天下。为了继承与发扬将门武业，日后报效国家，孙书决定命名孙儿为"武"。武并非要动武、要武斗之意，武的字形由"止"和"戈"二字组成，能止戈才是武。戈是名词，是我国青铜器时代的主要兵器，盛行于殷、周，秦以后逐渐消失。后引申为战争的代称。

孙武后来撰写了《孙子兵法》一书，《孙子兵法》是世界现存最古老的军事理论著作。它总结了春秋末期及以前的战争经验，揭示了一系列带普遍性的军事规律，谈的虽是行军遣将用兵打仗的问题，但孙武的主要思想是阻止战争，尊重生命，减少杀伤，这是他关于战争的基本思想。《孙子兵法》曰："兵者，国之大事，死生之地，存亡之道，焉能不察也。故经之以五事……一曰道，二曰天，三曰地，四曰将，五曰法。"

孙子说，军事是国家的大事，是关系人民生死的领域，又是关系国家存亡的根本之道，因而是不可不深入加以考察的。

这是《孙子兵法》始计篇开宗明义的一句名言。

正因为是这样重大的事件，所以军事家们首先必须从五件事来进行比较和谋算，以求得对敌我双方真实情况的了解。

这五件事，一是"道"，这是指能使人民与君主同心同德的政治方针和政策。它能促使人民心甘情愿与国君同生共死而面对任何危险都不退缩、一往无前，因为地利不如人和。

二曰"天"，是指用兵时的天时即天气情况，是晴天还是雨天？是气候寒冷还是赤日炎炎？是春夏秋冬的哪个季节？

三曰"地"，即地利，是指用兵时距离敌人是远还是近，是近在咫尺还是战线太长，后方太远？所处的地形是险峻还是平坦？是宽阔的平川走马地带，还是狭窄的羊肠小道，是处之死地，还是处之生地？是居高临下，还是居下临高？

四曰"将"，是指统帅军队的将领是否具备足智多谋、赏罚有度、仁爱士卒、勇敢果断、治军严明的素质？

五曰"法"，是指军队的编制、法令、法规及对各级指挥官的划分与管理，以及后勤军需的管理制度。

只要对敌我双方从以上五方面进行认真的研究对比，便可预知战争的结局是谁胜谁负了。天时不如地利，地利不如人和，政治清明，人心向背这是最重要的，得人心者得天下，失人心者失天下。得道多助，失道寡助。

正因为战争对国家的影响至关重大，自古战胜则生，战败则亡，一次也不饶人。所以，务必三思而后行，仔细考虑是否有动干戈的必要，策略是否计划周详。

在《作战篇》中，孙子说：用兵作战贵在速战速决，而不可旷日持久。所以作战要有马不停蹄的把握，才能神速取胜。

在《谋攻篇》中，孙子说："凡用兵之法，全国为上，破国次之；全军为上，破军次之；全旅为上，破旅次之；全卒为上，破卒次之；全伍为上，破伍次之。"

意即：大凡用兵作战，以能完整地占有敌国为上策，若通过进攻使敌国受到破坏，便略逊一筹了；以能使敌国一军之众全部降服为上策，通过兵刃交锋，击溃一军之众，便略逊一筹了；以能使敌军一旅之众全部降服为上策，通过兵刃交锋，击溃敌军一旅之众，便逊一筹了；以能使敌军一卒之众全部降服为上策，通过兵刃交锋，击溃敌军一卒之众，便略逊一筹了；以能使敌军一伍之众全部降服为上策，通过兵刃交锋，击溃敌军一伍之众，便略逊一筹了。

"军"即军队。军又是军队的编制单位。《周礼·地官·小司徒》："五旅为师，五师为军。"《注》："军，万二千五百人。"旅为500人，卒为100人。但齐国200人为卒。《管子·小匡》："四里为连，故二百人为卒。伍，五人为伍。"以上都是古代军队编制名称。

"全"是保全之意。对于敌国的军队士兵，他们都是老百姓出身，他们也是人，要尽量保护，不要杀伤，这就是"全"。"破"就是打败，这是下策，是不得已之事，因为这是要死人的事了。这里用了五个"全"字，充分体现了兵家孙子的良知，他尊重人的生命。孙子提倡要尽量避免战争，免致多杀伤。不似后来的一些战将，人头落地越多，越威风，越产生快感，越发满面春风，越过瘾。这些将军，这些军事家，并不足取。

孙子又说："是故百战百胜，非善之善者也；不战而屈人之兵，善之善者也。故上兵伐谋，其次伐交，其次伐兵，其下攻城。攻城之法，为不得已。修橹轒辒，具器械，三月而后成；距堙，又三月而后已。将不胜其忿而蚁附之，杀士三分之一而城不拔者，此攻之灾也。"

意即：百战百胜，并不是最好的；只有不经过兵刃交锋而使敌军降服才是最好的。最好的用兵之法是以谋略取胜，其次是运用外交手段取胜，再其次是以军事手段取胜，最差的就是强攻敌国的城池了。采取攻城的方法这是万不得已而为之。因为制造攻城用的大盾牌和大型战车，准备好各种攻城器械，需要三个月的时间。堆筑攻城用的小土山，又花三个月的时间。然后，将领满怀愤怒，驱使士卒像蚂蚁一样蜂拥去攻城，以致死伤三分之一还不能把城攻破，这就是强攻城池的灾祸了！

孙子又说："故善用兵者，屈人之兵，而非战也；拔人之城，而非攻也；毁人之国，而非久也。必以全争于天下，故兵不顿而利可全，此谋攻之法也。故用兵之法，十则围之，五则攻之，倍则分之，敌则能战之，少则能逃之，不若则能避之。故小敌之坚，大敌之擒也。"

意即：善用兵的人，能使敌军降服，却不必通过兵刃交锋。能夺取敌国的城池，却不必通过激烈的攻城战斗。能毁灭敌人的国家，却无需经过旷日持久的战争。他们与天下诸侯争斗，务求取得彻底的胜利。做到自己兵力不折损，而获得完全的胜利，这才是以谋略取胜的优点，而并不是用拼力量来取胜。

所以说，用兵打仗的方法是：我军的兵力十倍于敌军，便把敌军包围起来加以全歼；我军的兵力五倍于敌军，便应对敌军发动攻击；我军的兵力是敌军的一倍，便应把敌军分割开来，以使我军形成更大的优势；我军的兵力与敌军相当，便应奋力战胜他们；我军的兵力比敌军少，就应设法逃避而避免与之正面交锋；我军的实力赶不上敌军，也应回避而不与之正面交锋。所以说，弱小的军队如果硬拼，必定为强大的军队所擒获无疑。

孙子又说："知己知彼，百战不殆；不知彼而知己，一胜一负；不知彼不知己，每战必殆。"

意即：既了解敌人的情况，也了解我方情况，就能百战百胜而不会有危险。不了解敌方的情况，只了解我方情况，便会有时胜利，有时失败；既不了解敌人情况，又不了解我方情况，则每次用兵必定失败。

所以说，将军只有审时度势，才能稳操胜算。用兵之道，攻心为上，攻城为下；心战为上，兵战为下。

孙子在《火攻篇》中又郑重地说，对于打了胜仗、攻取了敌军阵地的人，要论功行赏，否则是会有危险的。不论功行赏叫作"费留"①，意为吝惜费用。

因此，英明的君主应该认真地再三思考这个问题，优秀的将领也应该严肃地对待这个问题。无利可得，就不要轻易动手；无取胜之把握，就不要轻易用兵；不是形势十分危急，就不可轻易开战。因为开弓没有回头箭，牵一发而动全身。君主不能因一时之愤怒而兴师动众，主将也不可因一时的愤怒而轻易发兵，挑起战祸，即"主不可以怒而兴师，将不可以愠而致战"。要算计确实有利才能出兵，无利可得就应按兵不动。这是因为一时的愤怒还可以转为欣喜，一时的气愤还可转为高兴，切忌感情用事。而一旦亡国就不可再复存，人一旦死了就不能再复生。所以，对于战争英明的君主一定要慎重，杰出的将领一定要警惕，这才是维护国家安全、保全军队实力的道理。

这就是孙子全国、全军、全民思想，尊重社稷、珍惜人命的思想，是以民为本和以社会为本位的价值取向。而那些置人民生死于不顾，动辄发动战争的人并不可取，即使战争最后取胜了，也仅仅是一将功成万骨枯而已。

不战而屈人之兵，上兵伐谋，速战速决，以人为本，这才是对兵家的道德约束。这才是军德、武德。

孙子概括出的战争规律，如"知己知彼，百战不殆""攻其无备，出其不意""不战而屈人之兵""致人而不致于人"等思想，形成了系统的军事理论体系，被国内外人士推崇备至、推重有加。

再如"胜兵先胜""料敌制胜""正合奇胜""以迂为直"等已经成为人们普遍运用的原则原理，两千多年来还在直接影响着每一个中国人。

《孙子兵法》问世之后，不但其学说深入人心，其书亦流布四海，闻声不废，流传至今。早在战国时代，亦传布于民间，家喻户晓，尽人皆知。《韩非子·五蠹②》中说："今境内之民皆言兵，藏孙、吴之书者家有之。"

在汉代，汉武帝见大将军霍去病不喜欢古籍古史，"常欲教之以孙吴

---

① 费留，赏不及时。曹操对此词曾注："赏不以时，但费留也，赏善不逾日。"逾是超越。
② 五蠹（dù），指学者（儒家）、言谈家（纵横家）、带剑家（游侠）、患御者（逃避兵役者）及工商之民五种人。后来诏令制文中常用五蠹作为贬斥人臣的泛称。

兵法"。其中的"吴"即吴起。战国时卫国左氏人。曾学于曾子，善用兵。在楚国任相期间，治国强兵。"南平百越，北并陈、蔡，却三晋，西伐秦，国势日隆。"兵法与孙武、孙膑齐名，有《吴起》，今已佚。今本《吴起》为后人所编。

三国时，曹操最为推重《孙子兵法》，是首位为《孙子兵法》作注的人。他著有《孙子略解》《兵书接要》等，精通兵法，能上马杀敌，下马题诗。

曹操之后，对《孙子兵法》作注释、发挥、印证者历代接踵，计有百余家之众。历来中国军界都以《孙子兵法》为主参必修课程，将校必读兵书。

《孙子兵法》不只在国内历来备受推崇，且流布闻于国外。日本接触最早，这是"近水楼台先得月，向阳花木早逢春"，受益亦最深。早在以平安京（今京都市）为都城的时代，始于公元794年，藤原氏专权，滕原佐世的《国见在书目》中已有记载，相传为早在奈良朝时，对外大力吸收中国文化，屡派遣唐使、留学生到中国，著名学者有栗田真人、吉备真备、阿倍仲麻吕等。吉备真备便带回《孙子兵法》，其后日本注释者众，而且分流分派，如北条派、山鹿派等。日本早期的兵书《甲阳军鉴》《全玄全集》《兵法记》《兵法秘传》等都以孙子思想为主臬，奉孙子为"东方兵圣"，加以顶礼膜拜。

欧洲传教士亚茂德宣传基督教教义，在劝人信教之余，于1772年以法文首次翻译《孙子兵法》，译名为《中国之军事艺术》（*Art Militaire des Chinois*）。

法兰西第一帝国皇帝拿破仑，就经常学习《孙子兵法》，据说他指挥土伦战役出色，打败意大利，多次击败反法联军，均得益于《孙子兵法》。

1914年挑起第一次世界大战的威廉二世，是普鲁士王国国王和德意志帝国皇帝，对《孙子兵法》亦击节赞赏。

1910年，英国人盖尔斯出版《孙子的战争艺术》（*SunTzu on the Art of War*）译本，译为"战争的艺术"而没有说"The Science of War"（战争的科学），这是妙笔生花的译法，与孙子兵法的本意相契合。

此后，欧美各国军事院校竞相以《孙子兵法》为必读兵家名作。

《孙子兵法》自8世纪传入日本，18世纪才传入欧洲，至今已有日、法、捷、英、俄、德、意、希伯来、阿拉伯等语种的译本广布流传于海外。

《孙子兵法》最风行的版本是"武经七书"本及"孙子十家注"本。"武经七书"又名"武学七书""七书"，为宋代官方颁行的中国第一部军事教科书。全书收录七部重要兵书，即《孙子兵法》《吴子》《司马法》《六韬》《尉缭子》《三略》《李卫公问对》。北宋元丰三年（1080），神宗诏命国子监司业朱服、武学博士何云非校定，雕版刊行，颁为武学的必修课程。它的颁定促进了中国古代军事学说的发展，对中国兵学和世界军事学术史都产生过重大的影响。现存南宋和明清刊本多种。《孙子兵法》现存最早的版本是汉代银雀山竹简本；现存最早的刻本是南宋宁宗时的《十一家注孙子》①三卷本。

民国以降研究《孙子兵法》者不乏其人，如曾任保定军校校长、陆军大学代理校长的蒋百里，及钱基博教授、魏汝霖、李浴日等学者。美国陆军汤玛斯将军1964年编辑出版的《战略之根基》（*Roots of Strategy*），也以《孙子兵法》为五部世界兵学代表著作之一，可见《孙子兵法》历来深受各国军事家的推崇。

近代一些战争贩子，战败之后读到《孙子兵法》时懊恼不已地说，要是在20年前读到这本书，就不会有如此惨败的结局了。

1991年爆发海湾战争，美国等38个国家组成联军，在伊拉克拒不从科威特撤军之际，发起"沙漠风暴"行动，空袭伊拉克军事目标。"沙漠风暴"行动重点袭击伊国通讯指挥能力。伊宣布停火并从科撤军，随后战争结束。中国没有参加这场战争。但众多外国军事家都说，中国有一个人正在指挥海湾战争，这就是两千多年前战国时期的孙子。这是因为海湾战争之前，一些国家参战的军官和士兵都在学习运用《孙子兵法》。可见《孙子兵法》的军事思想在现代战争中，同样价值连城。

日本武将武田信玄（1521—1573），武玄信虎之子，是日本战国时代武将，以对上杉谦信进行长期战争闻名。20岁时赶走其父，成为武田宗

---

① 十一家，即曹操、杜佑、李筌、杜牧、陈暤、贾林、孟氏、梅尧臣、王晳、何延锡、张易等人。现存宋本较详备。现存最早的少数民族文本是西夏文本。

族首领，开始与上杉氏争夺关东的霸权。虽然彼此不分雄雌，但他在日本威名一时，对织田信长构成一股巨大的威慑力量。他在与织田作战时，负重伤而死。他的军旗上大书特书"风林山火"四字，原出自《孙子兵法》"其疾如风，其徐如林，侵掠如火，不动如山"的名句。即要做到军队的行动，快起来像疾风似地迅捷，慢起来像树木似地轻摇摆动；进攻时像火似地猛烈，坚守时像山似地安稳。

日本战国时代，是封建领主间连年争战的时代。始于应仁之乱（1467年），终于实町幕府灭亡（1573年）。此时大名①蜂起于各地，割据称雄，战乱不休。农民、市民运动兴起，发生宗徒暴动。对外，日商争相对明朝贸易，倭人不断侵扰中国沿海地区。迄织田信长压服各大名，该时代方告结束。

《孙子兵法》中的"不战而胜""不战而屈人之兵"，实是语出惊人之句，这的确是叫人难以想象，不可思议了。在一场火与血的残酷惨烈的搏杀中，如何能不牺牲、能不付出血的代价而获得的战争？人世间难于寻觅这样的胜利，这恐怕只有从《孙子兵法》中的战略、战术中才能一窥堂奥②了。

《孙子兵法》一书指导军事家如何运筹帷幄之中，决胜千里之外；如何驾驭风云，驱除龙虎；如何驾驭英雄，驱使群贤，驱逐于原野，校勇于猛兽；如何驰骋于疆场，克敌制胜，制人而不制于人。

《孙子兵法》一书，言简意赅，格调高雅，历来广为人知，传颂不绝，不少企业的决策者、董事、经理亦以"动而不惑"③ "常山之蛇"④ "乱生于治，怯生于勇，弱生于强"⑤ "兵无常势，水无常形；能因敌变化而取胜者，谓之神"等，书于办公室作为座右铭。

---

① 大名，日本封建时代的大领主。得名于大量占有名田（登记的垦田）。镰仓时代已有此称。室町时代守护占有土地，又任幕府要职，称"守护大名"；应仁之乱后，地方豪扩大领地，称"战国大名"。江户时代以领地年收万石以上的武士为大名；其中将军的近亲称"亲藩大名"，关原之战前追随德川家康的称"谱代大名"，关原之战后，归附幕府的称"外样大名"。明治维新后，大名交出领地，授以等级、爵位，列入华族（贵族），领取俸禄。

② 堂奥即堂的深处。入门先升堂，升堂而后入室，室的西南角为奥。引申为深奥的道理。古时文人治学略有门径，常自谦称未窥堂奥，意谓刚入门，尚未深入。

③ 动而不惑（迷），采取某种军事行动却不致产生迷误。

④ 常山之蛇，原句是："善用兵者，譬如率然；率然者，常山之蛇也。击其首则尾至，击其尾则首至，击其中则首尾俱至。"即意善于用兵的人，就像摆弄"率然"蛇一样。"率然"是常山中的一种蛇，打它的头，它的尾巴会来救应；打它的尾，它的头便会来救应；打它的腰间，它的头和尾都会来救应。《晋书·桓温传》："初，诸葛亮造八阵图于鱼腹平沙之上，垒石为八行，行相去二丈。温见之，谓此常山蛇势也。"

⑤ 乱生于治，怯生于勇，弱生于强。即能够示敌以乱，是出于我军军队有严格的管理；能够示敌以怯，是来源于我军将士有机智勇敢的精神；能够示敌以弱，是来源于我军将士有强大的实力。

总之，《孙子兵法》中的战略、战术及原则，精妙绝伦，亦为利害交攻的现代企业经营战术，治世安邦之道的座右铭。它既是二千多年来兵家风云际会之天道，亦是商家事业飞黄腾达、财源滚滚之正道。

自古以来，我国讲文之余，必以武事。以兵法为武经，以儒学为文经，文武并立，令文齐武，才能立千秋之大业。故建军整武，此为国家强盛，长治久安之正道。《孙子兵法》一书教人体含德厚，识鉴机先，以高超的智慧来洞观世事的先兆，才能立于不败之地。

第四章
刺　客

史上六位名刺客

刺客就是怀挟兵器进行暗杀的人。《史记·袁盎①晁错列传》："梁刺客后曹辈果遮刺杀盎于安陵郭门外。"

司马迁在《史记·刺客列传》中写的第一位刺客是曹沫。

曹沫，又一名作昧。春秋时鲁国人，勇武有力。鲁庄公喜欢有能力的人，所以派曹沫当大将，和齐国作战，结果三次都打败仗。鲁庄公畏惧，因此献上遂邑②的土地，来跟齐国讲和。

曹沫尽管三战三败，成为常败将军，但鲁庄公仍以他为大将。齐桓公也答应和鲁国在柯③这个地方聚会，订立盟约。

齐桓公与鲁庄公在坛上订立盟约后，曹沫却拿着短剑要挟齐桓公。桓公左右的人都不敢向前，问曹沫："你要什么？"曹沫说："齐国强，鲁国弱，贵国侵略鲁国也太过分了。现在鲁国城墙一再被破坏，就将紧邻齐国国界了。国君你也应该想一想呀！"桓公于是答应归还在鲁国所侵占的地

---

① 袁盎（约前200年—前150年），字丝，汉初楚国人，西汉大臣，个性刚直，有才干，以胆识与见解为汉文帝所赏识。袁盎有较浓厚的儒家思想，强调等级名分、按"礼"行事，不能有僭越行为。为人敢言直谏，后因此触犯汉文帝，被调任陇西都尉，后迁徙做吴相。汉景帝即位，吴楚七国叛乱，袁盎奏请斩晁错以平众怒，官拜太常，出使吴国。叛乱平定后，封为楚相。后因反对立梁王刘武为储君，遭到梁王忌恨，为刺客所杀。

② 遂邑又称遂国。春秋时方国之一，在今山东肥城市南。《春秋·庄公十三年》："齐人灭遂。"即此。

③ 柯邑又作阿邑、东阿邑，在今山东阳谷县东北。《春秋·庄公十三年》："公会齐侯，盟于柯。"

方。话说出后,曹沫便放下短剑,从容地走下盟坛,朝着北面,站在群臣的行列中,脸色不变,说起话来仍像平常一样。

之后,齐桓公恼羞成怒,想违背和抛弃盟约。管仲劝阻道:"这不可以。只贪一点小利让自己高兴,自弃信用于诸侯,以后便会失却天下的援助,倒不如仍旧归还土地给他们为好。"于是齐桓公终于遵守约定将在鲁所侵占的地方,即是曹沫三次战败所失去的地方,完全归还给鲁国。

鲁国土地失而复得。曹沫这个赳赳武夫,一言九鼎,只说一句话便胜于三次战争。兵不血刃,仗义执言,不费吹灰之力。孙子曰:"是故百战百胜,非善之善者也;不战而屈人之兵,善之善者也。"即在战场上能够百战百胜,并不是战争的至善境界;真正的大获全胜,应该是丝毫不费一兵一卒,以智谋屈服敌军。

曹沫之后,经过了 167 年,而吴国有专诸刺吴王僚的事件发生。这是《刺客列传》中言及的第二个刺客。

专诸刺吴王僚之后,又经过 70 多年而晋有豫让刺襄子事件的发生。这是第三个刺客。

豫让刺襄子之后,再经 40 多年,而后有聂政刺韩相侠累事件的发生。这是第四个刺客。

聂政"刺"侠累之后,又再经过 220 多年,而有荆轲刺秦王的事件发生。这是第五个刺客。

继荆轲之后,不久,便有高渐离举筑击秦王事件的发生。这是第六个刺客。

秦始皇杀死高渐离之后,终身不再接近诸侯国的人。

太史公司马迁说:"社会上谈论荆轲,当说到太子丹的命运时,说什么'天上像下雨一样落下粮食来,马头长出角来!'这太过分了。又说荆轲刺伤了秦王,这都不是事实。当初公孙季功、董生和夏无且交游,都知道这件事,他们告诉我的就像我记载的。从曹沫到荆轲五个人,他们的侠义之举有的成功,有的不成功,但他们的志向意图都很清楚明朗,都没有违背自己的良心,名声流传到后代,这难道是虚妄的吗!"

刺客专诸

春秋时代，王室衰落，诸侯争霸，相互争锋，这样就在客观上给各种类型的游侠、刺客与杀手提供了大显身手的舞台。吴国堂邑的专诸即是应运而生的著名侠义刺客。

伍子胥在阳山躬耕垄亩之时，公子光便屈尊求教于他，说："你是楚国人，才华智勇并茂，在我的眼里，吴国没有一个人能与你比肩而立。"

伍子胥不假思索地道："我何足道，吴国的专诸才是足智多谋的勇士。"

专诸出生于江南泽国水乡，但有着北方人伟岸的身躯，属彪形大汉，粗犷强悍而勇猛。或许他的祖辈原为北方迁至江南的移民，亦未可知。其魁梧的体魄，粗壮的胳膊，剽（piāo）悍的性格，敏捷的动作，不凡的身手，侠肝义胆，路见不平、拔刀相助的气概和行动，使专诸声名远播，人人击节赞赏。当政治不需要他的时候，他只能被边缘化，当一名平头百姓，升斗小民，深居陋巷，以鼓刀屠猪卖肉为业，赚几个钱养家糊口。

专诸宰猪与众不同，技术高超。一般屠户是先把肥猪以绳索捆牢，再以刀杀，又以热水烫透皮毛，然后肢解。专诸宰猪只以一只手将肥猪往案桌上一按，猪已动弹不得。另一只手又磨刀霍霍，立刻对准肥猪的脖子捅去，接着双手再将尚未气绝而拼命挣扎着的猪倒提起来，让猪血排出净尽，体内不留淤积的血液。这样的猪肉味道鲜香可口，于是人们都争先恐后前来竞买，以便一饱口福。

伍子胥历经万般磨难，跋山涉水，抵饥挨饿，先至宋国，次至郑国，最后好不容易才到吴国。在吴国得悉侠义专诸的大名后，决定专程登门拜访。专诸住的这个地方就叫作梅里①。

有一天，专诸一如平日的平静生活，竟被一位来访之客打破，他就是亡命他乡的楚国大夫伍子胥。伍子胥出现在他的跟前时，他的眼前突然犹

---

① 梅里，一作梅李乡。即今江苏无锡东南梅村镇，相传西周吴太伯居于此。

如闪电似的放射出了兴奋无比的光芒。他们彼此促膝相倾,意气相投,"相为引重,其游如父子然,相得欢甚无厌,恨相知之晚"。

专诸听了伍子胥家遭了毒手之后,气愤填膺道:"楚平王这样昏庸老朽的君主,要是有机会,我一定为你杀掉他,为你洗雪灭门恨。可惜我是吴国的平头百姓,到不了楚国。"接着,专诸又为伍子胥想方设法,建议他去见吴王僚,请吴王僚帮助出兵攻打楚国,报仇雪恨。伍子胥果然又去见吴王僚,向他阐明伐楚的利害,让他权衡利弊。

姬僚听了伍子胥一一陈述父兄被害的悲惨遭遇之后,对他深表同情,也想趁机出兵攻楚,岂料被堂兄姬光阻止了。因为姬光一心想夺王位,伍子胥只能退隐到郊野,躬耕垄亩。

伍子胥又回到专诸的住所,有点灰心冷意。专诸对他深表同情,但爱莫能助。于是又对伍子胥说:"据说公子姬光近来在都城设立有招贤馆,正当招贤纳士。他智能双全,又有胆识,雄才大略,为一代雄杰。先生不妨投其门下,也许日后将有出头之日。"

正当姬光求才若渴、招贤选士之时,伍子胥求见,公子光喜出望外。他引伍子胥进入内室,开怀畅谈理想,尽情地畅叙自己对伍子胥敬仰思慕之情。此后,公子光奉伍子胥为座上客,每日必拜见,求教治国之策、安邦之道。

伍子胥见公子光胸怀大志,腹有良谋,气冲霄汉,气概非凡,决定助其一臂之力以成大业。这次公子光终于登门求教,求荐能与自己比肩而立的人,伍子胥向姬光推荐了自己的朋友专诸。

伍子胥说:"我何足道,我的朋友专诸才是名副其实、有智有勇的侠士。"公子光问:"专诸是一个怎样的人?"伍子胥说:"我刚到吴国梅里之时,目睹一个彪形大汉,虎背熊腰,一身虎胆,一派虎威,正在与另一个人互相扭打,异常勇猛。两人相持不下,难以分出胜负之时,突然间从屋里传出一个柔弱妇女的声音,'专诸不可!'大汉便立刻控制自己的高涨情绪,立即收手,情态安然,若无其事,扭头就乖乖地回到了家。"

伍子胥深为诧异,因为专诸"屈于一人之下,必伸于万人之上"。他便向邻居问个究竟。

有的邻居说,在这个世界上专诸只怕一个人,这就是他的母亲,但又并不是单纯地怕,因为他侍母亲至孝。母亲在,不远游。但他平生喜欢帮助受欺压的人打抱不平，爱为弱小者讨回公道。杀人须见血，为人须为彻，一直达到的目肯罢甘休。可是有时他虽在盛怒之下，但只要听到母亲的呼叫声，他必立即停下来，拂袖而去。

又有的邻居说，专诸虽然气壮如牛，但胆小如鼠，他最怕挂着拐杖来的夫人。他并不是怕老婆，而是怕她手上的拐杖，因为那是他母亲的。专诸是个孝子，以亲父母，笃谨孝道，故见拐杖如见其母，听其母声如闻母命，闻其母命必则止。

伍子胥越说越动情，公子光为之动容，因为说者的言辞足以使之留心倾听。对于专诸的名字，他也曾经耳闻过，只是以前无动于衷。经过伍子胥的郑重推荐，公子光决定亲自登门晋谒专诸，当面求教。

专诸见公子光礼贤下士，求贤若渴，也衷心感佩，便决定投其门下为门人。公子光对待专诸的一家，则是看作非常特殊和与众不同的另类，关怀备至。专诸对公子光的知遇之恩，亦感怀于心。

一天，公子光又访专诸，开门见山地道："今有一事相求，请你帮助刺杀吴王僚。"专诸一听，说："这事非同小可，不能轻视，且又是你家中的私事，我与你非亲非故，外人不便插手。"公子光说，这并不能以家事一概而言之。专诸便问公子光两个问题："第一个问题，你为什么要杀吴王僚？并不是说你公子光花钱收买人心，我专诸就不分青红皂白而不顾原则地听命于你。我不能以其不顾道义而苟求容进。有道德有义理，我必给以道义上的支持。"

公子光说："我的父亲诸樊原是吴国国君，死后传位给二弟余祭，余祭再传位给三弟余眛，余眛死后，四弟季札不受王位而出走，于是余眛的儿子姬僚被立为国君。我是诸樊的嫡嗣，理应由我来继位。因此一心想谋杀王僚，夺回王位。"

专诸又问第二个问题："何不使近臣从容言于王侧，陈前王之命，使其退位；何必私备剑士，以伤先王之德？"即为什么不让大臣们好好地进行斡旋、调解，从容平和地商量，说明这是先王遗留的古训，让他自动退位，为什么自己暗中动用杀手，同室操戈，这样的话，岂不是既伤了你父亲在天之灵，也伤了他父亲在天之灵吗？

公子光说："这是万万不能的。因为王僚这个人的本性'贪而不让'，没有商量的余地。要是我去跟他商量，劝他退位，这无异于与虎谋其皮。

他不但不会退位，反而会对我产生疑忌，彼此势必产生嫌隙而难以消释。而且他会加害于我，所以我们之间是没有办法沟通这件事的。"

专诸说："那好吧。但我还要侍奉老母享尽天年。"公子光说："我知道你是行孝道的孝子，我向你指天发誓，你的母亲已经年迈力衰，要是你刺杀王僚这一大事成功，我必将你的母亲如同我的母亲一样侍奉。我必定将你的儿子视为我的儿子。"

专诸经过一番了解，知道王僚酷爱吃烤鱼。专诸经过三个月在太湖学习烤鱼之后，技绝四海，回来与公子光说，举大事的时机已到，事不宜迟。伍子胥认为时机尚未成熟，不可轻举妄动，因为有三个人正站在王僚的身后。

第一个是王僚的儿子庆忌。"庆忌之勇，世所闻也。筋骨果劲，万人莫当，走追飞兽，手接飞鸟，骨腾肉飞①，跗膝数百里。"即庆忌的筋骨犹如钢铁般的坚硬，勇武过人，一人可敌万夫。能追上疾驰如飞的野兽。一只燕子从他的眼前掠过，他伸手就能把燕子抓住，他雄健勇猛，神思敏捷，依靠他的脚就能疾驰数百里远。

第二个是王僚手下的盖（gě）余②、烛庸③。盖余、烛庸皆为吴国大夫，手掌兵符④。要是王僚被刺，他们必将拥兵作恶为乱。

第三个人物是季札，又称公子札。春秋吴国人，是王僚和公子光的四叔。季札德高望重，誉满亲朋。臣弑君是大逆不道、犯上谋反之罪，为天地所不容，季札对此是不能容忍的。

伍子胥分析得很透辟，公子光认为时机还未成熟，就让伍子胥回阳山继续耕种田地，韬光养晦。

季札德才兼备，孔子对他极其赞赏。他出使晋国时，知道晋国最有才华的人都集中在韩家、赵家、魏家，便判定不久的将来，晋国将被这三家瓜分。过了五十年之后，"三家分晋"。（《史记·天官书》）季札的预言应验了。

---

① 骨腾肉飞，雄健勇猛之貌。形容奔驰迅捷。

② 盖余，一作掩余。春秋时吴国人。吴王僚派他带兵攻楚，被困于楚。后闻公子光刺杀吴王僚，逃往徐国。徐国，西周、春秋时国，在今江苏泗洪县东南大徐台子。公元前512年为吴所并，西汉置为县。

③ 烛庸，春秋时吴国人。吴王僚同母弟。奉命与盖余率兵伐楚。公子光杀王僚，乃逃往钟吾，后又逃往楚国。钟吾，春秋时方国名，在今江苏新沂市南。

④ 兵符，即调遣兵马的符节凭证。

季札曾"挂剑于徐君墓树而去",当有人问及此事之时,季札说:"有一次,我出使徐国,徐国国君极其羡慕我所佩之宝剑,但因我还将到各国,必须随身佩剑,所以不便作声许诺。但我心里已经准备把剑赠送给他,现在外交活动已经结束,所以我愿意把剑挂在他坟墓的树枝上,追赠给他,作为我当时内心的许诺,这是千金不移的。"

后来,公子光用专诸刺王僚之后,便十万火急地前往吴宫,向重臣们宣王命。说为什么他要当吴王,因为这是遵从祖训,是名正言顺的,说服了大臣。为了笼络人心,公子光又开仓放粮,赈济百姓,轻赋减税,使民得利。这样民心亦随之得到安定,置业安居,生活安乐,地方安宁,社会稳定。

此时,季札亦从晋国观察动静回来。公子光就假心假意故作推让,说:"我杀死王僚,其目的无非是为了你来当国君,因为祖父曾经这样说过。"

季札说:"你杀吴王僚,不也是为了当国王吗?还装模作样干什么呢?"这正是一针见血、入木三分的讽刺。

要　离

一、士为知己者死

阖闾派专诸诛杀王僚之后,接着就宣王命,继王位。但他还不能高枕无忧,因为还没有除掉庆忌①,这是他的心病。因为斩草不除根,必留其后患。

阖闾急于找伍子胥商量,伍子胥说:"要连根拔除庆忌,我还得给你推荐一个人。"阖闾说:"难道还有像专诸这样机智勇敢的人吗?"伍子胥说:"这是一个普通人,他的脑子很灵活,名叫要离②。"

---

① 庆忌,春秋末吴国人。吴王僚子。以勇闻。公子光杀王僚,庆忌在卫。公子光忧之,乃使要离刺杀之。

② 要(yāo)离,要是姓。春秋吴有要离,汉有河南令要兢。要离为吴王阖闾所养死士。阖闾既杀吴王僚,僚子庆忌出奔。乃使要离刺庆忌。要离诈以罪而亡(逃亡),令吴王戮其妻与子。要离出走见庆忌于卫,使之弗疑。后与庆忌同渡江,至吴地,刺杀庆忌,己亦伏剑自杀。

阖闾对伍子胥说："你带他来见我。"于是伍子胥立即把要离带来见阖闾。

阖闾满怀希望和信心急着要见要离。但不见不知道，一见吓一跳。在他眼皮下的这个要离，长得神不像神，鬼不像鬼。他只是摇头，大失所望。因为这个人高不满五尺，只有伍子胥半截高，腰很细小，弱不禁风，这个侏儒怎能当刺客？他所急需的是身体魁梧强壮的彪形大汉，是一身虎胆的威风英雄，要具有虎头虎脑的气概。阖闾说："庆忌铁骨钢筋，万夫莫当，要离这样一个侏儒怎么能当刺客呢？"

有道是："不怕不识货，只怕货比货。"要离于庆忌，有如小巫见大巫，相差太悬殊了。可以想象，庆忌伸出一只手，都能将他的头扭转回背后。

但又有道："凡人不可貌相，海水不可斗量。"要离确是"三寸丁"，但"矮人多诡计"。

伍子胥经文纬武，他曾讲过一个动人心魄又能感染人的故事。言及东海①曾有一位力大无比的勇士，名叫椒丘䜣②。

有一次，椒丘䜣在一条河边饮马，有人正告他，说河里有水神，一旦在这个地方饮马③，水神将会出来把马吞掉。

椒丘䜣听了不以为然，说："我是一名虎胆勇士，没有人敢冒犯我的尊严。"椒丘䜣不理别人的再三劝说，仍在饮马。果不其然，马真的被河里边的怪物拖下水了。说时迟，那时快，椒丘䜣立即带剑纵身跳入水中，与水怪搏斗。

经过了三天三夜激烈的搏杀，他才从水里跳出来，不但没带回马儿，甚至连自己的一只眼睛也瞎了，成了一只独眼龙。但是他用精神胜利法自我满足，又自我安慰，竟在一次盛大的酒席上，他凭着自己与水神搏杀的

---

① 东海是海名，所指不一。或指今之徐州域，相当今之黄海，或指今之渤海之一部分，或指今之东海之一部分。东海也有指郡名、县名的。先秦古籍中之东海，相当今之黄海。《礼记·王制》："自河至于东海。"《注》："徐州域。"但战国时également兼指东海北部。《战国策·楚策》："楚国僻陋，托东海之上。"

② 椒丘䜣（xīn），椒丘是历史上的复姓。古有地名椒丘（今江西新建东北），以地名为氏。后简为姓椒。䜣是人名。椒丘䜣，有的版本写菑（zī）丘䜣。《韩诗外传》十："东海有勇士曰菑丘䜣，以勇猛闻于天下，遇神渊曰：'饮马。'其仆曰：'饮马于此者，马必死。'曰：'以许之言饮之。'其马果沉。菑丘䜣去朝服，拔剑而入，三日三夜，杀三蛟一龙而出。雷神随而击之，十日十夜，眇其左目。"事又见《吴越春秋》，作"椒丘䜣"。雷神，神话中司雷之神，又曰雷公。眇（miǎo），原指一只眼睛瞎，后来也指两只眼睛瞎。

③ 饮（yìn）马，以饮料给人或畜饮。

勇敢经历傲视同侪，傲气十足。

要离看在眼里，气在心上，道："你与水神搏斗了三天三夜，最终没有把马救回来，反瞎了一只眼睛。我以为你是天下最没出息的人，你不以为耻，反而为荣，甚至恃力傲物。"

要离人微言轻，但就这么一句话，就点中了椒丘䜣的死穴。他满面羞惭，一句话都说不出来，站起身扭头就离开了酒会。

当日，要离回到家，便郑重其事地对妻子说："有大力士今天晚上将要来杀我，因为我在大庭广众的公开场合羞辱了他。"接着要离便从容不迫地将家门大开成八字，卧室的门也洞开，一滚身便倒躺在榻上。当晚深夜，椒丘䜣提着利剑，如入无人之境，一个快步走到要离的榻前，拔剑出鞘架在要离的脖子上。椒丘䜣说："你做了三件该死的事，你自讨死，你知道不知道？"

要离脸不变色心不跳地说："不知道，怎讲？请！"

椒丘䜣道："第一件事，你在大庭广众的公共场所对我进行一顿羞辱；第二件事，睡觉不闭门；第三件事，看见我来了不赶紧躲避。你做了这三件事，所以该死！"

要离从容不迫地说："我没做三件该死的事，但是我认为你做三件事最没有出息。第一件事，当我说你没出息的时候，要是你有理就当面讲，但你一言不发，扭头就走了，显然是理屈词穷；第二件事，你登堂入室不叩门，有掩杀之心，乘人不备而袭击，进了我家而不敲门，也有失理节；第三件事，要是你以为自己是一名智勇双全的勇士，应该叫我起来当面格斗，决一雌雄。但你先把利剑架在我的脖子上之后，才敢跟我说话，你显然气壮如牛，胆小如鼠，是无名鼠辈，何足挂齿！这就是你所做的三件最没出息的事，我羞于与之为伍。"

经过要离的一番责备、数落之后，椒丘䜣满脸羞愤，更加羞耻，无地自容。有道是："人不激人话激人。"最后，椒丘䜣惭愧地说："我总以为自己是一名勇士，没想到还有比我更勇敢的人，我没有面子再活下去了。"话音刚落，他就以头撞柱而死。

要离柔能济刚，弱能济强，一身虎胆。伍子胥给吴王推荐的就是这个人。

要离来见吴王，便说："我是本国东方千里之外的人，身单力微，迎风一吹,就会僵倒。背风一吹,就会仆伏。虽说无用,但大王有命,怎敢不尽心竭力,尽忠效命。"吴王不见不知道,一见吓一跳。要离的确不打眼,其形其貌哪里像是一个侠客!心想,伍子胥怎么引进这样的人来?沉默良久,一言不发。

要离暗自思忖吴王的心思,就又上前说道:"大王所患之害不是庆忌吗?我要替你杀掉他,斩草除根,根除后患。"吴王说:"庆忌的勇武举世无双,万夫莫当。以你的力气怎么能制服他,谈何容易。"要离毫不迟疑地说:"我可以去投奔他,假意献上灭吴的计策,接近他趁机把他杀掉。"吴王仍然不信。他认为庆忌不会轻易相信别人,更别说是从吴国去的人。要离奋勇地说:"宁愿拼计,不愿拼力,我可以施用苦肉计和灭门计。请大王砍断我的右臂,杀掉我的妻室儿女,我佯装负罪出奔。"要离敢出大言,必有量度,吴王终于同意了,并说:"这太委屈你了。"要离却说:"我听说安于妻子之乐却不尽忠事君之义的,算不得忠;怀着室家之爱却不替国君除患的,算不得义,请大王不必多虑。"

要离于是被断臂,成为独臂侠客出走。他的妻儿接着被杀,并在闹市上焚尸扬灰,公开示众。要离一口气跑到国外,蓄意扬言与吴王誓不两立,不共戴天,必报这个灭门之仇,洗雪这一断臂之恨!他到卫国见到庆忌,对庆忌说:"吴王残暴成性,我无罪反遭断臂,妻儿无辜反遭诛灭。我谙熟国内机密与地理,愿竭尽犬马之力助王子率军进攻吴国,以雪家仇之恨。"

庆忌虽身在卫国,但一直就想兴师率兵攻打吴国,以便复国报仇。这次要离不请自来,听了他攻吴的计策,现正是时机,于是带上重兵,乘船东下,大举进攻吴国。

要离与庆忌合坐在一张主帅船上,船到中流,二人正在船头观看江山形胜,正兴浓之时,庆忌坐在当风处,要离手执短戟,侍立于上风处。刹那间刮来一阵妖风,要离趁着庆忌被风刮得睁不开眼之时,顺着风势,立刻将手中之戟,猛地刺向庆忌。庆忌猝不及防,被刺中心窝要害部位。庆忌伸出巨臂以手将要离的头扭住,提着他的身躯,把他的头按入水中,溺了又提起,提起又按下,有如耍猿猴似的。总共按了三次,然后又像抱猿猴一样放在自己的膝盖上。随身侍从纷纷举剑欲砍要离,庆忌摇手阻止,说:"他也是天下一名勇士,不可在一日之中杀掉两个勇士,放他回去吧,以旌表他的忠心。"接着便将要离从膝盖上推了下去,以手拔出插在心窝上的短戟,白戟进去,红戟出来,顿时血流如注,迸溅满船。庆忌随之倒地而亡。

船继续进发到江陵,侍从遵照庆忌的遗嘱,剑下留人,释放要离,打发回吴。但要离不肯离舟登陆。侍从问他:"为何不走?"要离说:"我想我已干了一些蠢事,我真蠢,真的。我蠢头蠢脑,把妻儿杀掉以奉事君王,这是不仁之心;为了新君而杀故君之子,这是不义之行;想满足新君的意愿而弄成身残族灭,这是不智之举。人有三恶存在于世,与三善背道而驰,我还有何面目见天下的侠士?"说完之后,要离便纵身跳入江中,船上的人慌乱了手脚,经过快手快脚一番辛劳,才将他从水中打捞上船。要离睁开两眼说:"我怎么不能死呢?"船上的人说,有事好商量,何必寻短呢!等到回吴国去领爵禄①赏赐呀!

要离内心痛苦,悲惨而勉强地惨笑道:"我连性命家室都不要,爵禄这些身外之物,对我又有何用呢!"猛然拔出佩剑,如快刀斩乱麻地砍断自己的双足,接着伏剑而死(以剑自杀)。

二、矮仔多诡计

矮仔多诡计,现在且看看要离这个矮仔出的是什么诡计。

要离对吴王阖闾说:"要想刺杀庆忌,首先就要想办法如何才能靠近他。专诸刺僚王用烤鱼的方法已经行不通了。"吴王问他:"你有何计?"

要离说:"我向你献两计。你首先把我的右手砍掉,这是第一个'苦肉计'②。"

要离继续说:"你接着将我的老婆及儿子全部杀掉,我就假装得罪了你,火速奔去投靠庆忌,这是第二个计策'灭门计'③。"

要离这个矮仔想出的这两个诡计是如此的惨毒,又是如此的惨绝人寰。

想当年,专诸去行刺吴王僚之前,曾对公子光说:"我这次去行刺,肯定性命难保,不会虎口余生。但愿请假回家最后看一看我堂上的母

---

① 爵(jué),爵位;禄,所受食,指爵位和俸禄。
② 苦肉计,是故意伤害自己的肉体以骗取对方的信任,以便借机进行反间的计谋。
③ 灭门计,即让一家人全被杀害,以此欺骗对方,以便借机行事。

亲。"公子光说，好。专诸急速地回到家，尚未启齿泪先流。他的母亲心知肚明，这是为公子光报大恩举大事的时机到了。她笑逐颜开地说："我很高兴你有这个机会，公子对我们的恩情再造，恩深似海。自古忠孝难两全。我盼望你能竭尽忠诚，报效国家。这也就尽力履行孝道了。如果你能举成大事，你将名传春秋，我亦为你而深感自豪。至于我，你不必牵肠挂肚，公子光必定倍加关照。"

专诸的母亲心怀坦荡，深明大义，知恩图报。她告诉专诸忠孝不能两全，须尽忠才能尽孝，别牵挂老母不能尽忠。母亲的话既喻之于理，又晓之以大义。但专诸仍然牵挂不舍，母亲的爱又是最无私的。

专诸的母亲接着说："我的口很渴，最好到河边为我取来一杯水解渴。"专诸就拔腿奔赴河边去取水，三步并作两步回到家之时，母亲睡房的门已经关闭，他急如星火去追问其妻子。妻子说："母亲大人刚才对我说，她困乏不堪，需要睡一下才能消除困顿，让我们不要打扰她。"专诸心急得直跳，深感事情不妙，又急急去推开母亲卧室的房门，一看，就傻了眼，母亲早已悬梁自尽了。专诸岂料刚才母亲的一席话，竟成永诀，转瞬间，母亲已经溘然长逝，他亦后悔莫及而长吁短叹。

此时专诸才恍然大悟，母亲以死来坚定他举大事的决心，以死来成全他的功业，以死激励他去报恩尽忠。专诸是位大孝子，万事孝为先，今母已丧，专诸去见公子光时才能说："过去我的身体还要照顾母亲，现在母亲已经与世长辞，从此之后我的身体完全属于公子了。现在是举大事的时候了。"

由上可见专诸与其母所具有的人性、良知，语言和行为既富有哲理，又富于人情味。相形之下，要离却是太残忍凶狠，人面兽心。

要离刺庆忌一事，只有《东周列国志》这本长篇小说才有详细的记载，司马迁《史记·刺客列传》中没有记载，这也许是因为过于狠毒、太无人性所致才难以忍心下笔，使读者不堪入目的缘故罢了。

第五章
老光棍

 "精神恋爱"的老光棍柏拉图

　　柏拉图（约公元前428—前348年），古希腊三大哲学家之一，他与苏格拉底、亚里士多德共同奠定了西方文化的哲学基础。他是柏拉图派的创始人，苏格拉底的弟子，亚里士多德的老师。生于雅典，曾三次去西西里岛上的叙拉古城邦活动，试图影响该邦僭主狄奥尼修斯父子，以实现他所理想的奴隶主贵族政治，但均以失败而归。公元前387年在雅典创办学园，收徒讲学，逐步建立起欧洲哲学史上第一个庞大的客观唯心主义体系，其中心是理念论。他在自然观、认识论方面提出了宇宙生成说和回忆说；在辩证法方面阐述了他的概念辩证法；在伦理观和社会政治观上，系统地阐发了四主德的理论，提出了等级森严的理想国制度与"哲学王"的思想；在美学上，认为美是真也是善，纯粹的美是理念的"摹本"，"摹仿"现实事物的艺术作品是"摹本的摹本"；在教育上，主张教育应当由国家来组织，主要目的是培养统治者。他是欧洲第一个有大量著作传世的哲学家。其在学园中的讲稿虽未留传下来，但他的对话却被全部保存。西方研究者对这些对话的真实性和创作时间曾作过许多论证，比较确定的大致有三十余篇。对话分为早期对话与晚期对话。

　　整个西方文化，从亚里士多德到圣奥古斯丁，从巴斯卡到怀特海，都存在柏拉图的影响。作为当代一位卓越的形而上学家怀特海宣称："如果为欧洲整个哲学传统的特征作一个最稳妥的概括,那就是,它不过是对柏拉图哲学的一系列注脚。"

柏拉图是"精神恋爱"的鼻祖。他认为男女之间的爱慕为世间最高级的情感形态,他是最有思想的老光棍。81岁时,他在一次婚宴上兴致正浓地谈笑风生之际溘然长逝,令人深为叹惜。

最痴情的老光棍安徒生

汉斯·克里斯蒂安·安徒生(1805—1875),丹麦19世纪著名的童话作家,既是世界文学童话的代表人物之一,也是个虔诚的基督教徒,被誉为"世界儿童文学的太阳"。他于1805年4月2日出生于欧登塞城一个贫穷的鞋匠家庭,童年生活贫苦。父亲是鞋匠,母亲是佣人。早年在慈善学校读过书,当过学徒工。受

安徒生

父亲和民间口头文学的影响,他从小爱文学。11岁时父亲病逝,母亲改嫁。为追求艺术,他14岁时只身来到首都哥本哈根。经过8年奋斗,终于在诗剧《阿尔芙索尔》中崭露才华。因此,被皇家艺术剧院送进斯拉格尔塞文法学校和赫尔辛欧学校免费就读。历时5年。1828年,升入哥本哈根大学。毕业后始终无工作,主要靠稿费维持生活。1838年获得作家奖金——国家每年拨给他200元非公职津贴。

安徒生文学生涯始于1822年的剧本写作。进入大学后,创作日趋成熟。曾发表游记和歌舞喜剧,出版诗集和诗剧。1833年出版长篇小说《即兴诗人》,为他赢得国际声誉,是他成人文学的代表作。他最著名的童话故事有《小锡兵》《海的女儿》《拇指姑娘》《卖火柴的小女孩》《丑小鸭》《皇帝的新装》等。安徒生生前曾得到皇家的致敬,并被高度赞

扬：给全欧洲的一代孩子带来了欢乐。他的作品《安徒生童话》已经被译为150多种语言，成千上万册童话书在全球陆续发行和出版。

1829年，他的长篇幻想游记《阿马格岛漫游记》出版，第一版销售一空。出版商立刻以优厚条件买下第二版，安徒生因此从饥饿的压迫中解脱。喜剧《在尼古拉耶夫塔上的爱情》在皇家歌剧院上演。同年也出版第一本诗集。1830年，与富家女孩初恋失败，开始旅行；第二本诗集出版。1830—1834年，已经准备全心投入文学创作的安徒生，没有接受另一富家女叶琳娜·瑰乔莉坚贞的爱情，恋爱再度失败。1835年30岁的安徒生开始写童话，并且出版第一本童话集，仅61页的小册子，内含《打火匣》《小克劳斯和大克劳斯》《豌豆上的公主》《小意达的花儿》共四篇。1837年在这个集子的基础上增加了两个故事，编成童话集第1卷、第2卷于1842年完成。1844年，写出自传性作品《丑小鸭》。1846年，写出《卖火柴的小女孩》。1847年又写了一部《没有画的画册》《皇帝的新装》辛辣地讽刺了皇帝的昏庸无能和朝臣们阿谀逢迎的丑态。1870年出版晚期最长一篇作品《幸运的贝儿》，共七万余字，是以他自己的生活感受为基础写成的，但不完全是自传。1867年，被故乡奥登塞选为荣誉市民。1875年8月4日上午11时，因肝癌逝世于朋友的乡间别墅。丧礼备极哀荣，享年70岁。

安徒生早在17岁正当"初啼鸡"之年华，结识了一位翻译家的千金亨利蒂，对她一见钟情。她对安徒生亦钟情有加，关怀备至。他俩卿卿我我几年的热恋之后，亨利蒂因思念亡弟，决意要到弟弟的安葬地去凭吊幽灵，感慨往事，便离陆登舟，乘上"奥斯特里亚号"轮船启程。谁也料不到轮船却在浩荡的大西洋中失火而烧毁，亨利蒂亦"桃花流水杳然去，别有天地非人间"。安徒生终生未娶，但曾几度热恋，后来尤以对瑞典著名歌唱家林德的爱慕是公开的秘密，最为人们所知，但最后两者仍以分手而告终。他在临终时，曾如此说过："我为我的童话付出了一笔巨大的代价。为了童话，我放弃了自己的幸福。"1875年8月4日，他溘然长逝，享年65岁。他是最痴情的老光棍。

最具理想的老光棍牛顿

艾萨克·牛顿（1643年1月4日—1727年3月31日）爵士，英国皇家学会会长，英国著名的物理学家，百科全书式的"全才"，著有《自然哲学的数学原理》《光学》。

他在1687年发表的论文《自然定律》里，对万有引力和三大运动定律进行了描述。这些描述奠定了此后三个世纪里物理世界的科学观点，并成了现代工程学的基础。他通过论证开普勒行星运动定律与他的引力理论间的一致性，展示了地面物体与天体的运动都遵循着相同的自然定律；为太阳中心说提供了强有力的理论支持，并推动了科学革命。

牛顿

在力学上，牛顿阐明了动量和角动量守恒的原理，提出牛顿运动定律；在光学上，他发明了反射望远镜，并基于对三棱镜将白光发散成可见光谱的观察，发展出了颜色理论。他还系统地表述了冷却定律，并研究了音速。

在数学上，牛顿与戈特弗里德·威廉·莱布尼茨分享了发展出微积分学的荣誉。他也证明了广义二项式定理，提出了"牛顿法"以趋近函数的零点，并为幂级数的研究做出了贡献。

在经济学上，牛顿提出金本位制度。

1643年1月4日，艾萨克·牛顿出生于英格兰林肯郡乡下的一个小村落伍尔索普村的伍尔索普庄园。在牛顿出生之时，英格兰并没有采用教皇的最新历法，因此他的生日被记载为1642年的圣诞节。牛顿出生前三个月，他同样名为艾萨克的父亲才刚去世。由于早产的缘故，新生的牛顿十分瘦小；据传闻，他的母亲汉娜·艾斯库曾说过，牛顿刚出生时小得可以把他装进一夸脱的马克杯中。当牛顿3岁时，他的母亲改嫁并住进了新丈夫巴纳巴斯·史密斯牧师的家，而把牛顿托付给了他的外祖母玛杰里·艾斯库。年幼的牛顿不喜欢他的继父，并因母亲改嫁的事而对母亲持有一些敌意，牛顿甚至曾经写下："威胁我的继父与生母，要把他们连同房子一齐烧掉。"

1648年，牛顿被送去读书。少年时的牛顿并不是神童，他成绩一般，但他喜欢读书，喜欢看一些介绍各种简单机械模型制作方法的读物，并从中受到启发，自己动手制作些奇奇怪怪的小玩意，如风车、木钟、折叠式提灯等等。

传说小牛顿把风车的机械原理摸透后，自己制造了一架磨坊的模型，他将老鼠绑在一架有轮子的踏车上，然后在轮子的前面放上一粒玉米，刚好那地方是老鼠可望而不可即的位置。老鼠想吃玉米，就不断地跑动，于是轮子不停地转动；有一次夜间他放风筝时，在绳子上悬挂着小灯，以致夜间村人惊疑是彗星出现；他还制造了一个小水钟。每天早晨，小水钟会自动滴水到他的脸上，催他起床。他还喜欢绘画、雕刻，尤其喜欢刻日晷，家里墙角、窗台上到处安放着他刻画的日晷，用以验看日影的移动。

1654年，牛顿在离家有十几公里的金格斯皇家中学读书。牛顿的母亲原希望他成为一个农民，但牛顿本人却无意于此，而酷爱读书。随着年岁的增大，牛顿越发爱好读书，喜欢沉思，做科学小实验。他在金格斯皇家中学读书时，曾经寄宿在一位药剂师家里，使他受到了化学试验的熏陶。

牛顿在中学时代学习成绩很出众，爱好读书，对自然现象有好奇心，例如颜色、日影四季的移动，尤其是几何学、哥白尼的日心说等等。他还分门别类地记读书笔记，又喜欢别出心裁地做些小工具、小技巧、小发明、小试验。

当时英国社会渗透基督教新思想，牛顿家里有两位都以神父为职业的亲戚，这可能是牛顿晚年的宗教生活所受的影响。仅从这些平凡的环境和活动中，还看不出幼年的牛顿是个才能出众异于常人的儿童。

后来迫于生活困难，母亲让牛顿停学在家务农，照顾家庭。但牛顿一有机会便埋首书卷，以致经常忘了干活。每次，母亲叫他同佣人一道上市场，熟悉做交易的生意经时，他便恳求佣人一个人上街，自己则躲在树丛后看书。有一次，牛顿的舅父起了疑心，就跟踪牛顿上市镇去，发现他的外甥牛顿伸着腿,躺在草地上,正在聚精会神地钻研一个数学问题。牛顿的好学精神感动了舅父,于是舅父劝服了母亲让牛顿复学,并鼓励牛顿上大学读书。牛顿又重新回到了学校,如饥似渴地汲取着书本上的营养。

据《大数学家》和《数学史介绍》两书记载:"牛顿在乡村学校开始学校教育的生活,后来被送到了格兰瑟姆的国王中学,并成了该校最出色的学生。在国王中学时,他寄宿在当地的药剂师威廉·克拉克家中,并在19岁前往剑桥大学求学前,与药剂师的继女安妮·斯托勒订婚。之后因为牛顿专注于他的研究而使得爱情冷却,斯托勒小姐嫁给了别人。据说牛顿对这次的恋情保有一段美好的回忆,但此后便再也没有其他的罗曼史,牛顿也终生未娶。"

不过据和牛顿同时代的友人威廉·斯蒂克利所著的《艾萨克·牛顿爵士生平回忆录》一书的描述,斯蒂克利在牛顿死后曾访问过文森特夫人,也就是当年牛顿的恋人斯托勒小姐。文森特夫人的名字叫作凯瑟琳,而不是安妮,安妮是她的妹妹而且夫人仅表示牛顿当年寄宿时对她只不过是"怀有情愫"的程度而已。

从12岁左右到17岁,牛顿都在金格斯皇家中学学习,在该校图书馆的窗台上还可以看见他当年的签名。他曾从学校退学,并在1659年10月回到埃尔斯索普村,因为他再度守寡的母亲想让牛顿当一名农夫。牛顿虽然顺从了母亲的意思,但据牛顿的同侪后来的叙述,耕作工作让牛顿相当不快乐。所幸金格斯皇家中学的校长亨利·斯托克斯说服了牛顿的母亲,牛顿又被送回了学校以完成他的学业。他在18岁时完成了中学的学业,并得到了一份完美的毕业报告。

1661年6月3日,他进入了剑桥大学的三一学院。在那时,该学院的教学基于亚里士多德的学说,但牛顿更喜欢阅读一些笛卡尔等现代哲学家以及伽利略、哥白尼和开普勒等天文学家更先进的思想。1665年,他发现了广义二项式定理,并开始发展一套新的数学理论,也就是后来为世人所熟知的微积分学。在1665年,牛顿获得了学位,而大学为了预防伦敦大瘟疫而关闭了。在此后两年里,牛顿在家中继续研究微积分学、光学和万有引力定律。

1669年,牛顿被授予卢卡斯数学教授席位。1689年,他当选为国会议员。牛顿在1689年到1690年和1701年是皇家科学院的成员,在1703

年成为皇家学会会长，并任职24年之久，在历任会长中仅次于约瑟夫·班克斯，同时也是法国科学院的会员。

1696年，牛顿通过当时的财政大臣查尔斯·孟塔古的提携迁到了伦敦作皇家铸币厂的监管，一直到去世。他主持了英国最大的货币重铸工作，此职位一般都是闲职，但牛顿却非常认真地对待。身为皇家铸币厂的主管官员，牛顿估计大约有20%的硬币是伪造的。为那些恶名昭著的罪犯定罪是非常困难的；不过事实证明牛顿做得很好。牛顿为此当上了太平绅士。

1705年，牛顿被安妮女王封为爵士。

1727年3月31日，伟大的艾萨克·牛顿逝世，与很多杰出的英国人一样被埋葬在了威斯敏斯特教堂。他的墓碑上镌刻着：让人们欢呼这样一位多么伟大的人类荣耀曾经在世界上存在。

不管牛顿的生平有过多少谜团和争议，但这都不足以降低牛顿的影响力。1726年，伏尔泰曾说过牛顿是最伟大的人，因为"他用真理的力量统治我们的头脑，而不是用武力奴役我们"。

在美国学者麦克·哈特所著的《影响人类历史进程的100名人排行榜》，牛顿名列第2位，仅次于穆罕默德。书中指出：在牛顿诞生后的数百年里，人们的生活方式发生了翻天覆地的变化，而这些变化大都是基于牛顿的理论和发现。在过去500年里，随着现代科学的兴起，大多数人的日常生活发生了革命性的变化。同1500年前的人相比，我们穿着不同，饮食不同，工作不同，更与他们不同的是我们还有大量的闲暇时间。科学发现不仅带来技术上和经济上的革命，它还完全改变了政治、宗教思想、艺术和哲学。

2003年，英国广播公司在一次全球性的评选最伟大的英国人活动当中，牛顿被评为最伟大的英国人之首。在《伟大的英国人》系列纪录片中专门编辑了牛顿专集的历史学家特里斯特拉姆·亨特表示："全球的公众意识到牛顿的成就是世界性的，而且对全人类都产生影响。这些投票者显然都跨越了国界，他对于牛顿的一马当先感到高兴。"

牛顿孤独地走完伟大的一生，他曾有过爱情，但终身未娶。他是最有理想的老光棍。

最具艺术气息的光棍梵·高

文森特·威廉·梵·高（Vincent Willem van Gogh，1853—1890），中文又称"凡·高"，荷兰后印象派画家。出生于新教牧师家庭，是后印象主义的先驱，并深深地影响了 20 世纪艺术，尤其是野兽派与表现主义。

梵·高早期只以灰暗色系进行创作，直到他在巴黎遇见了印象派与新印象派，融入了他们的鲜艳色彩与画风，创造了他独特的个人画风。他最著名的作品多半是

梵·高

他在生前最后二年创作的，期间梵·高深陷于精神疾病中，其最后在他 37 岁那年将他导向自杀一途。在梵·高去世之后，梵·高的作品《星夜》《向日葵》与《有乌鸦的麦田》等，已跻身于全球最著名、广为人知与珍贵的艺术作品的行列。梵·高的作品目前主要收纳在法国的奥赛美术馆，以及苏黎世的 kunshaus 美术馆。

梵·高虽然终身未娶，但是他的恋爱经历却丰富曲折。

1869 年秋天，16 岁的梵·高经叔父介绍到一家美术行当小职员。他诚实可靠，聪颖勤奋，不久被晋升后派往伦敦。在伦敦，他对房东太太的女儿尤金妮亚一见钟情。外表丑陋，走路时佝偻着背，活像一个小老头的梵·高认为尤金妮亚是一位绝代佳人，为之神魂颠倒。

梵·高生性怪僻，不懂人情世故，不善与人交往。但是爱情的魔力往往是强大的，自从梵·高认识了尤金妮亚之后，就完全改变了他以往的个性。他卷入了爱的漩涡中，感受到了平凡生活中的乐趣，并成为一个偶尔还能有几分幽默，颇受人喜爱的人。涉世未深的梵·高公开承认了自己对尤金妮亚的爱慕之情。然而，梵·高不舍的追求并没有得到任何回报，相反，尤金妮亚讨厌他发出的猛烈追求攻势。在梵·高向她求爱时，她坚决

地拒绝了。

梵·高缺乏察言观色的能力,更不能彻底了解女人内心的真正想法。事实上,尤金妮亚从未表示过对梵·高有任何的好感,只是他自己一直处于幻想中的恋爱状态,这段无疾而终的恋爱终于以失败告终。失恋后的梵·高仍然忘不了尤金妮亚,他经常去尤金妮亚的家里找她,并力图表达自己的真挚爱情,期待尤金妮亚能回心转意。

当梵·高再一次向尤金妮亚求爱时,尤金妮亚告诉他,自己早已在1879年就订了婚。这个沉重的打击几乎让梵·高绝望,但他还梦想将尤金妮亚从别人的怀抱中夺回来。梵·高努力寻找着机会,直到有一天,梵·高亲眼看到尤金妮亚紧紧依偎在一个瘦高个男人的怀里,两个人热烈地接吻。梵·高的一切梦想都幻灭了,他的心仿佛被人掏走了一样。随后,痛苦不堪的他离开了伦敦,去了巴黎。

1881年,梵·高回家探亲,见到了在他家里做客的刚成为寡妇的凯表姐,凯表姐热情而大方,她的美丽几乎使梵·高沉醉。凯是一个典型的荷兰女性,头发是深栗色的,蓝色的眼睛里闪动着迷人的光彩,丰满的嘴唇像含苞待放的花儿一样微微启开。

梵·高突然为尤金妮亚的拒绝而感到高兴,他觉得,自己过去的爱是那么的肤浅,尤金妮亚只是一个无知的孩子。梵·高深信不疑的一点是:和凯表姐相处,要比跟尤金妮亚待在一起有价值得多。凯使他重新认识了爱情,理解了爱的真谛。然而,在19世纪的荷兰,和表亲结婚是一个严重的社会禁忌。而且,让梵·高伤心的是,和他的初恋尤金妮亚一样,凯对他几乎也没有任何兴趣。梵·高发现凯表姐总是回避爱情和婚姻的话题,从来不给他任何表白的机会。有一天,吃完午饭后,当梵·高与凯在小溪旁的树荫下休息时,梵·高终于忍不住向凯吐露了自己的心声,但是,听到梵·高表白的凯很愤恨地离开了。

尽管遭到凯表姐无情的拒绝让梵·高伤心不已,但他仍然勇敢地决定去叔叔家找凯表姐。但叔叔见是梵·高,连大门都不给他开。叔叔反复告诉他,凯不在家里。偏执的梵·高为了见到表姐,竟然拿来一盏煤油灯,将自己的手放在煤油灯的火苗上,对叔叔说,"我的手放在灯上多久,您就让我见她多久。"梵·高的叔叔见状,迅速将灯吹灭,并将他带到附近的一个酒吧,将他灌醉。然而,喝醉酒后的梵·高仍然没能见到表姐,只是得到了叔叔更强硬的回答:"你永远不可能和她在一起!"

巨大的悲伤充斥着梵·高的心,使他的身体和精神都备受摧残。梵·高只有更加努力地工作,受到如此残酷爱情挫折的他没有奢求,只希望能独立地生活下去。

经历了两次爱情的挫折后,梵·高把更多的精力放在了画画上。

有一次,在画素描时,梵·高认识了曾做过妓女的克里斯蒂娜。两个人你来我往,感觉很是投机。每次,克里斯蒂娜下班之后,就给梵·高当模特儿,有时还为他做菜、烧饭、洗衣服。这些举动让梵·高体会到家的温暖,让他萌生了结婚的念头。

不久以后,两个需要安慰的人就同居了。对梵·高而言,克里斯蒂娜有着令人崇敬的品质,和克里斯蒂娜在一起,使他增强了信心和力量。梵·高不希望只是把克里斯蒂娜当作自己的情妇,他要和克里斯蒂娜结婚,共同生活、彼此爱护。能有一个和睦幸福的家庭,就算再辛苦梵·高也觉得快乐。克里斯蒂娜也想尽量做一个贤妻良母。

尽管外人对他们指指点点,但两个相爱的人义无反顾地决定:当梵·高每月能赚到150法郎时就结婚。

然而,克里斯蒂娜在当妓女时把身体给弄垮了,她虚弱的身子需要大量的营养品。而对绘画近乎痴迷的梵·高,把大量的钱花在了买颜料和雇模特上,这一切使得克里斯蒂娜心疼不已,两人的矛盾日渐加深。

最终,由于梵·高无法赚到150法郎的月薪,他与克里斯蒂娜彻底断绝了关系,结束了自己的第三段感情。

梵·高最终终身未娶,是一名最具艺术气息的光棍。他于1890年7月29日英年早逝,享年37岁。

最伟大的作曲家老光棍贝多芬

贝多芬(Ludwig van Beethoven),生于1770年12月17日,逝世于1827年3月26日。德国著名的音乐家,维也纳古典乐派代表人物之一。他的作品对世界音乐的发展有着非常深远的影响,因此被尊称为"乐圣"。

贝多芬的主要作品以九部交响曲占首要地位。代表作有降 E 大调第三交响曲《英雄》、C 小调第三交响曲《命运》、F 大调第三交响曲《田园》、A 大调第七交响曲、D 小调第九交响曲《合唱》(《欢乐颂》主旋律)、序曲《爱格蒙特》《莱奥诺拉》、升 C 小调第十四钢琴奏鸣曲《月光》、F 大调第五钢琴奏鸣曲《春天》、F 大调第二号浪漫曲。他集古典音乐的大成，同时开辟了浪漫时期音乐的道路，对世界音乐发展有着举足轻重的作用。

贝多芬

贝多芬在音乐史的地位是极其突出的，他不仅是古典主义风格的集大成者，同时又是浪漫主义风格的开创者。作为音乐大师，贝多芬对艺术歌曲同样予以相当程度的关注，他是德国艺术歌曲创造的先驱，毕生作有钢琴伴奏的艺术歌曲六十多首，他的艺术歌曲以其丰富的表现手法和形式来展现，表达属于全人类的情感，在艺术歌曲的领域里取得了非凡成就。

1770 年 12 月 17 日，贝多芬出生于德国波恩的贫穷家庭。父亲是当地碌碌无为的宫廷唱诗班的男高音歌手，母亲是一名备受生活折磨的宫廷大厨师的女儿。在父亲的严格训练下，贝多芬显露出了音乐上的才华，但贝多芬常常遭到父亲的打骂。贝多芬 4 岁时就会弹奏羽管键琴，并获得了音乐神童的美誉；在 5 岁时患上中耳炎；8 岁便开始登台演出；10 岁时，他拜师于普鲁士最著名的音乐教育家聂费；贝多芬在 11 岁发表第一首作品《钢琴变奏曲》；12 岁时经聂费的推荐，到瓦尔特斯坦伯爵的宫廷乐队担任管风琴师助手，这是贝多芬"音乐仆役"生涯的开始。13 岁的贝多芬参加宫廷乐队，担任风琴师和古钢琴师。

1781 年贝多芬跟随乐队指挥克里斯蒂安·戈特洛宝·奈弗学习钢琴和作曲，贝多芬还跟弗兰兹·安东·里斯学习小提琴，在新老师的指导下，贝多芬开始形成自己独特的风格。1787 年到维也纳后，开始跟随莫扎特、海顿等人学习作曲。刚开始的时候，莫扎特想看看他的能力让他演奏音乐，莫扎特听过他的演奏之后，就预言有朝一日贝多芬将震动全世界。贝多芬到维也纳不久便接到母亲的死讯，他不得不立即赶回波恩。由于家庭的拖累，一直到 1792 年秋他父亲死后，他才第二次来到维也纳，但这时莫扎特却已不在人世了。贝多芬也跟随申克、阿勃列希贝尔格和萨列里等人学习。他在波恩通过同知识分子勃莱宁的交往，接触到当时许多著名教授、作家和音乐家，并从他们那儿受到"狂飙运动"的思潮影响。他的民主思想在法国大革命前几年已达到成熟，但在革命年代中成长尤为迅速。贝多芬在此期间创作《F 小调前奏曲》、两首前奏曲等。

贝多芬 30 岁时才开始写第一部交响曲，他从 1796 年开始便已感到听觉日渐衰弱，他对生活的爱和对艺术的执着追求战胜了他个人的苦痛和绝望，苦难变成了他创作力量的源泉，他扼住了命运的喉咙。他在痛苦中仍然顽强地创作《英雄交响曲》；《英雄交响曲》标志着贝多芬精神状态的转机，同时也标志着他创作的"英雄年代"的开始。贝多芬在维也纳的后一阶段，由于欧洲正经历着严重的政治反动时期，即梅特涅的反动统治特别猖獗的时期。1813—1817 年贝多芬的创作也暂时呈现颓势；1818—1827 年贝多芬在耳朵失聪、健康情况恶化，精神上受到折磨的情况下，仍以巨人般的毅力创作了《第九交响曲》，总结了他光辉的、史诗般的一生并展现了人类的美好愿望。1823 年贝多芬完成了最后一部巨作《第九交响曲》。

46 岁的贝多芬听觉完全丧失，依然坚持音乐创作。晚年的贝多芬创作最后几首弦乐四重奏，1826 年贝多芬因患上重病未能完成。1826 年 12 月贝多芬患重感冒导致肺水肿。1827 年 3 月 26 日贝多芬于维也纳去世，享年 57 岁。

在个人生活上，贝多芬年轻时便非常渴望婚姻，终其一生都在追求一场遥不可及的绝世婚礼。但是由于缺乏家庭温暖以及暴躁的脾气，贝多芬很难结交知心的朋友与爱人，这使他在追求完美妻子的过程中，遭到一连串严重的挫折和打击。1799 年，贝多芬在教授两位年轻女伯爵——特蕾莎和约瑟芬短期钢琴课时，认识了她们的表妹朱莉塔，并且疯狂地爱上她。这位喜欢卖弄风骚且让贝多芬向她献出《月光》鸣奏曲的年轻女人，显然喜欢享受支配比自己年纪大的男人的欲望。贝多芬经常守候在她卧房阳台的窗子下，但还是没有用，这样仅让她感到有趣而已。当朱莉塔于 1803 年与一位名为温格尔的作曲家结婚离开维也纳时，贝多芬的迷恋曾中断过一阵子。

1804年1月初，约瑟芬成了寡妇，贝多芬对她的迷恋更加认真。她开始与贝多芬学琴，他也常去约瑟芬家作客。起初他在伯爵夫人的家庭里，扮演着如同父亲般的角色，但从他们之间的信件中可明显看出，贝多芬竭力催促她，让他们之间发展为婚姻关系，尽管约瑟芬喜欢并关心贝多芬，但始终没有同意。然而他们的友谊一直延续到1807年，是他与异性关系中保持最长久的一位。虽然他们的维系没有产生贝多芬想要的结果，约瑟芬却为他提供了极为宝贵的感情依靠。

1808—1810贝多芬年近40岁时，曾教过一个17岁名叫特蕾泽·玛尔法蒂的女学生。她清纯温柔美丽，贝多芬对她产生了好感，双方建立了忘年的真挚友情，彼此相爱，俩人时常结伴游览维也纳森林公园。贝多芬和特蕾泽的清纯真挚甜蜜的爱情生活，激发了贝多芬的创作灵感，这几年贝多芬创作了许多伟大的乐曲。

1810年4月特蕾泽准备离开维也纳回到自己的家乡时，贝多芬在热情荡漾十分依恋的心情下，写了一首充满感情的钢琴曲送给了特蕾泽，并在乐谱上题上了"献给特蕾泽　贝多芬1810.4.27"，这是贝多芬用音乐语言写给特蕾泽的情书。

钢琴曲流露出纯真美好的情感，清纯的意境中萌动着活力。乐曲建造了贝多芬和特蕾泽游览维也纳森林公园谈情说爱的意境，俩人从远到近手拉着手互诉衷情漫步走来，主旋律淳朴亲切优美感人，体现了特蕾泽少女独有的万般的纯情温柔和贝多芬深沉奔放的爱，主旋律先后出现五次，中间有二个高调插段。第一个跳跃明朗欢快，体现了特蕾泽的天真活泼爱嬉闹，创造了男追女跑的欢乐音乐境界，第二个高调插段多情纠缠，创造了贝多芬和特蕾泽两人感情高潮的喜悦。

贝多芬和特蕾泽可能年龄相差太大，还有"门不当户不对"。200年前欧洲是非常重视"门当户对"的，特蕾泽也是贵族的女儿，因此他们的爱情没有结果，未能成为终身伴侣。

贝多芬从此再没有谈论婚姻，直到1827年3月26日57岁时在维也纳辞世，终生未婚。在贝多芬遗物中有一封没有收信人姓名，激情洋溢的情书，这是贝多芬写给"永远的爱人"的信。经专家学者研究认为是写给特蕾泽的。

后来，虽然有很多人追求特蕾泽，但她源于少女时代刻骨铭心的爱情,终生未嫁,这份"献给特蕾泽 贝多芬1810.4.27"乐谱就一直留在了特蕾泽那里。贝多芬逝世后,在他的作品目录中也没有这个曲目。直到40年以后,1867年德国音乐家诺尔为写作贝多芬的传记,访问曾是贝多芬学生特蕾泽的家乡,这时特蕾泽已经逝世多年,在清理特蕾泽的遗物中才发现了这个保存得十分完好的乐谱手稿。这首钢琴曲,见证了贝多芬和特蕾泽的永恒的爱情和友谊。

1867年,德国音乐家诺尔在德国斯图加特市出版了这首钢琴曲,不知为何,出版者把原来的《献给特蕾泽》改成了《献给爱丽丝》,也许这是尊重贝多芬和特蕾泽的生前愿望,有意掩去历史实情吧。乐曲一经出版,立即传遍欧洲,如今它已经是全世界家喻户晓、流芳百世的伟大而经典的钢琴曲作品之一,爱丽丝这个名字也随之走遍世界,成为一个清纯美丽的名字。

虽然贝多芬有过这些令人叹惜的感情,但他终身未娶。

同性恋的老光棍达·芬奇

列奥纳多·迪·皮耶罗·达·芬奇(Leonardo Di Serpiero Da Vinci,1452年4月23日—1519年5月2日),欧洲文艺复兴时期的天才科学家、发明家、画家。现代学者称他为"文艺复兴时期最完美的代表",是人类历史上绝无仅有的全才,他最大

《蒙娜丽莎》局部

的成就是绘画,他的杰作《蒙娜丽莎》《最后的晚餐》《岩间圣母》等作品,体现了他精湛的艺术造诣。他认为自然中最美的研究对象是人体,人体是大自然的奇妙之作,画家应以人为绘画对象的核心。

他是一位思想深邃、学识渊博以及多才多艺的画家、天文学家、发明家、建筑工程师。他还擅长雕刻、音乐、发明、建筑,通晓数学、生理、

物理、天文、地质等学科，既多才多艺，又勤奋多产，保存下来的手稿大约有6000页。他全部的科研成果尽数保存在他的手稿中。爱因斯坦认为，达·芬奇的科研成果如果在当时就发表的话，科技可以提前30～50年。

1452年的4月23日，达·芬奇出生在夜幕降临三个小时后的托斯卡纳小山镇，阿尔诺河流过的山谷附近，当时这个地方是美第奇家族统治下的佛罗伦萨共和国的领地。达·芬奇的父亲叫瑟·皮耶罗·达·芬奇，是佛罗伦萨的法律公证员，因此十分富有。他的母亲卡泰丽娜是农妇。达·芬奇是他们的私生子。达·芬奇并没有一个真正意义的姓，他的全名为"Lionardo di ser Piero da Vinci"，意思是："芬奇镇梅瑟·皮耶罗之子——列奥纳多"。他名字中的"ser"只表明他的父亲是一个绅士。

关于达·芬奇的童年我们所知甚少。他5岁前和母亲一起居住在芬奇的村镇，1457年以后和他的父亲、祖父母、叔叔Francesco居住在芬奇小镇。他的父亲和名叫Albiera的16岁女孩结了婚。她喜爱达·芬奇，但死得很早。达·芬奇16岁时，他的父亲和20岁的Francesca Lanfredini结婚。直到他的第三次和第四次结婚后，达·芬奇的父亲才有了合法的子嗣。

达·芬奇艺术生涯发展得最顺利的时期是在1482—1499年的米兰。达·芬奇的七弦琴弹得不错，他首先是作为一个音乐家而不是画家或者发明家现在米兰出名的。这期间他的绘画作品不多，但其无与伦比的才能却极受米兰大公卢多维科·斯福尔扎的青睐。

1499年为躲避战乱，达·芬奇在曼图亚和威尼斯等地旅游并进行一些科学研究。

1500年达·芬奇回到佛罗伦萨并开始创作《蒙娜丽莎》。《蒙娜丽莎》运用了透视法等多种绘画方法。这之后达·芬奇再去米兰，并继续服务于米兰宫廷。

1513年达·芬奇移居罗马，罗马对于他来说并不是很讨人喜欢的地方。他在那里做了短暂的停留，见到了米开朗基罗和其他当时在罗马的艺术家，但并没有显露他任何的艺术天才。他在那里基本上是研究一些类似于魔法的小把戏，以至于罗马人当他是巫师一类的人物。

1516年达·芬奇赴法国，最后定居昂布瓦斯。

达·芬奇晚年极少作画，潜心科学研究，去世时留下大量笔记手稿，内容从物理、数学到生物解剖,几乎无所不包。他一生完成的绘画作品并不多,但件件都是不朽之作。其作品具有明显的个人风格,并善于将艺术创作和科学探讨结合起来,这在世界美术史上是独一无二的。

我们比较熟悉的达·芬奇形象基本上来自于他那幅著名的自画像,所以一提起列昂纳多,我们总是想到一个哲学家般的睿智长者。其实,达·芬奇年轻时代可是意大利佛罗伦萨闻名遐迩的美男子呢!他的老师韦罗基奥雕塑的那俊美非凡的青铜大卫像,据说就是以年轻的达·芬奇为模特。

不过因为他对女人没兴趣,所以当时关于他是同性恋的传闻满天飞。

1476年,24岁的达·芬奇被控与他17岁的男模特雅克布·萨尔塔雷利发生同性恋关系,在两次听证会后,这案子因为证据不足而不了了之。这次审判无疑给达·芬奇带来了巨大的心灵创伤,之后的岁月里,他竭尽所能保护自己的私生活,甚至用倒写法隐藏自己的真实思想。所以,一切关于他是同性恋的猜想都停留在捕风捉影的阶段。

但是无论如何,这仍是人们津津乐道的话题。许多历史学家指出达·芬奇倾向于男性,他一生从未与任何女人有过亲密关系,他的画作也证明了他对男性美的迷恋。他的素描基本上只针对男性裸体,对性器官的描绘尤其引人注意,而与之形成鲜明对比的是,他很少画到女人脖子以下的部分,即便画了,性器官也非常模糊甚至扭曲。

另外,达·芬奇笔记本里的许多注释暗示了他与男学生沙莱的暧昧关系,据说这关系持续了28年。达·芬奇去世前不久完成的画作《施洗者圣约翰》美丽却妖冶,画中那女莫辨的圣约翰原型就是沙莱。

不过,不论达·芬奇是否是同性恋,我们都应该更多地将注意力放在他给社会创造的成就上。

享誉当当的老光棍诺贝尔

1. 诺贝尔的感情生活

阿尔弗雷德·伯纳德·诺贝尔(1833年10月21日—1896年12月10日),是瑞典化学家、工程师、发明家、军工装备制造商和炸药的发明者。

诺贝尔生前的确拥有 Bofors（卜福斯）公司。此公司拥有 350 年历史，此前主要生产钢铁。诺贝尔拥有 Bofors 后把公司主要产品方向改为生产军工产品。在第二次世界大战中该公司多项产品曾授权多国生产，并受军队广泛好评。诺贝尔一生拥有 355 项专利发明，并在欧美等五大洲 20 个国家开设了约 100 家公司和工厂，积累了巨额财富。

在他逝世的前一年，立嘱将其遗产的大部分（约 920 万美元）作为基金，将每年所得利息分为 5 份，设立物理、化学、生物或医学、文学及和平 5 种奖金（即诺贝尔奖），授予世界各国在这些领域对人类做出重大贡献的人。其中炸药为最为出名的一项。人造元素锘（Nobelium）就是以诺贝尔的名字命名的。

诺贝尔

诺贝尔 1833 年 10 月 21 日出生于瑞典首都斯德哥尔摩。母亲是以发现淋巴管而闻名于世的瑞典博物学家——鲁德贝克的后裔，他从父亲伊曼纽尔·诺贝尔那里学习了工程学的基础，也像父亲一样具有发明的才能。诺贝尔的父亲伊曼纽尔·诺贝尔是位发明家，在俄国拥有大型机械工厂，1840—1859 年其父在圣彼得堡从事大规模水雷生产，这些水雷及其他武器曾用于克里米亚战争。他发明了家用取暖的锅炉系统、制造木轮的机器，设计制造了大锻锤，并改造了工厂设备。1853 年 5 月，沙皇尼古拉一世为了表彰伊曼纽尔·诺贝尔的功绩，破例授予他勋章。在父亲永不停息的创造精神影响和引导下，诺贝尔走上了光辉灿烂的科学发明道路。诺贝尔一家于 1842 年离开斯德哥尔摩同当时正在圣彼得堡的父亲相团聚。他的 299 种发明专利中有 129 种发明是关于炸药的，所以诺贝尔被称为"炸药大王"。

在诺贝尔生前与身后，人们对他常有欧洲"最富有的流浪汉"之说。他一生没有妻室儿女，也没有固定住所。他曾说过："我在哪里工作，哪里就是我的家。"

曾有 3 位女性进入他的生活，但一个早逝，一个无缘，一个无知而负心，诺贝尔的爱情是悲剧。

诺贝尔青年时代的一次欧美之旅，使其曾在巴黎与一位法国姑娘有过短暂的热恋，不幸的是，那位姑娘不久猝然病逝。

1876年诺贝尔43岁时，奥地利大元帅弗兰兹·金斯基伯爵之女伯莎应聘做他的秘书，诺贝尔对她一见倾心，无奈伯莎心已属人。这两人虽无缘结为连理，却结成了永恒的友谊。伯莎后来成为著名女作家、世界和平运动先驱之一。

1876年秋，诺贝尔去奥地利进行商业旅行时，在维也纳的一家花店里结识了卖花女索菲。此后诺贝尔与索菲维持了近15年的关系。诺贝尔一度希望索菲成为他的伴侣，为她在疗养地买了一幢漂亮的别墅，在巴黎富人区购置了一座华丽的公馆，但由于索菲没有文化，缺乏教养，又不听诺贝尔的劝导，只知挥霍放荡，使诺贝尔感到忧伤与失望。

1891年春天，她来信告诉诺贝尔说，她就要生下一个父亲是一位匈牙利军官的孩子来，诺贝尔看到这个消息后，彻底失望了，他还是写信去安慰和劝告她。诺贝尔从此决定不再与她来往，并通过一位律师为她提供30万匈牙利克朗的养老费，这在当时是很大的一笔钱。

诺贝尔逝世后，索菲还去找拉格纳·索尔曼，她威胁说，如果不给她比遗嘱规定还多的东西，她就要将诺贝尔给她的216封信的原件出版权出卖掉。这时，索尔曼正陷于四面楚歌之中，为了避免可能出现的丑闻，执行人有条件地买下了这些信件，这样就保证使他们在将来不致遭受任何讹诈。那些信在诺贝尔死后被封锁保密，一直到了1955年才随诺贝尔的自传公开。

在情场上，诺贝尔是一位常败将军，凡是与他谈过恋爱的女人，他所钟情的女人最终都另嫁别人，这也造成了他一生的遗憾。有好事者曾说，诺贝尔没有设置数学奖的原因是他的情敌是数学家，这其实是杜撰的，无稽可考。

诺贝尔享年60岁，是享誉当当的老光棍，天下无人不识君。

2. 最高荣誉的诺贝尔奖

诺贝尔奖奖金（Nobel Prize），是根据诺贝尔遗嘱所设基金提供的奖金，每年由瑞典3个、挪威1个机构颁发。在诺贝尔逝世5周年（1901年12月10日）时首次颁发。从1969年起，奖金由5项增加到6项。根据诺贝尔遗嘱中的规定，奖金应每年授予"前一年中"在物理学、化学、生物学或医学、文学与和平事业中"对人类做出最大贡献的人"。瑞典银行在 1968 年增设一项经济科学奖金，1969 年第一次颁发。

诺贝尔在其遗嘱中提及颁发奖金的机构是：瑞典皇家科学院颁发物理奖和化学奖，皇家卡罗林外科医学研究院颁发生物学和医学奖，瑞典文学院颁发文学奖，这 3 家机构均设在斯德哥尔摩；由挪威议会任命的挪威诺贝尔奖评定委员会，负责颁发和平奖（在奥斯陆）；瑞典科学院还负责经济学的授奖事宜。为贯彻遗嘱的条款而设立的诺贝尔基金会是基金的合法所有人和实际的管理者，并作为奖金颁发机构的联合管理机构，但不参与奖金的审议或决定。奖金的审议完全由上述 4 个研究机构负责。每项颁赠包括一枚金质奖章、一张奖状和一笔奖金；奖金数额完全由基金会的收入而定，其范围最早约从 11000 英镑（31000 美元）至 30000 英镑（72000 美元）。

评选获奖人的工作程序是在发奖的上一年的初秋开始，先由发奖单位给那些有能力按诺贝尔奖章程提出候选人的研究单位发出请柬。评选的基础是专业能力和国际名望；自己提名者无入选资格。候选人的提名必须在决定奖金那一年的 2 月 1 日前以书面通知有关委员会。从 2 月 1 日起，6 个评定诺贝尔奖的委员会，每个委员会负责一种奖金，根据提名开始工作，进行评选。必要时，委员会可邀请任何国家的有关专家参与评选。在 9 月至 10 月初这段时间，委员会将推荐书提交有关授奖机构，只有在特殊的情况下，才把问题搁置起来。授奖单位必须在 11 月 15 日以前做出最后决定。委员会的推荐结果，通常是要遵循的，但并非一成不变。各个阶段的评议和表决都是秘密进行的。奖金只发给个人，但和平奖也可以发给机构。评定依据的科研成果只能在候选人生前提出，但正式评出的奖金，却可在死后授予。奖金一经评定，即不能因有反对意见而予以推翻。对于某一候选人的官方支持，无论是外交上的或政治上的，均与评奖无关。因为作为奖金颁发机构而言，这是与国家无关的。

每笔奖金，或者是完全由个人全包揽，或者最多在两种成果之间平分，或者由两个或更多个人联合分享（实际上从未多于 3 个人）。如果没有人能符合诺贝尔遗嘱中所要求的那些条件或世界局势有碍于收集评选资料时（如第一次世界大战和第二次世界大战期间），则停止授奖。奖金对所有的人开放，而不论其国籍、种族、宗教信仰或意识形态。

同一获奖者可以多次获奖而不受限制。例如，法国物理学家、化学家居里夫人，原籍波兰，原名玛丽亚·斯可罗多夫斯卡，巴黎大学理学博士。1895年她与比埃尔·居里结婚，他们共同就贝可勒尔在当时首先发现的放射性现象进行研究，先后发现钋和镭两种天然放射性元素。1906年，居里逝世后，她继续研究放射性，获得成就，并著有《放射性通论》《放射性物质的研究》等，推动了原子核科学的发展。因放射性现象的研究工作，和居里、贝可勒尔分享1903年诺贝尔物理学奖，后又独自获得1911年诺贝尔化学奖。

物理学、化学、生物学或医学、文学以及经济学的授奖在斯德哥尔摩举行；而和平奖的授奖仪式则在奥斯陆举行，时间约在12月10日即诺贝尔逝世周年纪念日。获奖者通常要亲自去接受奖金。

支配奖金的总则已载于诺贝尔的遗嘱中。1900年，由遗嘱执行人、颁奖单位的代表及诺贝尔家族共同就解释和执行遗嘱的补充细则达成协议，由瑞典国王在枢密会议上予以批准。这些规章大体上保持不变，仅在实际应用上有些修改。对于科学奖、医学奖，多年来已证明很少引起争论；而对于文学奖与和平奖，因其基本性质所关，最易导致意见分歧。和平奖金经常被保留。历届诺贝尔奖各项奖金获得者都声名鹊起，在此期间全球都掀起诺贝尔热。

左右整个欧洲文化发展方向的老光棍伏尔泰

伏尔泰，本名弗朗索瓦-马利·阿鲁埃（François-Marie Arouet）(1694—1778)，伏尔泰是他的笔名。法国启蒙思想家、文学家、哲学家、史学家。伏尔泰是18世纪法国资产阶级启蒙运动的旗手，被誉为"法兰西思想之王""法兰西最优秀的诗人""欧洲的良心"。主张开明的君主政治，强调自由和平等。法国启蒙运动的著名人物如狄德罗、卢梭、孔狄亚克、布封等人，无不是他的后辈，对他推崇备至，公认他是他们的导师。代表作有《哲学通信》《形而上学论》《路易十四时代》《老实人》等。

伏尔泰出生在巴黎一个富裕的中产阶级家庭，他是家里五个孩子当中最年幼的孩子（最后只有三个孩子存活下来）。父亲弗朗索瓦·阿鲁埃是一位法律公证人，后任审计院司务。母亲玛莉·玛格丽特·杜马来自普瓦图省的一个贵族家庭。伏尔泰先后在巴黎耶稣会和路易大帝高中接受教育。

伏尔泰中学毕业后，父亲曾送他进了法科学校，希望他将来能成为一个法官。但是，伏尔泰希望做个诗人，为捍卫真理而"面临一切，对抗一切"。因此，他很少上学听课，却经常写一些讽刺即景诗。他擅长于以机智的讽刺来抨击社会丑恶。

伏尔泰

他说："笑，可以战胜一切，这是最有力的武器。"

在高中时代，伏尔泰便掌握了拉丁文和希腊文，后来更通晓意大利语、西班牙语和英语。1711年至1713年间他攻读法律。投身文学之前，伏尔泰还为法国驻荷兰大使当过秘书，并与一名法国女子堕入爱河。两人私奔的计划被伏尔泰的父亲发现，被迫回国。

1715年，伏尔泰因写诗讽刺当时摄政王奥尔良公爵被流放到苏里。

1717年，他因写讽刺诗影射宫廷的淫乱生活，被投入巴士底狱关押了11个月。在狱中，伏尔泰完成了他的第一部剧本，关于路易十五的摄政，菲利普二世（奥尔良公爵）的悲剧《俄狄浦斯王》。在这部作品中，他首次使用了"伏尔泰"作为笔名，这名字来自他法国南部故乡一座城堡的名字。1718年秋，《俄狄浦斯王》在巴黎上演引起轰动，伏尔泰赢得了"法兰西最优秀诗人"的桂冠。

1726年，伏尔泰又遭贵族德·罗昂的污辱并遭诬告，又一次被投入巴士底狱达一年。出狱后，伏尔泰被驱逐出境，流亡英国。

1726—1728年，伏尔泰在英国流亡，是他人生的一个新时期。他在英国居住3年期间，详细考察了君主立宪的政治制度和当地的社会习俗，深入研究了英国的唯物主义经验论和牛顿的物理学新成果，形成了反对封建专制主义的政治主张和自然神论的哲学观点。《哲学通信》就是他在英国的观感和心得的总结，也是他第一部哲学和政治学的专著。

1729年，因得到法国国王路易十五的默许，伏尔泰回到法国。以后一些年他陆续完成和发表了悲剧《布鲁特》《扎伊尔》以及历史著作《查理十二史》等。

1734年，伏尔泰正式发表了《哲学通信》，宣扬英国资产阶级革命的成就，抨击法国的专制政体。书信集出版后即被查禁，巴黎法院下令逮捕作者。他逃至情妇夏特莱侯爵夫人在西雷村的庄园，隐居15年。这期间他一度被宫廷任命为史官，并分别于1743年当选为英国皇家学会会员，1746年当选为法兰西学院院士。隐居生活使得伏尔泰的才能得到发挥，他写下许多史诗、悲剧及历史、哲学著作。如哲学和科学著作《形而上学》《牛顿哲学原理》，戏剧《恺撒之死》《穆罕默德》《放荡的儿子》《海罗普》，哲理小说《查第格》等。这些作品的发表使得伏尔泰获得了巨大声誉。

1749年，夏特莱侯爵夫人因难产逝世。伏尔泰短暂地回到巴黎。

1750年，伏尔泰应普鲁士国王腓特烈二世（腓特烈大帝）邀请到柏林，得到宫廷文学侍从的职位待遇。

1753年，伏尔泰与另一位国王赏识的科学家莫佩尔蒂发生争执，伏尔泰写文章讽刺莫佩尔蒂的荒谬论文。但后者得到国王的支持。这一事件导致了伏尔泰与国王关系的破裂，并促使他离开普鲁士。他在居留柏林时期最重要的出版著作是《路易十四的世纪》。

离开普鲁士后，伏尔泰在法国和瑞士边境上一个叫凡尔纳的地方置购房产定居下来。此后他全心投入到火热的启蒙运动中。一方面他用化名写作和印发了大量小册子，抨击天主教会和新教的宗教迫害、专制政府草菅人命等罪行；另一方面他支持年轻一代的启蒙思想家特别是百科全书派的斗争，积极为他们撰写条目，《哲学辞典》就是他为《百科全书》所写的哲学条目的汇编。同时，除了继续创作戏剧作品外，他还完成了《彼得大帝治下的俄罗斯》《议会史》等历史著作和《老实人》《天真汉》等哲理小说。伏尔泰的不倦斗争，推动了启蒙运动的发展，他本人也被人们尊称为"凡尔纳教长"。

1778年2月10日，当84岁的伏尔泰回到阔别29年的巴黎时，他受到了人民热烈的欢迎。这时是伏尔泰人生发展的最辉煌的顶点。不久，他便病倒了，于同年与世长辞。临终前，伏尔泰对自己的后事做了嘱咐：把棺材一半埋在教堂里，一半埋在教堂外。意思是说，上帝让他上天堂，他就从教堂这边上天堂；上帝让他下地狱，他可以从棺材的另一头悄悄溜走。

伏尔泰死后，仍然受到教会的迫害，以致他的遗体不得不秘密地运到香槟省，安放在一个小礼拜堂内。直到1791年法国大革命期间，人民才把他的遗体运到首都，并在他的枢车上写着："他教导我们走向自由"。他的骨灰从此长眠在巴黎先贤祠中，永远受到世界各国人民的凭吊和瞻仰，人民亲切地称呼他为"精神王子"。

伏尔泰是启蒙的斗士，一生为思想和言论自由而战，靠自己的笔过独立的生活。

大业有成的"单身汉"伊丽莎白一世

大业有成的"单身汉"伊丽莎白一世女王，她25岁就当女王，当时正是风华正茂、指点江山、峥嵘岁月之时，终其一生亦成为英格兰最伟大的君主之一。她是亨利八世之女，生于格林威治宫，在赫特福德郡哈特菲尔德宫长大。1558年11月17日即位，1559年实行宗教和解。她喜欢与男人交往，同大法官哈顿爵士、大臣雷利爵士、埃塞克斯伯爵都有过富有诗意、充满"罗曼蒂克（romantic）"的关系。而她最亲近的白马王子是达德利，1564年达德利被封为莱斯特伯爵①。

达德利是伊丽莎白一世女王的宠臣，很有可能是她的情夫。达德利1557年随英军在法国服役。1558年伊丽莎白女王即位后，他立即成为侍从长，次年又任枢密官，并受封嘉德勋位。他很快就获得女王的恩宠，曾积极向女王求婚。1585年，伊丽莎白派他率兵6000人去尼德兰联省共和国支援那时的反西班牙起义。由于指挥无能，1587年被召回国。

1575年，达德利曾在凯尼尔沃思城堡盛情招待女王，两人的风流韵事达到高潮。伊丽莎白一世宠爱达德利，后来听到达德利的死讯时，她闭

---

① 莱斯特伯爵是封赠的英格兰贵族爵位。

门不出,悲伤欲绝。

伊丽莎白多情善感,感情脆弱。由于坚持不肯结婚,遂谣传纷起,有的说她朝秦暮楚,反复无常,私生孩子;有的说她有生理缺陷,不能房事,因体内各器官的功能欠缺所致。但后一说法遭到伯利勋爵的驳斥,他在1579年指出:"女王陛下无疾患,亦无生育机能之不全。"举国上下都非常急切地想看到女王喜结良缘、生儿育女、享有天伦之乐的一天,国会恳求她同所爱的任何人结为秦晋①,但最终均令人大失所望。

1559年宗教和解后,伊丽莎白面临最重大的家庭内部危机。玛丽·斯图亚特是苏格兰的女王,也是英格兰王位的假定继承人。1561年玛丽丧夫(法王弗朗西斯二世)后返回苏格兰,此后一直谋划取得英格兰的王位。1568年玛丽到英格兰避难。伊丽莎白深感处理她的问题非常棘手,因为苏格兰人不准玛丽回国,也无法送她回国。要她到外国去也太危险,因为她在国外肯定要聚集法国或西班牙的军队,大举入侵英格兰。只有将玛丽加以软禁,不关进牢狱但是不许她自由行动,除此之外是别无他法对付。玛丽被关起来之后,立即开始策划潜逃。她参与1571年的里多尔菲阴谋活动。里多尔菲是佛罗伦斯的阴谋家,1570—1571年间企图谋杀伊丽莎白女王一世,拥立苏格兰女王玛丽·斯图亚特,并挑动西班牙入侵英格兰,1569年曾参加英格兰北部的叛乱。

玛丽还于1582年参与法国吉斯公爵的阴谋活动与1586年的巴宾顿阴谋活动,其目的都是为了谋杀伊丽莎白。巴宾顿阴谋把被伊丽莎白囚禁的信奉天主教的苏格兰女王玛丽扶上英格兰王位。他1580年曾在伊丽莎白一世的宫廷服务。后来又去国外,在巴黎参加拥护玛丽的一派,企图利用西班牙的支援使玛丽获释。1586年教士巴拉德也参加这一暗杀阴谋活动。西班牙国王腓力二世许诺在成功后派远征军前去支援。巴宾顿在写给玛丽的信中说明了这一计划。但他的去信与玛丽的复信都被伊丽莎白的大臣沃尔辛厄姆爵士截获。同年8月4日,巴拉德被捕,巴宾顿逃往圣约翰森林,8月末被捕,被关入伦敦塔,后写信给伊丽莎白请求宽恕,又愿出1000英镑赎得赦免,但终被处决。

英格兰国会坚决要求处决玛丽。1584年,英格兰每个郡的男子都签

---

① 秦晋,春秋时秦、晋二国世为婚姻,后遂称两姓联姻为秦晋之好。

名宣誓：如果伊丽莎白遭到暗杀，他们将对凶手和教唆者群起而诛之。1585年，国会通过了"女王安全法"。根据这一法令，1586年对玛丽进行审判和定罪，3个月后伊丽莎白签署了死刑执行令。1587年2月8日，终于将玛丽处决。

早在1580年，伊丽莎白就派德雷克前去掠夺从美洲返航的西班牙珍宝船；1585年，派莱斯特伯爵率兵支援尼德兰的抵抗活动；1588年7月，英格兰军舰击败西班牙的"无敌舰队"。伊丽莎白在位的最后15年，英格兰呈现出蒸蒸日上的新气象。人才辈出，莎士比亚、埃德蒙·斯宾塞、培根、马洛等便是当时的佼佼者。伊丽莎白亦成了群众"高山仰止，景行行止"的人物。但伊丽莎白在位的最后几年，英格兰虽然经济繁荣，但纸币的发行量超过流通中所需的货币量，引起纸币贬值、物价上涨、通货膨胀的现象。伊丽莎白卖掉王室的地皮和自己的珠宝以弥补宫中的庞大开支。她献身于自己的国家，从25岁就开始上位，总共在位45年（1558—1603），统治是有政绩和成功的。如果她去法国或与西班牙的君主联姻，英格兰势必要支援一个大国，卷入战争的漩涡中去。所以她无论如何都不愿意结婚。

伊丽莎白继承了祖父亨利七世的理财传统。她厉行节约，悉心管事，大量开源节流。

伊丽莎白不愿发动战争，因而有效地保证了国家逐步走向繁荣。她是一位伟大的女王，对一切事物了如指掌。

可惜的是，年轻标致的伊丽莎白为了巩固王位而高瞻远瞩，纵横捭阖于法国和西班牙之间，从政治、外交上运用巧妙灵活的手段对其进行联合与分化，而且奔放自如，奔驰无阻，放弃了个人的终身大事婚姻，牺牲小我，成就大我，成就了大英帝国的崛起而屹立于世界。

伊丽莎白一世执政期间，英国专制王权和民族国家得到巩固，资本原始积累迅速发展，初步夺取了西班牙的海上霸权，这些都对英国历史产生了深远影响。

伊丽莎白一世

伊丽莎白一世于1603年3月24日在里士满王宫去世，她终身未嫁，因此被称为"童贞女王"，也被称为"荣光女王""英明女王"。由于伊丽莎白从未结婚，她的死结束了都铎王朝。

伊丽莎白一世是女性中最成功的光棍。她生于1533年9月7日，逝于1603年5月24日，享年70岁，享国45年。

"从露珠见太阳"的"光棍"奥斯汀

简·奥斯汀，是英国著名女性小说家，她的作品主要关注乡绅家庭女性的婚姻和生活，以女性特有的细致入微的观察力和活泼风趣的文字真实地描绘了她周围世界的小天地。

简·奥斯汀

奥斯汀21岁时写成她的第一部小说，题名《最初的印象》，她与出版商联系出版，没有结果。就在这一年，她又开始写《埃莉诺与玛丽安》，以后她又写《诺桑觉寺》，于1799年写完。十几年后，《最初的印象》经过改写，换名为《傲慢与偏见》，《埃莉诺与玛丽安》经过改写，换名为《理智与情感》，分别得到出版。至于《诺桑觉寺》，作者生前没有出书。以上这三部是奥斯汀前期作品，写于她的故乡史蒂文顿。

她的后期作品同样也是三部：《曼斯菲尔德庄园》《爱玛》和《劝导》，都是作者迁居乔顿以后所作。前两部先后出版，只有1816年完成的《劝导》，因为作者对原来的结局不满意，要重写，没有出版过。她病逝以后，哥哥亨利·奥斯汀负责出版了《诺桑觉寺》和《劝导》，并且第一次用了简·奥斯汀这个真名。

奥斯汀的作品格调轻松诙谐，富有喜剧性冲突。由于奥斯汀终其一生都生活在封建势力强大的乡村，加之家境殷实，所以生活圈子很小。这使得她的作品往往局限于普通乡绅的女儿恋爱结婚的故事当中,而她的作品也从某种程度上反映出了封建势力的观点。作品主要通过淑女绅士们的社会交际、日常对话来反映家庭和社会的道德标准。这使得奥斯汀的作品很长一段时间都被认为是通俗读物。但是,尽管奥斯汀的作品被比喻为"两寸象牙雕",但是她仍然通过绅士太太们的日常对话交际来反映出当时的社会百态,用幽默的语言来讽刺唯利是图、爱慕虚荣的现象,通过喜剧性的场面嘲讽人们的愚蠢、自私、势利和盲目自信等可鄙可笑的弱点。

简·奥斯汀,1775 年 12 月生于英国汉普郡的史蒂文顿,兄弟姐妹八人。

父亲在该地担任了四十多年的教区长。他是个学问渊博的牧师,妻子出身于比较富有的家庭,也具有一定的文化修养。因此,奥斯汀虽然没有进过正规学校,但是家庭的优良条件和读书环境,给了她自学的条件,培养了她写作的兴趣。她在十三四岁就开始写东西,显示了她在语言表达方面的才能。

1796 年,20 岁的奥斯汀遇到勒弗罗伊。情窦初开的她对这个聪明狡黠的爱尔兰年轻律师一见钟情。然而,奥斯汀的牧师家庭希望未来女婿拥有经济实力,而偏偏那时的勒弗罗伊还是个穷小子。而拥有 6 个孩子的勒弗罗伊家也执意与富贵之家联姻,因此要求勒弗罗伊返回爱尔兰。从此两人便再没有相见。当年,奥斯汀在致姐姐卡桑德拉的信中表达了无奈伤心:"终于,这一天还是到来了,我将与汤姆·勒弗罗伊告别。而当你收到这封信时,一切都已结束。一想到这些,我不禁泪流。"后来,勒弗罗伊如家人所愿地娶了个大家闺秀,还成为爱尔兰最高法院首席法官。直至晚年,他才向侄子坦言,曾与一位作家有过一段"少年之爱"。初恋以被迫分手告终,奥斯汀选择终身不嫁,而将所有未了的情感注入文学创作。这段恋情没有让奥斯汀成为勒弗罗伊太太,却激励她成为英国历史上最受欢迎的女作家之一。

1800 年奥斯汀的父亲退休,全家迁居巴思,奥斯汀并不喜欢这个地方,据说她曾遭遇了忧郁症的折磨。在这里,奥斯汀拒绝了一位将继承大笔财产的青年的求婚,因为她不爱他。住了四年左右,父亲在该地去世,于是奥斯汀和母亲、姐姐又搬到南安普敦,1809 年再搬到乔登。1816 年初她得了重病,身体日益衰弱,1817 年 5 月被送到温彻斯特接受治疗,可是医治无效,不幸于同年7月18日死在她姐姐的怀抱里。她终生未婚,安葬在温彻斯特大教堂。

　　奥斯汀才情并茂,内慧外秀,是一朵怒放的紫色"玫瑰花"。她年轻时曾情窦初开,如醉如痴,但终为失恋的沉重打击,使她终身未嫁。亦有版本说她可能是同性恋,她与其胞姐的亲密无间让人起疑,因其胞姐卡桑德拉死前曾将奥斯汀给她的书信付之一炬。但此说均无可考。可考的是小说中的伊丽莎白找到了达西,而奥斯汀没有找到另一半。

第六章
孙中山

孙中山简历

孙中山，中国近代伟大的民主革命家。名文，字德明，号日新，改号逸仙，在日本化名中山樵，后遂以中山名。广东香山（今中山）人。诞生于1866年11月12日（清同治五年十月初六日）。1892年于香港西医书院毕业后，在澳门、广州行医。1894年上书李鸿章提出革新政治主张，遭拒绝，遂赴檀香山组织兴中会，提出"振兴中华"的口号和"驱除鞑虏、恢复中国、创立合众政府"的政纲。次年在香港设机关，准备在广州起义未成。1900年派人至广东惠州三洲田发动起义，失败后继续在国外开展革命活动。1905年在日本东京组建"中国同盟会"，被推为总理；确定"驱除鞑虏，恢复中华，建立民国，平均地权"的革命政纲，提出三民主义，即民族主义、民权主义、民生主义。1905年他在《〈民报〉发刊词》中阐述了三民主义，后来又重新阐述三民主义政策；创建《民报》，宣传革命，同改良派激烈论战。此后，在国内外发展组织，联络华侨、会党和新军，多次发动武装起义。1911年（宣统三年）10月10日，举行武昌起义，从武昌首义路发出第一枪，各省响应。12月29日，被各省代表在南京推举为中华民国临时大总统。1912年1月1日在南京宣誓就职，成立中华民国临时政府，月底组成临时参议院。2月13日因革命党人与袁世凯妥协，被迫提请辞职。3月主持制定《中华民国临时约法》，经临时参议院通过公布。8月同盟会改组为国民党,当理事长。1913年3月因袁世凯派人刺杀宋教仁,筹划起兵讨袁,旋即失败。1914年在日本建立中华革命党,重举革命旗帜,两次发表讨袁宣言。1917年因段祺瑞解散国会,在广州召开国会非常会议,组织护法政府,当选为大元帅,誓师北伐。1918年受桂系军阀和政学系挟制,被迫去职,赴上海。次年,将中华革命党改组为中国国民党。1920年回广东,次年就任非常大总统。1922年因陈炯明叛变,退居上海。1923年回广州,重建大元帅府。11月,应冯玉祥之邀北上讨论国是,提出"召开国民会议和废除不平等条约"两大号召,同帝国主义和北洋军阀段祺瑞、张作霖做斗争。1925年3月12日逝世于北京。遗嘱"革命尚未成功,同志仍须努力"及"必须唤起民众,及联合世界上以平等待我之民族,共同奋斗"。享年59岁。

孙中山曾在1906年于日本东京提出五权宪法,即把立法、行政、司法、考试、监察五权分立作为基本内容的宪法。1924年又进一步阐述,五权既各自独立,又相互制衡,在本质上与三权分立学说相同。

孙中山著有《建国方略》。由三部著作组成:①心理建设,即《孙文学说》(1918年),论述"知难行易"的哲学思想。②物质建设,即《实业计划》(1919年)。其中又分6个计划,提出关于中国经济建设的设计。③社会建设,即《民权初步》(1917年),原名《会议通则》,解释为实现民权而举行会议的手续和方法。

孙中山著的《建国大纲》又名《国民政府建国大纲》,是他1924年提出建立共和国的纲领。分建国程序为军政、训政、宪政三个时期,把三民主义、五权制度等内容订在三个时期内分别实施。

1924年1月至8月,鉴于国民党改组时"亟需三民主义之奥义,五权宪法之要旨"(《三民主义自序》),孙中山在广州作每周一次的演讲,以重新解释三民主义。孙中山的《三民主义》一书系其演讲稿十六讲汇编。

以上三书,于1956年编入《孙中山选集》。

孙中山曾用名

孙中山在推翻清朝、建立民国的过程中，曾奔走国内外，又曾经遭到清朝的通缉，为了避免出事，以保安全和家人不受株连，他曾变换过不少名字。

陈载之是孙中山旅居英国时的化名。孙中山用英文撰写的《伦敦蒙难记》，记述他1896年（清光绪二十二年）10月在伦敦被清政府驻英使馆诱捕和获康德黎①营救的经过。书前有孙中山1897年所写的自序，当年在英国印行，后译成俄、日、中等文字，中文本系甘永龙（甘作霖）编译，1912年由上海商务印书馆初版，后有多种版本印行。宫崎滔天翻成日译本，书名《幽囚录》。孙中山脱险之后，除了以英文撰写被绑架的经过外，又以中文写信及自传给汉学家翟尔斯②，说自己是"姓孙名文，字载之，号逸仙"，取义为"以文载道"之意。

孙中山在日本时，曾署名高野方、高野长雄、中山方等。孙中山对日本名医高野长英极其敬慕，所以高野方、高野长雄是为了表示敬重同行德高望重者而取的名字。高野是日本姓氏。

孙中山首次赴台湾之时（1900年）曾遭日方严加监控。当时他赴台湾组织广东南部惠州起义。日本内阁曾发出两份密电。

暗电："孙逸仙已于本日抵达台湾，另有清国人六人，本邦人三人，由广东前来，与之会合。彼等行踪正严密监视中。详情请见书面报告。"（明治三十三年九月二十八日台湾总督府民政长官呈日本内务总务长官电）

---

① 康德黎，英国人。苏格兰阿伯丁大学毕业，外科医生。1889—1896年任香港西医书院教务长，孙中山从他受业。回国后任伦敦市议会顾问医生。1896年10月，孙中山在伦敦被清政府驻英公使诱捕，将解回中国。他闻讯奔走营救，诉诸英国外交部、伦敦警署和报馆，使孙中山得以脱险。1921年在伦敦设立皇家热带医药卫生协会，发行《热带医学评论杂志》。合著有《孙中山和中国的觉醒》等。

② 翟尔斯也译作翟理思。英国汉学家，为威妥玛—翟理思汉语罗马字拼音系创制人之一。曾就学于伦敦查特豪斯公学，1867—1892年参加驻中国领事馆的工作，返英后于1897年继威妥玛任剑桥大学汉语教授，主持该讲座直到1932年。译著甚多，有《汉语无师自通》（1872）、《聊斋志异》（1880）、《古今姓氏族谱》（1898）、《中国文学史》（1901）、《中国绘画史导论》（1905；1918年再版）及《中国的文明》（1911）。其《英华字典》（1892；1912年再版）确立了威妥玛—翟理思汉语罗马字拼音系统。

密电："孙逸仙之任何行动，请即监视并干预。凡本邦人给予支助者，应视同妨碍外交事务，严格取缔。"（明治三十三年九月二十九日日本内务总务长长官致台湾总督府民政长官电。本电经日本内务省、外务省协商决定后发出）

孙中山先后到过台湾三次，1900年这次停留44天，时间最长。另一次在1918年6月7日，孙中山从广东汕头乘"天莘丸（邮轮）"于下午4时抵达基隆。随孙中山组织中华革命党的胡汉民、同盟会员戴季陶随行。

1927年，戴季陶时任南京国民政府考试院长，他在广州中山大学对台湾革命青年团讲话曾说，孙中山当年此行想和台湾同胞见面，宣传他的三民主义，以便唤起民族意识。但统治台湾的日本当局不允许中山先生和台湾同胞见面，台湾官员只派员到船中接待。结果孙中山只停留了一个小时，即于当日下午5时改乘"信浓丸（邮轮）"前往日本神户（兵库县首府）。

实际上，清廷就从未放弃过对孙中山的缉拿追捕，四处缉查，为此闹出不少笑料。宣统元年（1909）正月至二月间，清廷发出了一系电文，说孙中山在日本横滨、大阪从事活动，要求"日本政府协助查禁"，驱逐出境，并命令沿海沿江各省"严密防缉，以防内窜"。其实，孙中山当时正在南洋策谋革命活动。这正是风声鹤唳，草木皆兵，清廷对之竟惊慌疑惧到此程度。

清廷驻日公使的一则电文说出了闹乌龙的原因。原来驻日领事花钱聘请密探侦查孙中山的行踪，后来得到了密报。但这名密探连孙中山的长相都未知，于是为了敲清廷竹杠、抬高价格、索取赏金而胡报。由此可见清廷办事的荒谬绝伦，亦可见孙中山领导革命的巨大风险与艰辛。

满清政府不但通缉孙中山，而且其家属也随时会遭受到株连。孙中山元配夫人卢慕贞不得不牵儿携女及婆婆、嫂嫂离乡别井，远赴重洋，到火奴鲁鲁（美国夏威夷州首府）避居。她又携儿牵女到马来西亚的槟城，曾也辗转到槟榔屿（马来西亚一州）。更是曾东奔西走在日本各地，漂泊异乡，居无定所。

孙中山其他眷属在国内亦避难于广州、九龙、香港、澳门等地，流离转徙，生活艰辛。

孙中山为什么冒如此大的风险，置生死于不顾呢？正如他在《香港兴中会章程》中指出，中国的外部环境是"堂堂华国，不齿于列邦；济济衣冠，被轻于异族"，"强邻环列，虎视鹰瞵"，"瓜分豆剖"，"蚕食鲸吞"；国内状况"政治不修，纲纪败坏"，鬻爵卖官，公行贿赂，"盗贼横行，饥馑交集，哀鸿遍野，民不聊生"。这就是中国当时令人触目惊心的悲惨景象，更显示出他救民于水火，救国于危亡，"挽狂澜于既倒"，义无反顾的大无畏精神。

孙中山曾用"公武"这个名字到世界上最大的群岛——马来群岛宣传革命真理，足迹走遍马来亚、印度尼西亚（东部地区）、菲律宾以及东南亚的新加坡（位于马来半岛南端），尚有越南、泰国、缅甸等国均用"公武"这个名字。据说他依照本名孙文与公武作对偶句而成，寓意若要国家强盛，必须依靠武力才能推翻清廷，非此无他，所以取公武、强武二名。

孙中山在日本曾化名中山樵，这是因为他与日本友人平山周路过中山侯爵官邸，在旅社投宿登记住客册时，平山周打趣写上了中山，正在绞尽脑汁思索名字时，孙先生立刻在中山下面接着一个"樵"字，无意中已成"中山樵"，寓意中国山樵，表示念念不忘祖国，心甘情愿做中国山林中的樵夫（打柴夫）。据说章士钊曾从中文的孙文和中山樵合译成孙中山（一说笔误或误译）。章士钊在辛亥革命之后，先后任《民主报》主笔、南北议和南方代表、段祺瑞执政府司法总长。曾在上海任律师、上海政法学院院长等职。他曾以"黄中黄"笔名撰写《大革命家孙逸仙》一书。

孙中山曾用孙日新这一名字在香港西医书院注册，在美国的公理会香港分堂洗礼时亦用此名。公理会是基督教新教公理宗教会，是基督教新教主要宗派之一，16世纪下半叶产生于英国。孙日新源出商汤盘铭。《礼·大学》："汤之盘铭曰：'苟日新，日日新，又日新。'"日新之意是日日更新。《易·系辞》上："富有之谓大业，日新之谓盛德。"

区凤墀是孙中山的国学老师，曾替他将日新另取相近的别名逸仙。岂料这一改动深受西方人的欢迎，因为他们觉得 Sun Yat – Sen 读起来就特别流畅顺口，所以大家都称他为 Yat – Sen Sun，即孙逸仙先生，当时他还是医生。和许多中国人只知道孙中山而不知道孙逸仙一样，很多西方人也只知道孙逸仙而不知道孙中山，更不知道孙中山原来就是孙逸仙。孙中山、孙文、孙逸仙三位一体，都指同一人。

孙中山在书面上常以孙文名字出现，这就更为一致而庄重。《孙中山全集》一书，收录的孙中山执笔的著作，别人执笔经他同意署名的诗文、电函，他主持制定的文件，据他口述写成的诗文，别人记录的演说和谈话，由他签发的公文、命令、委任状，甚至遗嘱等都以孙文署名。有时替人作序、跋，才偶尔署名"孙文逸仙"。

孙中山的乳名"帝象"，这是家人上契北帝真人时所取。自孙中山信奉基督教之后，为了解放思想，破除迷信，移风易俗，启迪民智，启示后人，便摧毁了北帝真人这一人为的偶像。此前，孙中山在美国的火奴鲁鲁（华人称"檀香山"）的意奥兰尼中学和阿湖学院，广州的博济医学院，香港的拔萃书院和皇仁书院、西医书院求学时，均以"帝象"之名就读。

孙德明是根据家族谱系命名的，孙中山的胞姐孙妙苗、长兄德彰、次兄德祐均依据家族谱序。

孙中山尚有中原逐鹿士、南洋小学生、杞忧公子等笔名。孙中山也有不少诨号，即花名，如石头仔、番鬼仔、洪秀全、孙行者、孙大炮、山将军等。中国旧称少数民族或外国为番，"番鬼仔"之意近于假洋鬼子。这些外号多为好事者插科打诨所起。

孙中山的一家

孙中山一生经历过两次婚姻。19岁时与当时18岁的卢慕贞结婚。元配夫人卢慕贞产过儿子孙科和两女孙娫、孙婉。他24岁时，认识年仅18岁的革命恋人陈粹芬。陈祖籍福建，1873年出生于香港，后成为孙中山的侧室。孙中山49岁时与卢慕贞正式离婚。

孙中山的第二位夫人是宋庆龄。宋的父母均为教师，又是基督教教徒。1908年宋庆龄与胞妹宋美龄漂洋渡海赴美求学。1913年毕业于美国佐治亚州梅肯的卫里斯安女子大学哲学系，毕业回国后任孙中山的英文秘书。1915年10月，孙中山与元配夫人卢氏离婚后，便与宋美龄在日本东京结婚。此时孙中山49岁，宋庆龄22岁。1922年陈炯明叛变，逃亡途中，宋庆龄不幸流产，自此再无生育。

孙中山有两个孙子：孙治平和孙治强；有四个孙女：孙穗英、孙穗华、孙穗芳和孙穗芬。

孙中山的第三个孙女孙穗芳，1936年出生在上海外婆家。母亲严蔼娟怀她时，是父亲孙科的同居女友。她还没有出世，父亲孙科已与蓝妮相爱并正式结婚，到孙穗芳长大到30岁之时，才有机会见到父亲一面。

孙穗芳出生之时，祖父孙中山已经去世11年，但她对祖父始终深怀敬佩之心。当她9岁时，就开始搜集祖父的照片。婚后又长期定居在美国的火奴鲁鲁（檀香山），这正是祖父青年时从事革命活动的地方。她曾听过许多关于祖父从事革命活动的动人事迹，于是萌发了写一本书的想法，把宣扬祖父的思想和事迹当作责无旁贷的事业。

1981年6月，孙穗芳飞赴上海奔丧，参加了祖母宋庆龄在上海万国公墓的安葬仪式后，又马不停蹄地飞往纽约参加对祖母宋庆龄的追悼会。父亲孙科与第二祖母已先后凋零，这更勾起了她对祖父孙中山的无限怀想，缅怀祖父创业的艰难。接着，她开始把已搜集到的祖父用广东话和普通话演讲的录音全都录制出来，此后经常聆听祖父当年的演讲。

有道是日有所思，夜有所梦。在那段日子里，孙穗芳曾经两次梦见祖父孙中山托梦给她，要她将自己的资料整理出来。自此她决心抛弃容易赚大钱的房地产生意，潜心研究祖父孙中山的思想。

为了搜集更多的原始资料，孙穗芳曾往返于檀香山和广东之间30多次。功夫不负有心人，终于十年磨一剑，1966年，孙穗芳写成了《我的祖父孙中山先生》一书。2001年又编著出版《永载中华——"国父"孙中山先生纪念集》。

孙穗芳不愧为孙中山的嫡系后代，不愧为孙中山思想的继承人。

孙中山祖父孙敬贤、父亲孙达成以上几代都以农耕为生，家境贫寒，人口稀少。孙敬贤14岁丧父，与寡母相依为命，他不甘心孙氏家族就这样没落下去，便将希望寄托在地理堪舆上，常与一些堪舆师翻山越岭，寻找"福地"，最终找到一个"牛眼龙穴"，便变卖田地，不惜重金购买，以致家境陷入窘迫。

孙中山的父亲孙达成终生亦醉心于堪舆，迫不及待地期望后代子孙显达，地位尊贵，出人头地，亦经常登山寻龙，终于对龙脉的结构了然于胸。由于他的一片虔心，又迫切望子成龙，一位黄姓堪舆大师便将一处方圆百里的真龙大穴点葬其父孙敬贤。

孙敬贤于道光三十年病故，孙达成便将其父葬于黄大师指点的"黄帝田"阳坡上，碑刻：

> 显十六世祖考敬贤孙公墓
> 　　　咸丰四年五月十一日吉立

此外，凡孙家历代先祖之坟地，皆由风水师统一打破旧格局，将风水欠佳的基地重新迁往地势佳，地脉、山水好的风水宝地，统一布局，使之形成新的格局。

安葬在"黄帝田"的孙敬贤坟地的确是上仰天文，下合地理，气势磅礴，浩气凛然。风水师的确眼力过人。

风水大师勘察了翠亨村周边的山山水水，并弄清众多山水所饱含的深奥莫测的风水含义，再找准地处要害的位置，加以点穴，便一矢中的。接着断言："此坟葬后，十年内必出伟人。"他的预测丝毫不爽，终于应验了，咸丰四年（1854）安葬，同治五年（1866）孙中山便呱呱坠地，一头"真龙天子"正在起舞腾飞着。穷山沟翠亨村终于展翅高飞出"金凤凰"。

当然，关于风水的说法只是民间的一种看法。但孙中山先生矢志于革命，为大众谋福利的思想却千古流芳。

孙中山不是美国人

台湾的美国在台协会（AIT）于2011年7月4日美国国庆时间，首次公开一份官方文件，声称被称为"中华民国国父"的孙中山是美国公民。另外还有资料指，孙中山是美国总统奥巴马的学长，两人都曾先后就读于夏威夷普纳荷中学。

AIT发言人裴仕林表示，该份官方文件是在1904年颁布的。当时孙中山因号召海外华人推翻清政府，进入美国旧金山（三藩市）海关时遭到阻拦，所以美国政府对各港口发布公文，证明孙中山在夏威夷出生，是美国公民，只是暂时居住在中国，他可以任意进出美国。

至于孙中山担任中华民国总统时，是否仍拥有美国国籍，裴仕林表示,不太清楚,"可能当上总统就自动失效了"。

裴仕林本想与台湾的国父纪念馆合办"孙中山与美国特展",意欲显示在美国国家档案馆发现当年美国商业部颁发的、令孙中山成为美国公民的文件。她解释,当时美国政界希望亚洲能出现第一个民主国家,但美国有所谓排华法案,孙中山要进出美国有很大困难,加上清政府正在通缉他,所以美国政府让他成为美国公民,这样清朝就不能任意将他逮捕。

台湾的国民党党史馆主任邵明皇说,孙中山有美国身份是事实,但不认同美国是因为希望亚洲能出现第一个民主国家,才让孙中山成为美国公民。他解释道,孙中山有一次到美国,被加州海关视为非法入境而拘留。后来檀香山的侨领建议,若要在美国本土推展革命运动,最好能有美国身份,否则每次入境都可能被留难。因此,虽然众所周知孙中山在广东中山市翠亨村出生,侨领仍协助孙取得在夏威夷的出生证明,让他成为美国公民。

"孙中山与美国特展"的资料与照片,来源自美国国务院、美国国家档案局、斯坦福大学胡佛研究中心及荷马李家属等,为世人难得一见的历史文件。

荷马李(Homer Lea,1876—1912)是当时全力协助孙中山策划黄花岗事变,最终推翻清政府的美国军事专家。当时媒体称他为"和孙的亲近程度,胜过全地球上任何其他人",又称"孙对他的依赖程度,也胜过全地球上任何其他人"的美国友人。肇建民国之后,他被任命为首席军事顾问,不久即因中风,返美病逝。他的遗愿是葬在中国,大殓火化时,仍身穿中华民国的将军武装。

后来,荷马李的继子包尔斯辗转接洽,始将荷马李氏夫妇的骨灰移交给台湾当局,于1969年,以隆重典礼安葬于台北阳明山公墓。

这次展出的珍贵文件,还有孙中山的夏威夷出生证明。

睹物思人,人们仿佛看到在百年前那个动荡的大时代中,为革命致力40年的孙中山,难免历经许多辛酸与苦难的秘辛。1895年,孙中山因首次广东起义失效,受到清政府通缉;又因美国排华政策以及限制和迫害华工和华侨的《排斥华工法令》而无法进入美国安排革命大业。孙中山在亲友的劝说下,只有申请"夏威夷出生证明书",才能顺利进入美国本土,并获得美国公民身份。后来,在中华民国成立,孙中山宣誓就职临时大总统之后,他才数度公开自己出生于中国广东香山县翠亨村的事实,也确立了中华民国的公民身份。

第七章 师友

木铎金声
——我的恩师谭宪昭教授

谭宪昭，1921年11月生，广东罗定人。1946年中山大学师范学院中文系毕业。曾任现代文学教研室主任，国际诗书画艺术研究院高级院士，中国当代文学研究会教育学院系统分会会长，广东教育学院教授。曾任教于佛山一中、中山大学附中、广东师范学院等校，并于广东教研室工作。舌耕40多年，培养过3000多名学生，桃李满天下。他在舌耕之余，还致力于笔耕，著作颇丰。他国学功底深厚，书法苍劲洒脱，颇见功力。他上课只拿两支粉笔，不带讲义。但教材的内容他心中了了，分析得有条有理，层次清楚。讲课别具个人风格，突出重点，让学生举一反三，触类旁通，有"活字典"的美誉。在我大学四年的学习生活中，有幸随他上课四年，深蒙他的悉心教导。他的著作有《人生漫笔》《诗歌学》《古汉语》《现代汉语修辞》《英语格言选》等10多种。发表《论世界优秀诗歌的共同标准》《论欣赏书法》《略论王羲之〈快雪时晴帖〉的艺术美》等30多篇。他主编的《中国当代文学史》曾获优秀奖。他的事迹载入《中国当代艺术界名人录》《世界优秀专家人才名典》《世界华人文学艺术界名人录》。书法曾获金奖和一等奖。作品和传略载入《中华当代书画作品博览》和《新世纪中国书画名家精品宝典》等。曾获"当代中华诗星"

"中华先锋诗人""当代诗坛楷模""诗词艺术家"等殊荣称号。他"独上高楼,望尽天涯路"。此外,他亦是国际诗书画艺术研究院高级院士,南京中老年书画院名誉院长兼院士。他著作等身,功成名就,齿德兼尊。他学识渊博,笔墨渊海,垂暮之年仍保持高风亮节。且在年届九十的风烛残年,仍不愿以老躯对黄昏,坚持笔耕不辍。由于平日拼命地写作,导致4次入院。他在书房伏案笔耕,朝于斯,暮于斯,月于斯,岁于斯。

我长期身居海外,独在异乡为异客,失群孤雁夜长鸣。鹰鸟恋旧林,池鱼思故渊。独自莫凭栏,凭栏悲复怆。极目望天涯,天涯芳草无归路。故乡在何方?不忍登高临远,望故乡渺邈,归思难收。叹年来踪迹,何事苦淹留?悉尼虽云乐,不如早还乡。对养我育我的一方水土,一往情深。对教我育我的恩师,一往情深。对我的同窗好友,一往情深。对我的亲故,一往情深。对我的海内外广大读者,一往情深。天涯何处无芳草,尽管我在海外也有一些朋友,但这是友情。我更看重亲情,血浓于水,我在国内的亲人好友,他们的血管里流的是炎黄子孙的血脉,有一股共同的亲和力。剪不断,理还乱,是离愁。

为了提供多一个聚会平台,我几乎每次从海外归来,都会在中山大学康乐园举办一次诗酒宴会,恭请我的恩师、同窗好友、亲故等与会,即席赋诗,共叙离情别绪。恩师谭宪昭老人家曾赏脸来过两次,给我一个很大的惊喜。而且每次都把他的新的著作送给我,这使我深受教育,深受鼓舞,不断激励着我奋力而前行。他第二次参加诗酒宴会,已届九十,但仍精神矍铄,精力充沛。大家鼓掌请他讲话,他笑容满面地以广州话只回敬"大家好"三个亲切无比的问候语,体现出其为人处世低调的高大形象。

过了几天,我开始提起行李赶往机场南归海南。正当此时,突然手机响了,原来是谭老师来电话祝我一路平安。因行色匆匆,我感谢了恩师的一片盛意,并说半个月回来之后再安排时间去看望他老人家。可惜天地不公,世事无常,岂料这次通话竟成永诀。恩师竟匆匆已去。我从海南返回广州之后,恩师叶登盛屈驾光临敝舍,不吝赐教的同时,又递给我一份报纸。我打开一看,不看不知道,一看吓一跳。我本能地不相信自己的眼睛,恩师殂谢,弟子如丧考妣。呜呼哀哉!噩耗传来,叫人肝胆崩摧。恩师为了完成一个约稿的任务,在书房查阅几天的史料,呕心沥血,以致顽疾复发,竟于2007年11月7日心脏停止了跳动,走完人生的最后路程。

据说恩师只产一女曾在市府掌要职，临终之时，身边无儿来哭，有女来啼。

光阴荏苒，又过去一年。我仍再次在老地方举办诗酒宴会，感触良多。去年今日此门中，人面桃花相映红。今年今日此门中，人面不知何处去，桃花依旧笑春风。我不能亲身送恩师最后一程而引以为终生憾事；今斯人已乘黄鹤去，此地空余黄鹤楼。黄鹤一去不复返，白云千载空悠悠。唐诗人崔颢怀古人而不见的惆怅，千载之后我已经领略一二了，他思念旧人与故土的愁情，已为后人写过了。不特崔颢而已，崔护的"人面不知何处去"，亦道尽了后人愁肠寸断的心绪。来去匆匆的一年已经过去了，春光依旧烂漫，桃花依旧盛开，暖洋洋的春风，还是吹拂着人的脸。诗人所见略同，感受略同。千载之后的今天，景物依然，人已回天上，空余竹叶叩门窗。崔护所思念的是一位故人，参与此次诗酒宴会的师生所缅怀的正是我们的恩师。空自对着此情此景，今次宴会已少一人，大家心中更加感到惆怅、失意、感伤。

恩师在《峭崖榕树》中曾题："峭崖生长叶青葱，喜听松涛笑暴风。狂雨敲山欣壮曲，顽强奋发树高空。"恩师又在《滇池海鸥》中题："海鸥万里避寒来，飞舞滇池亦快哉。日暖风和群戏各，游人感悟笑颜开。"拜读其诗，亦更念想其为人。尽管在每次的诗酒宴会上，与会者都对已经离世的恩师和作古的同窗默哀，祝他们一路走好，以表达哀悼与遥念之情，寄托大家的哀思和追忆。但所有这些，对逝者都已成为身后事了。有诗云：

恩师不亲谁还亲，不敬恩师敬何人。
讲坛受教十六两，后来弟子还一斤。
幽明永隔黄泉路，要见除非梦里归。
再生之时不恭敬，身后何必敬鬼神。

让我们轻轻地吟唱卡巴列夫斯基的安魂曲，祝愿恩师安息长眠！

父母生我育我，恩师教我抚我，为我再生父母。师者，传道、授业、解惑者也。一日为师，终身为父、为母。无论你活到何时，身在何方，父母的身影，挥之不去；恩师的身影，挥之不去。师范师范，学问高深为师,道德高尚为范;大学大学,学问要大,胸怀要大,理想要大。地势坤,君子以厚德载物。只有宽厚的德行,高尚的情操,才能形成一股推动社会前进的动力,才能形成一股叱咤风云、扭转乾坤的动力。《论语·八佾》:"天下之无道也久矣,天将以夫子为木铎。"《汉书·李广传》:"闻鼓声而纵,闻金声而止。"师范要成为培养通才的摇篮,师范有如木铎金声。

总之,逝者已经脱离尘俗,游心仙境去,此情可待成追忆而已矣。恩师已经驾鹤西归,培育英才的一颗明星陨落了,草木增愁,山河变色,举室兴悲。其音容虽殁,显号犹在,美谥犹存。其才名并重,齿德兼尊,蜚声文坛,誉满亲朋,天下无人不识君。其精神彪炳,光照汗青,万祀千龄,令人仰慕。

(叶献高 2014 年 11 月 19 日于澳洲悉尼)

王季思教授

王季思(1906—1996),学名王起,字季思,以字行。笔名小米、之操、梦甘、在陈、齐人,室名玉轮轩,祖籍龙湾区永中街道永昌堡。浙江永嘉人,生于南戏的发源地温州,从小就热爱戏曲。作为著名的戏曲史论家、文学史家,王季思戏曲研究著作颇丰。他重新整理《西厢记校注》,还带领弟子苏寰中等校注《桃花扇传奇》。他先后主编过高校文科教材《中国文学史》以及《中国十大古典悲剧集》与《中国十大古典喜剧集》,很多作品被译成日文与印尼文,在国内外学术界中有重大影响,被誉为"岭南文化的最后一颗文化灵魂"。

1925 年,王季思考入东南大学中文系,曾参加词曲大师吴梅的潜社,开始词与散曲的创作;并与外文系陈楚淮等组织春泥社,在闻一多老师的指导下,从事话剧与新诗创作。

1929 年大学毕业后,王季思初在浙江省立十中,后在江苏松江女中执教;在松江 6 年中,积累了大批研究元曲的资料。抗战爆发,淞沪沦陷,仓皇南归,在永嘉投身抗日救亡工作,深入农村、山区宣传,并支持妹静香与外甥陈桂芳赴太行山参加八路军。后去处州中学任教，写下大量抗战诗文。1941年，在金华出版诗集《越风》。

40年代初，王季思任教浙江大学龙泉分校，在极其艰苦的条件下坚持教学、读书、吟唱。抗战胜利后，在浙大、之江文学院任教，并潜心研究中国文学史及元人杂剧，先后完成《西厢五剧注》《集评校注西厢记》。

新中国成立后，王季思一直在中山大学任教。历任中文系主任、古典文学教研室主任、校务委员会副主任、博士生导师，并被聘为国务院学位委员会文学学科评议组成员、大百科全书戏曲卷分编委副主任等，被选为民盟广州市主委、广东省副主委等。

王季思从教70年，桃李满天下。在教学、研究中，尤其注意对后起之秀的培养，勤于治学，著作等身。为当代中国最有影响的戏曲专家之一。遗著除《西厢五剧注》《集评校注西厢记》外，还有《桃花扇注》《中国十大古典悲剧集》《中国十大古典喜剧集》《元杂剧选》《元散曲选》《中国戏曲选》《全元曲选》《王轮轩戏曲新论》《王季思学术论著自选集》等。

1962年，我曾到中山大学欲晋谒王季思教授，未遇。当时，他长期在北京大学专家招待所主编《中国戏曲选》。当年7月，他南归广州小住几天，便托我的同窗张伟为通知我见面，当时正值毕业分配，我正在准备过两天起程到工作单位报到。但这是千载难逢的会面机会，于是赶到中山大学晋谒王教授约2小时，他一口答应帮我审阅处女作《试谈三国演义》（约十二万言），随后便匆匆赶到北京去。尔后很长一段时间，均由他的夫人姜海燕与我通信联系。

1984年之后，我曾到过广州几次晋谒他。1988年我再次到广州，因他到湛江讲学，失去一次见面的机会，正巧碰上她的千金王丽娜，当时她在深圳师范学院教书，刚好回家小住几天。

1994年，拙作《历代文化举要》出版，王季思教授为我题签书名。有关王季思教授的一些著作，我在《新种葱茏竹万竿》（合著，载于《学术研究》1988年第1斯）中亦有介绍。

1996年，王季思教授逝世，长寿90岁。他生于忧患，死于安乐，荣于身后。

王延青教授

王延青系海南省儋州市那大人。他在青年时期的似火年华、峥嵘岁月中,指点江山,激扬文字,是热血男儿。国难当头,他投笔从戎,投入到抗日战争的行列,在火线上指挥战争,奋勇杀敌,不幸被流弹击中手臂,只好进行截肢输血,后才安装假手。他曾任师长、中国出国留学司司长、华南理工学院副院长、广西师范大学副校长等。著有回忆录《征程》。

王延青与陈毅同在部队工作,陈毅到广西曾与之会面。1972年陈毅逝世,他曾到北京参加追悼会。

我与王延青教授为同乡。1984年,王延青曾归故里。1985年曾为我校编的《麦逢秋博士荣哀集》题签书名,曾屈驾敝舍赐教。1986年8月,我与夫人吴学萍曾往广西师范大学晋谒王延青教授。

黄继昌先生与《星岛日报》

黄继昌是澳洲《星岛日报》的创始人之一,是跨世纪的总编辑。他对出版业造诣极深,在此领域极富建树。他知识精博,熟于典故,学贯中西,英汉运笔自如;为人低调,淡泊无欲,精行俭德,清静自守,德高望重,齿德兼尊。他夙兴夜寐,孜孜不倦,精益求精,多年被旗下褒扬为全球最佳与极富影响力之总编。他声蜚海外,誉满亲朋,今已高龄,仍未言休,"老骥伏枥,志在千里,烈士暮年,壮心不已"。

2004年5月,余之拙作《神州拾贝》与《华夏采英》经黄先生审订,一锤定音,得以于《星岛日报》连载,长达一年。此后与黄先生便阔别十个春秋。风雨人生路,后有缘于2014年6月2日始得一见,契聚阔散谈尘,心念旧恩。抵足相倾,其乐也融融。

胡文虎于1927年在新加坡创办《星岛日报》。他是福建永定人,为华侨实业家与报业家。他生于缅甸仰光,继承父业经营永安堂药行,所研制的万金油、八卦丹等畅销东南亚各地。后相继在闽、粤、港及东南亚各地办报多家。1938 年 8 月 1 日,正式在香港创办《星岛日报》。80 年代后,组成报业集团。抗日战争期间,他曾任中国国民参政会华侨参政员。太平洋战争爆发后,一度在香港被日军软禁。战后继续从事商业与报业活动。1954 年于檀香山逝世。

《星岛日报》是跨洲跨国的海外最大、发行量亦最多的华文平面媒体,凡有井水处,就有《星岛日报》。它追求新闻的新鲜性、真实性、可靠性、可信性、可读性,注重新闻由头,言出有据,是一份不可多得的新闻载体;它图文并茂,文字多体,精美丰实,以报道事件的真相为宗旨;它在全球几个大洲均有版本,全天 24 小时运作。平头百姓、升斗小民、泥水工匠在读它,名流政要、富商巨贾在读它,它伴随许多人度过了美好的时光。

星岛新闻集团在以下地方有总部或分部运作:

(1) 香港。
(2) 美国。①洛杉矶;②纽约;③旧金山。
(3) 澳大利亚。①悉尼;②墨尔本。
(4) 加拿大。①卡尔加里;②多伦多;③温哥华。
(5) 欧洲。①伦敦;②巴黎;③阿姆斯特丹。

由上可见,《星岛日报》星罗棋布,覆盖全球。

第二编

故事

第一章
风助战

彭城之战风助刘邦

彭城之战在汉高祖三年（公元前204年）四月发生，是楚汉战争其中的一场大战。彭城一战，使刘邦遭到了自起兵以来最大的惨败。楚军依靠项羽坚毅果敢的指挥，在半日之内以3万之师击溃汉军56万之众，歼灭刘邦主力，使刘邦陷入"发关中老弱未傅悉诣荥阳"的危机局面，创造了古代战争中速决战的典范，是中国历史上以少胜多的著名战例。

汉高祖元年（公元前206年）四月，诸侯罢兵戏下，各就封国。项羽回到彭城，去做西楚霸王。刘邦受封汉王，入汉中。由于利益分配不均，许多人心怀异志，蓄谋反叛。

五月，汉王刘邦和前齐相田荣在东、西两面同时起事，拉开了楚汉战争的序幕。刘邦兵出陈仓，首先与雍王章邯交锋。八月，击溃章邯，将其围困在废丘城中。同时派兵四出略地，在同月收降塞王司马欣、翟王董翳，据有三秦之地。

田荣起事后首先赶走齐王田都，在六月杀掉胶东王田市，自立为齐王。田荣授彭越将军印，令其在梁国旧地反楚。彭越在六月发兵杀掉济北王田安。这样田荣也统有整个三齐之地。田荣又联络刘邦、陈余等人，图谋联手反楚。

面对关中和齐、梁两地的反叛力量，项羽一方面封授郑昌为韩王，在韩国旧地阻挡汉王东进；一方面派遣萧公角率兵进击彭越。这时刘邦令张良以韩王司徒身份略取韩地。张良本不善于将兵作战，所以并没有取得什么进展。不过他善于谋略，写了一封蒙骗项羽的信，说刘邦只是想按照过去的成约得到关中，没有东进的意图。这样便使得项羽放松了对西部的戒备，亲自率兵北上，出击田荣。

高祖二年（公元前205年）九月，刘邦以接太公和吕后为名，派遣将军薛欧、王吸出武关，取道南阳，利用王陵聚集在南阳的数千兵力，试探着向楚进攻。薛欧等兵至阳夏，被项羽发兵阻拦，停滞不进。

高祖二年（公元前205年）十月，刘邦出兵函谷关，进至陕县，河南王申阳、韩王郑昌相继投降，汉王刘邦所控制的区域，已经接近彭越活动的巨野泽地区。这样不仅东部黄河南北两岸的几支反楚力量连成了一片，而且与西部的刘邦也很快就要合成为一体。西楚政权失去大半河山，命运岌岌可危。面对这一有利局面，刘邦没有急于进兵，而是于同年十一月首先回师关中，巩固后方。他一方面在栎阳建都，设立汉朝社稷；同时派兵清扫陇西、北地等边地残存的三秦诸王旧部。十一月拔陇西。正月拔北地，直到二月，刘邦一直积极整修边塞，防止匈奴人乘虚而入，并"施恩德，赐民爵"，进行全面战争的动员和准备。

高祖三年（公元前204年）三月，刘邦率兵自临晋东渡黄河，收降魏王魏豹；接着又攻占河内，掳获殷王司马印。这时淮河以北除了彭城附近和燕王臧荼所控制的燕及辽东地区之外，已经尽被反楚力量占据。在这种形势下，刘邦认为剿灭项羽的时机已经到来，于是经修武，由平阴津南渡黄河，抵达洛阳，昭告天下诸侯，誓师伐楚。四月，趁项羽主力仍被田横拖在齐地，楚都彭城空虚之机，刘邦率军直取彭城。彭城之战由此展开。

结果刘邦大败，项羽从后追击，汉兵在谷、泗水二水①被歼10余万人。刘邦继续南走，想利用彭城南吕梁山区以资抵抗，但因项羽的猛烈追击而不能立足，又杀毙几万。项羽军追击汉逃兵至灵璧②以东的睢水上，再斩杀汉军10余万人。刘邦军逃入睢水，溺死者不计其数，"睢水为之

---

① 谷水，系睢水支流，在彭城南六十里，今安徽符集附近；泗水在彭城东近郊。
② 今安徽宿州灵璧城。

不流"。项羽军将刘邦及其残部包围了三层，正待聚歼之际，忽然西北大风猛袭而来，飞沙走石，树木连根拔起，一时间天昏地暗，吹打得项羽军阵营混乱。刘邦趁此机会，仅带10余名骑兵突围而逃，其父、其妻被楚军俘获。

此役汉军元气大伤，几乎全军覆没，依附于刘邦的诸侯纷纷背汉投楚。刘邦只好收集残部，退守荥阳①。楚汉之间的争斗从此变得更为剧烈残酷。

彭城一战，刘邦遭到了自起兵以来的最大的惨败，他的父亲及妻子都被楚军俘获，众诸侯也纷纷背汉向楚。项羽则充分表现出他特有的英勇果敢、雄才大略的军事指挥才能，此战可以说是完胜的结局，项羽不但歼灭了刘邦主力，使刘邦陷入"发关中老弱未传悉诣荥阳"的危机局面；更扭转了项羽四面楚歌、孤立无援的政治局面，重新占据楚汉战争的主动权。

但是，这场完胜的战役却留下了深深的遗憾，最后时刻，项羽没有一鼓作气乘胜追击刘邦，以致后来刘邦逃往西边，占据荥阳、成皋之地利，依靠关中汉中资源之优和项羽后方的游击战大师彭越，以及整个汉军集团的优势力量，终于拖垮项羽而赢得天下。

东风不与周郎便，铜雀春深锁二乔
——"赤壁之战"东风助周瑜

建安十三年（208）冬十一月十五日。天气晴朗，平风静浪，曹操今夕欲会诸将，便坐大船之上，左右侍御者数百人，皆锦衣绣袄，荷戈执戟。文武众官，各依次而坐。操见南屏山色如画，东视柴桑之境，西观夏口之江，南望樊山，北觑乌林，四顾空阔，心中欢喜，谓众官曰："吾自起义兵以来，与国家除凶去害，誓愿扫清四海，削平天下，所未得者江南也。今吾有百万雄师，更赖诸公用命，何患不成功耶？收复江南之后，天

---
① 今河南荥阳东北古荥镇。

下无事，与诸公共享富贵，以乐太平。"曹操饮酒至酣，遥指南岸曰："周瑜、鲁肃，不识天时。"又指夏口曰："刘备、诸葛亮，汝不料蝼蚁之力，欲撼泰山，何其蠢耶！"操又大言不惭地曰："吾今五十四岁矣。如得江南，窃有所喜。""吾今新构铜雀台于漳水之上，如得江南，当娶二乔置之台上，以娱暮年，吾愿足矣。""今对此景，甚有慷慨，吾当作歌：'对酒当歌，人生几何？譬如朝露，去日苦多。……'"曹操又得意扬扬地道："若非天命助吾，安得凤雏妙计？"铁索连舟，果然渡江如履平地。程昱首先提议："船皆连锁，固是平稳；但彼若用火攻，难以回避。不可不防。"曹操笑曰："凡用火攻，必借风力。方今隆冬之际，但有西风北风，安有东风南风耶？吾居于西北之上，彼兵皆在南岸，彼若用火，是烧自己之兵也，吾何惧哉？"

江水战船，如芦苇之密。且说周瑜，望江北战船之密，操又多谋，当用何计以破之？也知道用火攻，但知当今隆冬之际，怎么会有东风南风。

曹操、周瑜，可谓"英雄所见略同"。

周瑜知道必用火攻，孔明亦知道必用火攻，此亦英雄所见略同。故他能密书十六字曰：

欲破曹公，宜用火攻；
万事俱备，只欠东风。

这正是周瑜的病源，孔明正是对症下药。但孔明比周瑜毕竟智高一筹，登上七星坛，于台上作法，借三日三夜东南大风，助周瑜用兵。

孔明装神弄鬼，身披道衣，跣足散发，一日上坛三次，至最后一日，看看近夜，天色清明，微风不动。周瑜对鲁肃道："孔明之言谬矣。隆冬之时，怎得东南风乎？"老实仔鲁肃相信"吾料孔明必不谬谈"。将近三更时分，忽听声响，旗旛转动，周瑜出帐看时，旗带竟飘西北，霎时间东南风大起。接着，黄盖在船上用手一招，前船一齐发火。火趁风威，风助火势，船如箭发，烟焰障天。二十只火船，撞入水寨。操寨中船只一时尽着，又被铁环锁住，无处逃避。隔江炮响，四下火船齐到，但见三江面上，火逐风飞，一派通红，漫天彻地。此时曹操才叫苦连声，后悔莫及。

以上就是《三国演义》有关赤壁之战的故事梗概。

赤壁之战是中国东汉（25—220）末年，以弱胜强的战役。这场战役之所以弱能胜强，立大功的是"火"攻，但归根结底的是"风"之功。火借风势，风助火威。曹操、周瑜都知道用火防火，但又囿于当值隆冬之际，只有西风北风，怎得东南风？但老天爷偏偏又刮起一阵东风南风，这并不是诸葛孔明能呼风唤雨，而是他上知天文、下识地理之故，用今天的话来说，就是他懂天时，所以能进行天气预报。他之所以沐浴斋戒三日三夜，只不过是将天气预报神秘化而已，使众人更感离奇。故有道"孔明未卜先知，周瑜就到就知，曹操过后才知"。

曹操仅操一槊，破黄巾、擒吕布、灭袁术、收袁绍，深入塞北，直抵辽东，纵横天下，扫平北方之后，于208年南征，一路浩浩荡荡，声威震天，据有襄阳、江陵，挥军20多万（号称83万），穷追猛击刘备，同时又向割据长江下游（即江东）的孙权招降，企图收复江南，统一天下。刘备败退至樊口（今湖北鄂城市西）之后，派诸葛亮说服孙权结成统一战线。孙权遣周瑜、程普统兵3万，与刘备共联军约5万人，抗击曹操。曹军进到赤壁①，受到孙刘联军抗击失利。

曹军又北撤乌林（今湖北洪湖东北），与孙刘联军对峙。周瑜部队用苦肉计诈降，瞒过曹操，借助东南风猛刮之势，用火攻焚毁曹操水师船舰，"谈笑间，樯橹灰飞烟灭"。曹军远来疲惫，战线太长，后方太远，不习水战，瘟疫流行，军心涣散，又在火攻之下，溃不成军。曹操只得率领残兵败将，退回北方。

赤壁之战后，孙权江东政权稳固，刘备也取得荆州部分地区，后又据有益州，形成北魏（曹操）、东吴（孙权）、西蜀（刘备）三足鼎立②的局面。

由上可见，赤壁一战，是由于一场大风助了孙、刘而形成三分天下之格局，这就是"天助我也，风助我也"！

---

① 赤壁有四处：①东汉建安十三年孙权、刘备联军大败曹操于赤壁，一说即今湖北赤壁市西北赤壁山，一说即今湖北武汉市江夏区西南赤矶山。二说当以前者为正。②一名赤鼻山，今湖北黄冈市黄州区城西长江滨。北宋苏轼《赤壁赋》及《念奴娇·赤壁怀古》词误认为即三国曹操败赤壁于此处。③今湖北武汉市蔡甸区临漳山。④在今山西河津市西北。十六国前赵光初元年刘曜称帝于此。

② 三足鼎立又谓三分鼎足。形容三分天下，像鼎三足并立对峙。楚、汉相争时，蒯通劝韩信说："莫约两利而俱存之，参（三）分天下，鼎足而居。"《后汉书》："欲三分鼎足，连衡（横）合从（纵），亦宜以时定。"

到了唐代，杜牧《赤壁》诗曰："东风①不与周郎便，铜雀②春深锁二乔③。"作者的感叹不是泛论上千年前的悠悠古事，而是发泄胸中抑郁不平之气。杜牧向来自负具备将才而不为用，故借周瑜之事而慨叹怀才不遇、生不逢时。

鄱阳湖大战风助朱元璋

元朝末年，起义军蜂起，其基本队伍大多是一些盐贩子、中小地主、盐丁及广大的贫苦农民。他们由于不堪忍受元朝的排汉政策与压迫凌辱，揭竿而起。元朝政权岌岌可危。

各路的起义军首领有陈友谅、徐寿辉、朱元璋、张士诚等，这本来应该是友军，因为起义军都是汉人，应结成统一战线，枪口对准元朝。但因为元朝政权江河日下，危在旦夕，谁最后胜出，谁就夺得天下，谁就当上皇帝。故各起义军为了争得政权，纷纷弱肉强食，欺凌和吞并对手，因此，战争的枪口、屠刀都转向内，互相对打，而且开弓没有回头箭，一发而不可收拾。

元至正十二年（1352）闰五月，陈友谅派人到江州（今九江）杀死了徐寿辉，并宣布即皇帝位，定国号为汉。之后马上同张士诚合谋，共同举兵进击应天（今南京），企图顺江而下，一举消灭朱元璋的部队。

1357年朱元璋破徽州之后，曾亲自到石门拜访朱升，问其时务。

朱升于元顺帝至正五年举乡荐，为池州学正，避乱弃官隐居石门，学者称"枫林先生"。他向朱元璋献策："高筑墙，广积粮，缓称王。"即要扩充兵力，巩固后方；发展生产，储备粮草；不图虚名，暂不称王，借以减小被攻击的目标。朱元璋谨记于心，历经数年的卧薪尝胆，集蓄兵力财

---

① 东风，指当时赤壁之战，突出"风"之功劳。
② 铜雀，台名，在邺城（今河北临漳县），曹操建，上有楼，楼上有大铜雀高一丈五尺，故名。是曹操宴饮之所。
③ 二乔，指东吴著名的美女乔氏姐妹，大乔为孙策夫人，小乔为周瑜之妻。这是一首怀古诗，这两句是感叹周瑜成功得胜之侥幸。设若不是东风给了周郎方便，则东吴必将大败，连二乔也会保不住而被曹操掳走锁进铜雀台了。

力，开疆拓土。战争的形势瞬息万变，当朱元璋占据应天府周围之际，雄居东方的张士诚占据了以平江（今苏州）为中心的太湖流域和长江三角洲的广大富饶地区，不但物产丰富，而且人口众多，正所谓"上有天堂，下有苏杭"；独霸西方的徐寿辉、陈友谅，以武汉为中心，管控湖广、江西的广大膏腴之地，正所谓"湖广熟，天下足"。昔日还在左右开弓、左右逢源的朱元璋此时已处于两面受敌、两面夹攻的被动局面。但他仍保持清醒的头脑，随时随地实行战备，在两淮、江南地区"积粮训兵，待时而动"。为收买人心，他极其重视军纪，严格要求"惠爱加于民，法度行于军"。破浙东之后，他又得到刘基、宋濂、叶深、章溢四大名士的支持，如虎添翼，如鱼得水。经过几年的努力，朱元璋也逐步巩固与发展了根据地，国力军力大增，此时已经能够与其周边的势力相抗衡。几支敌对势力中对他威胁最大的是陈友谅。张士诚胸无大志、腹无良谋，是毫无主见、不理政事之辈，根本不是他的对手。朱元璋军事势力的日益增强，与各个义军割据政权的矛盾与日加深而趋于尖锐。此时，局势相当严峻，各方正在摩拳擦掌，相互虎视眈眈。群雄逐鹿中原，高材疾足者先得，战争一触即发，决战天下的时机终于到来了。

陈友谅东袭建康，中朱元璋诱敌之计，败于龙湾。元顺帝至正二十三年（1363），陈友谅大造坚锐战船，统兵60万包围洪都（今江西南昌）。洪都本来是陈友谅的地盘，在鄱阳湖大战之前，陈友谅派胡廷瑞镇守。后来胡廷瑞被朱元璋派的密探策动，已经倒戈。所以，这次陈友谅又重返包围洪都。当时朱元璋正在派他的侄子朱文正把守。太祖起兵时，他的母亲王氏率朱文正来投。长大后朱文正喜欢阅读传记，骁勇善战，积功至大都督。龙凤八年奉命统元帅赵得胜等镇守洪都。次年，陈友谅以60万重兵围攻，文正坚守85日，城终未被破。江西之平，文正之功居多。正当陈友谅围城之际，朱元璋率领倾国之兵20万，火速救援洪都，双方鏖战于鄱阳湖。陈友谅的大船联在一起，楼橹高十余丈，绵亘数十里，戈盾如林，旌旗蔽日。朱元璋派大将徐达袭击陈友谅的前锋部队。再派俞通海①用火炮攻击敌船。

---

① 俞通海，元末庐州府巢县人。从父俞廷玉归朱元璋。长于水战，从元璋破海牙诸水寨，授万户。从渡江，历克采石、常州、九江等地，屡败陈友谅，累升至中书省平章政事。吴元年，围平江，中流矢而逝。

据《明史》载:"友谅兵号六十万,联巨舟为阵,楼橹①高十余丈,绵亘(连接)数十里,旌旗戈矛望之如山。"

陈友谅的大船,高十余丈,像高山一样。朱元璋望而却步,胆寒。

鄱阳湖大战,双方都孤注一掷,竭尽全力作最后一次的冒险。成者为王,败者为寇,人们亦拭目以待。

陈友谅的大军60万,朱元璋仅有20万,双方军力悬殊。但双方都拿出所有的本钱了。

这场大战终于爆发了。战斗是如此的惨烈,战斗的首日朱元璋并没有占得星点的便宜,甚至差点被陈友谅的猛将张定边杀掉,成为刀下鬼。

战斗到了第三日,朱元璋损失惨重,如果战争时日稽延,对朱元璋就等于慢性自杀,极其有害,要想以弱胜强,以少胜多,必须速战速决,郭兴②立即建议:"双方实力对比太悬殊,我们胜利的唯一可能,就是以火烧毁陈友谅的船。"

朱元璋立即采纳郭兴之计,马上组成一批小渔舟,装满荻茅、火药,灌满油等易燃之物。这时万事俱备,只欠东风。要是风没有向陈友谅军方吹去,就决定硬拼。因此组建了一支敢死队,只有不怕死的队伍,才能强攻,才能完成这个最艰巨、最危险的任务。

古代作战攻城墙是用云梯③,今危在眉睫,哪里能造云梯。攻陈友谅之船,不是面对面攻,而是"仰攻",仰攻困难重重,要攻破敌船,谈何容易!因为仰攻不容易,诸将有点害怕,恐惧颤抖。

在陈友谅一方,是开弓没回头箭,一发而不可收拾。朱元璋此时亦没有半步的退路,唯一的出路就是拼命攻船,以求杀出一条血路,死里求生,从绝路中死战到底。

朱元璋下定同归于尽、并肩死战到底的决心,昼夜与将士们同仇敌忾,同心协力,群威群胆,他站在船头,一马当先地督战。军令如山,凡是有惧色而退缩不前的将军,他手举刀落,肝脑涂地,总共斩了十多人。

---

① 楼橹,古时军中用以瞭望敌军的无顶盖高台。橹即楼。
② 郭兴又名郭子兴,初属元帅郭子兴(与之同名同姓,其实二人)部,后与弟归朱元璋,常备宿卫。从大军攻取宁国、江阴、宜兴、婺州、安庆等。大败陈友谅、张士诚,转战大江南北,所战皆捷。
③ 云梯,古攻城之具。《墨子·公输》:"公输盘为楚造云梯之械,成,将以攻宋。"云梯,以大木为床,下施六轮,上立二梯,各长二丈余,中施转轴,车四面以生牛皮为屏蔽,内以人推进,及城,则起飞梯于云梯之上,以窥城中,故曰云梯。

朱元璋白天用旗帜督战,夜晚用灯笼沉着督战,激励将士,毫不后退。即使乘坐的指挥船被击中了,也立即换上船只再继续督战。

双方鏖战正在千钧一发之际,要是再不刮风,朱元璋必将一命呜呼。

转瞬间,到了晡(bū)时,即下午三点钟至五点钟的时间,突然刮起一阵狂风,风势正在向陈友谅军队的方向席卷而去。朱元璋一望风势,大喜,"风助我也!"抓住这个千载一时之契机,命令敢死队操纵渔舟,迫近敌船,乘风纵火。风急火烈,陈友谅的楼橹顷刻间变成一片火海,十多万将士血肉横飞,尸骨无存。陈友谅亦重蹈曹操"樯橹灰飞烟灭"之覆辙。

第一个回合,陈友谅尽管损兵折将十多万人,但他仍可凭借优势条件,反败为胜。他对部将信誓旦旦地道:"我还有一个方法战败朱元璋。朱元璋所有的渔舟,只有他所在的那只旗舰的桅杆才是白色的,这是马首是瞻,与众渔舟不同的标记,正是表明特征的记号。我们明天集中全部兵力,去攻击旗杆是白色的旗舰。这是斩首行动。"

当天晚上,朱元璋也在召集官兵将士举行火线上的会议。他一再强调:"今天晚上必须做到,切勿违误,要把我们所有的旗杆全都刷成白色。"

第二天战斗开始,陈友谅满怀信心,以为这次必定消灭朱元璋了。但睁眼一看,朱元璋的渔舟全部是白的桅杆,他傻了眼,目瞪口呆,不知所措。

战斗的局势急转直下,陈友谅几乎弹尽粮绝,最终支撑不下去了。朱元璋的攻势凶猛,难于招架,陈友谅决定后退,但鄱阳湖像一个口小腹大的葫芦坛子,南岸宽,北岸窄,易于军事扼守其咽喉,是形势险要的出入孔道,湖口早已被朱元璋的渔舟封住了,陈友谅想突围脱险,正好撞上朱元璋布下的防线。在死里求生的惨烈战斗中,一支无端飞来的流矢好像长上眼睛似的,刚好射中了陈友谅的眼睛,直穿脑袋而出,陈友谅立刻倒地身亡。

这就是鄱阳湖大战中的第二个回合,前后经过36个日日夜夜的战役的持续较量,朱元璋终于取得了鄱阳湖决战的重大胜利。陈友谅其余的残兵败将,只有落荒而逃,落草为寇,群龙无首,"兵败如山倒",对朱元璋已经构不成威胁了。

鄱阳湖大战之后，朱元璋的地盘迅速扩大到长江中下游的广大肥沃地区，地大兵多将广，打开了整个新的局面。他于1367年便消灭了只会谈古论今、舞文弄墨、寻欢作乐的张士诚。此时东南大局已定，接着朱元璋乘胜南进，攻克广东、广西，并不失时机地打出"驱逐胡虏，恢复中华"的鲜明口号，挥师北伐，横扫中原，直逼大都。元朝的军队逢战必败，朱元璋一方摧枯拉朽，横扫千军如卷席。元顺帝眼见大势已去，于1368年8月带着后妃太子狼狈逃往上都（今内蒙古多伦）。1369年，徐达统领大军攻克大都（今北京），统治中国长达99年的元朝政权被彻底推翻。

1368年正月初四日，40岁的朱元璋在文武百官的一片欢呼声中，于应天正式登上金碧辉煌的宝座，国号大明，建元洪武，以应天为南京，开创了277年的基业。

一将功成万骨枯
——叔夺侄位，风助朱棣

朱元璋共26子，其中相貌堂堂、身材魁岸、天资聪敏、聪慧过人的第四子朱棣在众兄弟中鹤立鸡群，深受乃父的钟爱，后来成为大明王朝的第三个皇帝。

朱棣10岁之时就被封为燕王。洪武十三年（1380），20岁的朱棣进驻北平封国。当时徐达奉命镇守北平。

徐达不但是朱棣的师长，而且是他的岳父。

徐达是朱元璋的战将，长女徐氏自幼经常聆听父母讲解治国安邦的道理。她又聪明好学，过目不忘。她曾读过四书、五经、史书及文学等书，且能诗能文；又读过一些兵书战策，颇懂一些排兵布阵的作战之法，被人誉为"女诸生"的人杰。她德才兼备，品学兼优。

洪武八年（1375）冬，"女诸生"的传说传到朱元璋的耳朵，即当月下老人，想给四皇子朱棣与徐氏共筑爱巢，便传徐达入见。朱元璋开门见山地说："朕与卿同起布衣，患难与共，20余年始终无间。自古以来，君臣契合，往往结为婚姻。朕四子气质不凡，卿令爱聪明贤淑，二人年龄也相当（朱棣长2岁）。望卿能将令爱许给四子，佳儿佳妇结拜成亲，可使我们做父母的聊以自慰。"

徐达曾目见朱棣"姿貌秀杰，目重瞳子，龙行虎步，声若洪钟"，此时一听朱元璋启齿，心里乐开了花，便一言为定，说："能够嫁给殿下，是小女的福分，微臣岂有不同意之理呢？"

洪武九年（1376）正月十七日，由宫中宣制官正式宣布："册徐氏为燕王妃。"

在岳父徐达的教习下，朱棣武艺高强，且富勇有大略，多次受命北征元兵，屡建战功。

根据皇位嫡长子继承的传统，朱棣排行第四，根本不可能成为皇位的继承人。

洪武二十五年（1392），太子朱标病死在朱元璋之前头。这是白发送黑发，也是世界上最冤屈之事。兄终弟及（继），这对朱棣而言，顺理成章，是一个极好的机会。朱元璋也有此意，但这一机会又被传统继承法给否定了，为众大臣所阻，太子朱标的二儿子朱允炆被立为皇太孙（皇储），成了朱元璋皇位的合法继承人。失去这一机会之后，朱棣当皇帝的欲望反而越发膨胀起来。

洪武三十一年（1398）五月，朱元璋病逝，朱棣想当皇帝的野心勃勃，他误以为这下当皇帝的机会真的来了，他立即动身，日夜兼程地赶赴京城，想尽快圆个皇帝梦。但当他火速赶到了淮安，又遇上朝廷派出的使臣，使臣宣读了朱元璋的遗诏："诸王不得至京。"他听后，大失所望，这是第二次丧失坐天下的良机。"孙继祖位"的血脉传统又粉碎了他的皇帝梦。

洪武三十一年（1398）闰五月，22岁的皇储朱允炆，登极即大明皇帝位，成为明朝第二代皇帝，是为明惠帝。以次年为建文元年。

树倒猢狲散，随着朱元璋的病逝及朱允炆的嗣位，朱姓皇族中一场巩固皇权与夺取皇权的血战一触即发。

允炆对于藩王叔父们的权力过大、尾大不掉早有警觉。朱元璋健在的时候，也已经意识到这一问题的严重性。他曾充满自信地对储皇允炆说："我把防御蒙古的任务交给诸王，边防既有保障，你就可以做个太平皇帝了。"允炆听后沉思片刻，说："边境不安定有诸王抵御，诸王不守本分，由谁来抵御呢？"这句话一针见血地点破一个核心的要害问题。可见这个小子头脑清醒，担心的不是外侮，而是内御。朱元璋接过话题反问道："你的意见如何？"允炆斩钉截铁地回答："用德来怀柔他们，用礼来制约他们。这两条不灵，就削去他们的地盘，更换他们的封地。到再不行的时候，就只好用武力讨伐。"侃侃道来，先礼后兵，有理有利有节，这正是兵家谋兵。朱元璋亦有同感，说："对，再没有其他更好的办法了。"祖孙谋兵，所见略同，兵家谋兵，亦所见略同。

朱允炆初登帝位之时，对诸王亦采取"以德怀之，以礼制之"的策略。但各藩王拥兵自重，根本不买他的账，不以为然。

朱元璋总共封23个王，诸王在各自的府里诸置官属，地位极高，其中晋王朱㭎（太祖第三子），多智数，然性骄，在国多不法。他与燕王势力最盛。

建文帝对各藩王大为担心，害怕遭受叛变之灾。为了应付目前局面，他首先起用齐泰①和黄子澄②两名心腹。他征求黄子澄于密室，附耳密谈，说："诸叔父各自封国，拥兵自固，若有事变，我该如何对付呢。"黄子澄引用汉平七国的例子，为惠帝出谋于密室，说如此这般。惠帝又问："向谁先开刀？"齐泰主张先收拾燕王朱棣，认为以免打草惊蛇。但黄子澄却认为："周、齐、湘、代、岷各诸王，昔日曾有犯法前科，先削五王名正言顺，并且周王还是燕王的同母弟，削去周王的封地，就等于砍掉燕王的手足。"惠帝即同意此法。立即颁令将周王就地擒获归案，削去王爵，降为平民。一不做，二不休，同时将岷王朱梗、齐王朱榑、代王朱桂的王爵也一并削去。湘王朱柏为太祖第十二子，封国荆州，当时有人告其造反，恐惧，自焚死。

朱允炆对诸藩王下毒手，朱棣一时不敢做出反应，只是匿迹王府，称病不出，静观事态的动向。建文元年（1399），朱棣手下百户长倪谅③告燕府官校妄图谋反。

---

① 齐泰，初名德。洪武十七年举应天乡试第一，明年成进士，历礼、兵二部主事。为太祖器重，赐名泰，受顾命。建文时，进兵部尚书，与黄子澄同参国政，密议削藩。靖难兵起，又建议发兵讨伐。燕王朱棣率军入京，被执，不屈而死。

② 黄子澄，名湜，以字行世，洪武十八年会试第一，受编修，进修撰。建文帝即位，命兼翰林学士，与齐泰同参国政，共谋削诸藩王。燕王朱棣破京城，子澄被执，不屈，磔死，族人皆斩。磔（zhé），古时分裂祭牲以祭神叫磔。又陈尸曰磔，即分裂肢体的酷刑叫磔。俗称车裂。

③ 倪谅，建文时官燕山左护卫千户，因密告燕府中事，捕杀燕府官校于谅等。靖难后，被捕死。

在此严峻之情况下，朱棣干脆装疯卖傻起来，以便麻痹朱允炆，放松对其警惕：动辄于闹市中狂呼乱叫，强夺别人酒食；动辄恶语相向，满口胡言乱语，令人不知所云；又动辄醉倒于地，烂醉如泥，夜以继昼，不省人事。

当时受建文帝之命镇守和坐探北平的张丙、谢贵，时掌北平都指挥使司，受密令探视燕王。听闻燕王已疯癫，精神失常，但不敢轻信传言，于是借口前往探望病情虚实。此时，北平正值夏日炎炎，朱棣身披高档的羊绒衫，得的是羊痫风，又在火炉上烤火，浑噩麻木，糊里糊涂。见了张、谢二人，勉强支起病体相迎，嘴里仍喃喃自语，道："太冷！太冷！"眼见为实，张、谢不由信以为真。朱棣总算躲过一劫，朱允炆失去了安插耳目的作用。

再说朱棣当初赴北平时，有个叫道衍①的和尚，当他见到朱棣长相非凡，趋前道："大王使臣得侍，奉一白帽与大王戴，盖'白'冠'王'，其文'皇'也。"意思是说，如果你让我侍奉你，就送一顶白帽给王戴，王字之上加上一个白字，就是"皇"字了。直白地说，就是当上皇帝了。朱棣听了既高兴又紧张，因为刚封为燕王，此话一传出去，是冒风险，要砍头的。

道衍随朱棣赴北平之后，经常劝他道："造反吧，已经说了好几年了。"

朱棣听到前五王的悲惨命运，经过深思熟虑，权衡利弊再三，今人为刀俎②，我为鱼肉。与其束手就擒，不如举兵造反，杀出一条血路。

建文元年（1399）七月，朱棣终于誓师北伐，戈矛直指京都，打出"清君侧"③的旗号，自称为"靖难"④之师，以便师出有名。"靖难之役"又冠冕堂皇，庄严正大。

---

① 道衍是法号，名姚广孝，幼名天禧。明苏州府长洲人。年十四度为僧，名道衍，字斯道。通阴阳术数。洪武中从燕王至北平，住持庆寿寺，而常居府中，时时屏人语。建文时劝王举兵。为王策划战守机宜。辅世子居守，守御甚固。成祖即位，论功第一，拜太子少师，复其姓，赐名广孝，而不肯落发，常居僧寺。监修《太祖实录》，与修《永乐大典》。工诗，谥恭靖，有《姚虚子集》，亦名《姚少师集》。

② 刀俎（zǔ），即刀和砧板。

③ 清君侧，清除诸侯或皇帝身边的亲信。这一口号古已有之。常为王国或藩镇起兵反对朝廷的政治斗争手段，是一种口实，作一个假托的理由，可以利用的借口。

④ 靖难，平定变乱。指齐、黄为奸臣，起兵入清君侧，诛杀他们。这样，燕王便借口去建文年号，自置官属，布告天下，共同讨伐。

朱允炆在北京的耳目谢贵预知其事变，即调兵列九门防守。事情泄密，被朱棣诱杀。

朱棣手中只有十几万兵，而朝廷共有几十万兵，双方兵力悬殊。"清君侧"谈何容易，看起来只是以鸡蛋碰石头罢了。

惠帝几经斟酌，命令年已古稀的老将耿炳文，率领30万"问罪之师"，北伐燕军。

耿炳文，从小就随朱元璋起兵，其父耿君用守宜兴死战，炳文承袭父总管职与张士诚力战，取广德，克长兴，扼浙江门户。后战斗于各地，积功，官至大都督府。封长兴侯。建文元年为大将军御燕王靖难之师。

问罪之师（南）与靖难之师（北）交战不久，南军先锋部队全军覆没。八月，南军主力部队再败于滹沱河①。

惠帝只好又临阵换将，派李景隆代炳文为大将军。景隆不知兵，历掌左右都督府事，为世家子，诸宿将对其并不认同。与景隆谋兵，不如与妇人谋兵。围北平大败；会诸军进营白沟河，再战又大败，为常败将军耳，坐论则是，起行则非。

李景隆指挥60万问罪之师，燕王朱棣的靖难之师只有10多万，双方进行了惨烈的鏖战。最后朱棣的军队，被李景隆的军队重重包围，水泄不通。这时朱棣的第二个儿子朱高煦②指挥一些具有强大作战能力的生力军前来救援，但立即被南军击得溃不成军。朱棣的战马换了三匹，利剑折了三把，弹尽粮绝，陷入困境。

此前，朱棣设计撤去卢沟桥防线，诱敌深入，挥军直指永平、大宁，逼宁王交出精锐部队，包括兀良哈三卫的蒙古骑兵收归自己，这才增加了几万精锐兵力。

李景隆果然落入朱棣设下的圈套，他听闻朱棣挥师救永平，便于下月率军直指北平。

南军都督瞿能曾建大功，今从李景隆北伐，率其子力战，曾进迫北平彰义门。但心胸、气量、见识狭窄的李景隆，正当高歌猛进、胜利在望之关键时刻，立即命令瞿暂停进击，待大军赶到之后才发动总攻。他不可告

---

① 滹沱河（hū tuó hé），水名，又名滹池。子牙河北源，在今河北省西部。
② 朱高煦（xù），性凶悍，善骑射，靖难时为军锋，屡转败为胜。永乐二年，封汉王。宣宗即位，举兵反。帝亲征，废为庶人，禁锢于西安门内。

人的目的是怕瞿能立了头等功。这就失去了战机，给朱棣以喘息之机。又正值数九寒天，寒风刺骨，天上骤然飘雪。此时朱棣第三子朱高燧赵王，据守北平，命令将士连夜向城墙泼水，瞬间便结成一层厚冰。待李景隆的大军赶到时，早已失掉战机。问罪之师拼命攻城，久攻不下，军心已懈怠。这时朱棣从大宁、永平胜利班师赶到，内外夹击南军。李景隆本是纨绔子弟，衣来伸手、饭来张口之辈，此时已经吓破了胆，他率先丢戈弃甲，落荒而逃。群龙无首，所部被击得落花流水，哭爹叫娘，溃不成军。这是第一个回合。

李景隆还没有死心，又纠集60万大军北上，兴师问罪，与朱棣交锋于白沟河。

"会旋风起"，燕军突入驰击，瞿能父子战死，南军由此不振。

据《明史》载："会旋风起，折景隆旗，王（燕王）乘风纵火奋击，斩首数万，溺死者十余万。"

旋风就是螺旋状运动的风。出师交兵之时帅旗被旋风袭折，这是兵家最大、最恶、最凶的征兆。正当此时，一阵旋风立刻转成北风，风从北边向南边吹，北风雨雪，气象愁惨。朱棣乘风纵火，南军都睁不开眼睛，顿时犹如风卷残云，斩首数万，溺死十余万。

本来是南军握有胜利之券，仅仅一阵北风，谈笑间，樯橹灰飞烟灭。朱棣反败为胜，正是"风助我也！"这是第二个回合。

双方经过几番酣战之后，1402年，朱棣挥师从馆陶横渡黄河，一路继续高歌猛进，挥师直取扬州。

建文帝目击形势急转直下，危在旦夕，急忙派使臣径至燕军谈判，承诺割地停火。但是开弓没有回头箭，朱棣哪里肯握手言和。

当年六月三日，朱棣挥师横渡直击南军。燕军舳舻相接，旌旗蔽日，金鼓雷鸣。据江宁南岸防线的守军，被吓得魂飞魄散，屎滚尿流，一经交锋便全线崩溃，不堪一击。建文帝再次派使者求和，朱棣不加理睬。两军交战，不杀来使。但马不停蹄地长驱直入，兵已临南京城下。据守金川门的谷王朱橞（huì）与李景隆，目睹燕兵来势汹汹，吓破了胆，便乖乖打开城门迎降，燕兵直入金陵。

朱棣入金陵城的第一件头等大事，就是寻找建文皇帝朱允炆，"清宫"三日仍无结果，寥寥无几的宫人、太监均说已经自焚而死了。生不见人,死不见尸。朱棣又来一番猫哭老鼠,涕泪纵横地大哭道:"你这孩子真不懂事呀!怎么自私得弄到这种地步呢?"历时三年叔夺侄位的朱姓皇族之战,终于以朱棣的胜利而告终,这就是"一将功成万骨枯"啊!

建文四年(1402)七月,43岁的燕王朱棣在文武百官的拥戴下,坐上了金碧辉煌的御座,终于夺得了皇位。以第二年为永乐元年(1403),史称朱棣为永乐帝,是为明成祖。

朱棣登帝,圆了他多年来梦寐以求的皇帝梦。道衍和尚的话应验了。

无独有偶,尚有一个相术家袁珙(gǒng)。一次,袁珙正在一家酒店楼上喝酒,突然见燕王朱棣身着便服,带着一些侍从上楼来喝酒。袁珙一见燕王,立即迎上前跪在地上,磕头道:"殿下,您怎能够穿下人穿的衣服呢?"燕王朱棣扶起他,说:"我是侍卫。"袁珙郑重其事地说:"不必谦虚,您以后是要当皇帝的。"

袁珙,明庆元府鄞县人,字廷玉,号柳庄。好学能诗,从小跟人学习相术。洪武中,应燕王召至北平。成祖即位,拜太常寺丞。有《柳庄集》。

燕王登帝位,袁珙的话也应验了。

第二章
历史故事

晏子宰士没商量
—— 谈"二桃杀三士"

话说齐国有了晏婴（晏子）为相，齐景公也就有了恢复齐桓公时期霸业的雄心，但是时间一长，这位好高骛远的国君就熬不住了。他想通过豢养一批勇士的办法来建立自己的武功。当时，齐景公豢养了三个勇士：一个叫田开疆，一个叫公孙捷，一个叫古冶子，号称"齐国三杰"。

这三个人个个勇猛异常，力能搏虎，深受齐景公的宠爱；他们恃宠自傲，为所欲为。这时齐国田氏的势力越来越大，曾经联合国内几家大贵族，打败了掌握实权的栾氏和高氏。田氏家族势力的强大，直接威胁着国君的统治。而田开疆正属于田氏一族，晏婴很担心"三杰"为田氏效力，危害国家，便劝齐景公除掉这三个"上无君臣之义，下无长率之伦，内不以禁暴，外不可威敌"的勇士。齐景公担心"搏之恐不得，制之恐不中"。晏婴决定伺机智杀这三勇士。

一天，鲁昭公访问齐国，齐景公设宴款待。鲁国由叔孙蜡执礼仪，齐国由晏婴执礼仪，君臣四人坐在堂上，"三杰"佩剑立于堂下，态度十分傲慢。晏婴心生一计，决定乘机除掉他们。当两位君主酒至半酣时，晏婴说："园中金桃已经熟了，摘几个请二位国君尝尝鲜吧？"齐景公大悦，传令派人去摘。晏婴忙说："金桃很难得，还是臣亲自去吧。"不一会儿，晏婴领着园吏，端着玉盘献上六个桃子。众人一见，只见这些桃子个个硕大新鲜，桃红似火，香气扑鼻，令人垂涎。齐景公问："就结这几个吗？"晏婴说："还有几个没太熟，只摘了这六个。"说完恭恭敬敬地献给鲁昭公、齐景公一人一个金桃。鲁昭公边吃边夸奖桃味甘美。齐景公说："这桃子实在难得，叔孙大夫天下闻名，当吃一个。"叔孙诺谦让道："我哪里赶得上晏相国呢？相国内修国政，外服诸侯，功劳最大，这个桃应该他吃。"齐景公见二人争执不下，便说："既然二位谦让，那就每人饮酒一杯，食桃一个吧！"两位大臣谢过齐景公，把桃吃了。

这时，盘中还剩有两个桃子。晏婴说道："请君王传令群臣，谁的功劳大，谁就吃桃，如何？"齐景公自然明白晏婴的意图，于是传令下去。

三勇士而赐二桃，故意少其一。不足则争，因使其计功而食桃，意味着功大者得食桃，功小者不得吃。三勇士各言其功，都自认为功大无比。

果然，公孙捷率先走了过来，拍着胸膛说："有一次我陪大王打猎，突然从林中蹿出一头猛虎，是我冲上去，用尽平生之力将虎打死，救了国君。如此大功，还不应该吃个金桃吗？"晏婴说："冒死救主，功比泰山，可赐酒一杯，桃一个。"公孙捷饮酒食桃，站在一旁，十分得意。

古冶子见状，厉声喝道："打死一只老虎有什么稀奇！当年我送国君过黄河时，一只大鼋兴风作浪，咬住了国君的马腿，一下子把马拖到急流中去了。是我跳进汹涌的河中，舍命杀死了大鼋，保住了国君的性命。像这样的功劳，该不该吃个桃子？"齐景公说："当时黄河波涛汹涌，要不是将军斩鼋除怪，我的命早就没了。这是盖世奇功，理应吃桃。"晏婴忙把剩下的一个桃子送给了古冶子。

一旁的田开疆眼看桃子分完了，急得大喊大叫："当年我奉命讨伐徐国，舍生入死，斩其名将，俘虏徐兵五千余人，吓得徐国国君俯首称臣，就连邻近的郯国和莒国也望风归附。如此大功，难道就不能吃个桃子吗？"晏婴忙说："田将军的功劳当然高出公孙捷和古冶子二位，然而桃子已经没有了，只好等树上的金桃熟了，再请您尝了。先喝酒吧。"田开疆手按剑把，气呼呼地说："打虎、杀鼋有什么了不起。我南征北战，出生入死，反而吃不到桃子，在两位国君面前受到这样的羞辱，我还有什么面目站在朝廷之上呢？"说罢，竟挥剑自刎了。公孙捷大惊，也拔出剑来，说道："我因小功而吃桃，田将军功大倒吃不到。我还有什么脸面活在世上？"说罢也自杀了。古冶子更沉不住气了，大喊道："我们三人结为兄弟，誓同生死，亲如骨肉，如今他俩已死，我还苟活，于心何安？"说完，也拔剑自刎了。

鲁昭公目睹此景，无限惋惜，半天才站起身来说道："我听说这三位将军都有万夫不当之勇，可惜为了一个桃子都死了。"齐景公长叹了一声，沉默不语。这时，晏婴不慌不忙地说："他们都是有勇无谋的匹夫。智勇双全、足当将相之任的，我国就有数十人，这等武夫莽汉，那就更多了。少几个这样的人也没什么了不起，各位不必介意，请继续饮酒吧！"

晏婴料到二桃赏赐三勇士，他们必然不会遵照齐景公之命，"计功而食桃"，而是"无长幼之礼"，炫耀己功而抢桃。勇士相争，必以兵剑。不出晏婴所料，田开疆和公孙捷都争先恐后"援桃而起"，都自以为武功盖世，"无与人同矣"；古冶子也自以为其勇猛超过田开疆和公孙捷，但是桃已被他们抢占，于是拔剑而起，要求他们交出二桃。看来纷争已起，解决问题的方式或以刀兵相见，杀个你死我活，或交桃受辱，而辱为勇士最大的忌讳，如此必然以死免辱。以辱致人于死，则辱人者为不仁不义，不仁不义又甚于受辱，那么，辱人者又有何脸面活在世上？可以说，不管用哪种方式解决，三勇士都难免一死。

三士之死，虽属悲壮，但是他们居功自恃，甚至被人作为阴谋篡位的工具加以利用。四肢短小的晏婴伺机使巧，兵不血刃，不费吹灰之力，终以二桃杀死三个力可拔山的勇士，消除政治隐患，其智慧非寻常，但是手段也太阴险毒辣了。

"二桃杀三士"这个典故主要是写了晏子如何运用计谋（心理学）而杀掉了三个居功自傲的谋逆之臣。微不足道的桃子，被赋予了无上荣誉象征。二桃为三士所分，以最小的代价，造成了最大程度的客观意义和主观意义上的不平等，使得二枚桃子由绕指柔化为百炼钢，五步之内，足以夺人性命，也就不足为奇了。

这则成语故事最打动人的，是三位勇士的"君子之风"。晏子本想利用三人恃才傲物的弱点，让彼此相互争功，离间人心，从而削弱他们的政治威胁，并没有想到他们会舍生取义，有如此君子风度。他们开始时比较骄傲，都看重自己的事功，是古冶子的一番话让另二人感到了羞耻，当他们觉得自己做错事情时，宁愿用生命去弥补耻辱，这是一种很高贵的精神。古冶子后来的举动同样如此。所以他们自刎之后，无论是晏子还是君王，都有悲切之意，为稳定朝野，反错杀了三位大义将才。

历代"舌头"的价值

能力直接创造社会财富，能力比知识更重要，中国教育必须从灌输知识转向培养能力。

创造型人才必须具备七种能力：①科学研究的能力；②发明创造的能力；③组织管理的能力；④获得信息和情报的能力；⑤演讲与口才的能力；⑥文字和写作的能力；⑦社交和社会活动的能力。

刘勰在《文心雕龙·论说》中说："子贡曰：'出言陈辞，身之得失，国之安危也'，昔子产修其辞，而赵武致其敬，王孙满明其言而楚庄以惭，苏秦行其说而六国以安，蒯通陈其说而身得以全。夫辞者，乃所以尊君、重身、安国、全性者也。"

战国时期，七国争雄，秦国最强大。出于陋巷柴门的一个寒士苏秦，凭着胸中安邦定国之策和杰出的口才，游说秦国，希望受到重用，但秦王不赏识他。于是他转而游历天下，廷说六国之君，宣传合纵政策，结果大得重用，受封六国相印，使六国联合起来对付秦国。"当此之时，天下之大，万民之众，五侯之威，谋臣之权，皆欲决苏秦之策，不费斗粮，未烦一兵，未战一士，未绝一弦，未折一矢，诸侯相亲，贤于兄弟。"把秦置于死地。而纵横家张仪，针对苏秦的合纵政策，也用舌头为武器，说服秦国实行连横政策，并周游关东六国，宣传连横主张，终于打败六国之盟，解了秦国之困，为秦国灭六国铺平了道路。苏秦、张仪这两位纵横家之所以能功垂史册，名震天下，完全靠高超的口头宣传和演说才能。

张仪带着满腹才学和一张剑舌游说诸侯，有一次到楚国的相国家里做客，恰巧相国的一块璧玉被窃，家人都怀疑是张仪所为，认为他出身寒微，品行不端，璧玉肯定是他偷的。于是抓住他用竹板重打数百下，逼他承认，但他始终没有屈招，只好放他回国。张仪到家以后，妻子责备他说:"唉!你如果不去读书游说,哪会受到这样的羞辱呢!"张仪并不理会这些,却问妻子道:"看看我的舌头还在不在?"妻子笑着说:"舌头当然在啦!"张仪说:"这就谢天谢地了!"作为一个政治演说家,张仪懂得舌头的价值,并致力开发舌头的金矿。

孔子的教学计划就有"语言"一门科目,"不学诗,无不言。"《左传》有:"言之无文,行而不远。"这也是他的名言。要做到口若悬河,语惊四座,能说会道,出口成章,能言善辩,对答如流,就要具有广博的知识、丰富的联想,才能上下几千年,纵横数万里,古今中外,天南地北,旁征博引,滔滔不绝。

孔子、孟子、荀子、庄子、墨子、晏婴、李悝(kuī)、商鞅等既是思想家又是演说家。

秦末农民起义领袖陈胜在大泽乡的演讲简短有力:"各位因为路上遇雨,现已超过了规定的期限,而误了期限按照国法就要杀头。即使能够免于死罪,但是十分之六七的人免不了要死在戍守的地方。壮士不死则罢,要是明知送死倒不如造反称王。那些当王侯将相的人,难道是天生的吗!"言词简洁有力,鼓舞了千千万万的人,于是同心同德,揭竿而起。

日本首相田中角荣,我国的韩非、扬雄都曾深为自己的口吃病妨碍演讲而苦恼,经过艰苦的磨炼,矫正了口吃毛病,也都成为著名的演讲家。

这些先贤唯其如此,才能独步当时,留名后世。

成也萧何,败也萧何

"成也萧何,败也萧何",此为民间对西汉建国功臣萧何一生的经典概括,萧何是汉高祖刘邦的丞相。"成也萧何"是指韩信成为大将军是萧何推荐的;"败也萧何"是指韩信被杀是萧何出的计谋。不论是成功还是败亡都是由于同一个人。

秦末汉初,淮阴有一个名叫韩信的人,年轻时,生活孤苦,很被人瞧不起。后来,韩信投奔项羽,参加反秦。他曾向项羽提过一些作战建议,但都没有被采纳。韩信看到自己的才能无法施展,便改投刘邦。

一开始，刘邦也没有重用韩信，只让他当了一名小军官，一次犯了军法，还差点儿受刑处死。免死后，只让他充当一名管理粮草的小官（治粟都尉）。一次偶然的机会，韩信遇上了萧何。萧何是刘邦的亲信，刘邦对他可以说是言听计从。萧何与韩信一席长谈之后，对韩信非常钦佩，认为韩信是一个不可多得的军事天才。但是，正当萧何决定向刘邦推荐韩信的时候，韩信却逃跑了。原来，刘邦的部下多是徐州一带的人，刘邦被封为汉王，封地在汉中，地区偏狭，难以发展。因此，部下因想家而纷纷逃亡。韩信见刘邦没有重用自己的意思，也跟着跑了。

萧何得知韩信逃跑的消息，心急如焚，来不及报告刘邦，跳上战马，连夜把韩信追了回来。刘邦原来以为萧何也逃跑了，非常生气。后来得知萧何竟亲自追回韩信这样一个不起眼的小官，骂萧何是小题大做。萧何向刘邦详细地介绍了韩信的情况，然后说："韩信具有杰出的军事才能，不是普通的人才。您若甘愿做一辈子汉中王便罢，如要夺取天下，非重用此人不可。"由于萧何的力荐，刘邦终于同意拜韩信为大将军，并选择吉日良时，举行隆重的拜将仪式。

萧何

韩信被刘邦拜为大将军以后，充分发挥了自己的军事才能，为刘邦统一天下、建立汉朝立下了赫赫战功。但是刘邦做了皇帝以后，却对韩信越来越不放心，并且解除了韩信的兵权，由"齐王"改封为"楚王"；不久，又将韩信逮捕；赦免后，只封了个"淮阴侯"。韩信闲住长安，郁郁不得志，便图谋反叛，被人向刘邦的妻子吕后告发。吕后想把韩信召来除掉，又怕他不肯就范，就同萧何商议。最后，由萧何设计把韩信骗到宫中，吕后以谋反的罪名把韩信杀害在长乐宫。

后人根据这段历史，引出"成也萧何，败也萧何"这一成语来，比喻事情的成败或好坏都由于同一个人。

第三编

考究

第一章
器 物

史上五把名扇

随着科学技术的发展与普及,人们多使用电扇、空调,对于"夏日良友"的扇子似乎逐渐淡忘了。扇子已经完成它的历史任务,即将进入博物馆了。

扇子在古代人们的生活中占据了重要的地位,古人用扇以拂尘取凉。《世说新语·轻诋》:"大风扬尘,王以扇拂尘。"《晋书·王导传》:"常遇西风尘起,举扇自蔽。"扇也是障尘蔽日的用具,如掌扇。

根据扇子的结构形式与制扇不同的材料,有羽扇、竹扇、木扇、葵扇、绢扇、象牙扇、绣扇、檀香扇、团扇与柄扇之分。

史上的扇子多如牛毛,但享有盛名的仅有五把。

1. 诸葛亮与羽扇

第一把是被誉为古代人民智慧化身的诸葛孔明不离手的鹅毛大扇,为智扇。又名羽扇,是由鸟羽所制的扇。汉末盛行于江东,晋陆机有《羽扇赋》,蜀诸葛亮、晋顾荣皆有捉白羽扇指麾众军之事。其初扇羽用十,扇柄刻木象鸟骨,东晋后羽减为八,改为长柄。

羽扇纶巾,壮人之风雅闲散。殷芸《小说》:"武侯(诸葛亮)与宣王（司马懿）治兵，将战，宣王戎服莅事，使人密觇①。武侯，乃乘素舆葛巾，持白羽扇指麾，三军随其进止。宣王叹曰：'真名士也。'"宋苏东坡词《赤壁怀古》："遥想公瑾当年，小乔初嫁了，雄姿英发，羽扇纶巾，谈笑间，樯橹②灰飞烟灭。"

羽扇纶巾已成为"南阳有隐居，高眠卧不足"诸葛亮的特征，定三分隆中决策，"夫运筹帷幄之中，决胜千里之外"，往往摇动手中的白羽大扇，便是神策妙算随之而出之时。羽扇纶巾形象鲜明突出，充分体现出诸葛孔明幽默谐趣、散淡闲逸、超然物外、冷中带热的个性特征，给予大众"胸中自有百万雄师"、稳操胜算之感。

2. 铁扇公主与芭蕉扇

第二把是芭蕉法宝扇。这是长篇小说《西游记》中人物铁扇公主的大扇。此扇不仅风力强劲，能把齐天大圣孙悟空一扇就扇出五百里以外，而且能熄灭熊熊烈火。这是扇中的"巨无霸"。

铁扇公主又名罗刹女，为牛魔王之妻。因孙悟空曾请得观音收服其子红孩儿，对之怀恨在心。当唐僧取经路过火焰山，孙悟空向她借芭蕉法宝扇时，她坚决拒绝，并与悟空斗法，直到悟空变成蠓虫，钻进其腹内相威胁，才将扇献出。

3. 黄香与孝扇

第三把是黄香孝扇。黄香（约68—122），字文强，江夏安陆（今湖北云梦）人。东汉时期官员、孝子，是"二十四孝"中"扇枕温衾"故事的主角。因为黄香幼年时期勤奋好学，知识渊博，对父亲又十分孝敬，所以博得了许多人的赞美，名播京师，号曰"天下无双，江夏黄香"。后任郎中、尚书郎、尚书左丞，又升任尚书令。

黄香的母亲死得早，母亲死后，父子二人相依为命，日子过得很清苦。黄香知书达理，对父亲十分孝敬，在炎热的夏天，他用扇子把床上、枕上的席子扇凉，让父亲睡得舒服些；到了寒冷的冬天，他先钻进被窝，把被子温热一点，再请父亲睡下。因此父亲更爱护他，帮助他学习许多知识。黄香长大以后，做了官。在他当魏郡太守期间，有一次当地遭到水

---

① 觇（chān）：观测。
② 樯橹，本或作"强虏"。

灾，见百姓被洪水冲得无家可归，没吃没穿，黄香拿出自己的俸禄和家产，分给了受灾的百姓。

孝敬父母，是中华民族传统美德。孝感动天、戏彩娱亲、鹿乳奉亲、百里负米等二十四孝的故事一直广为流传。黄香扇枕温席也是二十四孝故事之一。

4. 苏轼与画扇

第四把是苏轼的画扇。苏轼（1037—1101），字子瞻，又字和仲，号东坡居士，自号道人，世称苏仙；汉族，北宋眉州眉山（今属四川省眉山市）人；宋代重要的文学家，宋代文学最高成就的代表。宋仁宗嘉祐（1056—1063）年间进士。其诗题材广阔，清新豪健，善用夸张比喻，独具风格，与黄庭坚并称"苏黄"；词开豪放一派，与辛弃疾同是豪放派代表，并称"苏辛"；又工书画。有《东坡七集》《东坡易传》《东坡乐府》等。

神宗（赵顼）熙宁五年（1072），即苏轼到杭州作通判①的次年秋天，判决借债一案。

状告人是本地的一个经营绸缎丝织品的商人，诉状本地的一个小商贩张二，在前一年冬天曾向他借了二万钱，说好一年还清，但已到还款期限，仍分文未付，数次讨债无果，大失信用，云云。

苏轼审阅状纸后，命差人传张二对簿公堂，当面对质证实。张二哭丧着脸诉说自己的惨境："我是赶季节做小本生意的人。去年冬天，我借了他二万钱购置折扇，岂料过了端阳，天气凉爽异常，而且不断细雨绵绵，还有谁来购买我的扇子呢？您瞧，这几日还在连连不断地下雨呢，真倒霉啊！哎……"说毕，泪水涟涟。苏轼听罢，细心思索再三。欠别人的钱叫负债，而"债"字左是单人旁，右边是责字，望文生义的人也会猜出来，人借钱负债了，有责任还。这本是天经地义不容置疑的道理。但是目下张二的处境艰辛，如果硬逼，可能逼出人命来，人命关天。苏轼道："张二，你快回家取三十把折扇过来。"在场的人都感到丈二和尚摸不着头脑。张二立即返家取来扇子。苏轼摊开折扇，铺平之后，挥笔作画，不

---

① 通判为官名。宋初鉴于五代藩镇权力太大，威胁朝廷，因用文臣知州，并置州、府通判，与知府、州府共理政事。以京朝官儒臣充之。

多久，便指着已经画毕的三十把扇子，再三叮咛张二："你立即带上街去卖，明说是苏东坡画的扇面，一千钱一把。"果然，人们一听说是苏东坡的宝贝字画，便争先恐后地抢购，不到半个时辰，三十把折扇便告罄。苏轼命张二连本带息还清二万钱给绸缎商，所剩下的钱给张二作本钱继续经营小本生意。张二再三道谢，笑逐颜开。人们亦皆大欢喜。

就这样，一件非常棘手的案子，苏轼亦轻而易举地了结了。"东坡画扇结案"的故事从此成为特大新闻，一传十，十传百，百传千，千传万，一时间便传遍杭州大街小巷，尽人皆知。原先，杭州的纸扇只有黑纸扇和白纸扇两种，自从苏轼画扇之后，人们的思想开窍了，都"新春开笔"，开发头脑中的金矿，开始学起来，有画虫鱼的，有画花鸟的，有描人物的，有画山水的，争妍斗艳，万紫千红。这样杭扇除了发挥取凉的功能之外，又提供了观赏价值，深受人们的欢迎，从北宋一直广为流传而不衰。苏轼当然万万料想不到他的这一创举，竟开创了杭扇在扇面上画画题诗之风。有的人家干脆将折扇摊开，高挂在客厅上，有的题上"夏天良友"，有的题上"风凉世界"，甚至有人当作珍品加以收藏。

5. 济公与破扇

第五把是济公和尚的破扇。儿童经常挂在嘴上的"鞋儿破，帽儿破""狗肉穿肠过"，这就是济公和尚的口头禅。

济公是历史上的真实人物，生于南宋绍兴十八年（1148），圆寂于嘉定二年（1209），原名李修缘，法名道济，浙江台州人，是当时天台临海都尉李文和的远房孙。因平生才华横溢，乐善好施，深知民间疾苦，惩处为富不仁之人，深受百姓爱戴尊为济公。济公剃度出家的地方就在灵隐寺，他一生的行迹被民间渲染得离奇古怪。事实上，济公是一位性格率真而颇有逸才的名僧，他的师父就是著名的瞎堂（慧远）禅师。济公佛学造诣颇高，但其一生行径与一般出家僧人也确有不尽相同的地方。济公一生怡然飘逸，喜好云游，出行四方，足迹遍及浙、皖、蜀等地。他常常为人采办药石，治病行医，解忧解难，广济民间疾苦。因此，其德行广为人们所传颂。济公活佛破帽破扇破鞋，貌似疯癫，不受戒律拘束，嗜好酒肉，举止似痴若狂，又叫济颠和尚。他的故事无人不知无人不晓，他好打不平，救人之命，扶危济困、除暴安良、彰善瘅恶等种种美德，广为传诵。他游方市井，专为市井草民扶危济困。专凭一把破扇，除暴安良，彰善痒恶。故世人多与扇为亲，与扇相熟，与扇有缘，亦称扇缘，即善缘或结善缘。

此外，扇缘又体现在人们提炼的表演艺术上，形成一种凝固的艺术形式——扇舞。

扇舞是汉族民间舞蹈形式之一，舞者手持折扇起舞。流行的地区极为广泛。广泛保存于秧歌、花灯、采茶灯、花鼓灯等民间舞蹈中。动作名目繁多，千姿百态，有单手舞一扇与双手舞二扇两种。动作有翻扇、转扇、抖扇、绣扇、摇扇、滚扇、抛扇等。舞扇对美化舞姿、抒发情感、表达舞蹈内容、塑造人物性格等有重要作用，故扇子成为舞蹈主要道具之一。

所言人们与扇相缘，杜甫《清明》诗："绣扇衔花他自得，红颜骑竹我无缘。"

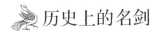 历史上的名剑

一、铸剑鼻祖欧冶子

欧冶子（约生活于公元前514年前后），春秋末期到战国初期越国人，中国古代铸剑鼻祖，龙泉与湛卢剑的创始人。福州古称冶城，市北的冶山和剑池，是欧冶子铸剑的地方。另福建北部的湛卢山，浙江龙泉七星井，均有欧冶子铸剑遗迹。

欧冶子诞生时，正值东周列国纷争，楚国先后吞并长江以南45国。越国就成为楚国的属国。少年时代，他从母舅那里学会冶金技术，开始冶铸青铜剑和铁锄、铁斧等生产工具。他肯动脑筋，具有非凡的智慧；他身体强健，能刻苦耐劳。他发现铜和铁性能的不同之处，冶铸出第一把铁剑"龙渊"（后改名龙泉），开创中国冷兵器之先河。

欧冶子铸造的一系列赫赫青铜名剑，冠绝华夏。在春秋五霸、战国七雄的争霸战争中，显示了无穷威力与摄人心魄的艺术魅力。欧冶子曾为越王勾践铸了五柄宝剑：湛卢、巨阙、胜邪、鱼肠、纯钧。

欧冶子铸的剑以湛卢剑最为有名，称为"天下第一剑"。

《越绝书·外传记宝剑》载："越王允常（勾践之父）命欧冶子铸

剑。"欧冶子到闽、浙一带名山大川遍寻适宜铸剑之处。当他见到湛卢山（今福建松溪县）清幽树茂，薪炭易得，矿藏丰富，山泉清冽，适宜淬剑，就结舍于此铸剑。3年辛苦，终于铸就了锋芒盖世的湛卢之剑。当时世上五大名剑是：湛卢、巨阙、胜邪、鱼肠、纯钧（又作纯钩），名列第一的是湛卢。此剑可让头发及锋而逝，铁近刃如泥，举世无可匹者。后代诗人题诗曰："十年云卧湛卢下。斗间瞻气有双龙，人间何处问欧冶。欧冶一去几春秋，湛卢之剑亦悠悠。"湛卢山也因此称为"天下第一剑山"。

传说有一天越王勾践坐在露坛（高台）上，突然看见宫中有一马车失控，犹如脱缰的野马，惊慌失措，东奔西窜，情绪失去控制，使宫中驯养的白鹿奔逃乱窜。说时迟，那时快，越王勾践早已将欧冶子铸成的巨阙拔出剑鞘，直指正在狼奔豕突中的马车，欲命果敢有力之人冲上去制止。但谁都意想不到，正在这拔剑直指之时，因剑气过于猛烈，穿越凌霄，直接将马车劈为两截。后来，勾践又命人抬来一口大铜锅，以此宝剑一刺，不费吹灰之力便将大铜锅刺穿了一个大缺口。

《越绝书·越绝外传记宝剑第十三》记载，越王勾践有五把宝剑，请善于相剑之士薛烛为其看剑，当看"纯钧"时，越王说，有人想用"有市之乡二、骏马千匹、千户之都二"做交易，可否？薛烛答曰："不可。当造此剑之时，赤堇之山，破而出锡；若耶之溪，涸而出铜；雨师扫洒，雷公击橐；蛟龙捧炉，天帝装炭；……欧冶子因天之精神，悉其伎巧，造为大刑三、小刑二：一曰湛卢；二曰纯钧；三曰胜邪；四曰鱼肠；五巨阙……今赤堇之山已合，若耶之溪深而不测。群神不下，欧冶子即死。虽复倾城量金，珠玉竭河，犹不能得此一物，有市之乡二、骏马千匹、千户之都二，何足言哉！"上述记载，虽然带有传说的成分，但也足见欧氏所铸之剑之绝妙。

又据《越绝书》记载，欧冶子曾应楚昭王之邀与干将（传说与欧冶子同师）一起"凿茨山，泄其溪，取铁英，作为铁剑三枚：一曰龙渊、二曰泰阿、三曰工布（一作工市）"。楚王曾引泰阿之剑大破晋郑王三军。

二、双剑化龙

据《晋书·张华传》载，张华为西晋范阳方城（今河北固安）人，字茂先。西晋时期政治家、文学家、藏书家。西汉留侯张良的十六世孙，唐朝名相张九龄的十四世祖。张华年轻时便多才多艺，受到时人赞赏。在曹魏历任太常博士、河南尹丞、佐著作郎、中书郎，西晋建立，拜黄门侍郎，封关内侯。他学识渊博、工于书法、记忆力极强，被比作子产。后拜中书令，加散骑常侍，坚决支持司马炎伐吴，战时任度支尚书。吴国灭亡后进封广武县侯，又出镇幽州，政绩卓然。后入朝任太常。惠帝继位，任太子少傅，因功拜右光禄大夫、开府仪同三司、侍中、中书监，被皇后贾南风委以朝政，张华尽忠辅佐，使天下仍然保持相对安宁。后封壮武郡公，又迁司空。永康元年（300），赵王司马伦发动政变，张华被杀害，享年69岁。

据说，当初吴国还未灭亡时，斗星与牛星之间常有紫气，相信道术的人都认为这是象征吴国正强大，不可征伐，只有张华不以为然。吴国平定之后，紫气更加明显。张华听说豫章人雷焕精通谶纬天象，就邀请雷焕与他同住，避开旁人对他说："我们一起去寻察天象，可以知道未来的吉凶。"二人登楼仰观天象，雷焕说："我观察很久了，斗星牛星之间，有非常不一般的气息。"张华说："这是什么吉祥的征兆呢？"雷焕说："是宝剑的精气，上贯于天。"张华说："你说得对。我少年时，有个相面的说，我年过六十，会位登三公，并当得到宝剑佩带。这话大概是会应验的。"因而又问道："剑在哪个郡？"雷焕说："在豫章的丰城。"张华说："想委屈您到丰城做官，一起暗地寻找这把剑，可以吗？"雷焕答应了。张华大喜，立即补任雷焕为丰城县令。雷焕到丰城后，挖掘监狱屋基，下挖四丈多时，发现一个石匣，发出不一般的光彩，匣中有两把剑，剑上都刻有字，一把名龙泉，一名泰阿。这天晚上，斗牛之间的紫气消逝了。雷焕用南昌西山北岩下的土擦拭这两把剑，发出的光芒艳丽四射。用大盆装水，把剑放在上面，看上去光芒炫目。雷焕派人送其中的一把剑和北岩土给张华，留一把剑自己佩用。有人对雷焕说："得到两把却只送一把，瞒得过张公吗？"雷焕说："本朝将要大乱，张公也要在祸乱中遇害。此剑应当悬于徐君（徐稚）墓树之上。这是灵异之物，终究会化为他物而去，不会永远为人所佩带。"张华认为南昌的土不如华阴赤土，于是给雷焕写信说："详观剑文，这把剑就是干将，与它相配的莫邪，怎么没有送来？尽管二剑分离，天生神物，但终究会会合的。"因而送给雷焕一斤华阴土。雷焕用华阴土擦拭剑，剑更加光亮。张华被杀后，宝剑不知去向。雷焕去世后，其子雷华任州从事，一次带剑经过延平津时，剑忽从腰间跳出落入水中，雷华让人进入水中找剑，一直找不到剑，只见到两条身上有花纹的龙各长数丈，盘绕在水中，寻剑的人在惊惧之下离开。一会儿水中光彩照人，波浪大作，这把剑也就消逝了。雷华叹息道："先父化为他物的说法，张公终将会合的议论，今日算是验证了。"

三、宝剑唯仁者居之

吴国曾多次战败越国，吴越又是邻国，越王勾践在万分无奈的情况下将五剑之首的湛卢送给吴王夫差，但宝剑很快就不翼而飞。

当时，楚国国君为楚昭王。他即位之初便让令尹子常杀谗臣费无忌，以平众怒，大得人心。有一次，楚昭王在宫中梦断，一觉醒来，发现枕边有一把寒光四射的宝剑。他疑惑未解，这到底是凶是吉呢，满腹疑团。第二天一早，便急召风胡子入宫，以剑示之，问以究竟。

风胡子观剑而大骇曰："君王何从得此？"昭王曰："寡人卧觉，得之于枕畔，不知此剑何名？"风胡子曰："此名'湛卢'之剑，乃吴中剑师欧冶子所铸。昔越王铸名剑五口，吴王寿梦闻而求之，越王乃献其三，曰鱼肠、磐郢①、湛卢。鱼肠以刺王僚，磐郢以送亡女，惟湛卢之剑在焉。臣闻此剑乃五剑之英，太阳之精，出之有神，服之有威，然人君行逆理之事，其剑即出，此剑所在之国，其国祚②必绵远昌炽③。今吴王弑王僚自立，又坑杀万人，以葬己女，吴人非怨，故湛卢之剑，去无道而就有道也！"昭王龙颜大悦，即佩于身，以为至宝，宣示国人，以为天瑞。

中华传统文化是神传文化，无论服饰、用品、器具等均讲究天人合一，即天道和人道、自然和人为的相通、相类和统一。力求天人协调、和谐一致，为中国古代哲学的特色之一。

宝剑是天人文化的融合与统一，亦与佛道观念、礼治理念相统一。它体现出天人合一的理念，与现实生活的着装和谐及优美高雅的姿态融为一体。所以，剑术、武术与诗词歌赋、音乐舞蹈、琴棋书画、品茗茶道等文

---

① 磐郢，相传是春秋越欧冶子所铸剑：一曰鱼肠；二曰磐郢，一名豪曹；三曰湛卢。越王取以进于吴，吴王阖闾女死，取磐郢以殉（陪葬）。
② 国祚（zuò），福，赐福。即福及子孙。
③ 绵远昌炽，绵长，久远。昌炽，昌盛。

化艺术，均与中华传统文化相结合，在中国历史的传承与发展过程中，都充分显示出天人合一的道德内涵和丰富的底蕴。

天人合一，随着人的修身实践而不断升华。《庄子·大宗师》："修行无有，而外其形骸。"《淮南子·诠言》："君子修行而使善无名。"所以，剑有剑德，武有武德①。

德就是道德。德为万福之源，令人畏威易，使人怀德难。所以，非大恩大德的人是绝对不能得天下的宝剑的。越王勾践、楚昭王、张华、雷焕之能佩剑，是为有德之士。吴王、雷华是为无德之辈，故得而复失，与不得同。

仁者之师无敌，仁者亦无敌于天下。仁者自有不浅福气，福星高照，福如东海长流水，所以宝剑必然飞来。

宝剑稀奇神异，亦为神物。天下清宁，神物乃降。宝剑亦有天赋灵性，是宝物之有知，择善而从，择主而事。故人君行逆理之事，众叛亲离，其剑必出。

宝剑所向披靡，无坚不摧，威力无边，故一出世，星斗避怒，鬼神悲号。所以，它是降妖魔的"照妖镜"。

宝剑为巧夺天工的神物，它的横空出世非同凡响。想当年干将、莫邪夫妻在铸剑之时，精选天下最佳质量的铁、铬、锡、铅等金属，选择良辰吉日，诸神临观，令三百童男童女鼓风烧炭，炼制三月而铁精不化。于是乎，莫邪洗发泼身，更衣，不饮酒，不吃荤，整洁心身，以示虔诚，而后投身入炉。少顷，金属熔解，炼就出纯净的雌雄两口宝剑，雄剑干将，雌剑莫邪。干将把雄剑藏起来传给儿子，将雌剑献给吴王阖闾。阖闾当时用这把剑去斩一块磐石，剑气所逼，剑锋所及，金石为之开，分成两块。人们称这块磐石为"试剑石"。这块试剑石历经2500年的风风雨雨，饱经沧桑，今仍存在于江苏苏州市西北虎丘山，又名海涌山。《越绝书·吴地传》："阖闾冢在阊门外，名虎丘。"

据说，试剑石有数处：①在今江苏苏州之虎丘，相传秦王试剑于此。与剑池、千人坐、点石头等，并为山中胜景。②在今广西桂林市伏波岩，

---

① 武德就是武道。《国语·晋》："有孝德以出在公族，有恭德以升在位，有武德以羞为正卿，有温德以成其名誉。"

悬石如柱,离地一寸,相传汉马援试剑于此。③在今江苏镇江市之北固山,相传为吴大帝(孙权)试剑于此。

时世安乐,天下太平,时代兴盛,乾坤定矣,钟鼓乐之。只有在如此和谐的社会,麒麟、凤凰、神龟、神龙四灵才会出现,宝剑也才会横空出世,因为如此祥和的社会与自然环境适合它们,与人间其乐也融融,其乐也泄泄。否则,宝剑亦会如昙花一现般消逝。

湛卢为天下首屈一指之宝剑,据传后为春秋赵国大将李牧①所有,经大唐"三箭定天山"的名将薛仁贵②,传至最后一位主人是南宋名将岳飞③,后他以"莫须有"罪名被杀害之后,湛卢宝剑也自此去向无踪。此剑只应天上有,只恐乘龙上天。不仅湛卢如此,即使莫邪、干将、巨阙、龙泉、鱼肠、工布、泰阿、纯钧等名满神州的宝剑,亦不动声色地离开了尘世。

宝剑是神剑,是仁者之剑。仁者无敌于天下,只有仁者才有福气佩带。

四、越王勾践剑

越王勾践剑,春秋晚期越国青铜器,出土于湖北江陵马山5号楚墓。因剑身上被镀上了一层含铬的金属而千年不锈。经无损科学检测,其主要合金成分为铜、锡、铅、铁、硫等。花纹处含硫高,因硫化铜可防锈。

剑通高55.7厘米,宽4.6厘米,柄长8.4厘米,重875克,极其锋

---

① 李牧(?—公元前229年),嬴姓,李氏,名牧,柏仁(今河北隆尧)人,战国时期的赵国军事家,与白起、王翦、廉颇并称"战国四大名将"。李牧先是在赵国北部边疆抗击匈奴;后以抵御秦国为主,因在宜安之战重创秦军,得到武安君的封号。公元前229年,赵王迁中了秦国的离间计,听信谗言夺取了李牧的兵权,将李牧杀害。不久后,赵国也就被秦国灭掉了。

② 薛仁贵,唐绛州龙门人,名礼。少种田为业。太宗贞观中应募从军,从征辽东,着白衣持戟腰两弓,以骁勇闻名全军,迁右领军中郎将。高宗永徽时帝幸万年宫,山水暴至,仁贵救驾有功,赐御马。显庆中,破高丽,擒契丹王,以功拜左武卫将军。又击突厥九姓于天山,发三矢,辄杀三人,于是虏慑皆降。军中歌曰:"将军三箭定天山,战士长歌入汉关。"乾封初以降扶余等四十城等封平阳郡公。咸亨元年吐蕃入寇,唐军败,仁贵退守大非川,除名为庶人。未几,高丽余众叛,仁贵起为鸡林道总管,复坐事贬象州。会赦还,高宗思其功,起授瓜州长史,不久拜右领军将军,检校代州都督。卒于官。

③ 岳飞(1103—1142),字鹏举,宋相州汤阴县(今河南安阳汤阴县)人,南宋抗金名将,中国历史上著名军事家、战略家、民族英雄,位列南宋"中兴四将"之首。他于北宋末年投军,从1128年遇宗泽起到1141年为止的十余间,率领岳家军同金军进行了大小数百次战斗,所向披靡,"位至将相"。1140年,完颜兀朮毁盟攻宋,岳飞挥师北伐,先后收复郑州、洛阳等地,又于郾城、颍昌大败金军,进军朱仙镇。宋高宗、秦桧却一意求和,以十二道"金字牌"下令退兵,岳飞在孤立无援之下被迫班师。在宋金议和过程中,岳飞遭受秦桧、张俊等人的诬陷,被捕入狱。1142年1月,岳飞以"莫须有"的"谋反"罪名,与长子岳云和部将张宪同被杀害。宋孝宗时岳飞冤狱被平反,改葬于西湖畔栖霞岭。追谥武穆,后又追谥忠武,封鄂王。

利。刻有"钺王鸠浅，自乍用鐱"八字。即：越王勾践，自作用剑。

公元前494年，吴国和越国的军队进行了一场生死搏杀，越军大败。在献上了绝世美女西施后，越国的国王勾践成了吴王夫差的马夫。卧薪尝胆、忍辱负重三年后，勾践回到越国，他任用贤臣，发展生产，东山再起。用了9年时间灭掉了吴国，并成为春秋时期最后一名霸王。"鸠浅"就是这位卧薪尝胆的越王勾践的名字。而这把剑就是这位春秋霸主的王者之剑。

1965年12月，考古工作者在湖北江陵一座楚国的墓葬中，出土了600多件器物，其中就有这柄铜剑。

越国位于浙江，怎么越王勾践的宝剑却是在湖北江陵的一个楚国贵族墓中出土了呢？这涉及楚、越两国的关系，对此曾引起许多人的关注和探讨，主要有两种意见：一种是嫁妆说，勾践曾把女儿嫁给楚昭王为姬，因此，这柄宝剑很可能作为嫁女时的礼品到了楚国，后来，楚王又把它赐给了某一个贵族，于是成了这位楚国贵族的随葬品。另一种意见是战利品，即公元前309—前306年间，楚国出兵越国时楚军缴获了此剑，带回了楚国，最终成了随葬品。

成语"卧薪尝胆"中的男主角勾践嗜好铸剑。据《拾遗记》记载："越王勾践，使工人以白马白牛祀昆吾之神，采金铸之以成八剑之精，一名掩日，二名断水，三名转魄，四名悬翦，五名惊鲵，六名灭魄，七名却邪，八名真刚。"他还热衷于搜集和珍藏名剑。当时的宝剑鉴定大家薛烛，当他看到勾践珍藏的宝剑时，大吃一惊，说他从来没有见过这稀世之宝。

由于勾践名剑众多，收藏价值极高，并且古代尚武之风浓郁，一把稀世神兵更是世人所追求的。特别是勾践死后，有许多人士曾绞尽脑汁去寻找他所珍藏的宝剑，但一无所得，直到1965年湖北省江陵纪南城楚墓发掘时发现了这柄剑。出土时，该剑置于黑色漆木剑鞘内，出鞘时剑身寒光闪闪，毫无锈蚀，刃薄锋利，2000多年前先人的铸造工艺令人叹为观止。随即此剑便获得了"天下第一剑"之名，作为镇馆之宝被湖北省博物馆珍藏，被称为我国国家一级文物中的极品。

五、干将莫邪雌雄剑

干将是楚国最有名的铁匠,他打造的剑锋利无比。楚王知道了,就命令干将为他铸宝剑。

干将花了三年工夫,终于铸炼出一对宝剑。这是他一生中铸得最好的剑。可是干将明白楚王的脾气,要是他得到了世上罕见的宝剑,一定会把铸剑的人杀掉,免得将来再铸出更好的剑来。

宝剑铸了两把并分有雌与雄。干将的妻子当时怀孕就要生孩子了,丈夫便对妻子诉说道:"我替楚王铸造宝剑,好多年才获得成功,我要前去送剑给他的话,他必杀死我。你如果生下的孩子是男孩的话,等他长大成人,告诉他说:'走出家门看到南山,一棵松树生长在一块巨石上,我留下的另一把剑就藏在巨石的背后面。'"随后就拿着一把雌剑前去进见楚王。楚王非常愤怒,命令人来察看宝剑,发现剑原有两把,一把雄的,一把雌的,雌剑被送呈上来,而雄剑却没有送来。楚王暴怒,立即把铸剑的干将杀死了。

莫邪的儿子名叫赤,等到他后来长大成人了,就向自己的母亲询问道:"我的父亲究竟在哪里呀?"母亲说:"你的父亲给楚王制作宝剑,用了好几年才铸成,可是楚王却发怒,杀死了他。他离开时曾嘱咐我:'告诉你的儿子:出家门后看到南山,一棵松树生长在一块巨石上,宝剑就在石头的背后面。'"于是,赤走出家门向南望去,不曾看见有什么山,只是看到屋堂前面松木柱子下边的石块,就用斧子击破它的背后面,终于得到了雄剑。从此以后,赤便日思夜想地要向楚王报仇。

一天,楚王在梦中恍惚看到一个男儿,双眉之间有一尺宽的距离,相貌出奇不凡,并说道定要报仇。楚王立刻以千金悬赏捉拿他。男儿随即逃亡而去,躲入深山唱歌。路过的客旅中有一个遇到他悲歌的,对他说:"你年纪轻轻的,为什么痛哭得如此悲伤呢?"男儿说:"我是干将、莫邪的儿子,楚王杀死了我的父亲,我定要报这杀父之仇。"客人说:"听说楚王悬赏千金购买你的头,拿你的头和剑来,我为你报这冤仇。"男儿说:"太好了!"说罢立即割颈自刎,两手捧着自己的头和雄剑奉献给客人,自己的尸体僵直地站立着,死而不倒。客人说:"我不会辜负你的。"这样,尸体才倒下。

客人拿着男儿的头前去进见楚王，楚王非常欣喜。客人说："这就是勇士的头，应当在热水锅中烧煮它。"楚王依照客人的话，烧煮头颅，三天三夜竟煮不烂。头忽然跳出热水锅中，瞪大眼睛非常愤怒的样子。客人说："这男儿的头煮不烂，希望楚王亲自前去靠近察看它，这样头必然会烂的。"楚王随即靠近那头。客人用雄剑砍楚王，楚王的头随着落在热水锅中；客人也自己砍掉自己的头，头也落入热水锅中。三个头颅全都烂在一起，不能分开识别，众人于是合葬了它们。

六、两千多年前的神剑仍寒光闪闪

秦兵马俑坑是秦始皇陵陪葬陶兵马俑的埋葬坑，是公元前259—前210年的陵墓，位于陕西西安市临潼区东部骊山北麓。秦始皇即位时役使70万刑徒开始修建，公元前210年下葬，历时36年。1974年以来试掘了四个坑，除4号坑是空坑外，其他三个坑都置有兵俑、驾车陶马

秦兵马俑坑

等。武士俑头梳各式发髻，身披铠甲或短袍，挟弓挎箭，或手执剑、矛、弩机等兵器。造型生动，刻画精致，阵容庞大，出土的兵器成千上万。其中的宝剑闪耀着寒光，锋芒毕露，锋利无比。

这批兵器深埋地下到出土，历时已有2200年的时间，缘何不生锈而又锋利无比呢？

经过专家们使用激光显微光谱、光谱、X光、电子探针等对这批青铜器，包括矛、镞、剑等进行分析检验，推断这批兵器的表面居然镀上一层含铬①化合物，不仅比例匀称，细致精密，而且超薄，技艺超绝。令人击节赞叹，惊奇不已。

又经过专家们的测检，这些兵器还含有锡和铅等元素，所以铸成的剑不仅锋利无比，锋芒外露，而且极富韧性，受外力作用时，即便产生变形

---

① 铬（gè），银灰色，有延展性，耐腐蚀。用来制特种钢等，镀在别种金属上可以防锈。

也因为富有弹性而不易折断。当时的冶炼技术的高超，已达到了绝妙的境界。

青铜是金属冶铸史上最早的合金，在纯铜（红铜）中加入锡或铅的合金，有特殊重要性和历史意义。

青铜是现代人给予的名字，古时青铜是黄色偏红，而埋在土里后颜色因氧化而青灰，称为青铜。与纯铜（红铜）相比，青铜强度高且熔点低〔25%的锡冶炼青铜，熔点就会降低到800℃。纯铜（红铜）的熔点为1083℃〕。青铜铸造性好，耐磨且化学性质稳定。

青铜发明后，立刻盛行起来，从此人类历史也就进入新的阶段——青铜时代。早在公元前3000年就已制造出青铜，但用作一般应用的人工制品要晚得多。最早的青铜器出现于6000年前的古巴比伦两河流域。

中国青铜器文化的发展划分为三大阶段，即形成期、鼎盛期和转变期。形成期是指龙山时代，距今4500—4000年；鼎盛期即中国青铜器时代，包括夏、商、西周、春秋及战国早期，延续时间约1600余年，也就是中国传统体系的青铜器文化时代；转变时期指战国末期至秦汉时期，青铜器已逐步被铁器取代，不仅数量上大减，而且也由原来礼乐兵器及使用在礼仪祭祀、战争活动等等重要场合变成日常用具，其相应的器别种类、构造特征、装饰艺术也发生了转折性的变化。

杨贵妃与石榴裙

石榴，又名"安石榴"，夏季开花。花有结实花和不结实花两种，常呈橙红色，亦有黄色和白色。中国传统文化视石榴为吉祥物，视它为多子多福的象征。

在唐代，石榴裙是年轻女子极为青睐的一种服饰款式。这种裙子色如石榴之红，不染其他颜色，往往使穿着它的女子俏丽动人。如唐人小说中的李娃、霍小玉等，就穿这样的裙子。唐诗中亦有许多描写，如李白诗："移舟木兰棹，行酒石榴裙"；白居易诗："眉欺杨柳叶，裙妒石榴花"；杜审言诗："桃花马上石榴裙"；万楚五诗："红裙妒杀石榴花"；武则天诗:"不信比来长下泪,开箱验取石榴裙"等。唐人万楚在《五日观妓》中说:"眉黛夺将萱草色,红裙妒杀石榴花。"韦庄也唱道:"莫恨红裙破,休嫌白屋低"(《赠姬人》)。

有关"石榴裙"的最早记载,要追溯到南朝梁元帝萧绎,他在《乌栖曲》中的填词有"芙蓉为带石榴裙"句。上句为:"蛟龙成锦斗凤纹。"南北朝诗人何思澄在他的《南苑逢美人》诗中就写过:"媚眼随娇合,丹唇逐笑分。风卷葡萄带,日照石榴裙",用石榴来暗比心中美女。

宋代的刘铉《乌夜啼》中就把石榴直指女子的裙裾了:"垂杨影里残红。甚匆匆。只有榴花、全不怨东风。暮雨急。晓鸦湿。绿玲珑。比似茜裙初染、一般同。"

到了明代,石榴裙的说法就固定下来,如蒋一葵的《燕京五月歌》:"石榴花发街欲焚,蟠枝屈朵皆崩云。千门万户买不尽,剩将女儿染红裙。"

石榴裙一直流传至明清,仍然受到妇女欢迎。《红楼梦》里亦有大段描写,可相印证。

在我国,有关石榴裙的传说,比石榴果还要丰富生动,红得似火的石榴花,易于想到男子对异性的热烈追求和向往。

"拜倒在石榴裙下"是句比喻男子对风流女性崇拜倾倒的俗语。这句俗语的产生与唐明皇和杨贵妃有关。

据说杨贵妃很喜欢石榴,唐明皇为了迎合她的所好,便在王母祠内和华清池西绣岭等范围广大的地方栽培石榴。每逢夏季石榴花盛开之时,这位风流天子便陪伴着爱妃去欣赏玩味石榴花,并在花丛中设宴、欢饮、作歌、填词,追欢逐乐。

杨贵妃每在饮酒三杯入肚之后,两颊犹如绯红的晚霞,妩媚多姿,秀色可餐,亭亭玉立,更让唐明皇神魂颠倒。他经常将爱妃被酒染得绯红的脖子与石榴花比,看哪一个更加艳丽夺目。

唐明皇不爱江山爱美人,整日寻欢作乐,朝政日非。但文武大臣不敢非难皇上,只得迁怒于杨妃,见了她也不行致敬礼,贵妃深为难堪,必然委屈而憋气。

一日,唐明皇设宴,盛情款待群臣,三杯到肚之后,请爱妃为群臣献舞,表演助兴。但贵妃却将酒杯恭敬地端起,款步敬送到皇上唇边,低言耳语道："这批臣子对臣妾不恭敬，妾不愿意为他们献舞助兴。"唐明皇听罢，大为动怒，对爱妾的委屈深为难过，当即下令所有文武大臣，日后见到了贵妃一定要下跪行跪拜礼，否则，当作欺君罪论处，严惩不贷。自此，文武百官只有遵行。只要见到杨贵妃，莫不俯首，以头叩地，致以最敬重的礼节，这就是"拜倒在石榴裙下"一词的来历。于是"拜倒在石榴裙下"的典故流传千年，至今成了崇拜女性的俗语。

寿阳公主梅花妆

宋武帝刘裕（363—422），字德舆，小名寄奴，祖籍彭城县绥舆里，生于晋陵郡丹徒县京口里，汉楚元王刘交之后，南北朝时期政治家、改革家、军事家，曾两度北伐，收复洛阳、长安等地，功勋卓著。后功高震主，篡晋自立，建立南朝宋政权。

永初元年（420），刘裕废晋恭帝司马德文，自立为帝，国号宋，定都建康，南朝开始。执政期间，吸取前朝士族豪强挟主专横的教训，抑制豪强兼并，实施土断，整顿吏治，重用寒门，轻徭薄赋，废除苛法，改善政治和社会状况。他对江南经济的发展，汉文化的保护发扬有重大贡献，被誉为"南朝第一帝"。

寿阳公主是南朝时宋武帝刘裕的女儿，寿阳公主的人生在史书上没有留下更多的记载，然而那朵小小的梅花，却将她的名字留在了暗香浮动的梅林间。中国众多的花神中就有她的身姿。世人传说寿阳公主是梅花的精灵变成的，因此寿阳公主成为正月的花神。

南朝某年农历正月初七这天的下午，寿阳公主与宫女们在宫廷里嬉戏。过了一会儿，寿阳公主感到有些累了，便躺卧在含章殿的檐下小憩。这时恰好有一阵微风吹来，将腊梅花吹得纷纷落下，其中有几朵碰巧落到了寿阳公主的额头上，经汗水渍染后，在公主的前额上留下了腊梅花样的淡淡花痕，拂拭不去，使寿阳公主显得更加娇柔妩媚。皇后见了，十分喜欢，特意让寿阳公主保留着它，三天后才将其用水洗掉。

此后，爱美的寿阳公主便时常摘几片腊梅花，粘贴在自己前额上，以助美观。宫女们见了,个个称奇,并跟着仿效起来。不久,这种被人们称为"梅花妆"(或简称"梅妆")的妆饰方式便在宫中流传开来。后来,"梅花妆"又进一步流传到民间,并受到了女孩子们的喜爱,特别是那些官宦大户人家的女孩子以及歌伎舞女们,更是争相仿效。

由于腊梅有季节性,不能经常保持,于是,女子们便想方设法采集其他黄色花粉,而后做成涂饰粉料代替腊梅,以便长期使用。大家把这种粉料称为"花黄"。也有用黄纸剪成各种花样贴上的。

在当时,人们都认为不贴花黄,就缺少了女性特征。用黄颜色在额上或脸上两颊画成各种花纹成为少女的一种必不可少的装饰。但少女出嫁以后,就要改变这种贴黄的装饰,别作一番打扮。同时,"黄花"在古代又指菊花,因菊花能傲霜耐寒,常用来比喻人有节操。因此,人们在"闺女"前面加黄花,不仅说明这个女子还没有结婚,还说明这姑娘心灵美好,品德高尚。这样,"黄花闺女"就成了未出嫁的年轻女子的代名词了。

"梅花妆"后来有所发展,不只是黄色,还有红色和绿色;也不只是梅花形,也有动物形,比如小鸟、小鱼、小蝴蝶;材料也不只是金箔,还有纸片、玉片、干花片、鱼鳞片,最妙的是用蜻蜓翅膀。宋人陶谷在《清异录》上说:"后唐宫人或网获蜻蜓,爱其翠薄,遂以描金笔涂翅,作小折枝花子。""花子"就是贴花,把蜻蜓翅膀剪成花瓣形,涂上金粉,贴在额上,比金片更轻薄精致。到宋代以后,女子渐渐不贴花钿了,但后来只要形容艳妆或精致的妆容,就用"梅花妆"一词。

 彩票溯源

世界上发明彩票的人到底是谁,专家学者们众说纷纭,莫衷一是,公说公有理,婆说婆有理。

早在基督教经典《圣经》中就有所记载,《圣经》"民数记"第26章:"耶和华晓谕摩西说:'你要按着人名的数目,特地分给这些人为业。人多的,你要把产业多分给他们;人少的,你要把产业少分给他们,要按照被数的人数，把产业分给各人。虽是这样，还要拈阄分地。他们要按着祖宗各支派的名字继承为业，要按着所拈的阄，看人数多，人数少，把产业分给他们。'"犹太人古代的首领摩西就是根据耶和华的晓谕把约旦河西岸的土地，以拈阄的方法授予其子民的。这种拈阄方法有似后来的彩票。

拈阄又称"抓阄"。即遇难决之事时，以标有记号的纸片或纸团，抽取其一，以作决定；或从预先做好记号的阄中每人取一个，以定谁该得什么或谁该做什么。《三侠剑》第四回："萧银龙说道：'咱们听天由命，写几张阄儿，咱们大家抓阄，一个探山，五个白纸条，谁抽着探山的条儿，谁就前往探山去，不许推诿。'"《三国演义》第二十二回："岱（刘岱）曰：'我与你拈阄，拈着的便去。'"

公元前100—44年，古罗马的抽彩形式由将军、政治家恺撒确立。他曾改变了希腊、罗马世界的历史进程，后在罗马元老院大厅被刺身亡。

公元前100年，居住于漠北的古族"胡"人，又名匈奴，曾发明一种赌具"科诺"，用于抽彩。并将抽彩募集到的资金用作抵御外族人入侵的军费来源。据说，当时建筑万里长城的巨资也是由此法募集而来的。

彩票是各种各样奖券的通称。奖券是一种证券，上面编有号码，按票面价格出售。开奖后持有中奖号码奖券者，可按规定领奖。彩票源于欧洲西南部的西班牙，这是欧洲地势最高的国家之一。1479年统一王国形成。15—16世纪为海上强国，曾占有许多殖民地。海洋渔业兴盛，船舰规模居世界前列。西班牙曾因财政困扰，入不敷出，无以为继，为了填补国库空虚的燃眉之急，政府绞尽脑汁发行奖券（彩票），以搜刮钱财，从中提取1/4充实国库，大约每年进款500万比塞塔（币名）。当时彩票收入巨款可观，成为西班牙的一大财源。彩票所余款项，扣除各种费用的开支之外，分5个等级给中彩的幸运儿。彩票的抽奖方法是，将号数与彩码分别装入两个空球之中，一球出号数，另一球出彩码。如一球摇出1号，另一球对应摇出头奖，则1号中头彩奖；一球摇出2号，另一球对应摇出无彩，2号则无彩奖。当时用儿童传球，凡持彩票者均可在场监督，当众开奖，做到公平、公正、公开，并无暗箱操作、营私舞弊，且迎合人们由于偶然的机会而走运获得大财的侥幸心理，因此心存侥幸的买彩者蜂拥竞购。后来，西班牙彩票渐被世界各国效仿，逐渐打入国际市场。

446年，在首批有记载的欧洲抽彩活动里面，比较有名的是中世纪的公国佛兰德（今无此国）人画家简·万·艾瑞克的遗孀用抽彩的方式举行了一次对她丈夫遗作的售卖活动。

1465年，在比利时举办了一次抽彩，募集的资金用来建设星期堂、济贫院，开凿运河和修筑港口设施。

1515年，在意大利最大的商港热那亚的参议院用抽彩法选举出了6位参议员；在随后的活动里，他们把彩票上的人的名字改成用数字符号来取代。英语"抽彩（lottery）"这个词据说也是由意大利语的"lotto"演变而来。"lotto"的原意为运气、定数或福气的意思。

1530年，意大利的佛罗伦萨举办了一次用现金兑现奖品的数字抽彩活动。

1539年，法兰西国王佛朗西斯一世授权举行了一次抽彩，用于弥补国库日益空虚的资金。后来，这些资金的很大部分又都投向了在本国举行的抽彩活动。

1567年，英格兰历代最伟大的君主之一伊丽莎白一世，建立了第一个英格兰政府彩票中心，奖品包括现金、织锦、金属餐具等，一共出售彩票40万张。过了两年，即1569年2月，英格兰彩票获奖幸运儿的名单首次刊登，公布于众。

1612年，英格兰国王詹姆士一世公布皇家法令，在伦敦创立了彩票。取得的收益用于赞助大不列颠在美洲的第一个殖民地詹姆斯顿①和弗吉尼亚。有趣的是，英国国教徒教堂竟然失掉了第一注三张获奖彩票中的两张。

1726年，荷兰发明了一种至今仍在应用的最古老的彩票。

1753年，英格兰为大不列颠博物馆的建立发行了一种彩票。

1759年，在卡萨瓦诺（1725—1798，意大利冒险家）的力促之下，法国国王路易十五创建了皇家抽彩军事学校。因为抽彩的出现，其余的抽奖方法均被宣布为非法。抽彩所筹集的资金被用于减轻国债。从而，由国王创建了抽彩的国家垄断体系，成为国家彩票的前驱。当时的抽彩借鉴了一种叫作"科诺"的赌博游戏方式，即在数字1—90中，由玩者抉择对

---

① 圣赫勒拿岛首府，1607年英国在美洲建立的一个殖民地。

数字1、2、3、4或5进行投注。

《辞海》（1999年版）对彩票是这样解释的："俗称'白鸽票'。以抽签给奖方式进行筹款或敛财所发行的凭证。"白鸽票是一种古老的彩票。源于清代赌鸽，赛鸽时每只鸽子按《千字文》中的天、地、玄、黄、宇、宙、洪、荒、日、月等字顺序编号，赌鸽时所猜字号若与比赛结果相同，则为赢家。后来赌法有所演变，由赌局把《千字文》前80个字印在纸上（即白鸽票），参赌者在票中圈出若干心水字号，再由赌局开出底子若干（即中奖号码），一般有五字以上相符，便可按不同等级中彩，也可投买企注（即现行包字）七个字、八个字、九个字、十个字……白鸽彩票在新中国成立前流行甚广，风靡广州、上海、澳门等地。据闻，当今港澳地区仍有赌鸽的，其玩法则多有借鉴旧上海的玩法，但已采用了现代化的电子技术操作，彩金派发则各不相同。

在清末，江苏、安徽、湖北等省借赈灾等名义，曾由官厅发行彩票，筹募赈款。在北洋政府时期，上海等大中城市，曾出现私人发行的彩票，设各种等级的彩金。中国在改革开放时期，经批准发行体育、福利等类彩票。美国、澳大利亚等亦发行"lotto"的彩票，抽奖方式一样。

旅馆流变史

旅馆是营业性的供旅客住宿的地方，即客寓。

唐高适《除夜作》诗："旅馆寒灯独不眠，客心何事转凄然。"

最早的旅馆大多是提供给商人住宿之用。

1. 什么叫商人

周武王遵从他的父亲周文王的灭商遗志，会盟诸侯于孟津，兴师伐纣。牧野之战大胜，灭商，建立周王朝，建都镐京。但有部分商代遗民仍自称为商人，不称周人。这批人无立足之地，迫不得已而从都城落荒而逃，居无定所，以"阜通货贿"、贩卖求利为生，从而形成了一种定性的职业，专司具有使用价值和交换价值的商品，并从贩卖商品中取利。又因为这些人大多为商朝遗民，故被称为"商人"。而商人又可分为坐商与行商两种。旅馆的出现是为行商住宿之用的。

在不同的朝代里，由于时代的文化背景、历史背景、政治背景的迥异，组织机构的编制和行政区划的建制不同，再加上风俗人情的差异，因此，古代旅馆在不同的朝代、不同的时期、不同地域的称谓亦有不同。

2. 商朝的旅馆名称

最早的旅馆称为"逆旅"，即客舍。

《左传·僖公二年》："今虢为不道，保于逆旅，以侵敝邑之南鄙。"《注》："逆旅，客舍也。"

《庄子·山木》："阳子之宋，宿于逆旅。"

旅馆又名"驿馆"。商朝后期，为了满足走南闯北的商贾的食宿需要，又出现了"客舍""客馆""客亭""客邸""客栈"。

（1）客舍即旅舍。

《史记·商君传》："商君亡至关下，欲舍客舍。"

《玉台新咏》中费昶的《行路难》："君不见长安客舍门，倡家少女名桃根。"

（2）客馆即招待宾客的处所。

《左传·僖公三十三年》："郑穆公使视客馆。"

（3）客亭即驿亭，古代迎送使客的处所。

唐杜甫《哭李尚书》："客亭鞍马绝，旅榇网虫悬。"

（4）客邸即旅舍。

唐唐彦谦《寄友》诗："别来客邸空翘首，细雨春风忆往年。"

（5）客栈即旅馆的别称。

章炳麟《新方言·释宫》："行旅所止之屋，谓之客栈。栈，借为传。《广雅》：'传，舍也。'"

同时，为了让诸侯国藩属向朝廷或天子贡献方物，或臣子朝见君主，在交通要道处也设有客舍，提供方便。

3. 周朝的旅馆名称

《周礼》记载，于都城以外四通八达之大道上，每10里设"庐"，提供过路宾客饮食；每30里设"路室"①；50里设"候馆"②，供给食宿③。周王室设官员管理客舍。

庐是房屋。

《诗·小雅·信南山》："中田有庐。"庐指田中小屋。

《周礼·地官·遗人》："凡国野之道，十里有庐，庐有饮食。三十里有宿，宿有路室。"路室指在郊野接待宾客的房屋。

《诗·大雅·公刘》："京师之野，于时处处，于时庐旅。"庐旅是给旅客安排的住房。

《国语·齐》："卫人出庐于曹。"

《汉书·食货志》上："井方一里，是为九夫。八家共之，各受私田百亩，公田十亩，是为八百八十亩，余二百亩以为庐舍。"庐舍是简陋的小屋。

《后汉书·樊宏传》："父重，字君云，世善农稼，好货殖。……其所起庐舍，皆有重堂高阁。"

4. 春秋战国时期的旅馆名称

早在春秋战国时期，对投宿制度就有严格的规定。商鞅辅助秦孝公变法，提出"治世不一道，便国不法古"的主张，废井田，开阡陌，奖励耕战，使秦国富强。他规定，旅客如无证件，店主擅自留宿者治罪。后来到了秦汉时期，开始设立专供传递邮件公文以及来往官员居住的驿传，即旅馆。

《左传·襄公三十一年》："宾至如归，无宁灾患，不畏寇盗，而亦不患燥湿。"

5. 汉代的旅馆名称

到了汉代，旅馆的发展更为普遍。长安车水马龙，城里修建的郡邸④就有140多所。又建造有"蛮夷邸"，专供外国使团及往来商人食宿之便。此外，尚有客堂，即接待宾客的处所。

"蛮夷邸"是汉代藩属少数民族官员来京师所住的宾馆。

---

① 路室即客舍。《周礼·地官·遗人》："宿有路室，路室有委。"《楚辞》汉东方朔《七谏·怨世》："路室女之方桑兮，孔子过之以自侍。"

② 候馆是接待行旅、宾客食宿的馆舍。唐《常建诗集》三《泊舟盱眙》："平沙依雁宿，候馆听鸡鸣。"

③ 宿是住宿的地方。

④ 邸是古时朝觐京师者在京的住所。邸又是旅舍。《宋史·黄干传》："干因留客邸。"

《汉书·元帝纪》："（建昭三年）秋，使护西域骑都尉甘延寿、副校尉陈汤挢发戊己校尉屯田吏士及西域胡兵攻郅支单于。冬，斩其首，传诣京师，悬蛮夷邸门。"《注》："蛮夷邸，若今鸿胪客馆。"

鸿胪寺是官署名。秦及汉初，九卿中有典客，汉武帝时改名大鸿胪，后渐为赞襄礼仪之官。北齐始置鸿胪寺，掌诸侯王及少数民族首领迎送、接待、朝会、封授等礼仪，及赞导郊庙行礼，管理郡国计吏等事宜。主官为鸿胪寺卿。历代延置。唐代一度改为司宾寺，旋复旧。明洪武三十年（1397）改殿庭礼仪司置，设卿、左右少卿为长贰。清代沿置，设卿、少卿等，满、汉各有定员。或独立，或隶礼部。至乾隆十四年（1749）又独立，以礼部满尚书兼管理寺事大臣，遂成定制。至清末废。

6. 魏晋时期的旅馆名称

魏晋时期，晋武帝司马炎即帝位代魏后，建晋王朝。咸宁六年（280），灭吴，统一全中国。他曾亲自动手整顿旧旅店，"近畿辐凑①，客舍亦稠，冬有温庐②，夏有凉荫，刍秣③成行，器用取给④"。

晋代从京都至各州的通道上，各距 40 里有驿⑤，每距 20 里有亭，既给往来的官吏提供食宿之便，又敞开大门向百姓提供方便，稍带有商业行为。

（1）驿站，掌投递公文、转运官物及供来往官员休息的机构。自隋至清皆隶属兵部。汉制 30 里置驿。唐制凡 30 里有驿，驿有驿长，四方所连，共有驿 1639 个。清末设邮传部，驿站之制遂废。

（2）亭是行人停留住宿的地方。秦汉制度，十里一亭，十亭为乡。

《汉书·百官公卿表》上："大率十里一亭，亭有长。十亭一乡，乡有三老：有秩、啬夫、游徼。"

（3）驿亭，古代驿传有亭，为行旅休息之所，称驿亭。

《南齐书·晋安王子懋传》："粮食最为根本，更不忧人仗，常行视驿亭马，不可有废阙。"

---

① 辐凑也作"辐辏"。辐集中于轴心，喻人或物聚集一处。《史记·叔孙通传》："但明其上，法令具于下，使人人奉职，四方辐凑，安敢有反者。"
② 温庐，即温暖的房舍。
③ 刍秣是饲养牛马的草料。《战国策·楚》三："偶有金千斤，进之左右，以供刍秣。"
④ 取给，取其物以供需用。《文选·马汧督诔》："用能薪刍不匮，人畜取给。"
⑤ 驿是传递官方文书的马、车。

7. 南北朝时期的旅馆名称

南北朝时，新兴的旅馆邸店出现，为客商食宿、交易、存货提供方便的场所。当时，洛阳又开设有"四夷①馆"，招待周边国家的贡使和客商。

邸店又称邸舍，古代兼具堆栈、商店、客舍性质的市肆。

《梁书·徐勉传》："所以显贵以来，将三十载，门人故旧，亟荐便宜，或使创辟田园，或劝兴立邸店，……若此众事，皆拒而不纳。"

《文选》南朝宋谢灵运《游南亭诗》："久痗昏垫苦，旅馆眺郊歧。"

8. 隋唐时期的旅馆名称

隋朝设立有"典客署"，主要用于接待日本等国以及西域各族的使者和客商。典客，官名，汉代初年沿秦置，位列九卿，秩中二千担，主要职掌为接待少数民族和诸侯来朝等事务。汉景帝时改名大行令，汉武帝以后称"大鸿胪"。属官有行人、译官等。隋、唐有典客署，属鸿胪寺。南朝宋以后，只掌管郊庙祭祀和朝觐的赞礼事务。

到了唐朝时期，出现了"递铺""客亭""客邸""客店"等，都是属于旅馆性质。

递铺是递送公文书或货物的驿站。

唐阙名《玉泉子》："李德裕在中书，尝饮惠山泉，自毗陵至京置递铺。"

唐白居易《长庆集》有诗："高置寒灯如客店，深藏夜火似僧炉。"

唐润州金坛人戴叔伦在《除夜宿石头驿》中道："旅馆谁相问，寒灯独可亲。一年将近夜，万里未归人。"

9. 宋代的旅馆名称

宋代旅馆名称五花八门，有来宾馆、四方馆、同文馆、都亭驿等。

（1）来宾，即来的客人。

徐陵《山斋》诗："桃源惊往客，鹤峤断来宾。"

《礼记·月令》："（秋季之月）鸿雁来宾。"

（2）四方馆是官署名。隋炀帝时置。对东西南北四方少数民族，各设使者一人，主管往来及贸易等事。唐用通事舍人主管，属中书省。宋置四方馆使，主管文武官朝见辞谢，国忌赐香及诸道元旦、冬至、朔旦、庆

---

① 四夷，东夷、西戎、南蛮、北狄旧时统称四夷，是古代统治者对华夏族以外各族的蔑称。

贺章表、郊祀、朝藩官、贡举人、进奉使、京官、致仕官、道释、父老陪位等事。职掌与隋、唐不同。明有四夷馆，清有会同四译馆，职务同隋、唐四方馆。

（3）同文馆，宋代设置，为四方馆之一，掌管接待外国来使。其中同文馆为接待青唐①、高丽来使之所。

（4）都亭驿，秦法，十里一亭。郡县制所则置都亭。

《史记·司马相如列传》："于是相如往，舍都亭。"《索隐》："临邛郭之亭也。"

《汉书·严延年传》："初延年母从东海来，欲从延年腊。到洛阳，适见报囚，母大惊，便止都亭，不肯入府。"

宋代当时又出现了"榻房"，这是专供客商存货的货栈。

10. 明代的旅馆名称

明代商业发达，贸易充分发展，交通便利，尤以沿海地区及大城市为甚，故这些地区的客店亦星罗棋布，官府亦加强统一集中管理和约束，并施行"店历"措施。

在《万历会典》中有记载："凡客店，每月置店历一扇，在内赴兵马司②，在外赴有司③。置押讫……"

11. 清代的旅馆名称

到了清代才出现"商馆"。

商馆是19世纪外国商人在广州所设贸易与居住的场所，共十三所。清政府为防止外国人同中国人往来，在商馆四周筑墙，和居民隔绝。并规定外商须受行政管理，不得携带军器等。但外商对此视同具文，商馆实际上成为殖民主义者进行侵略活动的据点。咸丰七年（1857年）英军侵犯广州时，被中国人民烧毁。

本来清朝在此之前的乾隆二十二年（1757）后已经出现十三行，又名"洋行""洋货行""外洋行"，为广州官府特许经营对外贸易的商行。

---

① 青唐是地名。汉临羌县地，属金城郡。东汉改西平郡。晋因之。北魏废。隋为湟水县地。唐置鄯城。宋初，吐蕃据其地，称青唐城。后改复，置西宁州。元属甘肃省。明置西宁卫。清改西宁县，为西宁府治。1944年置西宁市，属青海省。
② 兵马司是官署名。封建时代主管京师治安的机构，始建于元。至元九年改千户所为兵马司，属大都路。元二十九年置都指挥使等官。南北城各置司。清末废。
③ 有司即官吏。古代设官分职，事各有专司，故称有司。《书·大禹谟》："好生之德，洽于民心，兹用不犯于有司。"《孟子·梁惠王》下："凶年饥岁，……有司莫以告，是慢而残下也。"

相传十三行名称起于明，行数不固定。

清乾隆时与西洋各国贸易仅限于广州一处，业务更发达。十三行对官府负有承保和缴外洋船货税饷、规礼、传大官府政令及管理外洋商船人员等义务；享有对外贸易特权，所有进出口商货都须经由其买卖。道光二十二年（1842）《南京条约》签订后，它们垄断对外贸易的特权被取消，乃趋没落。

清代民间客店发展有时兴盛，生意兴隆时期，客商往来频繁，货如轮转，客似云来；有时门前冷落鞍马稀，这是经济萧条、生意不景气所致。《京华百二竹枝词》中载有"客店别名在校场①，三元②房屋甚排场"之句，可见当时客店装饰的美观、装潢的讲究，商人来往不绝。生意兴隆拉动社会的消费，也促进旅店服务行业的发展。

清末刘鹗的长篇小说《老残游记》写有一家客店的"上房"（正房）是"中间安排一张八仙③桌，桌上铺一张漆布④……"。

综上所述，自"逆旅"始，旅馆曾出现馆、驿、舍、店、行五大类几十种名称。

旅馆发展到今天更为豪华，设备更加完美考究，装修精致，设施齐全。有的酒店设有电视、电梯、健身房、花园、游泳池、会议室，有的还设有小卖部、商场、赌场、餐厅，还有的酒店提供银行兑换服务、购票服务、国内国际电话服务，等等。

一般来说，酒店的级别共分为五星级，大致的分类如下：

星级酒店 {
- 一星级酒店代表经济型
- 二星级酒店是一定程度的舒适型
- 三星级酒店是平均水平的舒适型
- 四星级酒店是代表高水平的舒适型
- 五星级酒店代表豪华型
}

---

① 校场亦名较场。旧时操演或比武的场地。

② 三元指旦，即农历正月初一。意即岁之元，时之元，月之元。唐人又称农历正月、七月、十月的十五日为上元、中元、下元为三元。

③ 八仙即民间传说中道家的八个仙人：汉钟离、张果老、韩湘子、铁拐李、曹国舅、吕洞宾、蓝采和、何仙姑。

④ 漆布是用漆或其他涂料涂过的布，可用来铺桌面或做书皮等。

以下是旅馆流变史箭图：

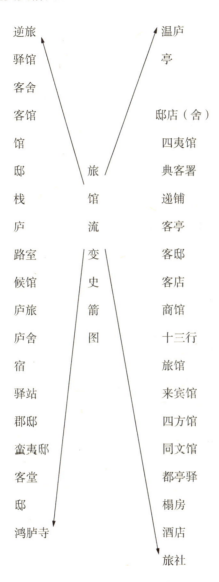

第二章
史地·文化

 古国文明

一、腓尼基

腓尼基是希腊人对迦南人（Canaan）的称呼，"迦南"一词在闪米特语的意思是"紫红"，这同他们衣服的染料有很大的关系。迦南在希腊语中的意译便是腓尼基（Phoenicia）。腓尼基文明对爱琴海文明有深远的影响，希腊字母便是源自腓尼基字母。

古代的腓尼基并非指的一个国家，而是整个地区。约当今叙利亚、黎巴嫩沿海一带，公元前10世纪其活动范围已达今塞浦路斯、法国、西班牙及北非洲，并广建殖民地。腓尼基从未形成过同一国家，城邦彼此林立，以推罗、西顿、乌加里特等。根据考古资料，公元前5000年，腓尼基就有人居住，这些国家大多都建立在海边礁石上，易守难攻。

虽然腓尼基在商业上雄霸地中海，但是由于未曾形成过一个统一的国家，各个城邦内部彼此有争斗不休，以至于公元前1000年起经由亚述帝国、波斯帝国、亚历山大帝国、罗马帝国的统治，直到公元前800年彻底消失于历史舞台。

公元前800年左右，腓尼基开始衰败，沦为外国的附庸，其商业优势也逐渐地颓废了。而希腊城邦此时已经开始逐渐地强盛起来，夺取腓尼基人在海上的殖民地和市场。公元前500年左右，希腊人在东地中海占据了上风。公元前332年，推罗城陷落，腓尼基人的名字不再见诸史书。

二、巴比伦

古巴比伦（约公元前3000年—前729年）位于美索不达米亚平原，大致在当今的伊拉克共和国版图内。在距今约5000年前左右，这里的人们建立了国家。

"美索不达米亚"——《圣经》称为"伊甸园"，是古希腊语，意为"两条河中间的地方"，故又称为两河流域。两河指的是幼发拉底河和底格里斯河。在这平原上发展了世界上第一个城市，颁布了第一部法典，流传最早的史诗、神话、药典、历书等，是人类文明的摇篮。

巴比伦王国，两河流域以巴比伦城中心的古国。也叫巴比伦王朝，公元前1894年所建。至第六王汉穆拉比时国势强盛，领有两河流域中西部地区，并颁布《汉穆拉比法典》。后遭喀西特人打击，衰落，约前1595年，为赫梯王国所灭。

还有一个新巴比伦王国。公元前626年建，后来版图扩张到叙利亚、巴勒斯坦。前538年为波斯帝国所灭。

两王国统治时期，两河流域文化，特别是数学和天文学有很大发展。

被列为古代世界七大奇迹之一的巴比伦"空中花园"，亦称"悬苑"，它依偎在幼发拉底河畔。新巴比伦王国国王尼布甲尼撒二世（公元前604—前562年）曾以兴建宏伟的城市和宫殿建筑闻名于世，他在位时主持建造了这座名园。相传，他娶波斯国公主塞米拉米斯为妃。公主日夜思念花木繁茂的故土，郁郁寡欢。国王为取悦爱妃，即下令在都城巴比伦兴建了高达25米的花园。此园采用立体叠园手法，在高高的平台上，分层重叠，层层遍植奇花异草，并埋设了灌溉用的水源和水管，花园由镶嵌着许多彩色狮子的高墙环绕。王妃见后大悦。因从远处望去，此园如悬空中，故又称"空中花园"。

巴比伦所使用的是楔形文字，也叫钉头文字或箭头文字。这是古代西亚所用文字，多刻写在石头和泥版上。笔画呈楔状，颇像钉头和箭头。约于公元前3000年由两河苏美尔人所造。巴比伦人等都曾使用这种文字书写自己的语言，也是各古国间交换外交文书的通用文字。考古学家发现大批各种楔形文字泥版或铭刻，19世纪以来陆续译解，从而形成一门研究古史的新学"亚述学"。

亚历山大大帝即位后大举东征东方，公元前333年击败波斯，南进叙利亚，攻占腓尼斯。公元前331年进兵两河流域，波斯帝国等灭亡，亚历山大大帝后亦死于巴比伦。但在其摧残和蹂躏下使巴比伦在政治、经济、文化上蒙受严重损失，所使用的楔形文字亦被马其顿文取而代之。

三、阿拉伯

阿拉伯帝国是中世纪时地处阿拉伯半岛的阿拉伯人所建立的伊斯兰帝国，唐代以来的中国史书均称之为大食，而西欧则习惯将其称作萨拉森帝国。阿拉伯帝国历经626年，主要有四大哈里发时期（632年—661年）和倭马亚王朝（661年—750年）、阿拔斯王朝（750年—1258年）两个世袭王朝。极盛疆域东起印度河及葱岭，西抵大西洋沿岸，北达高加索山脉、里海以及法国南部，南至阿拉伯海与撒哈拉沙漠，国土面积达1340万平方公里，是人类历史上东西方跨度最长的帝国之一，亦是继波斯阿契美尼德王朝、亚历山大帝国、罗马帝国、拜占庭帝国之后地跨亚欧非三洲的大帝国。由于其独特的地理位置，阿拉伯帝国的兴起改变了周边许多民族的发展进程，在中世纪的历史上产生了非常重要的影响。1258年，巴格达被大蒙古国的西征统帅旭烈兀攻陷，阿拉伯帝国灭亡。

穆罕默德和历代哈里发都奉行较开明的文化政策，这使得以伊斯兰教和阿拉伯语这两个将不同民族融合在一起的纽带为基础的阿拉伯文化得以高度发展。

阿拉伯帝国的形成促进了伊斯兰教文化的传播，也推动了帝国范围内各个不同地区文化的结合。它是在吸收、消化原埃及、两河流域、波斯帝国和古希腊、古罗马文化的基础上形成的，既有鲜明的特点又有很强的包容性。

阿拉伯语属于闪含语系闪米特语族，使用阿拉伯字母，主要通行于西亚和北非地区，现为19个阿拉伯国家及4个国际组织的官方语言。以阿拉伯语作为母语的人数超过2.1亿人，同时阿拉伯语为全世界穆斯林的宗教语言。阿拉伯语因分布广阔，因此各个国家地区都有其方言，而标准阿拉伯语则是以伊斯兰教经典《古兰经》为准。

四、古埃及

古埃及是世界四大文明古国之一,是世界上最早的王国。但是如今的埃及阿拉伯人并不是古埃及人。文化也完全不同。

古埃及位于非洲东北部尼罗河中下游地区,是典型的水力帝国,受宗教影响极大,举世闻名的金字塔就是古埃及人对永恒观念的一种崇拜产物,也是法老的陵墓。除了金字塔以外,狮身人面像、木乃伊也是埃及的象征。古埃及文明形成于6000年前(公元前4000年)左右,古埃及前王朝开始于5100年前(公元前3100年)左右时美尼斯统一上下埃及建立第一王朝,终止于公元前30年罗马征服埃及托勒密王朝。

距今5000多年前,古埃及出现了象形文字,后来被欧洲人称作Hiérpglyphe——这是希腊语"神圣"与"铭刻"组成的复合词,即"神的文字"。古埃及人认为他们的文字是月神、计算与学问之神图特(Thoth)造的,和中国人"仓颉造字"的传说很相似。到大约4世纪,古埃及语演变为科普特语。现在,科普特语还用在宗教仪式上。

埃及后来被波斯等国所灭,长期使用阿拉伯语,信仰伊斯兰教,87%为阿拉伯人。直到今天更为可悲,认识埃及象形文字的仅仅是考古学家而已。而这些考古学家开始学习象形文字已是20世纪以后的事了。1822年,法国学者商博良依据罗塞塔碑译解象形文字成功,奠定了埃及学科的基础。这是研究古埃及及其附近地区各族语言文字、社会历史和其他文化的学科,属东方学的一种。想当年,当象形文字从法老王的古墓中被人们挖掘出来之时,埃及人根本就不知道这些到底是何物,可悲啊!这是你们的祖先所使用的文字啊!就连今天透过埃及象形文字把古埃及法老王考证得非常深入的仍不是埃及人,而是西方人。此碑现存英国伦敦博物馆。

五、古印度

古印度与古埃及、古巴比伦、中国并称为"四大文明古国"。印度是一个文化的大熔炉,这个国家独特的历史背景使得它包含了从远古到现代、从西方到东方、从亚洲到欧洲等多种文化潮流。再加上它是一个由五大民族构成的国家,本身就像一个大大的文化博物馆。首都新德里西岸的孟买是文化的中心。古印度虽然是一个多种姓的、历史包袱较沉重的国家，但依然为世界文化留下了独特风格的遗产。

谈印度之前有必要说一说季羡林。

季羡林是国学大师，他活到98岁时寿终正寝。他是中国语言学家、中科院院士、北京大学教授、文学翻译家、作家。

季羡林懂得12种语言，是梵文和巴利文专家。

梵文，印度古代书面语。相传为大梵天王所造。书体右行。为古今印度文字之本源。南北发展各异，行于北者多方形，行于南者多圆形。《法苑珠林》："昔造书之主，凡有三人，长名曰梵，其书右行；次曰佉卢，其书左行；少者仓颉，其书下行。"

巴利语，为古代印度一种语言。属印欧语系印度—伊朗语族。公元前5—前6世纪起被加工成为规范的语言，消亡后仍作为书面语和宗教语言沿用至公元10世纪，并随佛教的传布，成为斯里兰卡、缅甸、泰国等国小乘佛教的经堂语言。今存阿育王时代小乘经原本多用巴利语写成。无专用字母，在印度使用天城体，在斯里兰卡、缅甸、泰国使用当地流行字母。

由上可见，不懂梵文、巴利语就无法研究印度史，就如同没有甲骨文也无法入手研究殷商文化一样。

印度是南亚国家，是有五千年历史的古国。其语言复杂，全国有语言400种以上。印地语为国语，通用英语。文字不统一。再说印度早期没有纸，所以它的历史没有流传下来，它和埃及都是断层文化。前接不上古人，后变为西方文明。

季羡林将唐僧的《大唐西域记》一书翻译回梵文，印度人才对那时的历史有更深的了解。

唐僧是俗称。本姓陈，名祎。通称三藏法师，又谓玄奘。洛州缑氏（今河南偃师缑氏镇）人。唐佛教学者，旅行家。唯识宗创始人之一，为佛教翻译家，曾编译《成识维论》。唐太宗贞观三年（629）西行赴天竺。贞观十九年回长安。记旅行见闻，撰成《大唐西域记》一书。为研究中国西北地区，以及印度、尼泊尔、巴基斯坦、孟加拉国、中亚等地古代历史地理以及从事考古的重要资料。对印度历史文化的记载，功不可没。

六、柬埔寨

法国生物学家英尔（Henri Mouhot）于1861年在柬埔寨的丛林中考古，结果获得一个意外的收获，发现了一座规模雄伟壮观的建筑群——吴哥窟。到1866年，又是一位法国人基瑟尔（Emile Gsell），这是一位摄影师，将吴哥窟的动人风采以相片的形式公诸于世，全球瞩目，且深受震惊。连柬埔寨人都傻了眼。如此宏丽壮观的建筑群是何时所建？到底是做什么用的，又何以长久被湮没在深山老林中而无人知晓？世人的猜疑一个连接一个，即使柬埔寨人自己都搞不清。

经过考古学家呕心沥血的研究，耗费二三十年的时间考证了整个建筑群之后才发现，吴哥窟是12世纪中叶至15世纪整整花了三百年的漫长岁月才全部竣工。如此浩大的工程，如此漫长的岁月，如此惊人的人间奇迹，连柬埔寨人自己的历史都没有半点记载，甚至连民间传说都找不到。太可悲啊！

历史学家却在中国的典籍中找出了答案。

一是元朝周达观撰的《真腊风土记》第一卷。元贞元年（1295）周达观随元使赴真腊访问，至大德元年（1297）返国，因记所闻见，撰成此书。这是早期有关真腊繁荣时期的重要专著，对研究元和真腊的交通关系有重要参考价值。

真腊，中南半岛古国。中国古籍称为吉蔑，原为扶南北部属国。公元7世纪脱离扶南自立。8世纪初，分裂为陆真腊（北）和水真腊（南）两部。吴哥王朝时期（9—15世纪），重新统一，定都吴哥。12—13世纪国势强盛，文化艺术发达。信奉小乘佛教，建造吴哥寺（即吴哥窟）。1431年吴哥被暹罗（泰国）侵占，随之迁都金边，国势渐衰。真腊和中国长期友好往来。元人周达观《真腊风土记》载此国自称甘孛智，《明史·真腊传》记载明万历（1573—1620）后改称柬埔寨，两者乃同名异译。

二是元汪大渊，南昌人，字焕章。文宗至顺帝至元年间，随商船出海，所经之地包括菲律宾群岛、印度支那半岛、马来半岛、印度尼西亚群岛、印度半岛、阿拉伯半岛及今坦桑尼亚之桑给巴尔。他所撰的《岛夷志略》，成书于顺帝至正九年，所记皆亲历见闻。他在上呈皇帝的报告中曾提到吴哥窟为"桑香佛舍"，"裹金石桥四十余丈"，"十分华丽"，有

"富贵真腊"的赞誉。

三是明朝的尹绶,是明成祖朱棣的重臣,他奉命考察东南亚后所上呈的奏文中言及找到有关吴哥窟的详细记载。

人们通过周达观的《真腊风土记》、汪大渊上呈皇帝的报告、尹绶奉命考察东南亚的奏文,才像婴孩积木一样,经过七手八脚的东拼西凑,始将七零八落的史料梳理诠释,最后对吴哥王朝才有了粗浅的认识,千年之谜总算解开。

原来,吴哥寺(窟)是柬埔寨佛教古迹,是柬埔寨古代石构建筑和石刻浮雕的杰出代表。在吴哥南郊,公元9—15世纪曾长期为高棉王国都城。吴哥寺建于公元12世纪上半叶,历时三百年。全部建筑均用沙岩石叠成。寺院周围有壕沟环绕,壕沟以内有石砌内外墙各一道,内墙四角有塔,中央塔顶离庭院地面65米。每级台基四边都有石砌回廊,底层廊壁上布满石刻浮雕。第二层回廊的四角各有一个小塔。15世纪上半叶吴哥故都废弃,寺院亦荒芜。19世纪中叶后重新修整。

但以上这些,也仅仅是世人对吴哥寺的肤浅认识。至于它是做什么用的?是寺庙,供奉神位的处所?还是埋葬帝王的坟墓,或是以陵墓为主的园林?又或者是皇宫,皇帝居住的地方?这些皆是猜测,只能置疑,不可确信。这些问题,谁都说不准,谁也道不清。

从腓尼基人的消失、马其顿文取代巴比伦的楔形文字、阿拉伯文取代马其顿文、埃及和印度的断层文化、柬埔寨吴哥窟记载的真空等,充分说明了笔和文字的永恒生命力。没有笔和文字,就没有文化的传承,文明再光辉灿烂也必然毁于一旦!

全球没有军队的袖珍国

军队是国家武装力量的主体,是保卫国防和国民安全的主要暴力工具。它关乎国家的安危与存亡。然而世界上仍有一些国家没有设置军队,但这些国家也能国泰民安,国家的机器运作如常。

这些没有设置军队的国家原因大致有两种,一是因为人口太少,面积太小，没有设置军队的必要；二是如若设置军队，也不堪别国一击，无还手之力，有军队不如没有的好，形同虚设。

美国《大西洋月刊》①报道，据美国纪实年鉴《世界概况》的统计，全球仍有 23 个没有正规军的独立国家。面积最小的国家是梵蒂冈，还有圣马力诺、摩纳哥、马绍尔群岛、图瓦卢等。

1. 梵蒂冈

梵蒂冈城（Vatican City）是欧洲独特的主权国家，国土呈三角形，面积仅 0.4 平方公里。2013 年人口仅有 428 位国民。地处意大利首都罗马境内，是以教皇为君主、政教合一的主权国家，大多为神职人员和修女。官方语言为意大利语和拉丁语。梵蒂冈原为中世纪教皇国的中心，1870 年教皇国领土并入意大利后，教皇退居梵蒂冈；1929 年同意大利签订《拉特兰条约》，成为独立国家。

《拉特兰条约》在梵蒂冈拉特兰宫签订，主要内容为意大利国王正式承认梵蒂冈主权属于教皇；承认其有权派遣和接受外交使节；意政府付与一笔巨额款项，作为教皇国结束后教廷所受损失的补偿；承认天主教为意大利国教。教皇则承认意大利王国，承认罗马为王国首都，规定意大利各主教就职时须宣示尊重国王和政府。同年，教皇建立梵蒂冈城国。

城国设有自己的警卫部队，由瑞士青年天主教徒组成。教皇为国家元首，国务卿为政府首脑，国务院及教会公共理事会负责行政与外交事宜。境内有圣彼得大教堂、教皇宫、梵蒂冈图书馆、博物馆等，藏有中世纪和文艺复兴时代以来的著名文物。有自己的货币、电台、邮政和报纸。公民有特殊的许可证，一旦离城公民权便被取消。保持有 100 名身着武装的由瑞士卫兵组成的常备军，教皇集行政、立法、司法权于一身，可任命政府成员。经济活动遍布世界。内部安全和秩序由瑞士卫兵和意大利巡警维护。

2. 圣马力诺

圣马力诺，四周被意大利国土包围，首都圣马力诺。面积 61 平方公

---

① 《大西洋月刊》，1857 年创办的文学月刊。以登载高质量的小说和文章著称，是最老最好的评论刊物之一。它拥有杰出的编辑与写作班子。20 世纪 20 年代初，将选材范围扩大到具有社会意义的课题，它发表过罗斯福、威尔逊、B. T. 华盛顿等政治人物撰写的特稿，连载过畅销小说《占有和保持》，已成为具有世界眼光、生气勃勃的文学期刊。1980 年，被 M. B. 朱克曼买下，从此以刊登最卓越作家的作品为主。

里,为欧洲第三小国和世界最小共和国。与意大利订有友好条约和关税同盟,人口3.04万。始建于301年,1263年制定共和国法规,为世界上最古老的共和国。无军队,仅有庆典仪仗队。

3. 摩纳哥公国

摩纳哥公国,欧洲西南部国家。面积1.98平方公里。人口3.27万(2007年)。1358年建立摩纳哥公国。16—18世纪受西班牙或法国保护。1911年宣布为独立的君主立宪国。南临地中海,三面被法国国土包围。1851年维也纳会议后被置于萨丁保护之下。不设置军队。

4. 马绍尔群岛共和国

马绍尔群岛,太平洋中西部岛国。面积181平方公里。人口6.18万(2007年)。1886年成为德国的保护领地。第一次世界大战中被日本占领。1947年后成为美国"太平洋岛屿托管地"的一部分。1979年5月1日成立马绍尔群岛共和国。1983年6月与美国签订《自由联系条约》。1990年12月,联合国通过终止马绍尔群岛托管地位的决议。

马绍尔群岛早在1886年归西班牙,美西战争后(1898年)转卖与德国。不设置军队。

5. 瑙鲁

瑙鲁是太平洋西南部岛国。岛呈椭圆形,面积21.3平方公里。人口1.35万(2007年)。1888年沦为德国属地马绍尔群岛保护地。第一次世界大战后由国际联盟委任英、新西兰和澳大利亚共管。1942—1945年为日本占领。1947年成为澳大利亚管辖的联合国托管地。1968年独立。1969年成为英联邦成员国。不设军队。

6. 图瓦卢

图瓦卢为太平洋中西部岛国。陆地总面积26平方公里。人口1.2万(2007年)。1892年为英国保护地。1916年划入英属吉尔伯特和埃利斯群岛殖民地。1978年10月1日宣布独立,为英联邦特别成员国,实行君主立宪制。不设置军队。

7. 哥斯达黎加

哥斯达黎加为中美洲南部国家。面积5.11万平方公里。人口429.92万(2006年)。原为西班牙殖民地。1821年9月15日独立。1839年成立共和国。1951年加入中美洲国家组织。费雷尔通过武装起义上台为总统,

1948年他倡议废除军队，这是为了不再发生军事政变。

哥斯达黎加受《美洲国家间互助条约》的保护。此项条约于1947年9月21日在巴西里约热内卢签订，又名《泛美联防公约》《西半球联防公约》《里约热内卢公约》，是由泛美联盟成员共同签订。主要内容为：整个西半球都是条约所指的"联防"地区，该地区的任何一国受到侵略时，缔约国要实行"共同防御"和"集体自卫"；经缔约国三分之二的同意，就可决定任何一国为"侵略者"，并对它采取断绝外交关系等措施，直至"使用武装力量"。1975年7月把维护成员国"经济安全"也列入条约。

所以，哥斯达黎加一旦受到侵略，21国必提供军事支援，对侵略者群起而攻之。

2010年，为了打击制造、运输、贩卖毒品的罪犯，美国曾派7000名军人进入哥斯达黎加来严厉打击毒犯。所以，有人认为该国不设置军队比设置军队还好，于是美国成了它的"保护伞"。

2011年，哥斯达黎用于武装警察和海岸部队，如海警、海岸炮等的开销就有3亿美元以上。

哥斯达黎加位于尼加拉瓜和巴拿马之间，东临加勒比海，西濒太平洋。与尼加拉瓜长期以来存在着边境摩擦，纠缠不清的事情常引起互相纠葛。更为严重的是邻境危险的毒品走私，违犯海关法规，逃避海关检查，非法运输毒品进进出出，易于引起双方擦枪走火。哥斯达黎加成立了70人的特别突击队，检查走私行为，缉捕走私罪犯，其国防海防边防的开销就超过拥有军队的尼加拉瓜的三倍。

8. 格林纳达

格林纳达为西印度群岛中岛国。面积344平方公里。人口8.97万（2006年）。1783年沦为英国殖民地。1967年实行内部自治，成为英国联邦成员。1974年2月7日宣布独立。无正规军，有警察约600人。

9. 巴拿马

巴拿马为中美洲国家。面积77082平方公里（不包括运河区）。人口332.82万（2005年）。16世纪初沦为西班牙殖民地。1718年与今哥伦比亚同属一总督辖区。1821年独立，加入大哥伦比亚。1830年为新格拉纳达（今哥伦比亚）一部分。1903年脱离哥伦比亚独立，称"巴拿马共和国"。同年美国取得巴拿马运河开凿权和运河区永久租借权。巴拿马原本有军队，1989年美国入侵后取消，成为没有枪杆子的国家。

10. 所罗门群岛

所罗门群岛为太平洋西南部的国家。总陆地面积275556平方公里。人口56.7万（2007年）。1885年北所罗门成为德国保护地，同年转归英国（布卡和布干维尔岛除外）。1893年成立英属所罗门群岛保护地，1942年被日军侵占，当时的行政中心图拉吉被毁。1975年重新命名为所罗门群岛，1978年成为独立的议会制国家。现为英联邦和联合国成员国。全国约有90种语言。英语为官方语言。拥有一支800多人的警察部队，由澳大利亚与新西兰提供培训。该国要向澳大利亚支付部分国防开销。因为它本身没有设置军队，没有枪杆子，一旦发生战争，澳大利亚将不会袖手旁观，会责无旁贷地提供军事援助，成为所罗门群岛的得力靠山，这就是"狐假虎威国"。

11. 安道尔

安道尔公国是位于欧洲西南部的内陆国。它位于法国和西班牙之间，比利牛斯山东部高山峡谷中。面积468平方公里，人口8.12万（2006年）。9世纪建国，1278年开始名义上由法国和西班牙共享对安道尔的宗主权，外交由法国代表。1993年全民公决通过新宪法，安道尔成为主权国家，法国总统和西班牙乌赫尔（Urgel）主教保留为名义上的共同国家元首。安道尔每年向乌赫尔地区主教或法国总统交纳象征性贡赋。治安由国内管理，没有设置军队。法国和西班牙承诺充当其安全保护者，一旦被侵略，北约部队①也不会坐视不管。法国、西班牙与北约部队形成了安道尔的强大靠山，成为安道尔的"保护神"。

12. 列支敦士登公国

列支敦士登公国，欧洲最小国家之一，是欧洲中部内陆国，在瑞士和奥地利之间。面积160平方公里，人口3.517万。官方语言为德语。为君主立宪制政体。1719年建立列支敦士登公国，1806年加入莱茵联盟，1815年加入德意志联盟。1866年宣告独立，1924年同瑞士订有关税同

---

① 北约部队是北大西洋公约组织的军事组织。于1949年4月4日建立。在华盛顿签订公约，1949年8月，美国、英国、荷兰、比利时、卢森堡、挪威、葡萄牙、意大利、冰岛、丹麦、法国和加拿大根据北大西洋公约成立的军事组织。土耳其和希腊于1952年、联邦德国于1955年、西班牙于1982年正式加入。截至2009年4月有成员国28个。宗旨：通过政治、军事、经济领域以及科学和其他方面的合作和磋商，为成员国提供共同安全保障。

盟，关税、邮电由瑞士管理，国内不设常规军。采用瑞士货币，对外事务和在国外的利益由瑞士代表处理，早在1868年就取消了军队，并且没有寻求"外援"，实际上是"空城计"。尽管有消息灵通人士称，瑞士将在列支敦士登受到外国侵略时必出手援助，但一直得不到两国的证实。

13. 冰岛

冰岛，欧洲西北大西洋上岛国，近北极，面积10.3万平方公里，人口30.76万（2007年）。官方语言为冰岛语。8世纪末，爱尔兰人和挪威人先后移居冰岛。930年成立冰岛联邦，1262年隶属挪威，1380年起属丹麦。1918年独立，1944年6月17日成立冰岛共和国，冰岛是联合国和北约成员国，战后致力国际合作和西方共同防务。其防务是由美国驻军负责，没有设置军队。

14. 多米尼克

多米尼克旧译"多米尼加联邦"，为西印度群岛中的岛国。面积751平方公里，人口7.14万（2007年），1763年《巴黎条约》规定该岛属英国后，法国曾两度占领，1805年正式沦为英国殖民地。1967年实行内部自治。1978年11月3日独立，称"多米尼克国"。1981年军事政变以后不再设立军队。

15. 海地

海地，西印度群岛岛国。面积27750平方公里，人口842.9万。官方语言为法语。1492年哥伦布到达此处，1502年沦为西班牙殖民地，1697年转属法国，称"法属圣多明各"。16世纪始殖民者从非洲贩运黑人来此，栽种热带作物。1804年海地共和国独立，为世界上第一个黑人共和国，1915年被美军占领，1934年美军撤出。1957—1971年由杜瓦利埃总统执政，他建立起一个由个人统治的政权。1994年10月，阿里斯蒂德总统复职后宣布解散军队，建立了一支3000人的警察部队来维护社会治安。

16. 基里巴斯

基里巴斯是太平洋中部的独立共和国，陆地面积811平方公里，为世界上唯一跨赤道、横越国际日期变更线的国家，人口9.25万（2005年），1977年实行自治，1979年7月12日独立，名"基里巴斯共和国"。有国际机场，原为英国殖民地，只有警察和海岸防卫队，不设置军队。

17. 马尔代夫

马尔代夫是南亚岛国，面积298平方公里，人口30万（2004年），官方语言为迪维希语，公元前马尔代夫人就定居于此。1116年建立伊斯兰教苏丹国。后受葡萄牙、荷兰、英国殖民统治400多年，1887年沦为英国附属国。1965年7月26日宣告独立，1968年11月11日成立马尔代夫共和国，1988年曾经因为雇佣军酿事端，因而裁撤全部军队，直至现在尚未恢复军人编制。

古代富豪榜《货殖列传》

正史是纪传体的历史，如《史记》《汉书》等，皆以帝王本纪为纲，故称正史。私家不能擅增。正史遂为官修史书的专称。又凡记一朝大典如《尚书》《春秋》等，也称正史，《明史》《汉书》《隋书》《新唐书》《旧唐书》《宋史》均为正史。

正史多为正襟危坐①，所记都是帝王将相、宫娥嫔妃、才子佳人。至于升斗小民、平头百姓，则难以登上正史的大雅之堂。但司马迁的《史记·货殖②列传》却别开生面，另创格局，让平民百姓在史书中留下一笔，这是另具慧眼的独到见解，让两千多年之后的人们得以欣赏这见解超前的古代富豪排行榜。

在《货殖列传》中，太史公司马迁综观自春秋、战国、秦以降时间跨越四百多年的历史，思接千载，视通万里，为各朝代的巨贾（坐商）富商（行商）树碑立传。有的如远树轻描，有的近山浓抹，有的接枝过叶，有繁有简，有主有从。在各行各业的众多人物中，他们所从事的商业品种各不相同，但均行行出状元。除了靠赌博和盗墓这些犯法的人之外，对其余行业的生财有道、用财亦有道均加以肯定。同时特别强调经商要首重商德，每分钱都要来得明白、去得明白。对于经商之道，认为应因人不

---

① 正襟危坐，即理好衣服端正地坐着，表示严肃或尊敬。
② 货殖，经商。居积财货，经营生利。也指商人。因此，《货殖列传》也可翻译为《商人列传》。

同，因时不同，因地不同，各展其才，各施其计，肯定财富对人所起的重要作用，故曰："仓廪实而知礼节，衣食足而知荣辱。"礼仪产生于富有而废弃于贫穷。所以，君子富有了，喜欢行仁德之事；小人富有了，就把力量用在适当的地方。潭渊深了，里面就会有鱼；山林深了，野兽就会到那里去；人民富了，仁义也就归附于他们了。富有者得势，越加显赫；失势了，客人也就没有去处，因此也就心情不快。谚语说："千金之家的子弟就不会因犯法而死于市井。"这并不是空话。所以说："天下之人，熙熙攘攘；为利而来，为利而往。"即使有千乘兵车的天子，有万家封地的诸侯，有百室封邑的大夫，尚且担心贫穷，何况编在户口册子上的普通百姓呢！

只要生财有道，那些小本生意，尽管追逐蝇头小利也能赚大钱，也能一本万利，货如轮转，笑脸常开。所以，不要轻视这些"小儿科""小卖部"。

1. 管仲

管仲是春秋时齐国颍上人。名夷吾，字仲。初追随公子纠，后相辅助齐桓公，主张通货积财，富国强兵，九合诸侯，一匡天下，使桓公成为春秋五霸之首。

齐国之所以由衰弱而变强大，主要是管仲重新整顿姜太公的旧业，设置掌管钱币的九个官府的结果。而管仲自己也修筑了三归①台，虽然他的地位只是诸侯的大夫（诸侯大夫对天子自称为陪臣），却比各国的国君还富有。齐国的富强，一直延续至威王、宣王时代。

2. 勾践

勾践，春秋末越王。为吴王夫差所战败，困于会稽，屈膝求和。其后卧薪尝胆，发奋图强，终灭吴国。又渡淮水，会诸侯，受方伯之命，称霸中国。

从前，越王勾践被围困在会稽山上，于是任用范蠡、计然②。计然说："知道要打仗，就要做好战备；了解货物何时为人需求购用，才算懂

---

① 归，结局，归宿。向往，归附。《管子·霸形》："近者示之以忠信，远者示之以礼义，行之数年，而民归之如流水。"

② 计然，又作计儿、计倪。春秋末葵丘濮上人。名研。一说姓辛，字文子。其先人乃晋之公子。博学，尤善计算。南游于越，范蠡师事之。为勾践谋划，提出"知斗则修备，时用则知物"，"农末俱利，平粜齐物，关市不乏"，"财币欲行其流水"等策，修之十年，国富兵强，遂报强吴。后范蠡用其策治产，富至巨万。

得商品货物。善于将时与用二者相对照，那么各种货物的供需行情就能看得很清楚。所以，岁在金时，就丰收；岁在水时，就歉收；岁在木时，就饥馑；岁在火时，就干旱。旱时，就要备船以待涝；涝时，就要备车以待旱，这样做符合事物发展的规律。一般说来，六年一丰收，六年一干旱，十二年有一次大饥荒。出售粮食，每斗价格二十钱，农民会受损害；每斗价格九十钱，商人要受损失。商人受损失，钱财就不能流通到社会；农民受损害，田地就要荒芜。粮价每斗价格最高不超过八十钱，最低不少于三十钱，那么农民和商人都能得利。粮食平价出售，并平抑调整其他物价，关卡税收和市场供应都不缺乏，这是治国之道。至于积贮货物，应当务求货物的完好牢靠，不要使用需要支付利息的钱。买卖货物，凡属容易腐败和腐蚀的物品不要久藏，切忌冒险囤居以求高价。研究商品过剩或短缺的情况，就会懂得物价涨跌的道理。物价贵到极点，就会返归于贱；物价贱到极点，就要返归于贵。当货物贵到极点时，要及时卖出，视同粪土；当货物贱到极点时，要及时购进，视同珠宝。货物钱币的流通周转要如同流水那样。"勾践照计然策略治国十年，越国富有了，能用重金去收买兵士，使兵士们冲锋陷阵，不顾箭射石击，就像口渴时求得饮水那样，终于报仇雪耻，灭掉吴国，继而耀武扬威于中原，号称"五霸"之一。

3. 范蠡

范蠡是春秋末越国大夫，字少伯，楚国宛（今河南南阳市）人。越为吴败后，随勾践赴吴为质三年，返越后助越王勾践发奋图强，后灭吴国。功成之后，认为勾践其人不可共安乐，遂知趣而退，拂袖而去。

范蠡既已协助越王洗雪了会稽被困之耻，便长叹道："计然的策略有七条，越国只用了其中五条，就实现了雪耻的愿望。既然施用于治国很有效，我要把它用于治家。"于是，他便乘坐小船漂泊江湖，改名换姓，到齐国改名叫鸱夷子皮，到了陶邑改名叫朱公。朱公认为陶邑居于天下中心，与各地诸侯国四通八达，交流货物十分便利。于是就治理产业，囤积居奇，随机应变，与时逐利，而不责求他人。所以，善于经营致富的人，要能择用贤人并把握时机。19年期间，他三次赚得千金之财，两次分散给贫穷的朋友和远房同姓的兄弟。这就是所谓君子富有便喜好去做仁德之事了。范蠡后来年老力衰而听凭子孙，子孙继承了他的事业并有所发展，终致有了巨万家财。所以，后世谈论富翁时，都称颂陶朱公。

范蠡还认为，天时、气节随着阴阳二气的矛盾而变化，国势的盛衰也随之而变。对付敌人要随形势的变化制订计策。强盛时应戒骄，衰弱时要争取有利的时机，转弱为强。又认为物价贵贱取决于供求关系，主张谷贱时，由官府收购，谷贵时平价售出。

范蠡深谙经商规律，又掌握季节的火候，故赚钱如赚水，为赚钱高手，经商成巨富。

4. 子贡

子贡，即端木赐。春秋时卫国人，名赐，字子贡。孔子弟子，善于辞令，亦善经商，家累千金。曾事鲁、卫，出使诸国，分庭抗礼。相传曾劝阻齐国田常伐鲁，在吴、越、晋之间游说，使互相牵引勃发的战争。因有"故子贡一出，存鲁，乱齐，破吴，强晋而霸越"之说。故孔子要他管好自己这张嘴巴，不要制造矛盾使人民蒙受战争而罹难。

子贡曾利用抛售和囤积的方法，经商于曹国、鲁国之间。孔子72个贤徒中，以子贡最为富裕有钱。学生原宪穷得连糟糠都填不饱肚子，躲藏在简陋的里巷中生活。子贡却坐着四马并辔、齐头牵引的车子，带着束帛作礼品，到各国去访问，接受诸侯的宴会。而且他所访问国家的君主，对他只行宾主之礼。孔子的名声之所以能布满天下，子贡在人前人后的吹捧也大起作用。这就是逢时鹊起。

5. 白圭

白圭是西周人。当魏文侯在位时，李克正致力于开发土地资源，而白圭却喜欢观察市场行情和年景丰歉的变化，所以当货物过剩低价抛售时，他就收购；当货物不足高价索求时，他就出售。谷物成熟时，他买进粮食，出售丝、漆；蚕茧结成时，他买进绢帛棉絮，出售粮食。他了解，太岁在卯位时，五谷丰收；转年年景会不好。太岁在午宫时，会发生旱灾；转年年景会很好。太岁在酉位时，五谷丰收；转年年景会变坏。太岁在子位时，天下会大旱；转年年景会很好，有雨水。太岁复至卯位时，他囤积的货物大致比常年要增加一倍。要增长钱财收入，他便收购质次的谷物；要增长谷子石斗的容量，他便去买上等的谷物。他能不讲究吃喝，控制嗜好，节省穿戴，与雇用的奴仆同甘共苦，捕捉赚钱的时机就像猛兽猛禽捕捉食物那样迅捷。因此他说："我干经商致富之事，就像伊尹、吕尚筹划谋略，孙子、吴起用兵打仗，商鞅推行变法那样。所以，如果一个人的智慧够不上随机应变，勇气够不上果敢决断，仁德不能够正确取舍，强健不能够有所坚守，虽然他想学习我的经商致富之术，我终究不会教给他的。"因而，天下人谈论经商致富之道都效法白圭。白圭大概是有所尝试，尝试而能有所成就，这不是马虎随便行事就能成的。

6. 猗顿

猗顿是山西运城临猗县人，春秋时代鲁国的贫寒书生，战国时魏国人。猗顿是其号，姓名与生卒年代已无可考。

他原来是一个穷困潦倒的年轻人，"耕则常饥，桑则常寒"，饥寒交迫，艰难地生活着。正当他为生活一筹莫展的时候，听说越王勾践的谋臣范蠡在助越灭吴，辅成霸业后，便弃官经商，将另一谋臣的富国之策用之于家，遂辗转至当时"天下之中"的定陶（今山东定陶），"治产积居，与时逐"，19年间获金巨万，遂成大富，因号陶朱公。猗顿羡慕不已，试着前去请教。陶朱公十分同情他，便授与秘方："子欲速富，当畜五牸。"牸即母牛，泛指雌性牲畜。陶朱公根据猗顿当时十分贫寒，没有资本，无法经营其他行业，便让他先畜养少数牛羊，渐渐繁衍壮大，日久遂可致富。这对于猗顿来说，确是一个切合实际的致富办法。于是，猗顿按照陶朱公的指示，迁徙西河（今山西西南部地区），在猗氏（今山西临猗境）南部畜牧牛羊。

由于猗顿辛勤经营，畜牧规模日渐扩大，"十年之间，其息不可计，赀拟王公，驰名天下。"因起家于猗氏，遂号猗顿。致富后的猗顿为了表达对陶朱公的感恩之情，在今临猗县王寮村修建了陶朱公庙。

在经营畜牧的同时，猗顿已注意到位于猗氏之南的河东池盐，他在贩卖牛羊时，顺便用牲畜驮运一些池盐，连同牲畜一起卖掉。在此过程中，认识到贩运池盐是一条获利更大的致富途径。于是，他在靠畜牧积累了雄厚的资本后，便着意开发河东池盐，从事池盐生产和贸易，成为一个手工业者兼商人。

猗顿对山西南部地区的畜牧业和河东池盐的开发都起了十分重要的作用，在山西商业发展史上占有重要的地位。他是山西地区见于史载的最早的大手工业者和大商人，是山西经济史上的重要人物。其穷则思变，辛勤开拓的经验是值得我们很好地总结的。

7. 郭纵

郭纵，战国时大工商业者。赵国邯郸（今河北邯郸）人，其先本原赵国都城晋阳人。以经营冶铁业而致巨富。

相传，赵简子开拓晋阳后，居住在晋都绛的郭氏，因为三家分晋投奔了赵国，与赵氏结缘。从赵简子师东郭，到战国中期的郭纵、晚期的郭开，郭氏进入了赵国核心圈，垄断了赵国的冶铁业。这种关系一直绵延了二百余年。

8. 乌氏倮

倮，《史记》称乌氏倮。女（也有研究者认为是男性），秦朝北地郡乌氏县（今固原南部与甘肃平凉北部一带）人。夏、商、周至秦朝，在今固原市原州区境内瓦亭一带，聚居着大量的戎族，史书称他们为乌氏戎。秦惠文王在位期间（公元前337—公元前310年），在乌氏戎族的主要居牧地设立乌氏县。所以居牧在乌氏县境内的这位名叫倮的人，属于戎族，是当时著名的大牧主兼商人。

古代的六盘山地区水草丰美，气候宜人，适宜发展畜牧经济。乌氏倮利用得天独厚的自然优势，养牛牧马，发展畜牧。到秦始皇时期，倮已成为当地的大牧主，拥有马、牛、羊不计其数。尤其是秦始皇统一中国以后，统一了货币，在全国范围内通行货币"秦半两"，给商品交易提供了方便。聪明的倮看到周围的戎人只会放牧，而不懂养蚕、织丝，她就把马、牛、羊贩卖给关中农耕地区的农民，然后收购珍异物品、丝绸和日常生活、生产用品，带回来销往牧区，再换回牲畜销到内地农区，一来一回，做着利润十分丰厚的绢马交换生意。倮还常向居住在大山深处的戎王进献丝织品，戎王也高兴以价值相当于丝织品十倍的牲畜和畜产品酬报她，使她的财富不断增值。这种不等价的绢马交易，使倮成为西北地区出名的大牧主兼大商人，也是宁夏历史上最早的首富而闻名于朝廷。

乌氏倮既传承了戎族传统的饲养方式，又积极执行秦朝有关畜牧政策。秦始皇时期，专门设置有管理牛马的机构太仆寺，并以立法形式保障畜牧业的发展，颁布了《厩苑律》《牛羊律》等畜牧专款条例，才使她的畜牧生产与交易得以较快发展。乌氏倮拥有的牲畜多得无法计数，据史籍记载，说她的牲畜多到只能用"山谷"进行计数的程度，即简单的头、匹计数已无法统计准确，只能以一条山沟里所有的牲畜为一个计量单位，进行统计。

秦始皇在公元前220年巡视陇西、北地郡,途经六盘山地区时,耳闻目睹了乌氏倮经商发展畜牧的事迹,当即给倮以"比封君"的优待,也就是说,对她的礼遇等同王侯,她可以和秦国的大臣们一样,进宫朝见,参与议事,享有相当高的政治待遇和荣誉。在重农轻商的封建时代,作为一个牧主与商人,乌氏倮能取得这样高的政治地位是非常少见的。大概是因为倮饲养的马匹也为朝廷提供了大批军马,对秦国的政治经济有极大的贡献,所以才受到秦始皇的格外恩宠。

9. 巴寡妇清

千古一帝秦始皇,终其一生不立后,终其一生最痛恨女人,但又终其一生对巴寡妇清崇尚有加。可见巴寡妇清真有两下子,才能如此让这位天子折腰,她是秦代最有头有脸的女人。朝廷中重量级的文臣武将,朝觐秦始皇时均要肃立。只有巴寡妇清能与秦王平起平坐,使人震惊,亦让人羡慕。

巴是古国名,在今重庆市。因为当时巴国妇女地位微贱,嫁入夫家之后随夫姓,仅保留一个名字"清"。她的丈夫是一位年轻的商人,经营丹砂多年,已经成为当地排名第一第二的大工商业主。但好景不长,夫君不幸英年早逝,自此人鬼分隔,留下她一个孤身只影的未亡人。面对家族的一场纷争,她能排难解纷,最终以柔弱的双肩挑起大梁,撑起"半边天",挑起丈夫留下的大业,继续负重前行,实现丈夫未竟之志。

由于她的刻苦自励,对事业的精益求精,很快便积累了丰富的经验,掌握了朱砂冶炼提取水银的"核心技术",从而大大地提高了生产效率。

商场即战场,巴寡妇清虽身处崇山峻岭,却极目世界,眼光开放,睿智通达过人,看准了秦始皇统一六国之后寻求长生不老仙药。预料作为仙丹提炼的丹砂,势必有供不应求的市场前景,遂大量增加产量,又将生产地与供应地组成一条龙服务,在咸阳、长安、中原地区广设经营网点,星罗棋布,供货迅速。于是这块蛋糕越做越大,在全国各地形成了一个庞大的商业帝国。她拥有的家仆多达万人,组成了一个特别能战斗的"大兵团"。在正处于收"天下之兵"的强秦,她能"以财自卫",拥有一批私人武装,坐拥不计其数的财富,垄断了全国的经济命脉,成为中国最早的企业女皇。

巴寡妇清生财有道，但富而不骄矜，热衷于慈善事业，疏财助困，广施善举。秦始皇征丁筑长城的诏令一颁出，她认为这是保家卫国之壮举，立即慷慨解囊，捐巨资支持秦始皇修筑万里长城，以巩固边陲，保卫国家的安全，让人民安居乐业。其出手不凡，捐资数额之巨大，震惊全国。

秦始皇深为巴寡妇清疏财捐资的善行义举及图强兴业的高尚气节和操守所感动，册封她为"贞妇"。

秦始皇并诏她住进皇宫，给予公卿王侯的礼遇，这是她由富且贵的殊荣。自此巴寡妇清身价百倍，声名鹊起，一时名扬四海，誉满亲朋，天下无人不识君。

太史公曰："秦始皇令倮比封君，以时与列臣朝请。而巴（蜀）寡妇清，其先得丹穴，而擅其利数世，家亦不訾（赀）。清，寡妇也，能守其业，用财自卫，不见侵犯。秦始皇以为贞妇而客之，为筑女怀清台。夫倮，鄙人牧长，清，穷乡寡妇，礼抗万乘，名显天下，岂非以富邪？"乌氏倮是乡野之人，是牧场的主人。清是偏僻乡野的寡妇，却受到天子的礼遇，名声显扬于天下，这不都是依赖他们的财富吗？这就是钱能通神了。

巴寡妇清死后，秦始皇专门下诏在她的家乡筑"女怀清台"，以示褒扬。该台在今重庆市长寿区南。她死在秦始皇之前，这更是她不幸中的万幸了！

10. 卓氏

卓氏是秦末蜀人。原为赵邯郸（今河北邯郸）人。其祖父辈经营冶炼铁矿致富，后来秦国打败赵国，流放富豪，卓氏也在其中。赵国被掳获的人中，只有卓氏夫妇推车步行到被流放的地方。其他同时被秦军掳获的赵国人，稍有钱财者，都争相贿赂秦国负责迁徙的官吏，要求迁到经济较为发达且与赵国较近的葭萌。但卓氏目光远大，他说："葭萌这个地方狭小瘠薄，我听说汶山之下有肥沃的原野，长有如蹲鸱形的大芋头，到了凶年仍不饥荒，人们照常在街市做工经商。"于是，他请求迁徙到以产铁矿著名而尚未开发的临邛（今四川邛崃）地区。到该地后，他利用当地有丰富铁矿资源这个有利条件，结合自己鼓铸世家的专长，加之邻近地区又是急需铁工具的少数民族聚居之处，于是大量招雇廉价劳动力，开采铁矿，熔铸生铁，重操旧业。因当地原来的生产工具十分落后，先进的铁制工具十分畅销，往往供不应求。再加上当地土地肥沃，可作替代粮食的野生植物丰富，有利于降低成本，故获利十分丰厚。由于他善于发现和利用有利条件，终于成为滇蜀一带的首富，拥有家仆达千人之多，他的田园水池游猎之乐，可与国君相比拟。

11. 程郑

西汉时期的大工商业者，蜀郡临邛（今四川邛崃）人。其祖籍本是战国时关东（今山东）人，祖父辈为冶铁商，秦始皇统一全国后，强迫其祖先迁徙至蜀郡临邛。程郑看到临邛盛产铁矿，而且这里历来都有以冶炼铁矿致富之人，于是也仿效前人治产之道，买家僮匠客数百人，开炉冶铸，将铁与铁器卖给附近的少数民族。日积月累，生产规模一再扩大，终而致富，成为当时蜀地首屈一指的大工商业家族。他的财富与卓氏相等，与卓氏同住在临邛。

12. 孔氏

孔氏是西汉南阳人，其祖先是魏国大梁人，炼铁为业。秦国攻伐魏国后，把孔氏迁到南阳。他大规模地熔铸金属，开辟池塘养鱼。车马成群结队，并经常游访诸侯，打通所有关节，因而得到经商发财的方便条件。他出手慷慨地赠予诸侯，如游闲的贵公子一样，享尽欢乐。他家中的财富多达数千金。他赠予亦很多，但小钱不出，大钱不入，赚得更多，大大超过那些吝啬鬼商人。所以，南阳凡人做生意的，都效法孔氏雍容大方的手法。

13. 丙氏

丙氏姓或作邴，史失其名。西汉鲁人。鲁地民俗节俭吝啬，而曹邴氏尤为突出，他靠冶铁起家，财富多至万万而不可计。他家父兄子孙都遵守这样的家规：低头抬头都要有所得，一举一动都要不忘利。他家租赁、放债、做买卖遍及各地。由于这个缘故，邹鲁地区有很多人丢弃儒学而追求发财，这是受曹邴氏的影响。

14. 刁间

刁间，西汉齐人。齐国习俗以奴隶为低贱，极其歧视，而只有刁间看重奴隶。狡猾聪明的奴隶，是人们所害怕的，而只有刁间收留使用他们，让他们为他去追求渔、盐、商业上的利润。甚或替他坐着成队的车马，去交结地方上的太守及诸侯将相。刁间愈信任他们，他们就愈卖力气，替他赚上财富几千万。所以有人说："宁可抛弃求官爵的愿望，而为刁间卖力。"即是说刁间能使豪奴自身富足而又能为他竭尽其力。

15. 师史

师史，西汉洛阳人。周王城洛阳人已经是极端节俭和吝啬的了，而师史更加厉害。他的运货车辆以百计，通商到天下各地，无所不至。洛阳位在齐、秦、楚、赵等国之中央，得天独厚。路通财通，车水马龙，货如轮转。街巷的贫民在富人家中学做生意，并以长久经商而自豪。但师史却经常在各国经商走动，即使几次经过自己的乡里也不回家。师史就是专心做这项工作，才能赚上七千万钱。

16. 任氏

任（rén）氏是西汉京兆宣曲人，先世为秦督道仓吏。秦末，豪杰全都争夺金银珠宝，而只有任氏用地窖储藏谷子。后来楚、汉（刘邦、项羽）两军在荥（xíng）阳即今河南省内对峙，农民不能耕种，米价一石涨到万钱，任氏卖谷，大发其财，使得豪杰所有的金、玉统统流入任氏的钱袋里，任氏因此致富。一般富人都争相奢侈，而任氏屈其富人的身份崇尚节俭，亲自力行耕田畜牧。田地、牲畜，一般人都要争取低价买入，只有任氏要求质地优良而又高价买入，致使数代而极其富有。但任氏的父亲任公亦在家约束，非自家种的养的，不穿不吃；公事没有做完，则自身不能喝酒吃肉。他就是以此作为乡里的表率，所以富有之后，国君很器重他。

17. 桥姚

桥姚，名义作桃。西汉人。相传黄帝死后葬于桥山，黄帝的臣子有守其坟墓不愿离去的人，后以桥为氏。一说桥氏出自黄帝子姬氏之后。

桥姚以开发边塞畜牧业而致富，有马千匹，牛倍之（二千头），羊万头，粟以万钟计。

18. 无盐氏

无盐氏是西汉京光长安人。景帝前三年，吴楚七国起兵反叛汉朝中央朝廷时，长安城中的列侯封君要从军出征，需借贷有息之钱，高利贷者认为列侯封君的食邑都国均在关东，而关东战事胜负尚未决定，没有人肯把钱贷给他们。只有无盐氏拿出千金放贷给他们，其利息为本钱的十倍。三个月后，吴楚被平定。一年之中，无盐氏得到十倍于本金的利息，以此富致与关中富豪相匹敌。

关中地区的富商大贾，大都是姓田的那些人家，如田啬、田兰。还有韦家栗氏、安陵和杜县的杜氏，家产也达万万钱。

以上这些人都是显赫有名、与众不同的人物。他们都不是有爵位封邑、俸禄收入或者靠舞文弄法、作奸犯科而发财致富的，全是靠冒着被椎杀后埋于荒野的风险去捕捉致富的机会，进退取舍，随机应变，获得赢利，以经营商工牧业致富，用购置田产从事农业守财，以各种强有力的手段夺取一切，用法律政令等文字方式维持下去，致富方式的变化是有规律的，所以值得认真地学习、研究。至于那些致力于农业、畜牧、手工、山林、渔猎或经商的人，凭借权势和财利而成为富人，大者压倒一郡，中者压倒一县，小者压倒乡里，那更是多得不可胜数。

精打细算、勤劳节俭，是发财致富的正路，但想要致富的人还必须出奇制胜。种田务农是笨重的行业，而秦杨却靠它成为一州的首富。盗墓本来是犯法的勾当，而田叔却靠它起家。赌博本来是恶劣的行径，而桓发却靠它致富。行走叫卖是男子汉的卑贱行业，而雍乐成却靠它发财。贩卖油脂是耻辱的行当，而雍伯靠它挣到了千金。卖水浆本是小本生意，而张氏靠它赚了一千万钱。磨刀本是小手艺，而郅氏靠它富到列鼎而食。卖羊肚儿本是微不足道的事，而浊氏靠它富至车马成行。给马治病是浅薄的小术，而张里靠它富到击钟佐食。这些人都是由于心志专一而致富的。

太史公又说：由此看来，致富并不靠固定的行业，而财货也没有一定的主人，有本领的人能够集聚财货，没有本领的人则会破败家财。有千金的人家可以比得上一个都会的封君，有巨万家财的富翁便能同国君一样的享乐。这是否所谓的"素封"者？难道不是吗？

缘何《三国演义》人物皆单名

综观整本《三国演义》，人物几乎都以单字命名，试举如下：

刘备　孙权　曹操　关羽　周瑜　董卓　张飞　孔融　袁绍　陆逊
王允　赵云　许攸　贾诩　黄忠　曹丕　马腾　姜维　曹植　鲁肃　吕布

庞统　曹仁　蔡邕　杨修　马超　张辽　马谡　曹休　邓艾　杜预
孙皓　诸葛亮　诸葛瞻　司马徽　司马懿　司马昭

南朝宋范晔撰《后汉书》、晋陈寿著《三国志》中的人名，间或有两个字的，这些人一般不是官员，也不是知识分子，多属于下面几种人：

（1）戏曲、曲艺、杂技等演员，从事艺术创作或表演而有一定成就的人。如东方安世，东方是复姓。

问题出在王莽身上。西汉末年，王莽篡夺了政权。为了巩固统治，他捡起了董仲舒的"神学目的论"，大搞迷信，大搞复古，以此为核心，还推行了一系列所谓的"新政"，从土地制度到用人制度，从货币到地名，无孔不入，也涉及了人名。

王莽这个人对"名"特别重视，他一上台，就闹起了一股改名风。首先把中央各级官名改了，然后是大改地名。今天改了，明天又改回来，弄得人不知所措。后来，甚至将"匈奴"改成"降奴"，"单于"改成"服于"，由此引发了民族战争。王莽对姓名更是大下功夫。他对自家的"王"姓看得特别重，对许多刘姓皇族和有功部下赐姓"王"，以示恩宠。

《汉书·王莽传》中有这样的记载：王莽的长孙叫王宗，要是慢慢地等，靠死爷爷和爹爹，这个王宗是可以当皇帝的，可是，他性子太急，等不及了。自己弄了天子的衣服、帽子，穿上让人画出了画像，还刻了铜印三枚，与其舅舅合谋，准备抢班夺权。可水平有限，事情暴露了。虽然是亲孙子，但这事也不能轻饶，王宗一看不好，就自杀了。虽然人死了，但"政治权力"也要剥夺，王莽下了这样一道命令："宗本名会宗，以制作去二名，今复名会宗。"这道命令不琢磨是看不出门道的。"制作"就是法令，王宗本来名是两个字，叫"王会宗"，是依法令后改成的"王宗"，现在犯了法，得再改回去，还叫原来的"王会宗"。从王莽这道命令可以看出三个问题：一、王莽之前的人名用字数是不受限制的，他自己孙子的名都是两个字。二、王莽上台后，曾经下过"去二名"的"制作"，也就是以法律形式规定不准用双字名。三、人犯罪后，恢复二字名，以示处罚。

《汉书·王莽传》又有"匈奴单于，顺制作，去二名"之语，意思是说，匈奴单于依顺王朝的法令，去掉二字名中的一个字。可见，当时不但有禁止使用双字名的法令，而且还影响到了匈奴。

由于王莽的法令，从那时起，人们渐渐养成了使用单字名的习惯，后来虽然王莽说话不算了，却一直也没有改过来，竟然成为风气，认为用两个字取名是不光彩的事。如果是现在，人人全是单字名，那麻烦可就大了，因为单字名很容易造成重名。但是当时人口并不是很多，人的活动范围、交际半径也有限，单字名并没有对社会造成太大的不良影响。因此，单字现象得以延续，一直到三国时代。

"千金"原指男儿身

"千金"一词，由来已久。《孙子·作战》："内则外之费，宾客之用，胶漆之材，车甲之奉，日费千金。"秦以一镒（二十两）金为一金，汉以一斤金为一金。秦、汉时金多指黄铜。

"千金"又表示贵重。《韩非子·外储右上》："虽有乎千金之玉卮，至贵而无当，漏不可盛水，则人孰注浆哉？"千金又比喻富贵。《史记·货殖列传》："是故江、淮以南，无冻饿之人，亦无千金之家。"

但"千金"原指男儿身。

第一次把"千金"用来比喻人，出自《南史·谢弘微传》。南朝梁的著名文学家谢月出，字敬冲，陈郡阳夏（今河南太康）人，谢庄的儿子。谢月出小时候非常聪明，谢庄很喜欢这个儿子，常常让他跟随左右，外出游玩的时候也带上他。谢月出十岁就能写一手好文章，有一次谢庄带着他去土山游玩，让谢月出写一篇命题作文，谢月出拿过笔来一气呵成，谢庄看了之后，不由得大喜过望。谢庄的朋友对谢庄说："你这个儿子真是神童，将来一定发达。"谢庄抚着儿子的后背，心花怒放地说："真吾家千金（真是我家的千金啊）。"

到了元朝，张国宾所作《薛仁贵荣归故里》一剧中才把"千金"和女孩儿联系起来："你乃是官宦人家的千金小姐，请自便。"显然，在张国宾写作此剧之前，民间已经改换了"千金"一词的原始含义，而用来指称女孩儿了，张国宾只是在剧中使用了"千金小姐"这一称谓而已。

旧时把显贵之家的闺秀亦称为侯门千金。直到今天，称别人家中的女孩为"千金"就更常见了。

天下第一奇梦
——黄粱一梦

凡人都做梦，古往今来，概莫能废。人类从古梦到今，从出娘胎一直梦到入土为安。白天睡眠白天做梦，夜晚睡眠夜晚做梦，从早春一直做梦到严冬，故称人有故乡之外，还有梦乡，也有梦话、梦幻、梦境、梦寐、梦魇、梦遗等。有的人从南方梦到北方，有的人又从北方梦到南方；有的人从国内梦到国外，有的人又从国外梦到国内，谁人不是梦中人！梦已经与人类结下不解之缘，"剪不断，理还乱"。

现在的科学认为，人们之所以做梦，是因为在睡眠时局部大脑皮层还没有完全停止活动而引起的表象活动的缘故，故日有所思，夜有所梦。迄今，生理学对梦的产生还不完全了解。一般认为睡觉时，大脑皮质某些部位有一定的兴奋活动，外界和体内的弱刺激到达中枢与这些部位发生某些联系时，即可产生梦。其内容与清醒时意识中保留的印象有关，但在梦中这种印象常错乱不清，内容大多是混乱和虚幻的，往往是一觉醒来便依稀不清了。

历史上林林总总的梦，最有名的非"黄粱一梦"莫属。后世的"黄粱梦"或"邯郸梦"即出自《枕中记》。这个"梦"曾出现在不少的文学作品中，只是梦中人及一些细小的情节稍有出入，但最重要的情节都是一样的。今将几个不同的版本简述如下。

1. 唐传奇小说《枕中记》

唐代沈既济作。沈既济是唐代小说家、史学家。生卒年不详。吴县（今苏州）人。德宗即位初，试太常寺协律郎。建中元年（780），宰相杨炎荐其有史才，召拜左拾遗、史馆修撰。次年冬，杨炎贬逐，他也被贬为处州司户参军。后又入朝，官终礼部员外郎。他与萧颖士之子萧存及许孟容友善,都以文辞知名;又与著名史学家杜佑友好。他博通群籍,尤工史笔,撰《建中实录》10卷,为时所称;又撰有《选举志》10卷;二书今皆不传。《全唐文》录其文六篇。文中主张选拔有用人才、反对官吏冗滥。传奇作品有《枕中记》和《任氏传》。

《枕中记》写开元间人卢生在邯郸旅店中遇道士吕翁授枕入梦,卢生入睡后做了一场享尽一生荣华富贵的好梦。醒来的时候小米饭还没有熟,因有所悟。借以讥讽与劝谕当时热衷功名的士人。其具体情节是:

唐开元七年,有个叫吕翁的道士,获得了神仙之术,行走在邯郸的路上,住在旅舍中,收起帽子解松衣带靠着袋子坐着,一会儿见一个走在旅途中的少年,他名叫卢生。卢生身穿褐色粗布的短衣服,骑着青色的马,准备去田间劳作,也在旅舍中停下,和吕翁同坐在一张席上,言谈非常畅快。

时间长了,卢生看看自己的衣服破烂肮脏,便长声叹息道:"大丈夫生在世上不得意,困窘成这样啊!"吕翁说:"看您的身体,没有痛苦没有灾病,言谈有度,却叹困,为什么啊?"卢生说:"我这是苟且偷生啊,哪有什么合适之说?"吕翁说:"这样还不叫合适,那什么叫合适呢?"回答说:"士人活在这世上,应当是建功立名,进出朝廷,应该不是个将就是个相,家中用来盛装食物的鼎应该排成列,听的音乐应该可以选择地听,让家族更加昌盛更加富裕,这样才可以说得上合适啊。我曾经致力于学习,具有娴熟的六艺(礼、乐、射、御、书、数),自己觉得高官可以容易地得到。现在已经是壮年了,还在农田里耕作,不是困还是什么?"说完,就眼睛迷蒙想睡觉。当时店主正蒸黍做饭。吕翁从囊中取出枕头给他,说:"您枕着我的枕头,可以实现您的志向。"

那枕头是青色的瓷器,并在两端开有空,卢生侧过头去睡在枕头上,看见那孔渐渐变大,并且其中明亮有光,便投身进入,于是回到了家。几个月后,他娶了清河崔氏的女子做妻子,这女人容貌很美丽,卢生的资产更加丰厚。卢生非常高兴,于是衣服装束和车马日渐鲜亮隆重。

第二年,科举考进士,他通过了科举考试脱去平民的衣装,任秘书校对官。奉皇帝的旨意,转到渭南当县尉,不久迁升做监察御史,转而做起居舍人知制诰的衔位。三年过后,出掌同州当地方长官,升迁到陕当牧,生性喜好水利建筑,从陕西开河八十里,解决了交通问题,当地的人们因此获利，刻石碑铭记他的功德。后改任汴州的地方长官，到河南道（地名）当采访使（官名），应皇帝的命令到京城当京兆尹。当年，神武皇帝（唐玄宗）正用武力对付戎狄（泛指边境的少数民族），拓展疆土，当时吐蕃的悉抹逻和烛龙莽布支攻陷了瓜沙（地名），节度使王君㚟刚刚被杀，黄河、湟水一带告急。皇帝想要具有将帅才能的人，于是授予卢生御史中丞、河西节度使的官职。卢生大破戎虏，斩杀了七千个首级，拓展了疆土九百平方公里，建筑了三座大城来把守要害，边疆的老百姓在居延山（地名，在今天的甘肃境内）立石碑歌颂他。他回到朝廷按照功劳受到封爵授勋，封赏的礼仪非常隆重，官职升为吏部侍郎，迁升为户部尚书并兼任御史大夫，一时之间名望清高而尊重，大家都安然服帖。这样一来被当时的宰相所妒忌，宰相用流言蜚语中伤他，遂被贬做端州刺史。

三年后，他应皇帝的命令到皇帝身边当常侍，没多久，当上了宰相。和宰相肖嵩、裴光庭共同执掌朝政大权十多年，高妙的谋略严谨的命令每天接连发布，出谋划策启发皇帝，卢生被人们称为贤相。同朝的官僚害他，又诬陷他和边疆的将领勾结，图谋不轨。皇帝下诏把他关进监狱。官吏带着随从到他家马上将他抓起来了。卢生惊惶不已，担心怕自己将要没命，对妻儿说："我老家在山东，有良田五顷，足以御寒防饥馑，何苦要求官受禄呢？如今落得如此地步，向往当初穿短的粗布衣服、骑青色的小马，行走在邯郸的路上，得不到了啊！"于是拿刀自杀抹脖子。他的妻子（赶紧）抢救，才没有死。受他牵连的人全部死了，只有卢生被宦官求情保住了性命，免了死罪，流放到驩州。几年以后，皇帝知道他是冤枉的，又恢复官职当了宰相，册封为燕国公，特别受到恩宠。

他生了几个儿子：名叫俭、传、位、倜、倚，都很有才能。卢俭中了进士，当上了考功员外，卢传当上了侍御郎，卢位当上了太常丞，卢倜当上了万年的县尉，卢倚是最出色的，年龄二十八岁，当上了左襄，他们所结的亲都是名门望族。有孙子十多个。

后来卢生年纪渐渐衰老，多次要求告老辞官，都没有得到允许。病了，皇帝身边的宦官前来探病，接踵而至，名医和上等的药材，没有不是最好的。卢生在将死之时上奏书说："我本来是山东一般的儒生，以在田圃中劳作而自得其乐。偶尔遇上皇上的恩宠，得以名列官员的位置。承蒙皇帝过分特殊的嘉奖，得到特别的俸禄和太多的家私，出门拥有隆重的仪式，进朝当上了宰相的高职，与朝中内外的皇亲国戚结交，锦绣人生多年。有负于皇帝的恩宠，对皇帝圣明的教化没有什么帮助。我不过是个小人却居了圣贤的位置遗留不少祸害，深感如履薄冰诚惶诚恐，一天比一天担心，不知不觉我已经老了。今年已经超过80岁了，我的官位高到了三公的极点，命岁到头了，筋骨形骸都老了，弥留之际身体沉重困顿，等待死期的时日马上要到了，管不成什么事情了。非常感谢皇上的无限圣明，白白辜负了皇帝的恩宠，永远歌颂当今皇帝这年代。非常感激和留恋。我非常诚恳地奉上此表书陈述我的感谢。"皇帝下诏书说："你以美好的德行，作我的首席辅佐，出可以作我的保障和护翼，入朝帮我实施和谐光明的朝政。平安繁盛二纪（两个十二年），完全是靠你啊，你得的疾病，原以为马上就可以痊愈。没想到病久难治，令我非常担心痛惜。现在命令骠骑大将军高力士去你家探望，好好治疗，为了我你要珍惜生命，还要心存希望，期望能够痊愈。"当天晚上，卢生死。

卢生伸个懒腰醒来，看见自己的身体还睡在旅舍之中，吕翁坐在自己身旁，店主蒸的黍还没有熟，接触到的东西跟原来一样。卢生急切起来，说："难道那是个梦吗？"吕翁对卢生说："人生所经历的辉煌，不过如此啊。"卢生惆怅良久，谢道："恩宠屈辱的人生，困窘通达的命运，获得和丧失的道理，死亡和生命的情理，全知道了。这是先生你遏止我的欲念啊，我哪能不接受教诲啊！"一再磕头拜谢后离去。

2.《邯郸道省悟黄粱梦》

《邯郸道省悟黄粱梦》又名《开坛阐教黄粱梦》。杂剧剧本。元马致远①、李时中和艺人花李郎、红字李二合作，各作一折。情节脱胎于唐代沈既济的传奇小说《枕中记》，改为钟离权度吕岩成仙的故事。梦境中的经历与小说不同。戏剧抨击了不公正的现实社会，但出世②思想极浓厚。

---

① 马致远为元大都人。字千里，号东篱。元初为江浙行省务官。工曲。善作杂剧。与关汉卿、郑光祖、白朴称四大家。有《桃源洞》《岳阳楼》《汉宫秋》等。

② 出世，佛教指脱离世间束缚。与解脱同义。又指出仕做官。此为剧本原意。

此剧写书生吕洞宾①住店邯郸，钟离权来度吕出家修行，到庙宇里当道士。吕不从。时值店母正在蒸黄粱，吕便入睡。他梦见自己赴考名题金榜，拜兵马大元帅。之后不久，又入赘高太尉家当上门女婿，享尽荣华富贵。后挥军征战。因贪杯咯血而断酒；军中受贿卖阵获罪发落而断财；归家见妻通奸而休妻断色。最后子女即被人摔死，自身亦遭追杀。醒来黄粱未熟，吕生酒色财气皆绝，遂感悟到人生的真谛，虚无缥缈，虚幻梦想。便从钟离权入道，终成正果。

3.《邯郸记》传奇剧本

作者为明代的汤显祖。汤显祖（1550—1616），中国明代戏曲家、文学家。字义仍，号海若、若士、清远道人。汉族，江西临川人。汤氏祖籍临川县云山乡，后迁居汤家山（今抚州市）。出身书香门第，早有才名，他不仅于古文诗词颇精，而且能通天文地理、医药卜筮诸书。34岁中进士，在南京先后任太常寺博士、詹事府主簿和礼部祠祭司主事。

明万历十九年（1591）他目睹当时官僚腐败愤而上《论辅臣科臣疏》，触怒了皇帝而被贬为徐闻典史，后调任浙江遂昌县知县，一任五年，政绩斐然，却因压制豪强，触怒权贵而招致上司的非议和地方势力的反对，终于万历二十六年（1598）愤而弃官归里。家居期间，一方面希望有"起报知遇"之日，一方面却又指望"朝廷有威风之臣，郡邑无饿虎之吏，吟咏升平，每年添一卷诗足矣"。后逐渐打消仕进之念，潜心于戏剧及诗词创作。

在汤显祖多方面的成就中，以戏曲创作为最，其戏剧作品《还魂记》《紫钗记》《南柯记》和《邯郸记》合称"临川四梦"，其中《牡丹亭》是他的代表作。

《邯郸记》记卢生在邯郸旅店中，遇道者吕翁，翁以枕授生，生睡入梦，与崔氏女完婚，遇皇榜招贤，行贿中状元，出将入相，享尽荣华，后因官场倾轧而遭贬，而后复官，历数十年。及醒，主人蒸黄粱尚未熟，后悟升仙。剧本借卢生等形象抨击了当时社会制度的腐朽败坏，表达了一种人生如梦的观念。昆剧《扫花》《三醉》《法场》等均出于此。

---

① 吕洞宾为唐河中人，一说京兆人，字洞宾，以字显，号纯阳子，自称回道人。俗传为八仙之一。相传懿中通通中，登进士。历仙德化令。后游京师，遇钟离权，授以丹诀。喜戴华阳巾，衣黄白襕衫（古代上下衣相连的服装），系大皂绦。后移居终南山修道，成为道教传真北五祖之一。通称吕祖。

4.《纯阳帝君神华妙通记》

这是道家的典籍。吕洞宾号纯阳子,自称回道人。传说他的母亲将要生他的时候,屋里充满异香,浓烈扑鼻。空中仙乐悠扬,悦耳动听。一只白鹤从天而降,扑入其母帐中,倏然而逝。吕洞宾生下之时,气宇轩昂,后自幼聪慧,胆识超群。过目成诵,记忆力强。出口成章,擅长辞令。吕洞宾曾游庐山,遇火龙真人①,授予天遁剑法。

火龙真人指钟离权,相传姓钟离名权,受铁拐李的点化,上山学道。下山后又飞剑斩虎,点金济众。最后与兄简同日升天,度吕纯阳而去。(见《东游记》)他的神仙传说当起于北宋。《宣和书谱》:"神仙钟离先生,名权,不知何时人。而间出接物,自谓生于汉。吕洞宾于先生执弟子礼。"一说为五代后汉时人,北宋时邢州开元寺尚存其草书诗。后遂称汉钟离而不名。

一日,吕洞宾游长安,在酒肆遇上一位羽士②题诗于墙壁上。吕洞宾见其状貌奇古,装束奇特,仪态飘洒,字体凝重而飘逸,便叩问其姓名。羽士道:"我是云房先生③,居于终南山鹤岭,想跟我一起前往吗?"吕洞宾凡心未尽,对尘世仍存留恋之心,岂敢贸然答应。

当天晚上,云房与吕洞宾留宿于肆中,云房亲自下厨为他做饭烹调。此时吕洞宾困乏不堪,一倒下榻便进入梦乡,梦见通过考试,拿下了状元,官场得意马蹄疾,儿孙绕膝,极尽荣华。但好景不长在,好花不常开,转瞬间家产被籍没,妻飞子散,天各一方。至老而孑然一身,仍为一个单身汉,孤独地打发时光。困顿潦倒,面迎风雪而冻得浑身发抖,刚欲仰天长吁短叹,倏忽间梦断惊醒。此时,云房先生的饭尚未熟,于是便题诗一首:

> 黄粱犹未熟,一梦到华胥。

---

① 真人,道家称"修身得道"或"成仙"的人。《庄子·天下》:"关尹老聃(dān)乎,古之博大真人哉!""真人"之名始此。真,仙人。其等级地位在大神之下,仙人之上。唐以后,少数道教人士有被帝王赠号为真人的,如唐玄宗封庄子为南华真人,文子为通玄真人,列子为冲虚真人,庚桑子为洞虚真人。历代都有这样的封号。

② 羽士,道士的别称。"羽"含有飞升之意。旧时因道士多求成仙飞升,故名。又称"羽人"。是神话中的飞仙。

③ 钟离权自称汉人,家在咸阳(一说燕台),号云房先生、和谷子、真阳子,尝自称天下都散汉,亦称散人。

吕洞宾一看这首诗,惊诧不已,忙发问道:"莫非先生知晓我的梦?"云房道:"你刚才的梦,沉浮万态,荣辱千端,五十个春秋犹如瞬间!得不足喜,失不足悲,人生就是一场梦,如此而已!"

自此,吕洞宾大彻大悟,下定决心脱离凡世,抛弃家室,拜云房先生为师,遁入空门,赴终南山修道。由于他身具道术,又拥有天遁剑法,便斩妖降魔,为众生除害造福,亦成为八仙中的佼佼者。

5.《吕翁》

《吕翁》见北宋李昉等编辑的小说总集《太平广记》卷八十二,其内容与情节和《枕中记》大同小异,此不赘述。

书生在当时唯一的出路是求取功名,但获得功名的毕竟是少数,绝大多数的士子由于在官场上灰心失意而深感彷徨,又深为痛苦。为求自我摆脱苦恼,必然从内心上产生富贵如过眼云烟,人生如过客,来也匆匆,去也匆匆,一切皆空,一切皆幻的思想,以自我安慰。因而以梦中历尽荣华富贵、梦断方醒来说明宦海沉浮,马齿徒增,人生如梦而感叹。但比沈既济更早的尚有其人,如晋干宝所撰的《搜神记》中,焦湖庙祝以玉枕使杨林入梦的故事内容,显然是《枕中记》的蓝本,即是《枕中记》著作所根据的底本。但《枕中记》所写更具新意,意表突出,通过对卢生这一形象的描写,表现出来的境界清幽情调更为高雅。写卢生将入梦乡之时,店主人正在蒸黄粱,经历几十年的一场酣梦,一觉醒来主人蒸黄粱尚未熟,说明人生如梦,而梦又是如此的短暂,人生又是如此的短促。

宋王安石《中年》诗:"中年许国邯郸梦,晚岁还家圹埌游。"宋郭印《上郑漕》诗:"荣华路上黄粱梦,美俊丛中白发翁。"

由上可见以黄粱梦为题材写作的作者,所经历的时代已包括东晋、唐、宋、元、明五个朝代。从东晋史学家、文学家干宝撰的《搜神记》算起,大约有1500年,创作朝代之多,创作时间之长,演出场面之广,为首屈一指。传奇、小说、戏曲、诗词等文学作品都入作。题材被广泛采用。历朝历代,黄粱一梦的故事均在社会上广泛流传,家喻户晓,黑头白发皆知,堪称"天下第一奇梦"。

清朝的"试婚"制

世界上的很多东西都可以试一试,可婚姻这一终身大事怎么可以试一试呢?但大清一朝就曾实行过皇室"试婚"制度。

美国《纽约时报》曾在1886年2月29日刊载《清室生活记趣》云:清朝被确定为皇储的太子,在正式选立太子妃的前一年,宗人府要先为太子选择一位比其长一岁的适龄宫女,前往太子的东宫侍寝,教太子学会怎么练床笫功夫,练好做丈夫的功底。如果太子同意,皇帝与皇后都不反对,这位宫女就可立为太子妃。

宗人府是官署名,是管理皇室宗族事务的机构。明洪武三年(1370)置大宗正院。二十二年改宗人府。以亲王任宗人令,其后事权归于礼部。清顺治九年(1652)沿置,长官称宗令,左、右宗正,左、右宗人,以亲王以下皇族充任,其事务长称府丞、理事官,其下有经历、主事等。逢修玉牒之年,另立玉牒①官。

对于子嗣之事,历代皇帝都当作千秋万代的一件重大事件,并给予高度的重视,因而皇室男子一般都早婚,年龄在13—17岁为宜,最迟也不能超过18岁就要行大婚之礼。清朝则规定皇子必须在15岁之前举行大婚典礼。几乎所有的皇帝、太子在举行结婚大礼之前均都临御过女人,早已熟谙床笫之事。有的甚至已经生儿育女,为人父了。但历代有明文规定皇室"试婚"制度的,只有清朝无二。

清史有案可稽,皇帝在大婚之前,先由宫中精心选择八位年岁稍长、花容月貌的宫女,陪皇帝睡觉,当皇帝的"性试验品"。这八名宫女各有其名分,一般冠以宫中司仪、司门、司寝、司帐四个女官之名称,人们便一目了然,顾名思义亦知其职责为专门侍候皇帝起居的。

一般来说,宫女们在宫中无聊得发愁,一旦被选中去给皇帝试婚,这正是时来运转、飞上枝头作凤凰的千载一时之机,何况每月还可拿到可观

---

① 玉牒本为古代帝王封禅郊祀所用的文书。也指皇族的谱牒。

的俸禄，亦从一般宫女们所从事的劳动中解放出来。因此，这是宫女们梦寐以求的美差。她们都指望有这么一天，以便脱离苦海。

除却这八名侍寝宫女之外，还要从内务府再挑选十六名侍女从中协助，专司侍候皇帝。同时规定不能打喷嚏、咳嗽、唾吐和发出任何声音，一切任务都要求无声无响地完成。这样看来，这小皇帝的"性试验品"就可能涉及二十四个宫女了。

清皇室实行"试婚"制，其目的无非是为了让小皇帝及小太子在婚前就谙熟洞房之事，积累一些床笫经验，以便在大婚之后可以从容面对和正宫娘娘或太子妃的性事。但这种试婚的结果往往又事与愿违，这简直是给小皇帝、小太子提供一张激起性放纵的"温床"，影响其过早的成长发育，亦可能导致其贪恋酒色，放纵情欲。清朝的一些皇帝成为"短命鬼"，与这种试婚不无关系。

不仅清代的小皇帝、小太子要"试婚"，即使皇室的公主们有的出嫁之前，也要实行"试婚"。不过试的是驸马罢了，而不是公主。这就必然产生出一种离奇的"试婚格格"。

格格是满语，意为"小姐"，为清皇族女儿的统一称号。皇帝的女儿封公主，称固伦格格；亲王女封郡主，称和硕格格；郡王女封县主，贝勒女封郡君，都称多罗格格；贝子女封县君，称固山格格；镇国公、辅国公女封乡君，称格格。

这些试婚格格陪着公主的嫁妆一起先行一步到驸马爷家，当天晚上便由"试婚格格"与驸马进行鱼水之欢，同床试婚。

次日凌晨，试婚格格立即派遣专人赶回宫中，向太后或皇后一一禀报驸马爷的生理有无缺陷，床笫功夫是否过硬，驸马性格是否温存，态度是否温顺等。一旦试婚合格，公主便正式下嫁。这位试婚格格亦留在附马身边或为妾或为婢。这样看来，公主与试婚格格到底谁是"大奶"，谁是"二奶"，人们都有得一番思量了。

但是试婚制度并没有保障清朝一代的血脉代代相传，绵延万代。

黄祸论与《黄祸图》

"黄祸"一词,中国的辞书一般没有出现。黄祸意即黄种人雄霸世界的灾祸。欧洲人惧怕黄色人种逐渐强盛,进而征服及蹂躏白色人种,如十三四世纪的蒙古人西进,就被称为"黄祸"(The Yellow Peril)。

黄种人,亚洲人种,皮肤黄色,颧骨高,毛发黑而直。在五大人种中生殖最繁。

黄种又称蒙古利亚种,皮肤淡黄,颧高,鼻平,眼小,发直而刚,亚洲的大部分地区及欧洲的土耳其、匈牙利皆为此种人种的繁殖区。这里先说说蒙古人西进这个话题。

成吉思汗即元太祖,名铁木真。古代蒙古首领、军事家和政治家。出生于蒙古乞颜部孛儿只斤氏族。12 至 13 世纪初统一蒙古诸部。1206 年被推为大汗,称成吉思汗(蒙古语"海洋"或"强大"之意),建立蒙古汗国。成吉思汗六年(1211)和十年,大举攻金,占领中都(今北京西南隅)。十四年第一次西征,灭花剌子模(位于中亚细亚阿母河下游古地区,今乌兹别克斯坦)。

成吉思汗还派遣军队马不停蹄地攻入钦察①,在喀勒喀河击败斡罗思和钦察联军,占领中亚②大片土地,分封给三个儿子。成吉思汗二十二年,灭西夏,在六盘山病死。元朝建立后,被追尊为元太祖。

窝阔台是成吉思汗第三子,即元太宗。亦称"合罕皇帝"。窝阔台罕六年(1234)与宋联军灭金。次年议定分兵征服中亚、欧洲。东侵高丽,南攻南宋。窝阔台罕国封地,领有也儿的石河(今额尔齐斯河)上游和巴尔喀什湖以东地方。

---

① 钦察,成吉思汗长子尤(zhù)赤,曾参加攻金和中亚各地的战争。成吉思汗十七年(1222)哲别、速不台越太和岭(高加索山)西攻钦察,深入斡罗斯。他领兵为后援,巡视征服地方。设立钦察汗国。版图西至多瑙河下游,东抵也儿的石河(今额尔齐斯河),南达高加索,北迄保加尔地区,斡罗斯诸公国均其为附庸,建都萨莱(即拔都萨莱,在今俄罗斯阿斯特拉罕附近)。

② 中亚,全称中亚细亚。指亚洲中部地区,包括土库曼斯坦、乌兹别克斯坦、塔吉克斯坦、吉尔吉斯斯坦和哈萨克斯坦等国。面积399.4平方千米,人口约5842.2万(2005年)。广义的中亚还包括蒙古和中国新疆等地。

总之，蒙古人当年骑在马背上打天下，所向披靡，征服了欧洲大片土地，威慑天下，使欧洲人谈虎色变，以为这是"黄祸"。这就是当年的"成吉思汗风暴。"

俄国无政府主义者巴枯宁，他宣传"个人绝对自由"，最早提出"来自东方的巨大危险"。他在晚年所著《国家制度和无政府状态》一书中，奉劝沙皇："如果真的要从事征服，为什么不从中国开始呢？"他认为，1860年第二次鸦片战争以后，欧美已将欧洲文明的最新成果——新式武器与欧洲人遵守纪律的文明输入中国，要是这些最新成果同中国人原始的野蛮、毫无人道观念、没有爱好自由的本能、奴隶般的服从的恶习等特点互相结合起来的话，必将对俄罗斯构成巨大的威胁。他认为中国人不仅将塞满整个西伯利亚，而且势必越过乌拉尔山，直抵伏尔加河边。

英国人也出版过《黄种人的危险》这本小说，描述难以胜数的中国人按西方的装备武装起来冲进欧洲。当时，黄祸论甚嚣尘上，均把中国人视为"洪水猛兽"。

在1765年，英国发明家瓦特改进了原始蒸汽机，在18世纪的产业革命中起到重要作用。继英国之后，在19世纪法、德、美等国也相继完成产业革命。在19世纪末，东方的中国、俄国和日本也奋起直追于西方工业强国的后面。"三国"鏖战，中国首先败下阵来，一个回合，清政府的王牌军北洋水师便惨败。李鸿章受命督办北洋海防事宜，向外国订购军舰，设立北洋水师学堂，修筑旅顺和威海卫军港。1888年编成北洋水师，共有军舰25艘，官兵4000余人。派丁汝昌为提督，军事训练由英、德教习主持。看起来是有模有样，但在甲午战争中，小小的日本将这个庞然大物打得樯橹灰飞烟灭，北洋水师全部覆灭。接着，又是训练有素的庞然大物——俄国太平洋舰队，也被日本的"小老虎"鱼雷艇打得落花流水，溃不成军。"三国"鏖战，最终归于"司马懿"，日本成了赢家。故自甲午战争后，清政府派李鸿章与日本订立丧权辱国的《马关条约》。沙皇尼古拉二世也是昏君，比老恶婆慈禧并不见得好到哪里去，都是半斤对八两。难道西方社会还惊恐中国这个"东亚病夫"吗？他们一再惊慌失措的"黄祸"当然是指这个小日本，其次才是中国。因为他们忧心忡忡的是中国把日本当老师，亦步亦趋，效法日本，成为大工业强国。

威廉二世，亦称"小威廉"，是普鲁士王国国王和德意志帝国皇帝。对外实行侵略政策，大力发展海军，在近东和非洲扩张势力。他曾用铅笔画成一幅《黄祸图》草图，交给画家克纳科弗斯去完成，然后将《黄祸图》作为礼物送给俄国沙皇尼古拉二世。

创作时间长达60余年的俄国作家列夫·托尔斯泰，对《黄祸图》曾嘲弄道："威廉皇帝近来画了一幅画，描绘出所有的欧洲国家都持剑站在海岸上，按照天使长米迦勒的指示，注视着高坐在远处的佛像。"这是对《黄祸图》最好的注解。

日俄战争（1904—1905年）前，德皇威廉二世曾给尼古拉二世写信，挑动他去跟日本人打仗，借日本的手来削弱他的军力，以"捍卫欧洲，使其不致被庞大的黄种人侵略"。他最放心不下的是"二千万至三千万受过训练的中国人，由六个日本师团加以协助，由优秀、勇武而又仇恨基督教的日本军官指挥……这就是我在九年前所描绘的那个黄祸正在成为现实"。

英国地理学家戴奥西对威廉二世的《黄祸图》也加以嘲讽，举出他让一个日本画家画的一幅"真正的黄祸图"：画面呈现出一个繁忙的工厂，一大群脑袋后边拖着辫子的中国人，正在西方人的指导下进行熟练的操作。戴奥西解释这幅画说："我们应该热切地祈求，让天朝永远继续保持昏睡状态……西方人力争每天少劳多得，他们有什么把握来和千百万朴素、善良、惊人地节俭、聪明、熟练的中国人相竞争呢？"说穿了，西方人就是担心中国的崛起。害怕以佛教式儒家为核心作用的黄种文明，以日益强大的国力，形成对以基督教文明为核心作用的西方工业社会的威胁，形成种族生存斗争；另一方面，他们更从骨子里对黄种人进行种族歧视，认为黄种人是劣等民族，属劣等"货"。这是他们根深蒂固的劣根性。他们害怕黄种人在全世界泛滥成灾，他们无法制服这匹"劣马"。

生存斗争，又谓生存竞争，包括生物与环境、同种与异种生物个体相互竞争以维持个体生存和种族繁衍的自然现象。达尔文自然选择学说认为，生存斗争是推动生物进化的重要因素。他深受马尔萨斯人口论的启发，认为食物增加的速度落后于生物繁殖的速度。他说：如不遇到阻碍，人口按几何级数增长，而生活资料即使在最有利的条件下，也只能按算术级数增长；所以，人口增加的速度总超过生活资料增长的速度。他认为生物之间为了争夺食物和空间发生激烈的竞争，竞争获得胜利的个体能产生较多的后代，种族得以繁衍。它们在遗传性数量上渐占优势，可能促使新类型的形成。

当时美国也正在排华。1924年与1930年又颁布新的移民规定，杜绝华工进入美国，直到1943年才废止。当时各种各样的"黄祸论"都乘机涌出来。一个名叫斯陶特的医生，以公共医生监督者的身份，极言"保持安格鲁撒克逊种族纯洁之必要，每有一个中国佬在我们的土地上永久安居下来，都会使我们自己的血统降低"。更离奇的是，一个名叫德梅隆的律师发表了怪论，他说："这些中国佬和南方的黑人结合在一起，将危及选举权，使之降低到为保持一个自由政体所必需的平均智力和品德之下。"他又援引一些人种学家的理论，十分肯定地说，任何种族，如果他们的脑容量不超过85立方英寸，就没有能力建立自由政体。他又把英裔美国人的脑容量定为92，把中国人定为82，比非洲土著黑人还要低1个立方英寸。

当时多数西方人都这样说："让他昏睡吧，惊醒他是愚蠢的。"认为这是最聪明绝顶的上策。后来有的人对这个庞然大物的中国，主张如切瓜那样分割治之；有的人主张要改朝换代，更替政权；有的人主张维持现状，驯顺清廷。最后还是老吃老做，任中国总税务师达48年的赫德，手出新招，道："把现存的王朝（清朝）作为一个正在活动着的东西而接受下来，并且一句话，竭力利用它。"他认为这是最省心省事、两全其美的方法。他这一招果然生效了，各种纷争也自此平息了。

列夫·托尔斯泰在嘲讽威廉二世的《黄祸图》时还说："把基督教给忘掉了的欧洲各国，曾经以自己的爱国主义名义，越发激怒这些爱好和平的国家，并且教给了他们爱国主义与战争……真的，如果日本和中国像我们那样，忘记了基督的教导，把释迦牟尼和孔子的教导忘得一干二净的话，那么，他们很快就能学会杀人的本领，他们学这套是学得很快的，日本就是掌握这绝技的证明。"

事实已经证明，列夫·托尔斯泰的预见是远见卓识的，日本和中国这两个所谓"一衣带水"的黄种人，相互扭打、相互拼杀，刺刀见红得最惨烈，伤亡损失也最惨重。

时至今日，西方人所杞人忧天的"黄祸论"甚嚣尘上的一百多年已经过去了。但"黄祸"并没有发生，威廉二世的《黄祸图》也犹如昙花一现。

第三章
古　墓

秦始皇的祖母夏太后墓出土

秦始皇的祖母夏太后墓，于2014年8月被挖掘出土，重见天日。秦始皇应该称夏太后为太皇太后，因为他的父亲称她为夏太后。

位于西安财经学院新校区挖掘出土的夏太后墓，距今已历2254年之久。

秦孝文王是秦始皇的祖父，登王位三天就突发疾病去世了。由子楚继位，他就是秦始皇的父亲，称为秦庄襄王。庄襄王尊奉华阳王后为华阳太后，他的生母夏姬被尊称夏太后。

庄襄王元年，即公元前249年，任命吕不韦为丞相，封为文信侯。河南洛阳十万户作为他的食邑①。

庄襄王即位三年之后死去，太子嬴政继立王位，尊奉吕不韦为相邦，称他为"仲父"②。吕不韦门下食客三千，可比魏的信陵君、楚的春申君、赵的平原君、齐的孟尝君，他们均礼贤下士，广结宾客，名满天下。吕不韦的家僮万人。

秦始皇年纪尚小，但他的生母赵太后常与吕不韦私通，后又与嫪毐

---

① 食邑，卿大夫的封地。又称采邑。收其赋税而食，故名食邑。
② 仲父，古称父的次弟。

（Lào ǎi）私通。

秦王政十年亲政后，吕不韦被免职徙蜀，忧惧自杀。曾令宾客编撰《吕氏春秋》。

秦王政七年（公元前240年），庄襄王的生母夏太后去世。孝文王后称华阳太后，和孝文王合葬在寿陵①。夏太后的儿子庄襄王，即秦始皇的父亲葬在芷阳②。所以，夏太后另外单独葬在杜原③之东，称"向东可看到我的儿子，向西可看到我的丈夫。在百年之后，旁边定会有个万户的城邑"。

夏太后的墓葬是规模宏大、规格很高的"亚"字形大墓，随葬的有皇家所使用的"天子④六驾⑤"与各具特色的精致艺术品。这是具有四条巨大的墓室前面的甬道的坟茔，是迄今已挖掘的"中国第二大墓葬群"。

陵园的总面积大约260亩，南北长550米，东西宽310米，筑有一条陵墙居中为中轴线分成南北两区。北区有大墓及13座殉葬坑用人或物陪葬。南区有守灵⑥者的房屋和灰坑遗迹。

秦始皇13岁即位，年纪尚小，吕不韦和赵太后宠信的宦官嫪毐专权用事，期间政出赵太后。九年，始皇20岁亲政。夏太后对于秦国晚期的政治、对秦始皇都曾产生过重要的影响，也起过巨大的作用。秦王政七年（公元前240年），夏太后死。

为什么说秦始皇的太皇太后（即夏太后）对秦国晚期政治及秦始皇产生过重要作用与重大影响呢？

秦始皇13岁即帝位，他的弟弟成蟜只有10岁，他们兄弟之间的关系，完全受华阳太后、夏太后和秦王的亲生母亲赵太后的支配。秦王政五年（公元前242年），成蟜14岁出使韩国，不费一兵一卒，不费一枪一弹，兵不血刃，只费三寸不烂之舌，便使韩国奉献"百里之地"给秦国，这就是"自古英雄出少年"所创造出的人间奇迹。另一件事是秦王政八年，成蟜17岁率军击赵，乘机发动叛乱，后被平定，死于屯留⑦。

---

① 寿陵，战国秦地名。在今陕西西安市东北。
② 芷阳，战国秦地名，在今陕西西安市东北。
③ 杜原，又名仕原。在今陕西渭南市北下吉镇东，自三原县界迤逦至此。
④ 天子，古以君权为神授，谓君主秉承天意治理人民，故称天子。
⑤ 六驾，皇帝车驾的六匹马。马八尺称龙，因称六龙。
⑥ 守灵，丧家家属或亲友守护灵床、灵柩或灵位叫守灵。
⑦ 屯留邑，在今山西屯留县南古城。春秋时晋曾建都于此。

夏姬出身于韩国王族。年轻的王子成蟜，无功无爵禄，不但其生母韩夫人忧心忡忡，祖母夏太皇太后亦忧从中来，因为他们当时在秦宫廷中构成了韩系外戚。

华阳太皇太后是秦始皇的祖父孝文王名正言顺、最正牌的正妻，她属嫡，夏太后属庶，这是主次又属并列关系。

华阳太后无子，以子楚为嗣。子楚为太子，即位后为庄襄王。因此，赵姬（秦王母）、嬴政形成楚系外戚。属于嫡出，嫡母。嫡传与韩夫人、成蟜为对立关系。他们位高权重，构成了一个掌控秦政治前途的楚系外戚集团，势力强大，如日中天。这是秦始皇亲政前十年真正掌握秦国权柄的实力集团。

夏太后与韩夫人由于血缘关系，必然与韩国王室、朝廷产生一种亲和力，于是他们必然运用这个关系网来谋取私利，壮大实力。所以，派遣成蟜出使韩国，通过外交方面的活动，以及从军事上施加压力，迫使韩国最终献出百里之地。故成蟜获得大丰收而归来，因功受封为长安君，成为拥有封土与封号的封君。这是夏太后与韩夫人特意筹谋的上策，他们也因此而踌躇满志。

秦王政七年，夏太后死去，成蟜失去了一个护身符与保护伞，可悲的命运正在等待着他，结果酿为成蟜之乱。秦王政七年，夏太后死，八年，长安君成蟜率领军队进击赵国，却自己造起反来，倒戈一击，死在屯留，手下的军吏全被斩首，并把该地的百姓迁往临洮①。

夏太后是秦始皇的祖父秦孝文王的偏房，为妾。华阳太后才是止室、正房，是宗法制度下处于正统地位的妻子。所以，夏太后死后不能与秦孝文王合葬。因此她在死前，已为自己选定了长眠之地杜原。

2006年夏太后的墓葬开始被挖掘，从墓葬的规模之宏大、气势之辉煌壮观来看，生前夏太后的地位是极其高贵的，权势显赫、权重一时，的确是一位极富权威的人物。她与华阳太后共同监理政权，看守着先王留下的伟业，对秦政局的稳定、政令的施行是颇有政声的。

昔日是大树底下好乘凉，韩夫人和成蟜都以夏太后为靠山，以她为中心人物，在政治上尚有一定的影响力，保持着暂时的平衡，掌握着一定的

---

① 临洮邑，在今甘肃岷县。战国秦地。

话语权,有着控制、影响舆论走向的支配力量。如今,树倒猢狲散,夏太后死了,韩夫人、成蟜也无从依附了。华阳太后还活着,而以秦始皇的生母赵姬为中心人物的势力树大根深,基础牢固,秦宫的政治势力必将重新洗牌。打乱旧局面,重新再整合,换上一批新面孔。这样,赵姬更自恃为秦王母后,再加上相国吕不韦及面首嫪毐的鼎力支持,更加胆大妄为,便公然排斥异己。韩夫人与成蟜世族衰落,家道式微,这是必然的。

秦始皇世系宗族六代如下:

太祖秦孝公,秦国国君。名渠梁。献公子。在位24年。谥孝。(上推五代)

高祖秦惠王,又称秦惠文君、秦惠文王。秦国国君,名驷。秦孝公子。在位27年。谥惠文。(上推四代)

曾祖秦昭襄王,即秦昭王。秦国国君,名稷,一作则,秦武王异母弟。在位56年。谥昭襄。(上推三代)

祖秦孝文王,秦国国君,名柱。秦昭王次子。称安国君。即位三日卒。谥孝文。(上推二代)

父秦庄襄王,秦国国君。名异人,一作子异。秦孝文王中子。初为秦质子于赵,吕不韦以为"奇货可居",乃活动华阳夫人与阳泉君,使归秦立为太子,改名子楚后即位。在位4年。谥庄襄。(上推一代)

己秦始皇,即嬴政。庄襄王子。年13即位,时政出夏太后与吕不韦。九年,亲政。数出巡视,于第五次巡行途中病死沙丘(地名),即今河北广宗县境太平台。在位37年。(己身)

秦始皇往下推的后代如下:

二世皇帝(胡亥),秦第二代皇帝,始皇少子。始皇逝后,与赵高、李斯矫诏(诈称皇帝之诏书)赐长子扶苏死,自袭帝位。扶苏是秦始皇长子,几次上书谏议时政。秦始皇三十五年,以谏坑杀儒生,触始皇怒,奉命至上郡①监蒙恬军。始皇卒于沙丘,临终前为玺书召扶苏回咸阳继位。赵高、李斯奉始皇少子胡亥矫诏赐死,扶苏随即自杀于上郡军中。

胡亥袭位后,称秦二世皇帝。三年八月,刘邦率军进入关中,二世被

---

① 上郡,郡名。秦昭王三年置,领肤施等二十三县。秦时政府驻地在肤施县,即今陕西榆林市东南延安一带。

赵高迫令自杀。在位3年。

秦三世（子婴），秦始皇之孙，扶苏之子。赵高杀扶苏，又杀胡亥之后，立子婴为王，去帝号。即位后，子婴设计杀赵高，欲报不共戴天的杀父之仇。刘邦兵至霸上，子婴白马素车，奉天子符玺以降。过了一个月后，即为项羽所杀，在位46日，因未能杀赵高而抱恨终天。

十三代人守异姓墓八百多年

虞允文，宋隆州仁寿人（今四川）。字彬甫，生于1110年，死于1174年。绍兴进士。绍兴三十年（1160）奉命赴金，目睹金大举运粮造船。南归后，即请加速备战。金人次年入侵，文受命犒师，临危督战，获采石大捷。出为川陕宣谕使，与大将吴璘共谋进取，治理陕西数处州郡。屡次反对议和，多未见纳。孝宗乾道元年（1165）任参知政事兼任知枢密院事。三年任四川宣抚使，五年为右相，八年，迁左相兼枢密使。后再宣抚四川，病卒。平生出将入相垂20年，孜孜忠勤，所荐胡铨、周必大、王十朋等，后均为宋代名臣。谥忠肃。尝注《唐书》《五代史》藏于家中，另有《经筵春秋讲义》及诗文等。

《宋史》云："慷慨磊落有大志，而言动有则度，人望而知为任重之器，早年以文学致身台阁，晚际时艰，出入将相垂二十年，孜孜忠义无二。"

虞允文死后，葬于四川仁寿县虞丞乡一个偏僻处，人烟稀少。自此，有一宋氏人家出于对他恩德的崇敬，便开始为其守墓。至于虞允文与宋氏有何关系，史籍无从稽考，但自此宋氏代代接踵地守下来，直至今天已历13代共836年，从未间断，宋氏不绝，守墓不止。

据当地人推测，在宋代虞家与宋氏可能有以下三种关系。一是当时宋氏的老祖宗可能是虞丞相属员，同朝为官，虞丞相的恩德、人品、官品使之推崇备至；二是因宋氏为本地人，忠贞不贰，为人可靠，值得信赖而被当时官员指派担当这一任务；三是宋家先人原本是被虞家雇到家中做杂事、供役使的仆役。

以上三说均为无据之推测，同样使人置疑，不可使人确信。

虞允文墓，自明代、清代经日晒风吹雨打，石刻的文字已经不辨龙蛇，风化而逐渐剥蚀、损坏，曾进行三次保护和修葺，现有墓碑为光绪十九年（1893）重立，碑高2.3米，宽1.8米。碑文为"宋丞相虞忠肃公之墓"，下方落款为"知仁寿县事何肇祥重建"。

宋高宗（赵构）绍兴三十一年（1161），金徙都汴京，遂即大举分道伐宋。金完颜亮自率兵60万，渡淮而南，直抵今安徽当涂县西北采石对岸。宋江北守军，望风披靡。高宗遣虞允文犒师，允文奉命抵采石，收集残兵，重新布防。金主率舟师绝江而来，气势汹汹，宋师拒之于江中，将官时俊在允文的鼓舞下，"手挥双长刀出阵奋击，浴血奋战，士皆奋不顾身，进行殊死战斗，无不以一当百，俘斩略尽。金兵不得逞而登船北逃"。

次日，虞允文又派盛新率船队主动出击北岸的杨林口（一作杨林渡，在安徽和县），大败金水军，金所驶渡船皆成灰烬。这是金完颜亮渡江南侵计划破灭之后，遂移师扬州，妄图改道由此渡江南犯，均以惨败而告终。自此不久，金人愤于完颜亮暴虐，乘机拥立其族弟乌禄于辽阳，是为世宗。

对虞允文的死因，民间又有另一版本，传说虞丞相在采石大捷后，由于一些卑鄙小人的进谗，功高震主，反遭皇帝斩首。事后皇帝才发现错斩忠臣，内心深感愧怍，遂命人铸造一个一模一样的金首，配套在虞丞相的遗体下葬。因为这一传说，便使一些盗墓者勾魂摄魄，他们对墓地虎视眈眈，时时想发死人财。

1984年，仁寿县文物机构考虑墓地的安全需要，便给当时的守墓人宋克成配备了一支装有火药和铁砂的火枪。

1998年3月至4月间，盗墓贼受利益驱使，先后接踵而来掘墓五次，顿时在墓四周掘了五个坑。宋克成的心里火急火燎，和老伴斟酌再三，立即动手，就在虞丞相墓旁盖起一座简易的草棚，就这样每晚与丞相"陪伴"相睡，每当睡觉时两手不离枪。时间过得真快，就这样一守就守了半年。

1999年5月9日天快亮的时候，一伙财迷心窍的盗墓贼仗着人多势众，竟然打着手电筒，大模大样地前来盗墓。宋克成发现这一动静，立即吩咐老伴李正南火速去找村长，自己提起火枪与盗墓贼对垒。

宋克成趁着天蒙蒙亮，便朝空开了一枪，果然生效，原来这些盗墓贼也是怕死鬼，听到枪声一响，便哭爹叫娘，抱头鼠窜，其中的5人被随后赶来的村民捉拿，随后扭送到派出所发落。虞丞相墓这才躲过一劫。

宋氏选择守墓人，历来都遵循三项原则：一是子孙后代主动要求守墓，继承"祖业"，继往开来，让祖辈的忠诚义气得到绵延，执着地献身于这一优良传统者；二是由宋家族中长子一支即长房指派忠诚可靠、有责任感者；三是必须是男性。

目前宋克成已届耄耋之高寿，老伴李正南也已届古稀之年，他们已经为虞允文守墓61年。

宋氏历代均把为虞丞相守墓引以为无上荣光之事。"宋氏不绝，守墓不止"，这是祖祖辈辈留传及今的遗训，所以宋代子孙都把为虞丞相守墓作为责无旁贷的遗业。

现在宋克成的5个千金已经出嫁成家，他的儿子本离家进城当农民工，春节回家，宋克成只好把他的儿子宋建彬留下接班，继续守墓，这当然使他深感困惑，左右为难，是外出当农民工打工挣钱或是接过这支守墓火枪继承遗业呢？

目前虞允文墓已被官方定为当地重点文物，因为它是历代留下的文化发展史上有价值的东西，有关单位正在积极申报四川省级文物保护单位备案。

令人畏威易，使人怀德难，虞允文之才之德感人至深矣！

宋氏家族怀德之情，更令世人钦佩不已！

盗　　墓

盗墓，是渊源古远的犯罪行为。新石器时代的考古资料即已经可以看到有意识的墓葬破坏现象的遗存。在春秋时期"礼坏乐崩"的社会变化之后，厚葬之风兴起，于是盗墓行为益为盛行。在现代，法律明确规定禁止这种行为。

一、盗墓行规

据《晋书·东晳传》,晋武帝太康二年(281),汲郡人不(fōu)准盗挖魏襄王墓(或言安釐王墓),得竹书数十车,皆蝌蚪字,称为"汲冢古文"。可见盗墓是古已有之。

盗墓小说《鬼吹灯》记述的是摸金校尉后人潜入古墓倒斗(盗墓),挖掘坟墓,盗取随葬品的历险记。其中的一个情节被传统的盗墓贼们奉为专业"行规"的章程,由同业人共同遵守。

摸金校尉们在墓地开工时,先在东南角方向点上蜡烛一支,这就是俗语说的"人点蜡,鬼吹灯"。接着开棺摸金(盗墓),因为死者最值钱的东西,往往随身带着,但凡王侯以上的墓主,有可能在口中含有珠宝,身覆金玉,胸前有护心玉,手上拿着玉如意,有的连肛门、阴户里都塞进玉石。盗墓者动手时不能损坏死者的遗骸,轻手轻脚地从头顶摸到脚下,而且最后必给死者留下一两件宝物。此间,如果东南角的蜡烛熄灭了,就必须把拿到手的财物原样放回,恭恭敬敬磕上三个头,按原路退回去。

二、"一锅儿"分工明确

据北京《环球人物》介绍,在较为专业的盗墓活动中,盗墓人员的分工细致明确:踩点、放风、掏洞、安炮眼、下墓穴等都有专门的负责人。盗墓活动的全班人马有统一的称呼,叫做"一锅儿"。

"一锅儿"里级别最高的是"掌眼",这是"锅"人马中的头目和高级技术人员,他们不仅具有寻找古墓的本领,也有鉴别文物的能力。他们既可以是提供古墓线索的合作者,也可以是提出买断该"坑"出土文物的初级收购商。

"探宝人"位居第二层,他们最主要的工作是探寻古墓地,并进行文物鉴定。"支锅"则是盗掘活动的老板,负责资金和设备支持。"腿子"是其中的技术工人,他们负责用钢钎探寻墓地的具体位置,以及确定里面是否还有东西等。该团体中处于最底层的是"下苦的","下苦的"就是农民工。通常,"下苦的"挖一个墓只能得到几百元或上千元的报酬。

探针和洛阳铲是盗墓者最常用的工具。

探针犹如探雷针,为探测坟墓埋设位置的针状工具。作业时将探针逐次插入土、雪等覆盖物中，凭手感判断有无古墓等。

洛阳铲，一名"探铲"。考古勘查常用的一种工具。初为洛阳盗墓人的工具，用以钻探地下古物，故名。铲头半筒形，铁制，上装木或铁的长柄，柄端可系长绳。以手持之下探，深可达一二十米，根据铲头带上的土质及其他物质，可以判知地下有无堆积古墓的情况。

盗墓者在一定范围内先进行普探，无论纵横，每隔1米打一个眼，形成方格网状。在每个方格中心，也要打孔，俗称"梅花点"。然后检查在普探过程中发现有疑点的孔，探寻范围直径。这种方法可以触到墓室的砖块，得知其大致位置。经过初步探定之后，就开始用洛阳铲分析土壤。一般墓道的填土虽然经过打夯，但是其结构也不如自然土紧密坚硬，利用洛阳铲很容易便可追寻到墓道。文物到手后，"支锅"会尽快找到安全稳妥又出手大方的买家。在一般情况下，盗出的文物1小时就能出手，3天的时间便可以通过二次倒手让文物出境。当然，盗墓者也面临着稽查和惩罚的风险。

三、盗墓笔记

1. 寻墓三要点

一要看墓地大小。在古代，墓地的大小与去世者生前的地位及家境有很大的关系，墓地越大，里面的陪葬品就越多。

二要看风水。凡风水好的地方，找到大墓的机会就越多。

三要看年代。年代越久的墓，陪葬品就越值钱。

2. 进墓前拜三拜

盗墓前先对墓地拜三拜，目的是图个吉利。要是墓前有灌木，也得拜上一拜，嘴上要念念有词："只为求财，无心打扰。"据说这就会免受种恶因得恶果的报应。

3. 盗墓工具

除了探针、洛阳铲之外，还要带挖土的铁锹、铁棒、锤头、锄头；还带穿戴用的皮手套、雨鞋、塑料防毒面具；还要带一张很大的塑料布，因为有时墓地挖了一半就天亮了，不方便再继续挖，就将塑料布覆盖上去，回填一些泥土掩着，不让人发现，等天黑了才回头再挖。

盗墓是夜间作业，"上夜班"，而且是在墓穴内操作，必须带上手电筒和蜡烛。蜡烛除却照明之外,还可测试墓里有没有氧气,进入墓穴先在东南角点上一支蜡烛,要是灭了,说明墓穴没有氧气,就不能久留。此所谓"人点烛,鬼吹灯"。

为了充饥止渴,带上饼干与水也是很必要的。

4. 察看地形

有的盗墓笔记还绘上大地图,上面分布着盗墓者确定的墓地。如有一处地方是这样记述的:"以入壶镇(缙云一村名)为中心,以前路乡和左库乡为南北两个基本点,全面扫荡这些墓。"墓地不可从正中挖,必须从侧面挖,这样墓顶就不易塌下,而且也不易被人发现。

四、古无不抇之墓

战国末秦相吕不韦集合门客共同编写杂家代表作《吕览》,亦称《吕氏春秋》,有以下记述:"自古及今,无不亡之国也;无不亡之国者,是无不抇①之墓也。"意思是说,这个世界上没有不亡国的君主,也没有盗不了的墓。

三国时期的政治家、军事家、诗人曹操,据说为筹集军饷而四方盗墓。为了形成盗墓专业队伍,在军中设有"发丘中郎将""摸金校尉"等专司其事。

掘墓又称"发冢"。《庄子·外物》:"儒以诗礼发冢。大儒胪传曰:'东方作矣,事之何若?'"《元史·刑法志一》:"但犯强窃盗贼,伪造宝钞、贩卖人口、发冢放火、犯奸及诸死罪,并从有司归问。"

---

① 抇(hú):发掘。《荀子·尧问》:"深抇之,而得甘泉焉。"

第四编 文学

第一章 诗　词

勾践夫人讴歌泄怨

　　吴王阖闾与越王勾践各自挥戈在两国边界的槜李相遇，双方列队，摆开阵势，勾践小试牛刀便将吴军打得溃不成军。越国将军灵姑浮以戈击伤了吴王，阖闾狼狈夺荒而逃。不久伤势发作，自知来日无多，便召来太子夫差，万分凄苦地再三叮咛："你千万不要忘记勾践的杀父之仇啊！"夫差泣不成声地说："我永远不会忘记！"后来吴王夫差为报杀父之仇，率兵伐越，越军大败，勾践被困于会稽山上，束手无策。勾践万分着急，只得派大夫文种去向吴王求和，最终得到吴王的应允，双方达成协议。越王勾践入吴侍候吴王，沦为奴仆，吴师才退兵。勾践已成为阶下囚，万不得已，只带上夫人和范蠡，渡江北上。正当船到江心之时，夫人倚舷而哭，好不悲伤。目睹乌鹊嬉戏，或啄食江渚之虾，或在空中翱翔，自得其乐，飞去复来，悠游自在。她触景生情，就边哭边唱：

　　　　仰飞鸟兮乌鸢①，凌②玄虚③兮翩翩④。

---

①　乌鸢（yuān，老鹰）歌，歌名。越王勾践败于吴王夫差，将称臣入吴，与诸大夫别于浙江之上，群臣垂泣。越王夫人见乌鹊啄江渚之虾，飞去复来，因而作歌。开口一句，故名。
②　凌：升高，登。
③　玄虚：故弄玄虚，玄妙虚无。
④　翩翩，形容动作、形态轻疾生动。

集洲渚①兮优恣②，奋飞翻翮③兮云间。
啄素虾④兮饮水，任厥性⑤兮往还。
妾无罪兮负⑥地，有何辜兮谴⑦天？
风飘飘兮西往，知再返兮何年？
心辍辍⑧兮若割，泪泫泫⑨兮双悬！

  勾践与夫人入吴当奴仆，做牛马，任人骑来任人骂，任人骂来任人打，前程未卜，生死未知，苦难与死亡正在等待着他们。群臣何不垂泣?!直面此情此景，勾践夫人悲从中来，必然触景生情，以悲歌当哭，以悲歌发泄怨艾。千载之下，每当人们观其文，听其歌，无不为之动情而泪下，无不为之动容而又动人心魄。真是字字珠玑，掷地有声，如泣如诉，如丧考妣。

  越王勾践听到夫人借歌泄怨，心心相印，心志不移地强颜欢笑。劝慰夫人道："待寡人羽毛丰满，自然振翅凌云，夫人不要忧烦，以伤玉体。"

  越王一行入吴到了姑苏，吴王夫差志得意满，命令王孙雄筑一石室在阖闾墓旁，将勾践夫妇双双贬入其中，剥去原先的衣冠，让他们蓬头垢面，衣衫褴褛，为吴王养马驾车。吴王每次出游，勾践还得毕恭毕敬地为他牵马，甚至口尝吴王夫差的粪便，亦口无怨言，面无恨色，百般驯服，表现得心甘情愿，无限忠诚，戴罪服役，毫无反悔，处处显出有悔罪的表现。他们过着奴隶般的生活，忍受着常人难以忍受的辛酸与耻辱。夫人除马粪、洒扫马厩，范蠡拾薪烧饭。君臣偕当阶下囚，共同力作，绝无怨恨之色，亦无愁叹之声。一日，夫差登姑苏台⑩，望见勾践和夫人端坐于马粪之旁，范蠡操槌立于左边，君臣之礼存，夫妇之仪具，实是羡慕。

  勾践为奴三年于吴，迷惑了吴王夫差，使他产生恻隐之心，终于赦免

---

① 洲渚同洲沚，意为江中沙洲。
② 优：调和，协调；恣：恣睢，自在，无拘无束。
③ 飞翮：盘旋地飞。
④ 素虾：白色的虾。
⑤ 厥性：他的天性。
⑥ 负：辜负。
⑦ 谴：责问。
⑧ 辍（chuò）：中止，停。
⑨ 泫（xuàn）：泪滴下流。
⑩ 姑苏台又称苏台。在今江苏苏州西南姑苏山上。春秋时吴筑。

刑罚，回归越国。

勾践夫妇总算从虎口捡回一条命。但归国之后，不忘尝粪之辱，喂马之耻。卧薪尝胆，立志灭吴，洗雪仇恨。勾践苦身焦思，曰："汝忘会稽之耻邪？"身自耕作。夫人自织，食不加肉，衣不重彩，礼贤下人，厚遇宾客，与百姓同其劳。其夫人亦能同病相怜，同忧相救，同舟相济，同仇敌忾，同心戮力。又亲自上山采葛，力事农桑。

勾践经过"十年生聚，十年教训"，生产发展，国力增强。后与范蠡、文种率领大军再次伐吴，攻入姑苏，灭掉吴国。

吴国灭亡之后，吴国版图尽入越国。勾践载着美人西施，欲渡江南归。君臣扬眉吐气，兴奋无比。众人皆醉我独醒，唯独勾践夫人目睹此情此景，心情焦急万分。她见勾践不时贪看西施天仙般的美貌，不由得更加产生强烈的嫉妒心。正是在妒火中烧之时，便发话："此女是亡国祸害，留着无用而有害，不如沉江。"勾践万分无奈，亦无怜恤，只得下令将西施抛入江中，是为"沉江"。

《庄子·齐物论》："毛嫱、丽姬，人之所美也。鱼见之深入，鸟见之高飞，麋鹿见之决骤，四者孰知天下之正色哉。"庄子原意谓鱼鸟不辨美色，惟知见人惊避，后人一变而为形容妇女貌美之词，并改鸟飞为落雁，遂有沉鱼落雁之语。《太平乐府·采莲女》曲："羞花闭月，沉鱼落雁，不怎也魂消。"《牡丹亭·惊梦》："沉鱼落雁鸟惊喧，羞花闭月花愁颤。"人们简称为：沉鱼落雁之容，羞花闭月之貌。"沉鱼"代指西施，"落雁"指王昭君，"羞花"指貂蝉，"闭月"指杨贵妃这四大美人。

虞美人

"虞美人"是唐朝教坊曲名，原为古琴曲名，后用为词牌。取名于项羽宠姬虞美人（虞姬）。

虞姬是秦末人，项羽姬。项羽被汉兵围于垓下（在今安徽灵璧县南沱河北岸），军少粮绝，起饮帐中，悲歌慷慨。虞姬起而和之，相传其词为："汉兵已略地，四方楚歌声。大王意气尽，贱妾何聊生！"遂自杀。

这是说西楚霸王项羽，兵败乌江，听四面楚歌，自知难于夺路突围之时，立即规劝虞姬夺路逃生。但虞姬坚持不肯，执意追随夫君在军旅，遂引吭悲歌，成为绝唱。

虞姬香消玉殒之后，在鲜血染红之地，长出了一种新艳之红花，后世把这种花美称为"虞美人"。

因为虞姬的节烈可圈可点，深使后人感念，于是人们常以"虞美人"为曲名创制新词，用以倾诉一缕衷肠，听者亦回肠荡气，后演变为词牌名。双调，有五十六字或五十八字诸体，上下阕皆为两仄韵转两平韵。因南唐李煜所作有"问君能有几多愁，恰似一江春水向东流"句，故此调又名《一江春水》；周紫芝词有"只恐怕寒难近玉壶冰"句，名《玉壶冰》。

曲牌名也称"虞夫人"。南曲南吕宫（十二律中的第十律），北曲正宫均有同名曲牌。南曲较常见，字句格律与词牌半阕同，用作引子。

"虞美人"的词谱一般有五十六字，双调。

（平）平（仄）仄平平仄，（仄）仄平平（仄）。（平）平（仄）仄仄平平，（仄）仄（平）平（仄）仄仄平平。

共用四个韵。末句是上六下三或上二下七。

虞美人
（南唐）李煜

春花秋月何时了？往事知多少！小楼昨夜又东风，故国不堪回首月明中。　　雕栏玉砌应犹在，只是朱颜改。问君能有几多愁？恰似一江春水向东流！

虞美人，别名丽春花。罂粟科、罂粟属，原产欧洲及亚洲，北美也有广泛分布。花色有紫红、粉红、红、玫红等色。果实圆球形。同属种的有100多种，常见栽培观赏的亦有多种，是一种美丽的草本花卉。可布置花坛，或遍植于庭院四周，也可盆栽。

念奴娇

念奴娇，词调名。念奴是唐代歌女的名字，传说玄宗每年游幸各地时，念奴常暗中随行，唐玄宗每次辞岁宴会时间一长，宾客就吵闹，使音乐奏不下去。有一次，玄宗叫高力士高呼念奴出来唱歌，大家才安静下来。由于念奴引吭高歌，玄宗自制曲填词，果然娇滴滴如夜莺啼鸣，婉转转似百灵放歌，活泼泼如鸳鸯戏水。玄宗一听，龙颜顿悦，遂将此曲定名为"念奴娇"，意在赞美她的演技。念奴亦声名鹊起，其色艺双全，其声名一直传至后世。

宋词中以苏轼所填《赤壁怀古》最著名。又名《百字令》《大江东去》《酹江月》等。双调一百字，分平、仄两韵，亦有用平韵者。

念奴娇　词谱

1　（平）平（仄）仄，

2　仄平（平）、（仄）仄平平仄．
　　（或仄平平（仄）仄、（仄）平平仄）。

3　（仄）仄（平）平平仄仄，

4　（仄）仄（平）平平仄．。

5　（仄）仄平平，

6　（平）平（仄）仄，

7　仄仄平平仄．。

8　（平）平（平）仄，

9　（平）平平仄平仄．。

1　（平）仄（平）仄平平
　　（或（平）平（仄）仄平平），

2　（平）平平仄
　　（或（仄）仄平平），

3　（仄）仄平平仄．。

4　（仄）仄（平）平平仄仄，
5　（仄）仄（平）平平仄。
6　（仄）仄平平，
7　（平）平（仄）仄，
8　（仄）仄平平仄。
9　（平）平（仄）仄，
10（平）平平仄平仄。

此调一般用入声韵，前阕后七句与后阕后七句字数平仄相同。跟《水调歌头》一样，这个词调平仄相当灵活，而且用拗句。

念奴娇·赤壁怀古
（宋）苏轼

大江东去，
浪淘尽、千古风流人物。
故垒西边人道是，
三国周郎赤壁。①
乱石穿空，
惊涛拍岸，
卷起千堆雪。
江山如画，
一时多少豪杰！
遥想公瑾当年：
小乔初嫁了，
雄姿英发。
羽扇纶巾，谈笑间，
樯橹灰飞烟灭。
故国神游，
多情应笑，

---

① 这里是按词谱断句。依语法结构，应标点为："故垒西边，人道是三国周郎赤壁。"

我早生华发。① 人生如梦，一樽还酹江月！

"念奴娇"又是曲牌名。南北曲均有。属大石调。字句格律与词牌前半阕同。南曲用于引子②，北曲用于套曲③中。另大石调有《百字令》，别名《念奴娇》，与词牌全阕同，用为小令。

苏东坡

一、东坡"乌台诗案"

"乌台诗案"是发生在宋神宗赵顼元丰年间（1078—1084）一场典型的文字狱。事主苏东坡因诗获罪，此案由御史台一手操办。因汉时御史台中栽有很多柏树④，柏树上栖息着许多乌鸦，因称御史台又为乌台、柏台、柏府、柏署。故又称此案为"乌台诗案"或"东坡诗案"。

宋神宗赵顼熙宁四年（1071），苏轼任开封府判官，他用尽精力、费尽心思地写成了7400多字的《上神宗皇帝书》。此文列举有史以来君主、辅相治理社会的秩序和国家法纪方面的利弊，进行权衡，比较所得和所失、成功和失败，从而证明"国家之所以存亡者，在道德之深浅，而不在于强与弱；历数之所以长短者，在风俗之厚薄，而不在富与贫"。对变法初期的风潮，他提出"结人心，厚风俗，存纪纲"九字治世方针。他面诫神宗"但患求治太速，进人太锐，听言太广"。这种政见基本上是在否定变法，实际上就是保守派反对变法的纲领性文件和郑重宣言书，这便引起王安石的恼怒，"命权开封府推官，将困之以事"。

时适逢开封府考试进士，苏轼主管考试，发策问"晋武平吴以独断而克，苻坚发晋以独断而亡；齐桓专任管仲而霸，燕哙专子之而败，事同而功异"的原因。

---

① 此句按词谱断句。依语法结构，应标点为："多情应笑我，早生华发。"
② 引子，戏曲的开始部分。
③ 套曲，由若干乐曲或乐章组合成套的大型器乐曲或声乐曲。
④ 柏树又名柏木、垂柏。柏科。常绿乔木，高可达30米，为优良观赏树。

"晋武"即晋武帝司马炎，咸宁六年（280）灭吴，统一全国。

苻坚是十六国时期前秦国君，氐族。建元十九年（383），征调90万军队进攻晋国，在淝水大败。各族首领乘机自立，苻坚为羌族首领姚苌所杀。

齐桓公是春秋时齐国君，襄公弟。襄公被杀后，从莒（今山东莒县）回国取得政权，任用管仲进行改革，国力富强。以"尊王攘夷"相号召，助燕国打败北戎；营救邢、卫两国，制止戎、狄进攻中原；联合中原诸侯进攻蔡、楚，与楚国会盟于召陵（今河南郾城东北）；并安定东周王室的内乱，多次大会诸侯，订立盟约，成为春秋时第一个霸主。

燕王哙是战国时燕国君。名哙，一作绘。公元前320—前318年在位。节俭好贤。燕王哙三年（公元前318年），将君位让给相国子之。后太子平和将军市被等起兵叛乱，齐宣王乘机攻占燕国，他与子之都被杀。

有人认为苏轼的发策问是针对王安石劝神宗独断、专任，这又引起王安石的怀恨，便唆使御史谢景温搜集足够的证据，对苏轼进行劾奏。但材料一无所获。苏轼有自知之明，认为在汴京连一天都待不下去，便主动请求外放。获准出任杭州通判三年，后知密州，又三年，权知徐州。

神宗元丰二年（1079），苏轼权知湖州。到任后按惯例要上谢恩表呈献君主。《湖州谢上表》云："皇帝陛下天覆群生，海涵万族，用人不求其备，嘉善而矜能。知其愚不适时，难以追陪新进；察其老不生事，或能牧养小民。"本来这是言者无意，但听者有心。

王安石在神宗熙宁九年（1076）再次罢相，退居江宁（今江苏南京），封荆国公，世称荆公，安度晚年。但百足之虫，死而不僵，已经蜕化变质的变法派仍然是小人得势，御史中丞李定等便从《湖州谢上表》中断章取义，摘其所需，如"追陪新进""老不生事"等句，说是嘲讽变法派喜欢"生事"，含沙射影"侮慢"朝廷。又大量罗列苏轼的诗句，诬蔑为"讪上骂下""公为诋訾①"的词句。于元丰二年七月具本参奏。这些文字往来的诗句总共涉及司马光等二十多人。

苏轼离开汴京之后，对有害的政治措施，也加以抨击，将自己的看法诉诸笔端，如咏弊政的《咏青苗》：

---

① 诋訾：攻击毁谤。

杖藜裹饭去匆匆,过眼青钱转眼空。
赢得儿童语音好,一年强半在城中。

咏盐法的《山村绝句》第二首:

老翁七十自腰镰,惭愧春山笋蕨①甜。
岂是闻韶②解忘味?迩来③山中食无盐。

咏水利的《观潮》五首其四:

吴儿生长狎涛渊,冒利忘生不自怜。
东海若知明主意,应教斥卤④变桑田。

至于一些应酬赠答之作,也被收集,当作罪诗。如:

雨中游天竺灵感观音院

蚕欲老、麦半黄,前山后山雨浪浪。
农夫辍耒⑤女废筐,白衣仙人在高堂。

赠孙莘老

嗟余与子久离群,耳冷心灰久不闻。
若对青山谈世事,直须举白⑥便浮君。

吴中田妇叹

……

卖牛纳税拆屋炊,虑浅不及明年饥。

---

① 笋蕨:竹笋和蕨菜。
② 闻韶:虞舜乐名。
③ 迩来:近来。
④ 斥卤:盐碱地。
⑤ 辍耒:翻土农具。
⑥ 举白:干杯。

> 官今要钱不要米，西北万里招羌儿。
>
> 龚黄满朝人更苦，不如却作河伯妇。

收集这些诗句，其目的不外吹毛求疵，小题大做，无限上纲，并将苏轼逮捕解京问罪，关押在御史台狱中进行逼供。

在狱卒严刑拷打、百般折磨之下，苏轼不堪忍受精神和皮肉之苦。再考虑到辩也无用，无奈地说："你们既说我有'讪上骂下'、'公为诋訾'之罪，我甘伏朝典就是。"御史台如获至宝，以为他自讨死，非我逼他，遂将苏轼论死。

当时仁宗皇帝的皇后，即神宗的太皇太后曹氏尚在，住在庆寿宫，得知苏轼受冤屈，这是冤枉官司，便正色对神宗说："当年仁宗皇帝见到苏轼兄弟的文章而高兴地说道：'我为子孙得到两个宰相。'如今听说苏轼作诗入狱，是不是有仇人中伤他呢？取罪于诗，其过失是很小的。我病情已重，不可以因冤枉滥罪而有伤于中和，还当仔细考虑。"再说："如今不但没有重用他，反而把他下狱论死。苏轼无非是作了几首诗，发点牢骚，这也是文人的习性。若是抓到一点小小的不慎之言，就罗织成罪，何以对仁宗皇帝？何以对太祖皇帝非叛逆不杀大臣的祖训？"

有道是："劳劳车马未下鞍，临事方知一死难。"苏轼深知政敌们有意加害于己，案情必定严重。

苏轼被捕解入京，只有长子苏迈随侍，其余家口仍在湖州。下狱之后，父子相约，苏迈在外注意打探消息，如无事，送饭来监狱时便送菜和肉；如有不测，就只送鱼来。苏轼在狱中度日如年，而狱外的日子，有如白驹过隙，转眼已是月余，带来的盘缠已经花得殆尽，苏迈便决定到陈州去筹借生活费用。临行时，便托付一位亲眷定时给其父送去饭菜，但却粗心大意忘了嘱咐预约的秘密暗号，刚好亲眷送鱼给苏轼，苏轼见鱼，大惊失色，只道这下必死无疑，决定将一切家事嘱托其弟子由照应，立即写下《寄子由》两首七律，敦请看守狱吏转交。但苏轼是裁定的"钦犯"，狱吏不敢通风报信，不敢冒死送诗给子由，就呈给皇上。

神宗展纸一读：

> 柏台霜气夜凄凄，风动琅珰月色低。

梦绕云山心似鹿,魂飞汤火命如鸡。
额中犀角真吾子,身后牛衣愧老妻。
他日神游定何所,桐乡应在浙江西。
圣主如天万物春,小臣愚昧自忘身。
百年未了须还债,十口无家更累人。
是处青山可埋骨,他时夜雨独伤神。
与君今世为兄弟,更结来生未了因。

手足生离死别之情溢于言表。读之令人凄怆,催人凄然泪下。神宗读之而恻然,大动恻隐之心。本来就不忍杀他,现在更不忍残害他。

苏轼有《塔前古桧》云:

凛然相对敢相欺?直干凌云未要奇。
根到九泉无曲处,世间惟有蛰龙知。

王珪是宋成都华阳人,历仕三朝,当时为宰相。他欲加害苏轼,便呈上这首诗说:"陛下飞龙在天,苏轼怨恨不被赏识与重用,故求助于地下入蛰之龙,这是大逆不道。"神宗一听,觉得不是滋味,加以驳斥:"文人诗句怎能如此推论?苏轼吟桧与我何干!"章惇,初为王安石所任用,为编修三司条例官,也当和事佬,想为王珪解围,便道:"龙未必专称天子,做臣子的也可以称龙。"神宗认可道:"自古臣子称龙的大有其人,东汉荀氏八龙[①],孔明'卧龙',难道说他们都是天子吗?"王珪自知理屈词穷,便只好吃哑巴亏。

因内有太皇太后和祖训,外有大臣保奏,神宗最终饶了苏轼一命,刀下留人。乌台诗案便于当年年底了断,对苏轼的处分是"责授检校水部员外郎,黄州团练副使,本州安置"。时为签书南京判官的苏辙,也受牵连被谪监筠州盐酒税。其他与苏轼唱和诗词有文字瓜葛的二十多人,均予宽饶。

---

① 东汉荀氏八子俭、绲、靖、焘、汪、爽、肃、敷,都有名声,人们称为八龙。后称有才望的人为八龙。

元丰八年（1085）三月五日神宗去世。当天哲宗登上皇帝的宝座，时年仅10岁。当年年号称作"元祐"，这是因为他的祖母宣仁高太后与他一起"权同听政"之故。凡军国大事的最后定夺权，均握于高太后掌中。起用反对派新政的旧党首领司马光为相，罢黜新党。苏轼本不属于旧党，但因乌台诗案之祸，亦被视为旧党，召入朝任中书舍人，不久后任翰林学士。

元祐八年，苏轼仍不想在朝廷打滚，请准外任，出知定州（今河北定州市），任端明殿学士。苏轼又任翰林侍读学士。当年五月，监察御使董敦逸、黄庆基参劾元祐初苏轼拟吕惠卿贬官的告词中有"指斥先帝"的词句。经宰相吕大防、门下侍郎苏辙上疏为苏轼仗义执言，苏轼才躲过一劫。董、黄被罢黜，了结罢讼。

元祐八年九月，太皇太后因病而卒。十月，18岁的赵煦亲政，开始正式行使他的皇权，重新起用"元丰派"，解除"元祐派"官职。董敦逸恢复原职，于是死灰复燃，重翻旧账。次年，即绍圣元年（1094），苏轼戴上"指斥先帝"之罪重被翻案，贬斥英州（广东英德），侍御史来之邻又乘机落井下石，上疏攻击苏轼。苏轼于赴英州途中，再贬斥宁远军（广西北流县）节度副使，惠州（广东惠阳）安置。苏轼索居惠州三年再贬谪琼州别驾，昌化军（今儋州中和）安置。这是苏轼一生中最潦倒的贬谪。宋王朝对"罪臣"最严重的处罚就是过岭，即大庾岭①。其次是过海，即琼州海峡。苏轼既贬过岭，又再贬过海。一般人都认为有命来无命回，死定了。

苏轼在儋州中和设帐授徒。激扬文字三年之后，恰逢元符三年（1100）正月初八日，神宗驾崩的当天，端王赵佶入宫即位，权力的交接顺利完成，是为宋徽宗。当年大赦，减轻和免除刑罚，苏轼始得北归廉州（广西合浦）。于徽宗（赵佶）建中靖国元年（1101）七月，病逝常州（在江苏）。享年66岁。

苏轼究其一生，生于忧患，死于安乐，荣于身后。

---

① 一名台岭、梅岭，又名东峤山、凉热山。为五岭之一。在今江西大余、广东南雄二县之间，历代为南北交通要隘。原岭道崎岖险峻，唐开元初张九龄主持另开新道，遂成坦途。

二、苏轼多灾多难的后半生

自古及今，人生于世，蒙受之害极多，有天灾、水灾、旱灾、兵燹①、车祸、地震、死亡等。但给人精神上打击最大的就是文祸，所谓祸从口出，祸从笔出。因为天灾、疾病是大自然所造成，文祸却是人为的，所以给人的打击最深最重，往往使人的心理失去平衡，精神受损，心理的创伤往往终其一生都无法弥合。

汉字常常是一字兼多职，一字多音，一音多义，一义多项。同是一个字，你可以这样理解，我可以如此解释。再说即使同是一词，标点符号不同，其含义亦异。尤其是古代的诗、词、文、曲，没有标点，你可以这样断句，我亦可以那样断句。诗词更是古"无达诂"，如若摘出片言只语，各取所需，存心曲解，即使作者浑身是口，也解释不清。

文祸，主要的对象是文人，文人是历来蒙受文字祸的群体。文人在古代称为士，为古代四民之一。《汉书·食货志上》："士、农、工、商，四民有业；学以居位曰士。"今天称为知识分子。至于谓之书生、秀才，这常是戏弄、嘲笑的口气。书生是儒生，指通经之士，或指一般读书人。秀才是指才之秀者；后专指读书生员。这些读书人是文祸受害的实体，他们手无缚鸡之力，赤手空拳，是弱小者，一触文祸就无力反抗；再加上文人相轻，一人落井，百人下石，存心坑害，成为文人坑文人，所以受害者往往采取消极处世态度，逆来顺受，忍受着委曲求全的肉体之苦和精神折磨。故人们常说，"秀才造反，三年不成"，"百无一用是书生"。历来的统治者往往先向文人开刀，因为无力反抗的打击是最轻松而又愉快的打击。这样，文人就往往成为统治者的眼中钉、肉中刺，是矛头所指的对象。所以，历代的文字祸、文字狱，就酿成了许多不明不白的冤假错案。这些冤假错案，受屈者往往等到身后才有史学家为其平反。因为皇帝的权力再宽、再大，也管不到后世的史学家，皇帝最害怕的就是后世的这些人。

苏东坡"乌台诗案"，实际上就是党争的产物。这是一场政治迫害，是平白无故遭受的磨难。所以，后世有声望、有地位的所谓读书人、士大

---

① 燹（xiǎn）：野火。

夫,一提到乌台诗案,谈虎色变。

受过乌台诗案不白之冤以后,苏轼到达黄州,考虑社会问题相对少了,考虑人生问题却多起来,有时与人干脆谈"鬼"。"鸡猪鱼蒜,遇着便吃;生老病死,符到奉行。"这反映他顺其自然、乐天知命的襟胸,旷达处世的态度。

苏轼究其一生之祸,均与文字息息相关。乌台诗案之前,他就是以文字惹祸而冲撞王安石,才自请出任外职,不在朝廷这个是非之地打滚。乌台诗案之后,文字狱的魔影又总是缠绕着他,相随相伴,挥之不去,所以终遭一贬再贬,几无宁日。尽管偶尔也有时来运转的时候,但也只能"譬如朝露,去日苦多"。

元丰七年(1084),苏轼为汝州(今河南汝州市)团练副使,为武将兼衔,高于刺使。后迁常州(在今江苏)宜兴。赴任途中,适逢神宗驾崩,举哀挂服,五月才抵扬州,顺便游名胜上方寺,又名禅智寺、竹西寺。恰逢哲宗赵煦登上皇帝宝座,时年仅10岁。苏轼听到一群路边游客无聊而谈论:"听说当今好一个少年官家①。"

苏轼听后,有感于怀,观丰年在望,于是抑制不住自己的感情,便在寺壁上题《归宜兴留题竹西寺》:

此身已觉都无事,今岁仍逢大有年。
山寺归来闻好语,野花啼鸟亦欣然。

这首诗的最后两句就被一些文人抓到把柄,险些成为祸端。

苏轼知扬州的时间不长,接着知登州,仅仅五日,又接诏赶赴京城。此时高太后垂帘听政。她反对王安石变法,任用保守势力,主要官员是司马光、苏轼等品高望重之人。授苏轼起居舍人,此官主要记载皇帝言行,季终送史馆。先升中书舍人,主管中书省吏、户、礼、兵、刑、工六房,起草有关诏令。再升翰林学士掌制诰。再擢侍读学士,讨论文史,整理经籍,备皇帝顾问。这段时间,苏轼算行好运,官运亨通。但树大招风摇撼

---

① "官家"是对皇帝的称呼。古称天子为官家,西汉谓天子为县官,东汉谓天子为国家,故兼而称之。或曰:五帝官天下,三王家天下,故兼称之。

树，人为名高名丧人。政敌哪里善罢甘休，当然对他虎视眈眈，对其言行举止百般挑剔，总想从鸡蛋里找出骨头，以便大做文章。当苏轼主持馆职考试时，策题有"今欲师仁祖之忠厚，而患百官有司不举其职，或至于偷；欲法神考之厉精，而恐监司、守令不识其意，流入于刻"。朱光庭左司便用这段策题大做文章，弹劾、揭发苏轼的"罪状"，说是诽谤仁宗之政为"偷"，神宗之政为"刻"，"刻"即刻薄、苛严。当时傅尧俞任御史中丞，王岩叟任侍御史，也伺机而起参劾，正有山雨欲来风满楼之势。又是高太后持心平和稳重，说"偷""刻"明明是批评当今百官，怎么又无风起浪说是嘲讽列祖列宗呢！这一风波才止息。苏轼也托庇过这一劫难。

一波稍停，一波又起。元祐四年（1089），苏轼再请求出知杭州，历时二年。再被召为翰林学士。不久，侍御史贾易、御史中丞赵君锡、监察御史赵挺之又沆瀣一气，上疏弹劾苏轼对神宗驾崩幸灾乐祸，这就是上引题竹西寺一诗的"闻好语"。另外一件是吕大防于元祐三年（1088）拜相，苏轼草拟制书中有"民亦劳止，庶臻康靖之期"句。"民亦劳止"语出《诗经·民生·民劳》，有五句，意即人民也够劳苦了，是当年西周贵族召穆公讽谏厉王虐民。弹劾者硬说是苏轼借古讽今，讥刺神宗虐民。

苏轼曾作《辨谤札子》对竹西寺的题诗作解释，使其真相大白，贾易等的诬陷才以失败而告终。吕大防拜相，苏轼拟制书"民亦劳止"，高太后已心中有数，识破弹劾者的用心，苏轼又免遭一劫。贾易、赵君锡以损人开始，以害己告终，受到贬谪，罪有应得。

为了离开朝廷这一是非之地，苏轼请求获准权知颍州（今安徽阜阳一带）。过了一年又权知扬州。不久又召授兵部尚书（宋兵部不辖兵政），再转礼部尚书（主管学校、贡举）。尚书即主官。

三、苏东坡与六榕寺

元符三年（1100），苏东坡遇赦北归。六月二十日夜，自澄迈通潮阁登舟渡海，澄迈县令崔均等出城送行，作《六月二十日夜渡海》诗：

参横斗转欲三更，苦雨终风也解晴。
云散月明谁点缀，天容海色本澄清。

空余鲁叟乘桴意，粗识轩辕奏乐声。

九死南荒吾不恨，兹游奇绝冠生平。

这是苏轼于元符三年（1100）遇赦，六月二十夜渡海北归，因心情舒畅，而作的对于被贬琼州生活的总结。

广州净慧寺是举世闻名的古刹，素有"光孝以树传，净慧以塔显"之称，与光孝寺齐名。于南朝梁武帝萧衍大同三年（537）建。初名宝庄严寺，是萧衍供奉其母舅昙裕法师从扶南（今柬埔寨）求得的佛牙舍利而修建的。寺内有一座木塔。南汉时改名长寿寺。至宋初，寺塔均毁。北宋太宗赵光义端拱二年（989），又大兴土木，重修寺院，更名净慧寺。北宋哲宗赵煦绍圣四年（1097）重修宝塔。因"下瘗（yì 意，埋葬）佛牙舍利（身骨），龛藏贤劫千佛像"，改名为千佛塔。北宋元符三年，苏轼由海南儋州中和贬所北归，路经广州顺便至净慧寺游览，当时应寺中僧人道琮之请为寺题字。苏轼见寺院种有古榕树六棵，均绿荫蔽日，枝丫盘错，气势磅礴，于是欣然挥毫泼墨书"六榕"二字。后人敬重苏轼墨宝，相隔311年之后的明永乐九年（1411），将净慧寺改名六榕寺，舍利塔亦称为六榕塔。

四、"东坡肉"与苏东坡

据宋周紫芝《竹坡诗话》二记，苏轼（东坡）在黄州，戏作《食猪肉》诗云："黄州好猪肉，价贱如粪土。富者不肯吃，贫者不解煮。慢著火，少著水，火候足时他自美。每日起来打一碗，饱得自家君莫管。"后肴馔中有所谓"东坡肉"，盖出于此。明沈德符《万历野获编》二六《物带人号》："肉之大胾①不割者，名东坡肉。"

宋哲宗赵煦即位后，苏东坡以龙图阁学士知杭州。遇到旱灾或水灾，苏东坡除了向朝廷请求免交部分贡赋外，还设置病坊，为灾民治病。他平时还十分注意籴籴入谷米，储备粮食，到灾时就籴出谷米，起到平抑米价的作用。他还治理西湖，发动数万民工除葑田，疏湖港，把挖起来的泥堆筑了长堤，并建桥以畅通湖水，使西湖秀容重现，又可蓄水灌田。这条堤

---

① 胾（zì）：切成大块的肉。

筑的长堤，改善了环境，既为群众带来水利之益，又增添了西湖景色。后来形成了被列为西湖十景之首的"苏堤春晓"。

西湖的淤泥被清除，同时挖深了河槽使水流通畅，周边的田地就避免了旱涝灾害的威胁，同年风调雨顺，适合农时，百姓丰产丰收，生活富裕。喝水不忘挖井人，为了对苏东坡感恩图报，在过年之时，家家户户都担猪肉担酒向苏东坡拜年。

盛情难却，苏东坡便领情收下猪肉，叫厨师切成大块，佐以酱料，炸成酥肉。接着按照疏浚西湖民工的花名册，每家一块逐户送去给大家过年。

大家过着丰收年，家家户户喜气洋洋，又有苏东坡派人送酥肉来过年，人人都交口称赞苏东坡为父母官，便把他送来的酥肉称为"东坡肉"。

"东坡肉"这个名字一时声名鹊起，不胫而走，成为时尚。当时杭州有一家菜馆的老板为了赶时髦，便和厨师商计，将猪肉切成大块，烧炸成酥肉，挂上招牌，取名"东坡肉"。这一招果然见效，每天从早到晚，客似云来，每天杀猪10头，仍然供不应求。别的菜馆的老板也看得眼红，因此相继效法。顿时间，杭州不论是大街还是小巷，也不论是大小菜馆，都有"东坡肉"供应。后来经过同行公议，就把杭州第一道名菜定为"东坡肉"。

传说当时朝廷有一名御史乔装打扮到杭州，存心抓住东坡肉的"小辫子"，以便对他加以陷害。

御史到杭州的第一天，便在一家菜馆吃午饭，堂倌送上菜谱给他点菜。他翻开菜谱一看，头一道菜名便是"东坡肉"，他眉头一皱，计上心来，便点第一道名菜"东坡肉"。

他一尝到"东坡肉"，果然别具滋味。再向堂倌进一步打听其详情，才得知这是杭州同行公议的第一道名菜。于是他迫不及待地挨家挨户收集所有菜馆的菜谱，便马不停蹄地赶回京城禀陈皇上，并添油加醋，言及苏东坡在杭州坏事做绝，老百姓恨之入骨，巴不得啖他的肉呢，云云。

皇帝半信半疑，便追问："你怎么知道的，有何证据？"

御史说铁证如山，便掏出一大叠杭州菜谱献上。

皇帝原本是个三醉两醒的昏君，于是不问情由，不分青红皂白，便下达圣旨，削除其官职，发配海南儋州。

苏东坡尽管被削职，充军到儋州，但杭州的老百姓仍然一如既往地感念他。"东坡肉"的制作方法也流传千载而不衰，仍然成为杭州菜谱的第一道名菜。

杭州西湖景致的取名与诗词

一、苏堤春晓

苏堤有两处：①一处在今广东省惠州市西丰湖（一名西湖）中，相传苏轼买此为放生地，筑堤障水，为苏轼所筑；②另一处也名苏公堤，即今浙江省杭州市西湖苏堤，相传为苏轼所筑。本文所指为杭州西湖苏堤。

元祐年间，苏轼知杭州时，为了开湖蓄水，建此堤横截湖面，中为六桥九亭，夹道植柳。苏堤长2800米，南起南屏山，北接岳庙，分西湖为内外两湖。其间架有桥梁六座：映波、锁澜、望山、压堤、东浦、跨虹，有"六桥烟柳"之称。苏堤的六桥景色各具春秋，但在这六桥上极目，几乎将西湖的最好景观尽收眼底。春日漫步堤上，悠然自得，春风拂柳，百鸟和鸣，故称"苏堤春晓"。

"苏堤春晓"为"西湖十景"之首。而与之齐名的白堤，则是少了一份笑语喧哗与人声嘈杂的熙熙攘攘的人群，多了一份湖边的宁静和景致的优雅，也别有韵味。

二、柳浪闻莺

"柳浪闻莺"也是"西湖十景"之一，位于西湖东南岸，南山路涌金门至清波门滨湖地带，分友谊、闻莺、聚景、南园四个景区。园林布局开朗、清新、雅丽、朴实，柳丛衬托着紫楠、雪松、广玉兰及碧桃、海棠、月季等异木名花。柳叶成浪，鸟语花香，时而闻到莺声呖呖清脆的叫声。每当烟花三月时，烟霞缥缈，杨柳随风摇曳多姿，宛如翠浪腾空。此处是欣赏西子浓妆淡抹的观景佳地，临水眺望，视野开阔，空气清新，令人心旷神怡。

南宋时，这里是京城最大的御花园，称聚景园。当时园内有会芳殿和三堂、九亭，以及柳浪桥和学士桥。清代恢复柳浪闻莺旧景。有柳洲之名。其间黄莺飞舞，竞相啼鸣，故有"柳浪闻莺"之称。

柳浪闻莺
（明）万达甫

柳荫深霭玉壶清，碧浪摇空舞袖轻。
林外莺声啼不尽，画船何处又吹笙。

三、断桥残雪

断桥残雪是杭州西湖上著名的景色，以冬雪时远观桥面若隐若现于湖面而著称，属于西湖十景之一。断桥位于杭州市西湖白堤的东端，背靠宝石山，面向杭州城，是外湖和北里湖的分水点。断桥地势较高，视野开阔，是冬天观赏西湖雪景的最佳去处。

每当瑞雪初霁，站在宝石山上向南眺望，西湖银装素裹，白堤横亘雪柳霜桃。断桥的石桥拱面无遮无拦，在阳光下冰雪消融，露出了斑驳的桥栏，而桥的两端还在皑皑白雪的覆盖下。依稀可辨的石桥似隐似现，而涵洞中的白雪奕奕生光，桥面灰褐形成反差，远望去似断非断，故称断桥。

白堤全长1千米，东起断桥，经锦带桥而止于平湖秋月。白堤横亘湖上，把西湖划分为外湖和里湖，并将孤山和北山连接在一起。白堤在唐代原名白沙堤，宋代又叫孤山路。明代堤上广植桃柳，又称十锦塘。堤上内层是垂柳，外层是碧桃。

最早记载"断桥残雪"的是唐朝的张祜，他的《题杭州孤山寺》云：

楼台耸碧岑，一径入湖心，
不雨山长润，无云水自阴。
断桥荒藓涩，空院落花深，
犹忆西窗月，钟声在北林。

诗中的一句"断桥荒藓涩"，从中可知断桥原是一座苔藓斑驳的古老平板石桥。大雪初霁，原来苔藓斑驳的古石桥上，雪残未消，似有些残山剩水的荒涩感觉,这也就潜埋下了断桥残雪这西湖上独特景观的伏笔。

杭州西湖有四大爱情桥:西泠桥、长桥、断桥、跨虹桥,盛名经久不衰。西泠桥、长桥、断桥是古代的爱情桥,跨虹桥是现代爱情桥,是众多情侣约会相游的地方,而最负盛名的却是断桥,它的名字与中国民间故事《白蛇传》中缠绵悲怆的爱情故事联系在一起。在断桥上,流传的许仙和白娘子动人的爱情故事,让断桥成为西湖上众多桥中最著名的桥。

传说,白娘子原本是山野中修炼的一条小白蛇,有一天,小白蛇被一个捕蛇老人抓住了,差一点遭遇杀身之祸,幸亏被一个小牧童所救。经过一千七百年的修炼,白娘子终于化做人形,经观音大士指点,来到杭州西湖寻找前世救命恩人小牧童。

清明佳节,烟雨蒙蒙,观音菩萨说过"有缘千里来相会,须往西湖高处寻"。而在西湖的断桥的桥面上,由伞传情,白娘子终于找到了前世的救命恩人许仙,以身相许,结为夫妻。在经历水漫金山之后,又是在断桥邂逅重逢,再续前缘。

越剧《白蛇传》中白娘子唱道:"西湖山水还依旧……看到断桥桥未断,我寸肠断,一片深情付东流。"这发自肺腑的话语,实实催人泪下。抚摸桥栏,追古思今,每个性情中人都会生出无限的感慨,每个到此的天涯游客都会产生无尽的追思。

四、灵隐寺

灵隐寺有三个,两个在福建,本书指的是在杭州西湖西北的灵隐寺。东晋建,明重建。清康熙时改名云林禅寺。至今保留有五代吴越时两座八面九层的石塔和北宋开宝二年(969)建的两座经幢。主要建筑有天王殿、大雄宝殿,旁有联灯阁、大悲阁。天王殿后韦驮像,由独块香樟木构成,为南宋遗物。大雄宝殿高33.6米,单层重檐,殿宇壮观,金碧辉煌,1953年重修。寺前有飞来峰、冷泉、龙泓洞等胜景,高崖深穴,有宋元石刻造像。

灵隐寺自东晋咸和元年(326)建成,距今已有1600多年的历史,是我国禅宗十刹①之一。殿内释迦牟尼像用24块香樟木雕琢镶接而成,

---

① 刹(chà):佛教的寺庙。

高 19.6 米，是国内现存最大的木雕坐像。

天王殿的正中佛龛内，则是一尊袒胸露乳的弥勒佛坐像。寺内的北宋间所建经幢、经塔，都是艺术珍品。天王殿上所悬"云林禅寺"匾额系清康熙御笔。当年康熙南巡至杭州，登上北高峰极目眺望，云林漠漠，烟雾回环旋转，灵隐寺时隐时现在其中，心旷神怡，遂即景挥毫此四字。

大雄宝殿佛像后壁反面为"五十三参"彩色壁塑。讲的是善财童子为成就佛道，在文殊菩萨指点之下，南游 110 个城市，参拜过 53 位名师名流，最后遇见普贤菩萨修成正果。壁塑中所显示的乃是善财第 27 次参拜到观音菩萨时的情景，童子合十①，正在参见。菩萨手持净瓶，正在倾注法水以普度众生②。

在这五十三参拜中，有两位不属于天界的特殊人物：济公与疯僧。灵隐寺以有此两位人物而自豪。

五、三潭印月

人们誉为"小瀛洲"的三潭印月被称为"西湖第一胜景"。湖中有岛、岛中有湖是此地的最佳景观，最大特色。这是外西湖的最大岛屿，系明万历三十五年（1607）清除淤泥、挖深河床使水流通畅时，将湖中淤泥堆积而成的人工岛。原为放生池，是信佛的人把别人捉住的鱼、鸟等买来在此放掉的地方，是刀下留生之池。故九曲桥一带的建筑名称都与此有关，如开网亭、百寿亭（今"亭亭亭"）、九狮石等。

这一带地方景色让人陶醉，使人痴迷。无论是晨光熹微，或是如血的残阳晚照，都是格外的妩媚。

小瀛洲湖中有湖，岛中有岛，岛间桥栏相接，连成整体。亭轩台榭点缀其间，显得格外的灵动有致。水中金鱼穿梭嬉戏，皆若空游无所依。岸上金桂婆娑起舞，袅娜多姿。柳树成荫，花明耀目，柳絮随风，一派大好风光，使人流连忘返。中小绿洲"竹径通幽"粉墙为一座艺术绝妙之墙，漏窗、竹影均充溢着诗画一般的美好意境。

从岛屿的南端过"三潭印月"碑亭，站在"我心相印亭"前，三潭

---

① 合十，佛教的一种敬礼方式，两掌在胸前对合。十，指十手指。
② 普度众生，佛教用语，指广施法力，使众生得到解脱。

印月胜景即尽收眼底。湖面上有石塔三座，建于宋，重建于明，塔基为扁圆形石座，塔身呈球形，中空，四周环有五个小圆孔。塔高2米，塔座呈葫芦形。每逢中秋月夜，于塔内点起明烛，人们在洞口蒙以薄纸，灯光外透，像十五个小月亮宛然在目。此时月光、灯光、湖光，交互辉映。塔影、月影、云影同时出现，风光旖旎一片，游人可一饱眼福。

总之，"湖中有岛，岛中有湖"为小瀛洲的胜景。岛中庭园建筑，园林小品，花草树木，汇成了江南园林独特的景色。月夜泛舟，便见"天上月一轮，湖中影成三"的景致，故名"三潭印月"。其景让人恍惚迷离，流连忘返。

第二章
错　字

 "花港观鱼"

花港位于杭州西湖苏堤南端，北倚西山，它是西湖风景区内最大的公园，也是西洋园林艺术与我国江南园林艺术相结合最巧妙的公园，占地面积20多公顷。这里过去有小溪自花家山通入西湖，称"花港"，取名"花港观鱼"，为一美丽的港湾。花港观鱼在苏堤映波桥与锁澜桥之间。

据古籍记载，宋代已开始在此辟建园林，凿池引水，蓄养着几十种奇异鱼类，以资观赏。清康熙时在港南建亭，始称"花港观鱼"。西湖十景中，除雷峰塔已倒塌外，花港亦渐荒废。后经人工开凿，移植名花，蓄养金鱼，始复成有花有鱼之港，成为名副其实的雅称。

驰名中外的杭州西湖，山水名胜触目皆是，移步换形，步步换景，十景之美称自南宋始，即苏堤春晓、柳浪闻莺、花港观鱼、三潭印月、南屏晚钟、双峰插云、断桥残雪、曲院风荷、平湖秋色、雷峰夕照。

"花港观鱼"碑，繁体字"魚"字下面本是四点。《说文解字》："水虫也。象形。鱼尾与燕尾相似。凡鱼之属皆从鱼。"

鱼是水生脊椎动物。象形字，象鱼头、身、尾之形。鱼尾与燕尾相似，篆体都像"火"字。

"花港观鱼"这块碑文是康熙皇帝亲手写的御笔，"魚"字的下面变成了三点，漏了一点，成了皇帝写错字。

康熙饱读诗书，在位时修《明史》《一统志》，开博学鸿词科、明史馆，编纂《全唐诗》《佩文韵府》《康熙字典》等书籍，提倡程朱理学。康熙是一位文人型的皇帝，怎么连一个鱼字都写错了呢？

又是此中有真意，据说康熙崇尚佛，尚佛的人心地善良，不能心肠狠毒、佛口蛇心。佛经宣传众生人人平等，具有好生之德，放生①之行。

康熙题字时，考虑到鱼字下面有四点不好，对鱼而言是"灭顶之灾"。因为四点是"火"字，鱼在火上烧烤，不死才怪呢！因此把下面的四点（火）改为三点。三点是水字，这样如鱼得水。鱼和水不能分离一样的亲密关系，人们才称为"鱼水情"。夫妇相得和好人们称为"鱼水情深"。《管子·小问》："管子曰：'然公使我求宁戚，宁戚应我曰：'浩浩乎！吾不识。'"其婢子曰："《诗》有之：浩浩者水，育育者鱼。未有室家，而安召我居？宁子其欲室乎？"《聊斋志异·罗刹海市》："妾亦不忍以鱼水之爱，夺膝下之欢。"

康熙写鱼字少了一点，就将鱼游釜中快要灭亡，一变而为"如鱼得水"之乐。字错得神奇而不离奇，这就是"笔下留鱼"。

孔府大门的错字对联

孔府在今山东曲阜市城内，又称衍圣公府，为孔子后裔直系子孙衍圣公住宅。

孔府位于孔庙东邻，坐北朝南。占地面积240亩，共有厅堂房屋463

---

① 放生，谓释放鱼鸟等动物。《列子·说符》："邯郸之民，以正月之旦献鸠于简子，简子大悦，厚赏之。客人问其故，简子曰：'正旦放生，示有恩也。'"后信佛之人将"放生"视作善举。

间，是一组官衙与私宅相结合的庞大建筑群，有"天下第一家"之称。红边黑漆大门的正中上方，高悬着蓝底金字的"圣府"匾额。匾书"圣府"二字，为明朝严嵩所书。大门两旁的门柱上有一副金字对联，是清朝乾隆年间的大才子、礼部尚书纪晓岚写的。联曰：

与国咸休安富尊荣公府第
同天并老文章道德圣人家

那个"富"字，原联缺写顶上的一点，将"宀"写成"冖"了，那个"章"字，原联将底部的"十"的一竖向上延伸，穿进了"曰"，让"曰"变成"田"了。这自然是错别字了，但名人手下无错字啊！纪晓岚为什么会这样写呢？那我们先要从孔府说起。

孔府在曲阜。曲阜是孔子的故乡，是鲁中一块风水宝地。曲阜是中国古代东方文化的中心，历史悠久、文化发达，周代鲁国在此建都800多年，因鲁城中有阜，委曲长七八里，故称"曲阜"。春秋末期，孔子生息此地。因孔子首开私人讲学之风，创立儒家学派，所以这里以"孔孟之乡、诗书之地、礼仪之邦"著称于世。曲阜拥有极其丰富和珍贵的地上、地下文物，有鲁国故城遗址、阙里、颜庙、周公庙，我们这里且细说被列入世界文化遗产的"三孔"：孔府、孔庙、孔林。

1. 孔府

孔府又称衍圣公府，位于孔庙的东侧。孔府是孔子嫡系子孙居住的地方。汉元帝封孔子十三代孙孔霸为"关内侯，食邑八百户，赐金二百斤，宅一区"。这是封建帝王赐孔子后裔府第的最早记载。宋至和二年（1055）封孔子四十六代孙孔宗愿为"衍圣公"，宋徽宗时封为世袭"衍圣公"，孔府也就称"衍圣公府"。

孔庙　孔府　孔林

现在的孔府基本上是明、清两代的建筑，包括厅、堂、楼、轩等463间，共九进院落，是一座典型的中国贵族门户之家，有号称"天下第一人家"的说法。是孔子嫡系长期居住的府第，也是中国封建社会官衙与内宅合一的典型建筑。孔子死后，子孙后代世代居庙旁守庙看管孔子遗物，到北宋末期，孔氏后裔住宅已扩大到数十间，到金代，孔子后裔一直是在孔庙东边。随着孔子后世官位的升迁和爵封的提高，孔府建筑不断扩大，至宋、明、清达到现在规模。现在孔府占地约7.4公顷，有古建筑480间，分前后九进院落，中、东、西三路布局。

孔府有前厅、中居和后园之分。前厅为官衙，分大堂、二堂和三堂，是衍圣公处理公务的场所。衍圣公为正一品官阶，列为文臣之首，享有较大的特权。前厅另设知印、掌书、典籍、司乐、管勾和百户厅等六厅办事机构，为孔府服务。

中居即内宅和后花园，是衍圣公及其眷属活动的地方。内宅的前后楼是府上老爷、太太、少爷和小姐的住房，现陈列着当年的生活用品，如古老的红木家具和新式的沙发。孔子第七十七代孙、末代衍圣公孔德成的房间内就摆设着当时结婚时用的中西结合的家具。

最后一进是花园，又名铁山园。园内假山、鱼池、花坞、竹林以及各种花卉盆景等一应俱全。尤为难得的是一"五柏抱槐"奇树，一棵古老的柏树派生出5个分支，内中包含一株槐树，为世所罕见。孔府现在还保存着不少历代珍贵文物，如商周铜器、元明衣冠、古代书画、名人墨迹以及竹雕玉琢、瓷器珐琅等艺术珍品。此外还有大批明清以来的文书档案。整个孔府宛如一座珍藏无数的博物馆。

孔府收藏大批历史文物，最著名的是"商周十器"，亦称"十供"，形制古雅，纹饰精美，原为宫廷所藏青铜礼器，清于乾隆三十六年赏赐孔府。孔府还收藏金石、陶瓷、竹木、牙雕、玉雕、珍珠、玛瑙、珊瑚以及元、明、清各代各式衣冠剑履、袍笏器皿，另有历代名人字画，其中元代七梁冠为国内仅有。孔府并存有明嘉靖十三年（1534）至1948年的档案，内容丰富，从不同角度反映了我国古代政治、经济、思想、文化的一个侧面，具有重要历史价值。现已整理出9000多卷。孔府档案是世界上持续年代最久，范围最广，保存最完整的私家档案。

大致看来，孔府是一个官衙、家庙、住宅三位一体的古建筑。是除北京故宫之外，我国最大的家族府第。

2. 孔林

孔林是世界上延时最久的家族墓地，墓葬数量之多，规模之大，保存之完好，在世界上绝无仅有。孔林占地3000多亩，林墙周长5591米，坟冢10万余座，墓碑4003座，古建筑116间，历代石像、石仪85对。

孔林位于曲阜城北1.5公里的泗河畔，占地200多公顷，是孔子及其家族的墓地，四周有围墙绕着，园内古木参天；孔林中部红墙环绕着孔子墓，墓碑上写着"大成①至圣②文宣王③墓"，墓门前甬④旁有华表⑤、文豹⑥、翁仲⑦、角端⑧等石仪，阴森肃穆。

孔林本称至圣林。孔子卒于鲁哀公十六年（公元前479年）四月乙丑，那时还是"墓而不坟"（无高土隆起）。其后代从冢而葬，形成今天的孔林。

到了秦汉时期，虽将坟高筑，但仍只有少量的墓地和几家守林人后来随着孔子地位的日益提高，孔林的规模越来越大。自汉代以后，历代统治者对孔林重修、增修过13次，以至形成现今规模，总面积约2平方公里，周围林墙5.6公里，墙高3米多，厚1米。

郭沫若曾说："这是一个很好的自然博物馆，也是孔氏家族的一部编年史。"孔林作为一处氏族墓地，2000多年来葬埋从未间断。在这里既可考春秋之葬、证秦汉之墓，又可研究我国历代政治、经济、文化的发展和丧葬风俗的演变。

"墓古千年在，林深五月寒"，孔林内现已有树10万多株。相传孔子

---

① "大成"一指学问。《礼记·学记》："九年知类通达，强立而不反，谓之大成。"二指道德。《孟子·万章下》："孔子之谓集大成；集大成也者，金声而玉振之也。"赵岐注："孔子集先圣之大道，以成己之圣德者也。"

② "至圣先师"是对孔子的尊称。古时立学必释奠于至圣先师。汉以后皆奉孔子。唐开元二十七年追谥孔子为文宣王。宋大中祥符元年加"玄圣"二字。五年又以避讳改为"至圣文宣王"。元大德十一年加封为"大成至圣文宣王"。明嘉靖九年用张孚敬等议，改正祀典，因称"至圣先师"。清顺治二年加称"大成至圣文宣先师"。

③ 自汉以来，历代王朝尊称孔子，皆有封号。唐开元二十七年追谥为"文宣王"。宋、元又在"文宣王"上加谥"玄圣"、"至圣"及"大成至圣"等字样。明嘉靖九年改称"至圣先师孔子"，去王号；清因之。

④ 甬（yǒng）道，两侧筑墙的通道。谓于驰道外筑墙，天子于中行，外人不见。即庭院里正中的道路。

⑤ 华表，古代立于宫殿、城垣或陵墓前的石柱。柱身往往刻有花纹。华表，谓华饰屋外之表。

⑥ 文豹，豹皮有文彩，故称文豹。

⑦ 翁仲，传说为秦时巨人名。《淮南子·汜论》："秦之时，……铸金人。"汉时高诱《注》："秦皇帝二十六年，初兼天下。有长人见于临洮，其高五丈，足迹六尺，放写其形，铸金人以象之，翁仲君何是也。"后指铜像或墓道石像，也指墓前石像。

⑧ 角端，传说兽名。《宋书·符瑞志下》："角端者，日行万八千里，又晓四夷之语。"又弓名。《后汉书·鲜卑传》："又禽兽异于中国者，野马、原羊、角端牛，以角为弓，俗谓之角端弓者。"

死后,"弟子各以四方奇木来植,故多异树,鲁人世世代代无能名者",从子贡为孔子庐墓植树起,孔林内古树已达万余株。时至今日孔林内的一些树株人们仍叫不出它们的名字。其中柏、桧、柞、榆、槐、楷、朴、枫、杨、柳、檀雒离、女贞、五味、樱花等各类大树,盘根错节,枝繁叶茂;野菊、半夏、柴胡、太子参、灵芝等数百种植物,也依时争荣。孔林不愧是一座天然的植物园。

"断碑深树里,无路可寻看"。在万木掩映的孔林中,碑石如林,石仪成群,除一批著名的汉碑移入孔庙外,林内尚有李东阳、严嵩、翁方钢、何绍基、康有为等明清书法名家亲笔题写的墓碑。因此,孔林又称得上是名副其实的碑林。

3. 孔庙

曲阜孔庙,是祭祀中国春秋时期的著名思想家和教育家孔子的本庙,位于孔子故里、山东曲阜城内,又称"阙里至圣庙",与南京夫子庙、北京孔庙和吉林文庙并称为中国四大文庙。始建于鲁哀公十七年(公元前478年),历代增修扩建,与相邻的孔府、城北的孔林合称"三孔"。

曲阜孔庙以其规模之宏大、气魄之雄伟、年代之久远、保存之完整,被建筑学家梁思成称为世界建筑史上的"孤例",现为世界文化遗产、中华人民共和国全国重点文物保护单位,与北京故宫、承德避暑山庄并列为中国三大古建筑群。

曲阜孔庙的历史可以追溯到孔子逝世的第二年,即周敬王四十二年(鲁哀公十七年,公元前478年)。根据《史记》的记载,当时孔子的弟子将其"故所居堂"立庙祭祀,庙屋三间,内藏衣、冠、琴、车、书等孔子遗物。至汉初,已历二百余年。

西汉以来历代帝王不断给孔子加封谥号,孔庙的规模也越来越大,成为全国最大的孔庙。现存的建筑群绝大部分是明、清两代完成的,占地327亩,前后九进院落。庙内有殿堂、坛阁和门坊等460多间。四周围以红墙,四角配以角楼,是仿皇宫样式修建的。整个庙宇气势恢宏,布局严谨。

孔庙平面呈长方形,占地14万平方米,南北长0.7公里。整个孔庙的建筑群以中轴线贯穿,左右对称,布局严谨,共有九进院落,前有棂星门、圣时门、弘道门、大中门、同文门、奎文阁、十三御碑亭,从大圣门起，建筑分成三路：中路为大成门、杏坛、大成殿、寝殿、圣迹殿及两庑，分别是祭祀孔子以及先儒、先贤的场所；东路为崇圣门、诗礼堂、故井、鲁壁、崇圣祠、家庙等，多是祭祀孔子上五代祖先的地方；西路为启圣门、金丝堂、启圣王殿、寝殿等建筑，是祭祀孔子父母的地方。全庙共有五殿、一祠、一阁、一坛、两堂、十七碑亭、五十三门坊，共计有殿庑四百六十六间，分别建于金、元、明、清及民国时期。孔庙内最为著名的建筑有：棂星门、二门、奎文阁、杏坛、大成殿、寝殿、圣迹堂、诗礼堂等。

棂星门是孔庙的大门。古代传说棂星是天上的文星，以此命名寓有国家人才辈出之意，因此古代帝王祭天时首先祭棂星，祭祀孔子规格也如同祭天。棂星门建于清乾隆十九年（1754），六楹四柱，铁梁石柱，柱的顶端屹立着四尊天将石像，威风凛凛，不可一世。柱下石鼓抱夹，使建筑风格稳重端庄。

二门又名圣时门，形同城门，有三间门洞，前后石陛御道有明代的浮雕二龙戏珠，图中的游龙翻江倒海，喷云吐雾，气势不凡。圣时门建于明代，飞檐斗拱，顶为绿琉璃瓦，门前的汉白玉坊，名太和元气坊，坊名盛赞孔子如同天地一般，无所不包。门的东西两侧各立有一座木坊，两坊形制相同，上边置有牌楼，三间四柱，斗拱密集，檐翼起翘，柱上透雕有石狮、天禄像，造型古朴。

奎文阁位于孔庙的中部，是藏书的一座楼阁。中国古代以奎星为二十八宿之一，主文章。阁始建于宋天禧二年（1018），明成化十九年（1483）改建。奎文阁三重飞檐，四层斗拱，面阔七间，进深五间，长30米，宽17.62米，高23.35米。阁的内部有二层阁，中间夹有暗层，结构独特，工艺奇巧。上层是专藏历代帝王御赐的经书、墨迹的场所，明清两代曾专设奎文阁七品典籍官一员进行管理，暗层专藏藏经板，下层专藏历代帝王祭孔时所需的香帛之物。这座藏书楼是中国著名的木结构楼阁之一。

孔庙的杏坛相传是孔子讲学之所，在大成殿前的院落正中。北宋天圣二年（1024）在此建坛，在坛周围环植以杏，命名为杏坛，以纪念孔子杏坛讲学的历史故事。金代又在坛上建亭，大学士党怀英篆书的"杏坛"二字石碑立在亭上。明隆庆三年（1569）重修，即今日之杏坛。杏坛是一座方亭，重檐，四面歇山顶，十字结脊，黄瓦飞檐二层，双重斗拱。亭内藻井雕刻精细，彩绘金龙，色彩绚丽。曾有诗人以妙句描绘杏坛的景色，"独有杏坛春意早，年年花发旧时红"，亭的四周杏树繁茂，生机盎然。庙内还存有两汉以来历代碑碣二千多方，真草隶篆，诸体具备，其中尤以汉魏六朝的碑刻称誉海内外。

大成殿是孔庙的主体建筑，面阔九间，进深五间，高32米，长54米，深34米，重檐九脊，黄瓦飞彩，斗拱交错，雕梁画栋，周环回廊，巍峨壮丽。擎檐有石柱二十八根，高5.98米，直径达0.81米。两山及后檐的十八根柱子浅雕云龙纹，每柱有七十二团龙。前檐十柱深浮雕云龙纹，每柱二龙对翔，盘绕升腾，似脱壁欲出，精美绝伦。殿内高悬"万世师表"等十方巨匾，三副楹联，都是清乾隆帝手书。殿正中供奉着孔子的塑像，七十二弟子及儒家的历代先贤塑像分侍左右。历朝历代皇帝的重大祭孔活动就在大殿里举行。殿下是巨型的须弥座石台基，高2米，占地1836平方米。殿前露台轩敞，旧时祭孔的"八佾舞"也在这里举行。

总之，中外驰名的三孔——孔府、孔林、孔庙是我国思想家、教育家、哲学家、儒家创始人孔子的故乡，这里有着丰富的文化遗产，人才辈出。杰出人物生于灵秀之地，人杰地灵，是块风水福地。

太史公司马迁说："《诗》上有言道：'像高山一般令人瞻仰，像大道一般让人遵循。'虽然我达不到这个境地，但心中总是向往着他。我读了孔子的遗书，想见得到他为人的伟大。到鲁国的时候，参观了仲尼的庙堂，以及他遗留下来的车、服、礼器；那些读书的学生，都还按时到孔子的旧宅里演习礼仪。我顿时由衷地敬仰，徘徊留恋地不舍离去。自古以来，天下的君王贤人也算多了，当他们活着之时都荣耀无比，到他们一死就什么也没有了。孔子仅是一个平民百姓，升斗小民，但他的道统世家至今已传了十几代，学者们崇仰他都以他为依归。从天子王侯以下，凡是中国研讨六经道艺的人，都依着孔子的话来做最高的衡量标准，真可说是一位圣明到极点的人了！"

孔子的思想，可与天地比寿，与日月齐光！

言归正传，话又说回孔府大门的奇联："与国咸休安富尊荣公府第，同天并老文章道德圣人家。"这是一副工对，"与国"对"同天"，"咸休"对"并老"，"安富尊荣"对"文章道德"，"公府第"对"圣人家"。对仗工整,均以对偶的方式,遣词造句,字词两相对而出,对称、对举、对偶。因按照字音的平仄和字义的虚实做成对偶句,故又称对仗。

对联气势磅礴,气概非凡,为清代纪晓岚撰写。但此中有真谛,他写"富"字有意少写顶上的一点,取"富贵无头"的寓意。借寓孔府的荣华富贵永无止境,没有顶点。文章的"章"字又故意将下面的早字最末的一竖写通到上面的"立"字,寓意圣人的文章学说"破日通天"。对联表现出飞腾的想象,思接千载,祝通万里。作者独具匠心,高瞻远瞩。只有高屋建瓴,才能如此笔下生花。

"富""章"两个错字一下子映入人们的眼球,充分体现了天下第一家孔府这个非同小可的门第身份,让人寻味,余味无穷,字错得神奇而不离奇。

 "风流宛在"

全国有三个大明寺,一在河南济源,一在河北磁县,本文所指的大明寺在江苏扬州市西北蜀岗中峰上,东邻观音山。南朝宋大明时(457—464)建,故名。唐代僧人鉴真东渡日本前在此住持。隋仁寿元年(601)曾建栖霞塔于寺中,又名栖灵寺,后塔毁。

清乾隆三十年(1765),乾隆帝巡游扬州,改名法净寺。现寺为清同治年间(1862—1874)重建。寺前是三间三楼的牌楼,向北是天门殿,正北是大雄宝殿,大殿东侧为东苑,后有晴空阁。

大殿西侧,有"仙人旧馆"门额,即是有名的平山堂。平山堂是北宋大学问家欧阳修任扬州太守时所建。堂前花木扶疏,庭院幽静,凭栏远眺江南诸山,恰与视线相平,"远山来与此堂平",故称"平山堂"。堂前有联曰:"过江诸山到此堂下,太守之宴与众宾欢",是欧阳修当年潇洒流运的生动写照。后来苏东坡任扬州太守时，常来此凭吊，并在后面为欧阳建造了"谷林堂"和"欧阳祠"。谷林堂取自苏东坡"深谷下窈窕，高林合扶疏"的诗句。欧阳祠内有欧阳修石刻画像，供人凭吊。

平山堂正堂右边的"坐花载月"匾额，是民国初年著名的宁夏"三马"之一马福祥所题；左边的"风流宛在"匾额，则出自清光绪初年两江总督刘坤一之手，据说是刘坤一为追念曾在扬州任主政官员的欧阳修所作。"风流宛在"这四字中有两个错字："流"字少一点，而"在"字多一点。

这又是怎么一回事？原来，据说欧阳修知政扬州时，留下不少风流韵事，被世人称为"风流太守"。风流即有才而不拘礼法的气派，自成风气。《南史》："江左风流宰相，惟有谢安。"

历史大名人欧阳修在扬州时是个"风流太守"，在风情万种、色艺双绝的扬州美女石榴裙下曾弄出了不少韵事。

刘坤一把"风流宛在"中的"流"有意少写一点，"在"字多一点，意思不言而喻，希望少点风流，多点实在，极富哲理，同时曲笔点出欧阳修当年行为上不检点。这样的字，错得恰到好处，所以至今也无人说三道四，与杭州西湖湖心亭石碑上乾隆皇帝手书"虫二"（意思是"风月无边"）两字，有相似的奇思妙境。

"福"字多一点

福，古称富贵寿考等为福。《书·洪范》："五福：一曰寿，二曰富，三曰康宁，四曰攸好德，五曰考寿命。"

福，又谓降福，保佑。《易谦》："鬼神害盈而福谦。"《左传·庄公十年》："小信未孚，神弗福也。"福，又指祭神的酒肉。《国语·晋语二》："骊姬以君命命申生曰：今夕君梦见齐姜，必速词而归

福。"《注》:"福,胙肉也。"封建时代妇女行礼致敬称福。

福字左边是示字,示是地神。同"祇"。《周礼·春官·大宗伯》:"大宗伯之职,掌建邦之天神、人鬼、地示之职。"

《说文解字》:"天垂象,见吉凶,所以示人也。从二(二,古文上字),三垂,日、月、星也。观乎天文,以察时变。示,神事也。凡示之属皆从示。"意为:上天利用日月星辰的变化展示不同的天象,显示出或吉或凶的征兆,是表示给人看的。从二(二,是古文的上字),表示在上者天;三竖画,表示日月星。观察天象的变动,就可以推知时势的变化。示字表现的是神明暗中主宰一切的意思。

示是祭坛的象形字,多与祭祀、祈祷、神明、神仙等有关。古人能接近祭坛是要得到上帝的引领与神明的启示的。示用作部首,代表着上帝和神明。

福字的右半部,其意为每个人都获得神所赐的一口田。《说文解字》:"(福),祐也。从示,畐声。畐(fú),容器名。无足之鬲。""福"意为得到神明的佑助,诸事顺遂。形声字,表示形符,畐为声符。

段玉裁曰,"福"义为"备",备为百顺之称。古文字中,"畐"象长颈鼓腹的酒瓶,福字像以瓶酒致祭于神主之前,为会意字,祭神自当获福,得神之助。

《左传》曰:"福,佑也。"神明保佑,逢凶化吉,化险为夷。甲骨文的"福"字,像向神祇敬献酒樽(或双手捧着酒樽),祈求福佑。小篆的"福"字,看不出酒樽的形象。"福"本义是"幸福",与"祸"相对。《老子》:"祸兮福所倚,福兮祸所伏。"引申为"赐福""保佑"。《曹刿论战》:"小信未孚,神弗福也。"

康熙帝名玄烨,是顺治的第三子,生于顺治十一年(1654)。他是中国历史上在位时间最长的皇帝,在位61年。康熙自幼勤奋好学,文韬武略样样精通,清除鳌拜,撤除三藩,统一台湾,平定准噶尔叛乱等一系列军事行动中或御驾亲征,或决胜千里,充分显示了他的军事才能。慎选人才,表彰清官,修治河道,笼络汉族知识分子等行为,又反映了康熙是一个出色的政治家和睿智的君主。

康熙十二年(1673),孝庄太后六十大寿将至,不料突染沉疴,太医束手无策。百般无奈之时,康熙查知上古有"承帝事"请福续寿之说,意思是真命天子是万福万寿之人,可以向天父为自己"请福续寿",遂决定为祖母请福,沐浴斋戒三日后,一气呵成了这幅倾注了对祖母挚爱的"福"字,并加盖了"康熙御笔之宝"印玺,取意"鸿运当头、福星高照,镇天下所有妖邪"。孝庄太后自得到了这"福"字,百病全消,十五年后,以75岁高龄得以善终。民间俱称这是康熙"请福续寿"带来的福缘。事后康熙几番重提御笔,却再也写不出其中的神韵,所以民间盛传此福为"天赐洪福"。

俗语称"有福必有寿,有寿必有福。有福无寿是为无福可受"。但是,由于"福""寿"二字字形差异太大,因此,自古以来很少有书法家将其合二为一,可康熙所写此"福",恰恰将福、寿两字形为一体,做到"福中有寿,福寿双全"。有意思的是这个福除了可理解为寿外,还可分解成"才""子""多""田"四个字,有"多子多才多田多福多寿"。五福之寓,巧妙地构成了"福"字的深刻含义,意味深长,是古往今来独一无二的"五福"合一之"福"字,因而被世人公认为"天下第一福"。又因其中的"田"部尚未封口,因此是洪福无边、无边之福。孝庄太后称其为"福之本源",民间则称"五福之本、万福之源"。

"福"字画蛇添足多一点,下面不排一头猪,一只鸡,而是一碗汤圆,此中有深意,即福气多一点,圆满的幸福多一点。

第五编 建筑

你有所不知的故宫

北京故宫被誉为世界五大宫之首，这五大宫分别为：北京故宫、法国凡尔赛宫、英国白金汉宫、美国白宫和俄罗斯克里姆林宫。

北京故宫，旧称为紫禁城，位于北京中轴线的中心，是中国明、清两代24位皇帝的皇家宫殿，是中国古代汉族宫廷建筑之精华，无与伦比的建筑杰作，也是世界上现存规模最大、保存最为完整的木质结构的古建筑之一。

紫禁城以紫微垣比喻帝居，故称禁中为紫禁，通指北京故宫。紫，《广雅·释天》："天宫谓之紫宫。"帝王为天帝之子，即天子。天子所居宫殿为紫宫。另说，紫微星代称天子，位居中央，为群星拱卫。王城又是百姓不可接近的禁城，故称王宫为紫禁城。紫禁城又谓"故宫"。故宫是泛指历代封建王朝遗存的宫殿。

故宫始建于公元1406年（永乐四年），1420年（永乐十八年）基本竣工，历时14年，是明成祖朱棣始建，在元大都宫殿的基础上兴建。占地72万平方米（长961米，宽754米），建筑面积15.5万平方米，设计者蒯祥（1397—1481年，字廷瑞，苏州人），用100万民工，共建了14年，有房屋9999间半，实际据1973年专家现场测量故宫有大小院落90多座，房屋有980座，共计8707间（而此"间"并非现今房间之概念，此处"间"指四根房柱所形成的空间）。主要建筑是太和殿、中和殿和保和殿（科举考试举行殿试的地方）。最后确定，故宫的房间总数实际为8703间。

明代第三位皇帝朱棣在夺取帝位后，决定迁都北京，即开始营造这座宫殿，至明永乐十八年（1420）落成。1911年，辛亥革命推翻了中国最后的封建帝制——清朝，1924宣帝溥仪被逐出宫禁。在这前后五百余年中，共有24位皇帝曾在这里生活居住和对全国实行统治。

故宫严格地按《周礼·考工记》中"前朝后市，左祖右社"的帝都营建原则建造。整个故宫，在建筑布局上，用形体变化、高低起伏的手法，组合成一个整体。在功能上符合封建社会的等级制度。同时达到左右均衡和形体变化的艺术效果。中国建筑的屋顶形式是丰富多彩的，在故宫建筑中，不同形式的屋顶就有10种以上。以3大殿为例，屋顶各不相同。故宫建筑屋顶满铺各色琉璃瓦件。主要殿座以黄色为主。绿色用于皇子居住区的建筑。其它蓝、紫、黑、翠以及孔雀绿、宝石蓝等五色缤纷的琉璃，多用在花园或琉璃壁上。太和殿屋顶当中正脊的两端各有琉璃吻兽，稳重有力地吞住大脊。吻兽造型优美，是构件又是装饰物。一部分瓦件塑造出龙凤、狮子、海马等立体动物形象，象征吉祥和威严，这些构件在建筑上起了装饰作用。

故宫前部宫殿，当时建筑造型要求宏伟壮丽，庭院明朗开阔，象征封建政权至高无上，太和殿坐落在紫禁城对角线的中心，四角上各有十只吉祥瑞兽，生动形象，栩栩如生。故宫的设计者认为这样可以显示皇帝的威严，震慑天下。后部内廷却要求庭院深邃，建筑紧凑，因此东西六宫都自成一体，各有宫门宫墙，相对排列，秩序井然，再配以宫灯联对，绣榻几床，都是体现适应豪华生活需要的布置。内廷之后是宫后苑。后苑里有岁寒不凋的苍松翠柏，有秀石迭砌的玲珑假山，楼、阁、亭、榭掩映其间，幽美而恬静。

故宫宫殿是沿着一条南北向中轴线排列，三大殿、后三宫、御花园都位于这条中轴线上。并向两旁展开，南北取直，左右对称。这条中轴线不仅贯穿在紫禁城内，而且南达永定门，北到鼓楼、钟楼，贯穿了整个城市，气魄宏伟，规划严整，极为壮观。

今将故宫主要宫殿等建筑及其功能逐一条陈如下：

1. 午门

故宫的正门叫"午门"，俗称五凤楼。东西北三面以12米高的城台相连，环抱一个方形广场。有1组建筑，正中有重楼，是9间面宽的大殿，重檐庑殿顶，在左右伸出两阙城墙上，建有联檐通脊的楼阁四座，明廊相连，两翼各有13间的殿屋向南伸出，四隅各有高大的角亭，辅翼着正殿。这种形状的门楼称为"阙门"，是中国古代大门中最高级的形式。这组城上的建筑，形势巍峨壮丽，是故宫宫殿群中第一高峰。午门是皇帝下诏书、下令出征的地方。每遇宣读皇帝圣旨，颁发年历书，文武百官都要齐集午门前广场听旨。它当中的正门平时只有皇帝才可以出入；皇帝大婚时皇后进一次；殿试考中状元、榜眼、探花的三人可以从此门走出一次。文武大臣进出东侧门，宗室王公出入西侧门。

2. 太和殿

太和殿（奉天殿），俗称"金銮殿"，位于紫禁城南北主轴线的显要位置，明永乐十八年（1420）建成，称奉天殿。嘉靖四十一年（1562）改称皇极殿。清顺治二年（1645）改今名。是皇帝举行大典的地方。自建成后屡遭焚毁，又多次重建，今天所见的为清代康熙三十四年（1695）重建。

太和殿面阔11间，进深5间，建筑面积2377平方米，高26.92米，连同台基通高35.05米，为紫禁城内规模最大的殿宇。其上为重檐庑殿顶，屋脊两端安有高3.40米、重约4300公斤的大吻。檐角安放10个走兽，数量之多为现存古建筑中所仅有。

太和殿的装饰十分豪华。檐下施以密集的斗拱，室内外梁枋上饰以和玺彩画。门窗上部嵌成菱花格纹，下部浮雕云龙图案，接榫处安有镌刻龙纹的鎏金铜叶。殿内金砖铺地，明间设宝座，宝座两侧排列6根直径1米的沥粉贴金云龙图案的巨柱，所贴金箔采用深浅两种颜色，使图案突出鲜明。宝座前两侧有四对陈设：宝象、甪（音录）端、仙鹤和香亭。宝象象征国家的安定和政权的巩固，甪端是传说中的吉祥动物，仙鹤象征长寿，香亭寓意江山稳固。宝座上方天花正中安置形若伞盖向上隆起的藻井。藻井正中雕有蟠卧的巨龙，龙头下探，口衔宝珠。

明清两朝24个皇帝都在太和殿举行盛大典礼，如皇帝登极即位、皇帝大婚、册立皇后、命将出征，此外每年万寿节、元旦、冬至三大节，皇帝在此接受文武官员的朝贺，并向王公大臣赐宴。清初，还曾在太和殿举行新进士的殿试，乾隆五十四年（1789）始，改在保和殿举行，"传胪"仍在太和殿举行。

太和殿是紫禁城内体量最大、等级最高的建筑物，建筑规制之高，装饰手法之精，堪列中国古代建筑之首。

3. 中和殿

中和殿（华盖殿、中极殿）是故宫三大殿之一，位于太和殿后。中和殿高27米，平面呈正方形，面阔、进深各为3间，四面出廊，金砖铺地，建筑面积580平方米。黄琉璃瓦单檐四角攒尖顶，正中有鎏金宝顶。

四脊顶端聚成尖状，上安铜胎鎏金球形的宝顶，建筑术语上叫四角攒尖式。中和殿是皇帝去太和殿举行大典前稍事休息和演习礼仪的地方。皇帝在去太和殿之前先在此稍作停留，接受内阁大臣和礼部官员行礼，然后进太和殿举行仪式。另外，皇帝祭祀天地和太庙之前，也要先在这里审阅一下写有祭文的"祝版"；在到中南海演耕前，也要在这里审视一下耕具。

4. 保和殿

保和殿（谨身殿、建极殿）也是故宫三大殿之一，在中和殿后。保和殿高29米，平面呈长方形，面阔9间，进深5间，建筑面积1240平方米。黄琉璃瓦重檐歇山式屋顶。屋顶正中有一条正脊，前后各有2条垂脊，在各条垂脊下部再斜出一条岔脊，连同正脊、垂脊、岔脊共9条，建筑术语上叫歇山式。保和殿是每年除夕皇帝赐宴外藩王公的场所。保和殿也是科举考试举行殿试的地方。

5. 乾清宫

乾清宫，内廷后三宫之一。始建于明代永乐十八年（1420），明清两代曾因数次被焚毁而重建，现有建筑为清代嘉庆三年（1798）所建。

乾清宫建筑规模为内廷之首，作为明代皇帝的寝宫，自永乐皇帝朱棣至崇祯皇帝朱由检，共有14位皇帝曾在此居住。由于宫殿高大，空间过敞，皇帝在此居住时曾分隔成数室。据记载，明代乾清宫有室9间，分上下两层，共置床27张，后妃们得以进御。由于室多床多，皇帝每晚就寝之处很少有人知道，以防不测。皇帝虽然居住在迷楼式的宫殿内，且防范森严，但仍不能高枕无忧。据记载，嘉靖年间发生"壬寅宫变"后，世宗移居西苑，不敢回乾清宫居住。万历帝的郑贵妃为争皇太后闹出的"红丸案"、泰昌妃李选侍争做皇后而移居仁寿殿的"移宫案"，都发生在乾清宫。明代乾清宫也曾作为皇帝守丧之处。

清代康熙以前，这里沿袭明制，自雍正皇帝移住养心殿以后，这里即作为皇帝召见廷臣、批阅奏章、处理日常政务、接见外藩属国陪臣和岁时受贺、举行宴筵的重要场所。一些日常办事机构，包括皇子读书的上书房，也都迁入乾清宫周围的庑房，乾清宫的使用功能大大加强。

6. 御花园

御花园在坤宁宫北面。御花园里有高耸的松柏、珍贵的花木、山石和亭阁。御花园原名宫后苑，占地11000多平方米，有建筑20余处。以钦安殿为中心，园林建筑采用主次相辅、左右对称的格局，布局紧凑、古典富丽。殿东北的堆秀山，为太湖石迭砌而成，上筑御景亭，名为万春亭和千秋亭的两座亭子，可以说是保存的古亭中最为华丽的花园了。

1949年中华人民共和国成立后，1961年，国务院宣布故宫为第一批"全国重点文物保护单位"。从五六十年代起进行了大规模的修整。1987年故宫被联合国教科文组织列为"世界文化遗产"，辟为"故宫博物院"。

破解千古之谜
——北京故宫是谁设计的

北京故宫

明洪武三十一年（1398），22岁的朱允炆登上了大明第二代皇帝金碧辉煌的宝座。这时朱棣身居元都北平，对侄儿的皇位虎视眈眈。朱姓皇族中一场争夺皇位的血战大厮杀随之一触即发。当时各藩王的权力过大，尾大不掉。朱允炆于是动手削藩。一些藩王的爵位被削，有的自焚身死。朱棣经过再三衡量利弊，觉得与其束手被擒，不如兴兵造反，以求杀出一条生路。于是，便于建文元年（1399）七月五日，打着"清君侧"的旗号，说朝廷出了坏人，必须起兵问罪，以便师出有名。历史上称此次战争为"靖难之役"。

经过三年的搏杀，于1402年六月三日，朱棣挥师南下渡江。历时三年，朱姓皇族内的一场争权的腥风血雨之战，便以朱棣的胜利而告终。朱棣迅速夺过了皇权。

朱棣进占南京城之后，第一要著就是搜寻朱允炆，但寻寻觅觅都无结果，有的宫人说，建文帝在京都一片火海中已经葬身火海。有的说已经化名化装，改头换面出逃。总之，生不见人，死不见尸。这就让他忧虑、烦闷、疑神疑鬼。但心病难医，害怕朱允炆何时何日将从空中抑或自地下冒将出来。因此，日日狐疑，夜夜噩梦。再加上南京酷暑的天气，气压低、湿度大，更使他感到闷热，亦深感呼吸不畅快，于是便产生了迁都的念头。再加上朱棣登帝位不久，一心要为建文帝报仇雪恨的景清大夫，在朝廷上蓄意拔刀谋刺，朱棣险些丧命。因此，他更感到惶惶不可终日，更没有安全感，这使他迁都的思想更加坚定。

景清，明陕西真宁人。本姓耿，好学，过目不忘，风流倜傥且有志向、节气。洪武二十七年进士。建文年间初为北平参议，甚为燕王所称赏，后改为御史大夫。燕师入京（南京）后，挟刀入朝欲刺成祖，被搜出。成祖诘责之。清奋起曰："欲为故主复仇。"成祖怒，杀之。

又过去四年，大臣丘福等建议，要在北平建造一座新宫。这正迎合朱棣的心意，于是一锤定音，一场建造新都的巨大工程立即开始。

丘福，明凤阳府人。起于卒伍，事燕王藩邸，授中山千护卫千户。燕王起兵靖难，与朱能等首夺九门。成祖即位，后来担任太子太师，封淇国公。永乐七年以大将军出塞攻鞑靼，轻敌深入，被俘遇害。

对于迁都，也有一些大臣持反对态度。明朝削藩之后，决定对北方边境加强重兵防守，以防外寇乘机入侵。朱棣镇守北京多年，这是他的根据地。经过周密的考虑，他决定迁都北京，让天子居中御戎。因此他坚决杀掉反对迁都的大臣，以便排除迁都的阻力。接着下令修建北平宫殿，同时对北平旧城加以改造。但这个巨大的工程又由谁来绘图设计呢？

设计修建北京紫禁城这个人，就是蒯祥。

蒯祥是明苏州府吴县香山人。字廷瑞，本香山木工，隶工部。初授职营缮，仕至工部左侍郎，食俸一品。自永乐至天顺，凡内殿陵寝，皆其营缮。能以两手握笔画双龙，合之如一。每修缮，持尺准度，不失厘毫。至宪宗时，年八十余，仍执技供奉。帝每以蒯鲁班称之。蒯祥生于洪武三十一年（1398），卒于成化十七年（1481），享年83岁。

朱棣首先派人分头赶赴各地开采名贵的木材和石料，然后再通过大运河送到北平。光是准备材料的时间，先后总共11年之久。

珍贵的楠木，又名桢木。樟科，常绿乔木。生长在南方的深山老林。干甚端伟，高者十余丈，巨者数十围。木材坚密芳香，为建筑及制造器具之良材。《战国策·宋》："荆有长松文梓，梗楠豫章。"产于中国四川、重庆、云南、贵州、湖南等地。平头百姓冒着生命的危险，爬上崇山峻岭采木，不少人为此丧失生命，故有"入山一千，出山五百"之言，也就是说两个人入山就有一个死亡，可以想见这是多么的可怕。

丹陛石，用来做宫殿的台阶，因漆红色，故曰丹陛。在从北京西南的房山开采，为了将其运送回北平，数十万名劳工在运输路两旁，每隔一里左右挖掘一口井，每逢数九寒冬，气温骤降，便从水井里汲水泼成冰道，耗费28天才运送到北平。此外，从山东的临清向北平运送贡砖，从苏州经由大运河运送石砖，可见采石的艰辛。

紫禁城的建筑格局都依照中国古代建筑的独特风格和优良传统，均根据天文、占候、星卜、相宅、选日等有关阴阳学，以及水、火、木、金、土五行学说，又根据星象命数学，以体现天人合一的完美结合。紫微垣是以北极星为中心区域，是帝王所居之处。众星拱月，天人对应，让紫禁城这个九五之尊的形象更加突出。

唐朝"四杰"之一的骆宾王，善写七言歌行，其中的《帝京篇》内容相近于《长安古意》，但篇幅更长，排比铺陈更甚，是唐初仅有的大篇，该篇开宗明义的四句为：

山河千里①国，城阙九重门②。

不睹皇居壮，安知天子尊。

骆宾王此篇，并未实指北京紫禁城，因为他是唐初人，北京紫禁城是

---

① 千里，一千里，非实数，形容路途遥远或面积广阔，为泛指。
② 九重，数名，天地之至数，始于一，终于九。虚指多数。古人对事物的数目，三以上则约称之以九。清汪中《述学·释三九》："凡一二之所不能尽者，则约之以三，以见其多，三之所不能尽者，则约之以九，以尽见极多。"又有另外一种理解方式，九门：①古制天子所居有九门：路门、应门、雉门、库门、皋门、城门、近郊门、远郊门、关门。②泛指皇宫。③神话中的九道天门。④清时指北京城外的九门：正阳、崇门、宣武、安定、德胜、东直、西直、朝阳、阜成。

明朝建筑物。但他这短短的四句，即将人们对帝王宫阙尊敬推崇的心理和盘托出。

本来，朱棣登基之初，迁都的主意已经打定。永乐元年（1403），他就钦定北平为北京，并组织人力、物力、财力修浚京杭大运河，使大运河成为沟通南北方的大动脉。永乐九年（1411），朱棣又命工部尚书宋礼开通会通河，使得漕运大大便利。并沿运河建闸38座，使水位渐高，方便运输。至此，京杭大运河畅通无阻，使南方的大米、布帛、砖石、木材等物资，通过漕运源源不绝地输送北京。北方的物产也通过漕运南下，促进了南北物资的交流及经济的发展，为迁都北京作了充分的准备条件。永乐十八年（1420）全部工程竣工。朱棣公开宣布次年开始以北京为京师，以南京为留都①。

永乐十九年（1421）春，朱棣正式车驾北迁。

首都北迁后，南京为留都，并称南北两直隶。

直隶，旧省名，明称直隶于京师的地区为直隶。洪武初建都南京（后改称"京师"，永乐初复旧。今江苏南京市），以应天等府为直隶。永乐初移迁北京（今北京市）后，又称直隶北京的地区为北直隶，简称北直，相当今北京、天津两市，河北大部和河南、山东的小部分地区。直隶南京的地区为南直隶，简称南直，相当今江苏、安徽、上海两省一市。

这样南京除了没有皇帝外，其他各种官僚机构以及设置和北京几乎完全一样，只是北京多一位皇帝而已。朱棣命令自己的心腹驻守留都，掌控住南京的一切留守防护事务。

朱棣虽是叔夺侄位，以非传统方式夺得皇位，这在当时被视为大逆不道，不合常理。但他胸怀大志，腹有良谋，有胆有识，不愧为一位治国安邦的民族英雄，成为明朝大有作为之一帝。他1424年卒于军旅途中。享年65岁，享国22年。尊谥"文皇帝"，初庙号"太宗"。至嘉靖七年（1528），改庙号"成祖"。

朱棣临终前，仅留下一个简短的遗嘱："传位皇太子，丧服礼仪，一遵太祖遗训。"

往事已越六百多年，青山依旧在，几度夕阳红。紫禁城依然屹立在北

---

① 留都，古代王朝迁都后，在旧都常置官留守，称留都。

京城，历尽世事沧桑，阅尽人间春色，成为中华民族的骄傲。这一伟大而又壮观的工程，在中国，乃至在世界，都是硕果仅存、绝无仅有的。世人在倾慕赞叹的同时，不免对设计者产生肃然起敬之心，紫禁城鬼斧神工杰作的巨匠，到底是谁？

在当时，工匠属于平头百姓，社会地位低微，设计者当然不被重视，史学家亦忽视留下他一笔。但蒯祥其人虽已殁，千载有余情。人们查遍史籍，寻寻觅觅，有如大海捞针，水中捞月，千呼万唤不出来，始终无觅蒯祥处，构成千古谜团，令人扼腕，叹息不已。

避暑山庄

承德避暑山庄亦称承德离宫或热河行宫，在清朝皇家园林中是规模最大的，坐落在市区北部。始建于康熙四十二年（1703），到乾隆时又续建，先后经营八十多年。乾隆以下诸帝每年都到山庄来避暑，一般从三月至九月，住有半年，故称为"第二个北京"。

避暑山庄

从山庄的正门入内就是午门。门内悬挂着康熙题的"避暑山庄"匾额。匾的四周环绕着鎏金铜龙浮雕，"避暑山庄"就是闪耀在蓝色匾心内，光彩熠熠的大字。其中"避"字右边的"辛"字的下部多写了一横，这个错字是康熙的亲笔御书，写于康熙五十年（1711），距今已有300多

年了。

康熙写"避"这个错字,人们都说这是"天下第一错字",因为它是出于皇帝之手迹,而且又不是在习字簿上写的,而是高高悬挂在国家重要场所离宫大门的显眼处。这一离宫,正是当年供朝觐清帝的各少数民族王公贵族居住与从事宗教活动的中心,这就显得有点不妥当了。

康熙写"避"这个错字,人们都一目了然,文臣武将等群臣应当及时看得出来。但是皇帝是金口玉牙、一言九鼎,谁都明哲保身,谁都不敢提醒皇帝写错字,弄得不好不仅触犯了龙颜,更甚者是要杀头的。所以将错就错,姑且悬挂起来。日居月移,一挂就是300多年。这足以给后人作茶余饭后的谈资,足以给后来的旅游者拍照作"到此一游",足以给喜欢给人题词者引作鉴戒。但是皇帝有权写错字,学生没有;皇帝有权画蛇添足,学生没有,因为皇帝写的是"天下第一错字"。

再说承德避暑山庄,其周围有40里,面积比颐和园大三倍。山庄分宫殿区和苑景区两大部分。其中苑景区又分湖区、平原区与山区。园林中又有山岳、平原、湖泊、亭、台、楼、阁掩映在绿树丛中。夏季凉爽,雨量集中,基本上无炎热期,气温在22—23℃左右,气候宜人,是旅游避暑胜地。游承德四季皆宜,但考虑到其季节性的优美自然风光,以4—10月份为最佳期。避暑山庄地势在海拔一千米以上,显得格外的幽静。

山庄的建筑与颐和园各异,颐和园虽然以湖光山色与宫殿、亭、台、楼、阁结合之美驰名中外,但是人造工程格外醒目。而避暑山庄最显著的特色却是以自然景色取胜,景色天成。庄内的殿宇、楼、阁、水榭尽管数量较少,但并不致力于人工装饰加工,而力求与自然景色相协调、相融溶,结合紧密,水乳交融。它融合江南园林秀丽多姿的风格,再结合北方住宅的简朴形制,构成山林性的组合,为中国园林建筑增添无限的动人风采。康熙时曾于离宫附近集成三十六景,到乾隆时又增三十六景,都是以大自然的迷人景致命名的。

避暑山庄与全国重点文物保护单位颐和园、拙政园、留园并称为中国四大名园。

避暑山庄分宫殿区、湖泊区、平原区、山峦区四大部分。宫殿区位于湖泊南岸,地形平坦,是皇帝处理朝政、举行庆典和生活起居的地方,占地10万平方米,由正宫、松鹤斋、万壑松风和东宫四组建筑组成。湖泊区在宫殿区的北面，湖泊面积包括州岛约占43公顷，有8个小岛屿，将湖面分割成大小不同的区域，层次分明，洲岛错落，碧波荡漾，富有江南鱼米之乡的特色。东北角有清泉，即著名的热河泉。平原区在湖区北面的山脚下，地势开阔，有万树园和试马埭，是一片碧草茵茵，林木茂盛，茫茫草原风光。山峦区在山庄的西北部，面积约占全园的五分之四，这里山峦起伏，沟壑纵横，众多楼堂殿阁、寺庙点缀其间。整个山庄东南多水，西北多山，是中国自然地貌的缩影。平原区西部绿草如茵，一派蒙古草原风光；东部古木参天，具有大兴安岭莽莽森林景象。在避暑山庄东面和北面的山麓，分布着宏伟壮观的寺庙群，这就是外八庙，其名称分别为：溥仁寺、溥善寺（已毁）、普乐寺、安远庙、普宁寺、须弥福寺之庙、普陀宗乘之庙、殊像寺。外八庙以汉式宫殿建筑为基调，吸收了蒙、藏、维等民族建筑艺术特征，创造了中国的多样统一的寺庙建筑风格。

山庄整体布局巧用地形，因山就势，分区明确，景色丰富，与其他园林相比，有其独特的风格。山庄宫殿区布局严谨，建筑朴素，苑景区自然野趣，宫殿与天然景观和谐地融为一体，达到了回归自然的境界。山庄融南北建筑艺术精华，园内建筑规模不大，殿宇和围墙多采用青砖灰瓦、原木本色，淡雅庄重，简朴适度，与京城的故宫，黄瓦红墙，描金彩绘，堂皇耀目呈明显对照。山庄的建筑既具有南方园林的风格、结构和工程做法，又多沿袭北方常用的手法，成为南北建筑艺术完美结合的典范。避暑山庄不同于其他的皇家园林，按照地形地貌特征进行选址和总体设计，完全借助于自然地势，因山就水，顺其自然，同时融南北造园艺术的精华于一身。它是中国园林史上一个辉煌的里程碑，是中国古典园林艺术的杰作，享有"中国地理形貌之缩影"和"中国古典园林之最高范例"的盛誉。

宫殿区位于山庄南部，占地10.2万平方米。正宫是宫殿区的主体建筑，包括9进院落，分为"前朝""后寝"两部分。主殿叫"澹泊敬诚"，是用珍贵的楠木建成，因此也叫楠木殿。宫殿区是清帝理朝听政、举行大典和寝居之所。建筑风格朴素淡雅，但不失帝王宫殿的庄严。正宫现辟为博物馆，陈列清代遗留下来的宫廷文物。正宫区藏有珍贵文物2万余件。"烟波致爽"殿是一座五开间平房。

宫殿区坐落在避暑山庄南部，东北接平原区和湖区，西北连山区。主体建筑居中，附属建筑置于两侧，基本均衡对称，充分利用自然环境而又加以改造，使自然景观与人文景观巧妙结合，使避暑山庄宫殿建筑园林化，又显示出皇家园林的气派。宫殿区由正宫（被辟为避暑山庄博物馆）、松鹤斋、东宫（已毁）和万壑松风四组建筑组成。

苑景区可分成湖区、平原区和山区三部分。

湖区的风景建筑大多是仿照江南的名胜建造的，如"烟雨楼"，是模仿浙江嘉兴南湖烟雨楼的形状修的。金山岛的布局仿自江苏镇江金山。湖中的两个岛分别有两组建筑，一组叫"如意洲"，"如意洲"上有假山、凉亭、殿堂、庙宇、水池等建筑，布局巧妙，是风景区的中心。一组叫"月色江声"。"月色江声"是由一座精致的四合院和几座亭、堂组成。每当月上东山的夜晚，皎洁的月光，映照着平静的湖水，幽然恬静。

湖区总体结构以山环水、以水绕岛，布局运用中国传统造园手法，组成中国神话传说中的神仙世界的构图。多组建筑巧妙地营构在洲岛、堤岸和水面之中，展示出一片水乡景色。平原区主要是一片片草地和树林。当年这里有万树园，山区自南而北，由四条沟壑组成，依次为榛子峪、松林峪、梨树峪、松云峡。山峦之中，古松参天，林木茂盛，原建有四十多组轩斋亭舍、佛寺道观等建筑，但多已只存基址。

平原区又分为西部草原和东部林地。草原以试马埭为主体，是皇帝举行赛马活动的场地。林地称万树园，是避暑山庄内重要的政治活动中心之一。当年这里有万树园，园内有不同规格的蒙古包28座。其中最大的一座是御幄蒙古包，直径达7丈2尺，是皇帝的临时宫殿，乾隆经常在此召见少数民族的王公贵族、宗教首领和外国使节。万树园西侧为中国四大皇家藏书名阁之一的文津阁。另外还有永佑寺、春好轩、宿云檐等组建筑点缀在草原、林地之间，互相衬托，相得益彰。

山区位于山庄西北部，这里建有博仁寺、博善寺、普乐寺等12座金碧辉煌、雄伟壮观的喇嘛寺庙群，是清政府为安抚中国西北蒙、藏等少数民族，加强边疆管理而建造的皇家寺庙。寺庙之集中，规模之宏大，建筑之精湛，寺庙中大量佛像、祭器制造技艺之高超，使其成为藏传佛教圣地之一。山区多处园林新中国成立前多遭破坏，但山区景物依旧迷人，在亭子上远眺，山庄的各风景点、山庄外的几座大庙以及承德市区、周围山上的奇峰怪石尽收眼底。

下面再细说一些著名的建筑。

1. 外八庙

在避暑山庄周围依照西藏、新疆喇嘛教寺庙的形式修建喇嘛教寺庙群，供西方、北方少数民族的上层及贵族朝觐皇帝时礼佛之用。在避暑山庄的东面和北面，武烈河两岸和狮子沟北沿的山丘地带，共有11座寺院。因分属8座寺庙管辖，其中的8座由清政府直接管理，故被称为"承德外八庙"。庙宇按照建筑风格分为藏式寺庙、汉式寺庙和汉藏结合式寺庙三种。这些寺庙融和了汉、藏等民族建筑艺术的精华，气势宏伟，极具皇家风范。这12座建筑风格各异的寺庙，是当时清政府为了团结蒙古、新疆、西藏等地区的少数民族，将宗教作为笼络手段而修建的。这些庙宇多利用向阳山坡层层修建，主要殿堂耸立突出、雄伟壮观。

清康熙五十二年（1713），诸蒙古王公为庆贺康熙帝六十寿辰，上书"奏请"在承德避暑山庄外，围建一寺院作庆寿盛会之所。康熙帝欣然"恩准"，遂建造了溥仁、溥善二寺。溥善寺早已荒废，溥仁寺便成康熙年间仅存的庙宇，更是珍贵。溥通普，普遍、广大意，有皇帝深仁厚爱普及天下之意。于是从康熙五十二年（1713）至乾隆四十五年（1780）的67年间，康熙、乾隆两帝在避暑山庄东部和北部外围陆续建造了11座大型寺庙，因其中8座有朝廷派驻喇嘛，享有"俸银"，且在京师之外，故称外八庙。现存7座在避暑山庄正北相隔狮子沟，自东而西有须弥福寿之庙、普陀宗乘之庙，殊像寺。外八庙像一颗颗星星环避暑山庄而建，呈烘云托月之势，象征着边疆各族人民和清中央政权的关系，表现了中国多民族国家统一、巩固和发展的历史进程。

2. 须弥福寿庙

须弥福寿庙位于避暑山庄之北、普陀宗乘之庙以东。清乾隆四十五年（1780）乾隆帝七十大寿时，为前来承德祝寿的六世班禅长途跋涉而来朝贡所居，模仿班禅在日哈则居住的扎什伦布寺形式而建。

扎什伦布寺，又译为"须弥福寿"。该寺又名仍仲宁翁结巴寺。明正统十二年建。在日喀则市南尼色日山下。从清初起，为历代班禅驻地。占地3.79万平方米。主体建筑是一座三层藏式大红台的须弥福寿之庙。台上为三层群楼，中央是庙高庄严殿，重檐攒尖镏金铜瓦顶，为班禅六世讲经之所。西为班禅居住的吉祥法喜殿。庙后还有八角七层琉璃万寿塔、罡子殿等。

扎什伦布译意为"福寿吉祥"。"须弥"意为"山"。故名。

这座宫殿既有藏族寺庙佛家装饰的美盛、讲堂精舍、宫殿楼观、皆七宝庄严、自然化成的特点，又具有汉族宫殿金碧辉煌、色彩夺目的装饰特色，充分体现出汉藏两族传统建筑风格和艺术最完美相结合的特点。

3．普宁寺

普宁寺位于避暑山庄的西北部。普宁寺共有三座，另一在今江苏丹阳市城内东南隅，晋建；一在今浙江杭州市西南龙井。宋秦观曾游于此。

承德普宁寺建于清乾隆二十年至二十三年（1755—1758），占地2.3万平方米，综合汉、藏建筑形式。主要有天王殿、大雄宝殿、大乘阁、碑亭等建筑。大乘阁三层六檐，高36.75米，内供一尊高达七尺二寸的千手千眼观音雕像，故又称大佛寺。为国内最高木雕像之一。

普宁寺是为新疆准喀尔汗建造的行宫。由于准喀尔部信奉西藏黄教，所以这座庙的主要建筑三角殿大乘之阁，都是仿照西藏三摩耶庙的形式而建造的。碑亭中有满、汉、蒙、藏文书刻的《普宁寺碑》和《平定准噶尔勒铭伊犁之碑》等。

4．普乐寺

普乐寺俗称圆亭子。在承德避暑山庄东北部。即承德市街东的武烈河东岸，背倚锤峰，面临武烈河。建于乾隆三十一年（1766）。寺后阇①城台基础上的旭光阁，是仿照北京天台祈年殿建造的，内置佛坛"曼荼罗"阁顶天花藻井，雕刻精湛，技艺超群，阁外四周立有八座琉璃塔，精巧玲珑。普乐寺占地2.4万平方米。建筑布局分前后两部分。主要建筑天王殿、宗印殿、阇城（坛城）等。殿顶是黄色的琉璃瓦，世称圆亭子，亲临其境，游目远眺，西面林木森森，其中掩映着山庄的殿宇楼阁，隐约可见。北面山中的庙宇，巍然屹立，极目远眺，胸怀开畅，足以极视听之娱，尽可其乐。

普乐寺是清政府特为哈萨克、布鲁特西域诸部族首领来承德觐见而建造的，以加强对准噶尔部和哈萨克族的关系。

---

① 阇（dū）：城门上的台。

5. 普陀宗乘之庙

普陀宗乘之庙在避暑山庄之北丘陵上。建于清乾隆三十二年至三十六年（1767—1771）。占地22万平方米。仿拉萨布达拉宫而建。"普陀宗乘"是"布达拉"的汉译，故有"小布达拉宫"之称。因山就势，层层升高，有二十余座白台塔院。最高处是主体建筑大红台，高达42.5米，宽59.7米，呈凌云之势。大红台中央为万法归一殿。

普陀宗乘之庙是乾隆为了庆祝他本人六十大寿和他母亲皇太后八十大寿而建的。这是外八庙中最富丽堂皇、最富于创新之杰作，也是规模最大的一组庙宇建筑群。

建造这座规模巨大的宫殿庙宇，是为了接待从西藏、青海、新疆、内蒙古各地来祝寿的政教领袖和王公贵族。

庙内佛阁宝塔，层层相叠，从山麓直达山顶。最高处的红台上建有三座大殿，殿顶都是镀金铜瓦，显得最为壮观。当时它成了西藏以外的第二个黄教中心，极具藏族宗教的风格。庙内保存着《土尔扈特全部归顺记》和《优恤土尔扈特部族记》碑，记述此庙落成时适逢土尔扈特部首领渥巴锡率众自俄国回归祖国的经过。

其余的离宫寺庙，大都建于乾隆二十年到四十五年间，所耗费的人力、物力、财力难于计数。在建筑艺术上追求极致，是集中国各民族建筑风格大成之作。

第六编

情怀

东西方亲情观念有别

亲情是亲人的情义,犹以父女亲情、母子亲情为重。而对于海外游子来说,祖国处处有亲情。

亲情要以婚姻和血缘为重,以家庭为基础。这种关系是由生育和结婚建立起来的,大家一般认为血浓于水。

东方人都认为西方人的亲情过于淡漠,缺乏热情,而东方人的亲情浓厚。

亲情实际上是一种文化。

东方人认为人生就是为了生儿育女,不是为了消耗五谷。生儿是当务之急,所谓生儿防老,积谷防饥;有儿贫不久,无子富不长,有儿才能繁衍血脉,代代相传,香火不断。不孝有三,无后为大。如无子嗣,百年以后自己的坟头就无人清扫,成为无主孤坟;无子嗣,上对不起列祖列宗,下有愧于断了血脉的子子孙孙。以前常把女人不生男孩作为一种最大的不孝,当作一种最大的罪过,所以严格要求儿媳的肚皮要争气,要千方百计诞下一个"小祖宗"来。当媳妇的必然感到任重而道远。儿子也深感重任在身。家庭亦成为男孩子的乐园和天堂。

东方人以儿女为私有财产,从呱呱坠地那一刻开始,就百般呵护,防饥防饿,防寒防暑,饱食终日,抱出抱进,还生怕有什么不妥当之处,对不起儿女。待到儿女长大读书之时,陪读,陪考,望子成龙,望女成凰。考试越拿高分,奖励越大,一切都围着分数转。儿女考上名牌大学,父母就深感红光满面,荣耀无比,亦光宗耀祖。有的直接陪送儿女至校报名,生怕儿女在途中随身携带的金钱被失窃、录取通知书被盗。待在新的学校安排得妥妥当当之后,这才离开。

如果儿女远涉重洋赴外国留学,还有的父母亦结伴而行到国外陪读呢。

再说儿子,当儿子学成之时,有的父母又忙于替儿子相亲。儿子自己找到的对象,亦要通过父母这一关。要查清姓甚名谁、家庭出身、社会关系、户籍所在、祖籍何方、身高体重、长相如何、何等学历、社会交往、人品学业、岁数若干、有否兄长、弟妹若干、排行次序，如此这般之外，又一一查明对方的父母、先祖的情况，俨然公安机关审查户籍一样。这一关过后，又特约女方来"面试"，查看五官是否周正、四肢是否健全、身体比例是否适当、口齿是否清楚。女方通过这一关之后，又通过他人或媒妁穿针引线，然后才下聘礼，最后操办大婚事宜。

儿子完婚之后，为人父母者，又不惜抛"银弹"，忙于购买新房。儿媳生孙育女之后，又为儿子抚育孙子孙女，心甘情愿再当"老奴"。又巴望孙子孙女一夜之间，立地成人，以便又抱曾孙。总之，凡是儿子的一切都兜揽下来，全部承担，真是尽心尽责又尽力。

更有甚者，有的父母奢望三代同堂，甚至五代同堂，几代人腻在一屋，人多势众，支撑家门，光宗耀祖，人丁兴旺，香火不绝。

不少父母对儿子已经成为溺爱，终生劳神、劳筋、劳骨、劳心、劳志，倾其所有。他们对子女是一种投资行为，望其回馈。儿子也在父母的双翼之下，从嗷嗷待哺到衣来伸手、饭来开口、钱来接手，一直泡在"蜂蜜"中长大，成为温室中弱不禁风的鲜花，盆栽好看，雨打凋零。更有甚者，有的父母望子成龙，求成心切，但儿女又是如此的不争气，偏偏"朽木不可雕"。父母只有徒叹奈何，恨铁不成钢，深受打击，如此而已。

儿子是东方人的宝贝，再苦也不能苦儿子，再贫也不能贫儿子。贫也好，富也罢，人人都绞尽脑汁，千方百计地互相攀比，对儿子呵护备至，让其处于最好的环境，享用最好的衣食住行，获得最好的娱乐，才有面子，才不当众丢人。父母总希望儿女日后官居高位，出将入相，出人头地，高人一等。

西方人的亲情观念与东方人截然不同。他们把生孩子当成一种赏心乐事的享受，有的甚至公开表明心迹："同居可以，结婚免谈。"父母对孩子不在乎会背多少书，不在乎分数高低，普遍要求儿子第一身体要健康，第二精神要乐观，第三才轮到学习。很多人的家庭都设有游泳池，每间房屋的造型各异，同时设有小花园，有绿茵，栽上树。街道设有小娱乐场，室内有健身房，露天有运动场，大小健身场所遍地开花，可谓全民体育。小孩从三四岁开始就学游泳，学钢琴，学画画。他们教养儿子不是投资行为，不期盼养儿防老，纯粹属于一种消费行为。因为他们社会保障及福利体系较为完备，老来自有养老金。总之，凡是老人、青年、学生、成年人均有各年龄段名目繁多的社会福利。所以说，西方人不巴望养儿防老。老来进入养老院，衣、食、住、行均享受社会福利。

西方人尽情地放飞孩子，让孩子感到幸福、快乐、自由、自在，父母就感到心满意足。

美国宾夕法尼亚州的大城市费城，1776 年在此发布了著名的《独立宣言》，1790—1800 年曾是美国首都（1800 年迁往华盛顿）。费城的纳尔逊中学校门竖立着两尊雕塑，左边是一只饿死的苍鹰，右边是一匹被剥了光皮的骏马。寓意为，苍鹰为了实现飞遍环球七大洲、四大洋的幻想，加速练就了高超的飞行本领，飞入高远的蓝天，却忘却了如何觅食果腹。仅仅飞行 4 天，就被活活饿死了。

再看那匹骏马，首先因为嫌怨磨坊主人给的活儿太多太重，于是产生了不满的情绪，便向上帝乞哀告怜换到农夫田舍；后来又嫌恨农夫给的饲料少，换了又换，最后又换到皮匠家，终于不必干活，白吃闲"饭"，乐不可支。但好景不长，日子过了没有多久，皮匠竟将它的皮剥下来当皮革制品了，骏马后悔莫及，真可悲啊！

这两个雕刻的塑像寓意深长，耐人寻味，发人深省，给人当头棒喝，促人猛醒。它教育人们要具有独立自主和自力更生的精神，才能独立于天地间，要是依赖别人而生存，又不知足，也不感恩图报，而是过分追求享受、不知惜福，那即使周身具有百般高强的武艺，有再多的才华和高迈的理想，都不会成为一个健全与成功的人，甚至会落得个可悲的下场。这与搏击长空的苍鹰、走得飞快的好马又有什么区别呢？

西方人再富也要穷孩子，他们让孩子在艰苦的环境里打滚，磨炼意志，磨砺坚苦卓绝的精神。数九寒天，就让孩子在冰天雪地中赤着脚、披着薄的单衣走路；在酷暑的三伏天，婴儿躺在手推车上，母亲"别有用心"地不撑开婴儿车的遮阳棚，让其烈日当头暴晒。婴儿不肯进食，绝不强迫，宁添一斗，莫添一口，认为这不是爱护，是虐婴。儿童饿了，自然会似虎如狼地进食。西方人从小就让儿女筋骨劳苦，饿其体肤，进行艰辛的磨炼。待儿女长到 18 岁之时，让其在社会上打拼，自己赚钱上大学。大学毕业之后，自己挣钱购买房屋。经济独立之后，才寻找对象，结婚、生儿育女。所以，西方人年纪 40 岁尚未结婚，这是常事。有的终其一生不结婚,当一名快乐的单身汉,悠然自得。有的终生租房,从不购房置业,以租房为安乐窝、避风港,其乐也融融。

还有,西方人把生孩子当作一种社会责任而不是私有财产。他们也尽心尽责尽力去抚育孩子。西方人抚育弃婴亦竭尽全力,当为己出。弃婴长大以后,若原生父母想与弃婴见面、了解弃婴的下落之时,养父母亦表现出慷慨无比,千方百计地协助与配合,让相隔多年、毫无音讯的生父生母与弃婴久别重逢。他们成人之美,同享天伦之乐。

东方人收养弃婴亦当作私有财产,而且绝对保密,做到天衣无缝。每当生身父母觅寻多年未知音讯的弃婴时,养父养母亦闻风丧胆,千般刁难,万般否认,借故加以拒绝,生怕所养的养儿养女要飞走,多一事不如少一事,少一事不如无事,无事天下最太平。

东方人按照生儿防老的价值观和幸福观来培养孩子,从小就要孩子言听计从,考试要拿高分,高分就加以奖励,低分就要遭受惩罚,使孩子精神上受尽折磨,皮肉上受尽痛苦。待孩子成年工作之时,又要求找到一份好工作,工资待遇要高、地位要显,要当官出人头地,为人父母者才感到脸上光彩照人,才能光宗耀祖,门庭才光耀。

西方人教育孩子,不是根据自己的私利,也不为了拿高分,更不是为了日后孩子出人头地、成为人上人,而是给孩子充分的思想自由,充分的生活自在,凡是孩子感到高兴的事情,自己也深感幸福,就会投入地去做,千方百计使孩子欢心,而自己也从中获得快乐。比如孩子在幼小之时,在店里哪怕是看中某种喜爱的玩具娃娃,哪怕是看上两眼的塑料屋,凡是孩子喜欢什么就买什么,毫不吝啬,立即买下,总是乐此不疲。待到孩子稍为长大时,就尽情购买运动用品,凡是孩子喜爱的运动项目,就会购买全套的服装,比方游泳衣、骑车服等;娱乐方面的小提琴、钢琴都乐意投入,不惜抛出"银弹"为装备孩子。几乎每个家庭的玩具均堆积如山。

西方人喜欢让孩子亲自参加有关的训练,如参加游泳班、钢琴班、足球班、骑自行车班等。又经常陪伴孩子去看电影,到各地去旅游,上图书馆,看球赛等。经济条件较好的就迁家到好的学区,或者送孩子上私立学校、精英学校,几乎倾其所有,给孩子提供良好的学习环境与生活条件,而且无怨无悔。

西方人把孩子当成彼此有交情的朋友，而不是把儿子当成附属品，所以孩子对父母无话不说，平等交流，无长幼之分，让孩子尽量思考，发挥个性。这有利于孩子的个性发展，甚至影响到整个民族的前途和未来。

从小敢于叫板成年人的孩子，才敢与成年人一较高低，在将来才有所作为，有所创造，有所开拓；才能突破传统固有的条条框框，去思考新问题，才能革故鼎新。

西方人也会对孩子的言论、举动加以严厉的约束、限制，使之不越出范围。比如在公共场所不准高声说话、大声喧哗；不得在街道上你追我赶，妨碍行人与影响交通；在班上发问要先举手；不得伤害动物，要以动物为友；不得破口骂人，更不准动手打人；要语言有理，与人为善等，让其言论与行动依据公众的准绳、大众公德而自律。

中国人最常用，且使用频率最高的字是"的"字。西方人使用频率最高的一句话是"Thank you"（谢谢），"Thank you so much"则是女性常用的说法。"Thank you very much"（非常感谢）则是在对方提供非常大帮助时才用，切忌乱用。西方人教育孩子要把"Thank you"挂在嘴上，要毫不吝啬地随时抛出去。为人父母者也常把"Thank you"这句话挂在嘴边，随时随地向孩子抛出去。

西方人极其重视教育孩子说道歉（Sorry）、万分抱歉（I'm terribly sorry）。由衷认错时所说的 terribly 或 awfully，比 very 更强调 sorry 的意思。

幼儿往往缺乏是非观念，而且往往打人、骂人、破坏器物、拿小刀或尖锐的利器乱捅人等，由着自己的性子来。小孩也往往缺乏责任意识和控制能力，对自己所犯的错误缺乏认识，更不知道要去改正。随着道德感、羞愧感、社会意识等高级情感的发展，幼儿也将逐渐学会知错即改。父母必须正确对待幼儿所犯的错误，切莫意气用事、发脾气，实行打骂等皮鞭教育，逼迫、恐吓等粗暴方式更不可用。这样不但不能帮助孩子正确认识错误，反而会适得其反，严重地伤害他们的自尊心，易于使孩子产生自卑感，甚至自暴自弃。父母要不厌其烦地进行教育，谆谆告诫。

人们认识错误必须要有勇气，敢作敢为，敢于承担，敢于责己；要有毫不畏惧的气魄与胆识，又要勇于承认，不遮遮掩掩，也不诿过于人。父母要教育孩子，人无完人，金无足赤，每个人都有犯错误的时候，只要认识了错误，改了就可以得到原谅。犯了错误，认识到错了又不肯改，或者扭扭捏捏，这是错上加错，更不可原谅。要让孩子知道犯错误不是什么天大的事，要让其有一种安全感，切忌使其产生畏惧心理，甚至产生逆反心态，众人越反对的事，他偏要赞成；越是不希望他做的事，他越是要做。以后犯错误了他就会想出种种借口推托，或推诿于人，推脱责任。父母不仅要注意孩子语言上的道歉，更要关注孩子改正错误的行为。所以，为人父母者，如何妥善处理孩子犯错误的方法，比孩子所犯的错误更为重要得多。

西方人为人父母者，把孩子当作朋友，平等相处。也更多地学会向孩子承认错误的方法，他们并不以此为丧失面子和威严，使自己不能炫耀权威，甚至威风扫地，难再摆出尊长的威风和尊严，以摆出永远都是孩子错、自己一贯正确的姿态。父母做错了，就应立即向孩子认错，这才是以身作则。这能够使家庭气氛更加融洽无间，情感更加融和，关系更加融通。这样不但不会丧失尊严，而且形象更加高大，更加得到孩子的尊重。

西方人多把孩子的幸福和快乐当作第一位，自己也从中分享幸福和快乐。他们并不把孩子成年以后的地位和金钱看作成功与否的标尺，而是把孩子能受到周围人们的尊重的程度奉为圭臬。

东方人的父母，只有孩子高考拿高分，甚至成为高考状元，才算成功；只有考上北大、清华，才算成功；只有进入剑桥、牛津、哈佛、耶鲁，才算成功。为了达到此目的，又往往恨铁不成钢、恨子不成龙，进行皮鞭教育，认为棍棒之下出人才、棍棒之下出孝子、棍子底下出好人。有一个中国父亲，总结他教子有方的成功经验，就是"棍子乱打出人才"，他的五个儿子都是被棍子乱打才考上北京大学的，这种教子之方，其实并不可取。

东方的家长一般认为，儿子有了金钱和地位才算有出息，发展才有前途，才会有幸福感、快乐感。因此，人们为了金钱和地位，就可以不管不顾地扭曲自己的心灵，成为自私自利的动物。

西方把孩子放到社会上去打拼，放到云天去翱翔，放到海洋去畅游，让其在疾风暴雨中搏击。所以，他们不会逼孩子去考高分、上补习班、拿好成绩，更不会按照自己的价值观和根据自己的标准去要求孩子，而对孩子百般约束、千般管教。

西方的法律也有规定孩子赡养老人的条款，但是很少有人去指望这些回馈,他们并不指望孩子能给多少钱,他们并不以金钱来衡量儿女是否孝顺,不以金钱的多寡作为衡量亲情浓淡的尺度。

西方人的孩子一般都不奢望父母留给他们任何遗产,甚或认为那是一种屈辱。他们喜欢靠自己的智慧和双手去打拼,发奋图强,自力更生,以此为荣为乐。

西方不少大富豪,也不情愿将所有财产交给儿子,至多聘请自己的儿子在自家公司任一份职,打一份工,领一份工资。他们乐于做慈善,办公益事业,扶助贫困,慷慨解囊救济受灾国家和地区的灾民。日后所有的遗产,便交给能够继承他们事业的任何人来不断创造业绩,发扬光大。

西方的学校录取新生,并不单纯死死盯住高分。他们虽然也看分数,更看考生分析问题、解决问题的能力,看重考生的实践能力。他们尊重考生原校、班主任、老师的推荐介绍信。他们不但培养人才,更注意培育通才。西方学校的教育,重在培养学生的自信,独立的思考能力,独立的解决问题能力;培养学生成为身心健全的人,拥有健康快乐的人生;培养学生高尚的人格、出众的人品,具有前瞻性的目光;培养开放性考题的能力,培养学生的创新能力、想象力和应变能力。

总之,东西方亲情观念不同,教育子女的方法各别,均各具亲情,各有千秋。

设立遗嘱与有关法律

遗嘱又称"平安纸",有的人认为没有必要,有的人认为极其重要,但是往往都不设立遗嘱。

天有不测风云,人有旦夕祸福,浮生梦一场,世事云千变。死亡的事随时都有降临的可能。若不设立遗嘱,可能引起子孙、亲人反唇相讥,反目成仇。如果立有遗嘱,将给予家人莫大的帮助与快慰,这对维系家庭气氛的和谐,使之和睦相处,极其重要。

1. 设立遗嘱的必要性

每个人都要认真考虑设立遗嘱,千万别当作可有可无的小事,人们往往今天不知道明天的事，一紧闭上眼睛就万事成空。设立遗嘱对配偶、子女、收养的人及其他有关的人都有莫大的帮助。因为这是民事法律行为，属于单方行为，不需要继承人或受赠人的同意即为有效。它能保证设立遗嘱者身后的遗产能如愿以偿地去分配，免却法律上的争执与纠纷。再说，如若有遗产赠予慈善机构，以表慈善心肠，这亦是善莫大焉的举动。

当设立遗嘱之后，世易时移，世态多变，如结婚、再婚、离婚，家庭成员丧生，破产等，必须将遗嘱重新修改，使之不留难题给后人，以保证针对性强，句句有着落，字字中的。

设立遗嘱时考虑要缜密，要对自己认真负责，也要对你所关照的人负责。必须考虑以下事项：

（1）措辞恰如其分、准确，能充分表达你的愿望，使人一目了然。

（2）应当评估好你的各种动产与不动产，以及你想尽力帮助的人。

（3）最好寻求专门从事法律工作或专业人士辅助设立遗嘱。

2. 必须保证遗嘱发生效力

为了确保遗嘱发生效力，最好寻求专门从事法律工作的人士帮助，以确保遗嘱发生效力，并保证你所关照的人受益。若不是这样，要是你所关心的人未能获益，这样的遗嘱就不能完全体现你的心愿，形同废纸一张。因此要周全地考虑以下问题：

（1）你所专门指定的人，能正确有效地贯彻你的遗嘱的条款，充分体现你的愿望。

（2）让你的财产合理地分配给家人、亲友及有关单位或慈善机构。

（3）为未满18岁的未成年人或精神病人等的人身，以及你分给他们的遗产进行监督和保护，必须指定监护人。

（4）表示清楚你的遗愿，是丧事从丰抑或从简。

（5）表明你的心志是火化还是土葬、水葬、太空葬等礼葬的安排。要是实行太空葬的话，当然是永垂不朽、永不磨灭，但费用惊人的昂贵，必须考虑再三，慎之又慎。

（6）指定由哪一个礼葬场的礼葬机构来安排葬礼，让你"入土为安"。

（7）你有什么财产，数量与数额若干，分置在何地，均必须说明清楚。

财产一般分为不动产和动产。

3. 不动产

不动产是"动产"的对称，即不能够移动或轻易移动会损害其经济效用和经济价值的物。不动产包括房地产、厂矿、船只、公司、店铺、商场、私人医院等，不动产还包括附着于土地、房屋上不可分离的部分，如树木、水暖设备等。不动产的所有权的转移，都须经过法律特别规定的程序。

（1）不动产登记簿。是由不动产登记机构管理的记载不动产物权人、权利内容的簿册，是物权归属与物权内容的根据。如果权利人、利害关系人认为不动产登记簿记载的事项有错误，可以申请更正登记。确有错误的，登记机构应当给予更正。

（2）不动产登记制度。是不动产行政管理部门根据申请人的申请或者依职权将不动产物权的设立、变更、消灭等情况，依法记载于不动产登记簿上的制度。国家对不动产一般实行统一登记制度，不动产物权的设立、变更、转让和消灭，经依法登记、发生效力；如果未经登记，则不发生效力，但法律另有规定的除外。

（3）不动产权属证书。是权利人享有不动产物权的证明。不动产权属记载的事项，应当与不动产登记簿一致；记载不一致的，除有证据证明不动产登记簿确有错误外，以不动产登记簿为准。

（4）不动产物权。为"动产物权"的对称。即以不动产为客体的物权。不动产物权的设立、变更、转让和消灭，经依法登记，发生效力；不经登记，不发生效力。法律另有规定的除外。

你在遗嘱中有关分配不动产给你所关照的人，要罗列清楚。

4. 动产

动产是可以移动而不损害其经济用途和经济价值的物，例如现金、存款、股票、公司股份等。此外，还有其他如器物、文物、字画、陶、铜、瓷器、书籍、个人出版物的著作权及稿酬等。对此该如何分配，也要说明得一清二楚。

5. 设立遗嘱的权威人士

律师就是设立遗嘱的权威人士，可以直接委托或请法院指定。他们是专门处理有关法律事务的专业人员，依法协助当事人进行诉讼、出庭辩护等事务。他们能够保证设立遗嘱的专业性和有效性。专业的律师用词精准、无懈可击,确保你的愿望得以实现。

6. 选定遗嘱执行人

选定的遗嘱执行人必须写在遗嘱里,才能得到法律的保护和获得众人的认可。因为他们是在你身后体现你的愿望而执行遗嘱有关条款的人,所以,他们必须具备以下条件:

(1) 是你可亲、可靠、可信赖者。

(2) 是乐意为你执行遗嘱的人。

(3) 是老成持重的人,即谨慎、稳重者。

(4) 是随时可以联络,招之即来、来之能干的人。

(5) 最好是身体健康、可能活得比你长的人,比你小三至五岁的为宜。

(6) 最好是经商的人,抑或具有财产管理经验的人。

7. 为需要者指定监护人

如果有残疾者、智障者、未成年者或收养的孤儿等,应指定监护人执行监护权。但你要取得监护人的同意,法庭亦可给予考虑,为这些人指定监护人。

(1) 监护人。即有权对无民事行为能力人和限制民事行为能力人的人身、财产及其他合法权益进行监护与保护的人,监护人可以是一人或数人,可能是自然人,即因出生而取得民事主体资格的人。民事法律关系主体之一,除了自然人之外,也可能是单位,但一定是具有监护能力的人。

根据民法通则的规定,未成年人的监护人是父母。父母已死亡或没有监护能力时,由下列有监护能力的人担任监护人:①祖父母、外祖父母;②兄、姐;③与未成年人关系密切的其他亲属,朋友愿意承担监护责任,经未成年人的父母所在单位或者未成年人住所地的居(村)民委员会同意的。没有上述监护人的,由未成年人的父母所在单位或未成年人住所地的居民(村民)委员会或者民政部门担任监护人。

无民事行为能力或限制民事行为能力的精神病人,由下列人员担任监护人:①配偶;②父母;③成年子女;④其他近亲属;⑤关系密切的其他亲属、朋友愿意承担监护责任,经精神病人所在单位或者住所地的居民(村民)委员会同意的。没有上述监护人的,由精神病人的所在单位或者住所地的居民（村民）委员会或者民政部门担任监护人。对担任监护人有争议的，由相关单位或居民（村民）委员会在近亲属中指定监护人。对指定不服的，可以向法院起诉，由法院裁决。

（2）监护权。即监护人对被监护人实行监督、保护的权利，是身份权的一种，主要依法律的规定、有关机关或法院的指定产生。未成年人的父母对未成年人享有法定的监督权，即使夫妻离婚，这一权利也不能消灭，但对该子女不利的除外。监护权既是监护人的权利，也是其应当履行的职责，主要包括：保护被监护人的身体健康，照顾被监护人的生活，管理和保护被监护人的财产，代理被监护人进行民事活动，对被监护人进行管理和教育，在被监护人合法权益受到侵害或者与人发生争议时，代理其诉讼。不履行职责或者侵害被监护人合法权益的，应当承担法律责任。给被监护人造成财产损失的，应当负赔偿责任。监护人履行监护的职责的权利受到法律保护。

8. 遗嘱如何保藏

为了让遗嘱保存得稳妥可靠，最好的方法就是将原件存放在银行保险箱，自己再保留一份复印件。这样遗嘱执行人才能在你过世之后取得复印件，而不能空口无凭去银行索取原件。同时你存放复印件在何处，要先告知遗嘱执行人及一至二名遗产受益人。

9. 关于遗嘱的修订

为了确保你的遗嘱切合实际，设立遗嘱之后，不能万事大吉，一成不变。如若发生重大事件，应立即修改，在一般的情况下，以三年修改订正一次为宜。

一般来说，要是个人的现状发生变化，或家庭成员的现状发生变化，遗嘱必须及时修订。例如：

（1）家庭成员添丁抑或死亡。

（2）发生重大的灾祸或疾病。

（3）结婚、离异或分居。

（4）突发的天灾人祸（如失窃）导致破财。

（5）破产。如遭一场大火，蒙受祝融之灾，丧失全部财产；抑或不能偿还债务，法院根据本人或债权人的申请，做出裁定，把债务人的财产变现依法归还各债主，其不足之数不再偿还。

（6）谁借债谁还债，人终其一生要诚信，不能拖着一大屁股债离开这个人世，因此不能一死了之。如实有需要，则要嘱托子女分担债务；但凡在赌场上所借和所欠的债务，一律不再偿还，法院一般也不受理这种案件。

（7）久病床前无孝子。凡是平日或是重病期间，少尽孝道或者不尽孝道的儿女，可以考虑不给或者少给他们遗产。

10．遗产税

又称"继承税"，是对死者遗留的财产向财产继承人课征的税，分"总遗产税"和"分遗产税"。前者就死亡者的遗产总额课征，后者分别按各继承人所分得的遗产数额课征。

11．遗产

遗产指公民死亡时遗留的个人合法财产，这指的是死亡者生时的所有权。通常包括积极遗产与消极遗产，前者指死者个人享有的财物以及可以继承的其他合法权益（如债权和知识产权中的财产权利等），后者指死者生前所欠的个人债务。继承法规定，遗产包括：

（1）公民的收入。

（2）公民的房屋、储蓄和生活用品。

（3）公民的林木、牲畜和家禽。

（4）公民的文物、图书资料。

（5）法律允许公民所有的生产资料。

（6）公民的著作权、专利权中的财产权利。

（7）公民的其他合法财产。继承遗产应当清偿死者遗留的债务，但清偿债务应当以遗产的实际价值为限。

12．遗嘱的有效条件

（1）遗嘱人在设立遗嘱时，必须具有遗嘱能力，不影响其已经设立的遗嘱的效力。

（2）遗嘱必须真实表示遗嘱人的意思，受胁迫、欺骗所立的遗嘱无效。伪造的遗嘱无效。遗嘱被篡改的，篡改的部分无效。

（3）遗嘱的内容必须符合法律与社会道德。

（4）遗嘱须具有一定的形式。继承法规定的遗嘱形式有公证遗嘱、自书遗嘱、代书遗嘱、录音遗嘱与口头遗嘱五种。

全球华人面临阅读危机

最近在澳大利亚悉尼的唐人街有"中国书店"等三家书店先后关门停业,加拿大的多伦多亦有几家"三联书店"相继倒闭,还有一些华文书店相继停业,一些书店的新书以斤论价地出售。没有关门的一些书店也处于风中残烛的状态。再看看国内的"光合作用"等书店的停业,也说明中国人正在经历着一场阅读危机的洗礼。

一些历史长久且大型书店的倒闭,当然应该归咎于其经营不得法,但究其社会层面而言,不少书店门可罗雀、无人问津的现象仍很普遍。在海外,免费报刊均置于华人集市中心区,可自由索取,但也乏人问津。再看看海外华文报刊,其发行量也不大,跨洲跨国的大型平面媒体《星岛日报(澳洲版)》的日发行量也只有两万多份。其他报刊的数量也有限,共度维艰的时日较多。

有好事者曾统计,说犹太人年均阅读量最多,为60多本。美国人每年阅读40多本,屈居其次。俄罗斯每人每年阅读28本,屈居第三。英、德、法等国每年每人阅读充其量也只是20本。中国人只有四五本而已,有的人可能连这个数字都难于达到。究其原因,则有多种,有的人说网上每天都有重要新闻,所以没有看书报的必要;有的说他们都阅读专业书,如理财、房地产、经商、考驾照等方面的书籍较多,其他书则没时间精力阅读。

再说犹太人,犹太人也叫以色列人。1—2世纪罗马帝国统治期间,绝大部分被赶出住地。散入欧洲的受到迫害屠杀,或与当地民族结合。12世纪初叶,犹太人多迁移到印度孟买,少数移居中国开封等地,俗称"蓝帽回回",明代以后逐渐与当地居民融合。近代散居在世界各地的犹太人,多数已用所在地语言,并取得定居国国籍,但仍保持犹太教习俗。中世纪在欧美的多数犹太人从事放贷与小商业。19世纪后,部分人因从事金融业和实业而致富。第二次世界大战时,被德国法西斯杀害的犹太人达600多万。全世界的犹太人约有1282万人(1995年)。马克思实际上

第六编

情怀

是犹太人,他的父母是犹太人,他出生在德国。

在美国流传着一个笑话,说的是全世界的钱都向美国人的口袋滚滚流入,但美国人的口袋装在犹太人的脑袋里。犹太人在金融、商业、科技方面,尤其是在全球已经形成一个强大的商业帝国,掌握着不少国家、城镇、社区的经济命脉。所以他们能够人坐在家里而使钱从天上来,成为赚钱高手,不少人银满箱金满箱。

犹太人是最善于阅读的一个民族,他们居于各行业的制高点而叱咤风云,呼风唤雨。又有传说犹太人对书的崇拜近乎宗教,每当婴儿呱呱落地及嗷嗷待哺期间,都必须在《圣经》的封面上以嘴舔一下,这样孩子就尝到了书的甜味,深知读书是一件莫大的乐趣而不是烦恼的苦役。人们常说"爱哭爱闹的婴儿有糖吃",但犹太人的婴儿往往不是这样。犹太人经常将书本、秤、糖放在一起测试婴儿的选择,多数婴儿首先选择书本(读书),其次选择秤,即做生意经商,搞房地产、金融业等,很少有去抓糖果的。所以,犹太人从事科研前沿和尖端科有建树的亦为数众多。

经商的目的是为了赚钱,而且期望赚大钱,这是无可厚非的。但要生财有道,用财亦要有道。

古有"无商不奸"之说,这就提出一个"商德"问题。

为人师表要有师德,治病救人要有医德,不管从事任何行业,首先要突出职业道德之"德"字。即使为政者,也要以德治国,这是天地之正道,顺之者昌,逆之者亡。只有以德治国,才能使近悦远来。

经商的每个铜板都应来得干干净净,清清楚楚。通过囤积居奇、投机取巧、尔虞我诈得来的均为不义之财,犹太人从商重商德。守合同,讲信用,一言九鼎,一诺千金,信得过。

综观古今中外的历史,国家与国家的竞争,主要是民族道德素质的竞争。道德滑坡乃至沦丧的民族是可悲而危险的无望的民族,而要提高道德素质,阅读是重要的源泉,是正途,能提高民族综合竞争力。只有提升民族综合素质与整体实力,民族才由"贫因书而富,富因书而贵",精神才不空虚,才由贫瘠、荒芜进入富足与富饶,民族才能真正地崛起。

综观西方的民族,他们多数人都分秒必争地阅读,排长队购物、办事,抑或等乘火车时,多手不释卷,珍惜分秒阅读。再综观华人,多为高声闲聊,或者闭目养神。这不是无书可读的危机,而是有书不读的危机。

海外华人的阅读必受到诸多因素的制约，移民时间长的人一般都读英文书，看英文报，只有移民时间短或不通英文的人才阅读中文读物。从中国内地来的人喜欢看简体汉字书报，而且不读竖行排版的刊物。从中国台湾、香港、澳门等地区及越南、缅甸、马来西亚等国迁移来的华人，多阅读繁体汉字及竖行排版的刊物，他们不习惯阅读横排及简体字排版的刊物。

在国外的华人子女，因为土生土长在国外，接受的是外国人的教育，学的听的想的说的写的都是英文，相反，他们学中文就像是学外语。海外的中文学校一般一周只有周六上课，学生周一至周五都在西方学校上课，而且有不少学生不想学中文，认为是一种负担，殊不知中文是他们的根，是他们的优势。

我们没有丝毫理由对华人及其子女的阅读评头论足，指指点点，我们希望的是有更多的华人更多地培养阅读的习惯和兴趣，要投入更多的阅读预算，这是提升道德素质、发挥优势的终南捷径。

德国哲学家、唯意志论者叔本华曾经在100多年前感悟道：没有什么比阅读经典作品更让人神清气爽与神采飞扬的了，阅读如同早饮山涧清冽的泉水似的，让人心情舒畅、充满灵感，产生神来之笔。

有读书乐诗一首，录如下：

读的书多胜大丘，不需耕种自然收。
东家有酒东家醉，到处逢人到处流。
日里不忧人去借，晚间何怕贼来偷。
虫蝗水旱无伤损，快活风流到白头。

参考文献

[1] 辞源 [M]. 北京：商务印书馆，1979.

[2] 辞海 [M]. 上海：上海辞书出版社，1999.

[3] 孙子兵法 [M]. 长春：时代文艺出版社，2003.

[4] （汉）司马迁. 史记 [M]. 兰州：甘肃民族出版社，1997.

[5] （宋）司马光. 资治通鉴 [M]. 北京：作家出版社，2005.

[6] （清）吴楚材. 古文观止 [M]. 北京：中华书局，1980.

[7] 中国社会科学院语言研究所词典编辑室. 现代汉语词典 [M]. 6版. 北京：商务印书馆，2005.

[8] 大不列颠百科全书 [M]. 台北：丹青图书有限公司，1987.

[9] 周勋初，等. 唐诗大辞典 [M]. 南京：江苏古籍出版社，1990.

[10] 孙云鹤. 常用汉语详解字典 [M]. 福州：福建人民出版社，1986.

[11] 张㧑之，沈起炜，刘德重. 中国历代人名大辞典 [M]. 上海：上海古籍出版社，1999.

[12] 魏嵩山. 中国历史地名大辞典 [M]. 广州：广东教育出版社，1995.

[13] 陈光裕. 世界地名辞典 [M]. 上海：上海辞书出版社，1981.

[14] 沈起炜，徐光烈. 中国历代职官辞典 [M]. 上海：上海辞书出版社，1998.

[15] 袁世全. 誉称大辞典 [M]. 上海：汉语大辞典出版社，2003.

[16] 俞鹿年. 中国官判大辞典 [M]. 哈尔滨：黑龙江人民出版社，1992.

[17] 许嘉璐. 中国古代礼俗辞典 [M]. 北京：中国友谊出版社，1991.

[18] 钱穆. 论语新解 [M]. 北京：生活·读书·新知三联书店，2002.

[19] 李恩江，贾玉民. 说文解字译注 [M]. 郑州：中原农民出版社，2000.

[20] 陈子展. 诗经直译 [M]. 上海：复旦大学出版社，1981.

[21] 胡自逢，等. 白话史记 [M]. 北京：中国友谊出版公司，1994

[22] 乔继堂. 中国皇帝全传 [M]. 北京：中国社会科学出版社，2003.

[23] 赵孟祥. 中国皇后全传 [M]. 北京：中国社会科学出版社，2004.

[24] 方世南，等. 中国一百个帝王 [M]. 北京：中国广播电视出版社，1992.

[25] 郑福田，等. 中国将帅全传 [M]. 北京：工商出版社，1997.

[26] 庄汉宗. 中国将帅谋略 [M]. 台北：汉欣文化事业有限公司，1994.

[27] 余连祥，高宪科. 羞花小史 [M]. 海口：海南出版社，1994.

[28] 测绘出版社. 中国最佳旅游景点图册 [M]. 北京：测绘出版社，1995.

[29] 中华国宝 [M]. 台北：国际出版社，1970.

[30] 细说锦绣中华彩色珍本 [M]. 台北：地球出版社，1976.